国家社科基金
后期资助项目
GUOJIA SHEKE JIJIN HOUQI ZIZHU XIANGMU

政府统计导论

高敏雪　著

中国财经出版传媒集团

经济科学出版社
Economic Science Press
北京

图书在版编目（CIP）数据

政府统计导论／高敏雪著. -- 北京：经济科学出
版社，2024.12. -- ISBN 978 - 7 - 5218 - 6593 - 6

Ⅰ. C829.2

中国国家版本馆 CIP 数据核字第 2024ME3075 号

责任编辑：杜　鹏　常家凤　郭　威　胡真子
责任校对：郑淑艳
责任印制：邱　天

政府统计导论

ZHENGFU TONGJI DAOLUN

高敏雪　著

经济科学出版社出版、发行　新华书店经销
社址：北京市海淀区阜成路甲 28 号　邮编：100142
编辑部电话：010 - 88191441　发行部电话：010 - 88191522
网址：www. esp. com. cn
电子邮箱：esp_bj@ 163. com
天猫网店：经济科学出版社旗舰店
网址：http://jjkxcbs. tmall. com
固安华明印业有限公司印装
710 × 1000　16 开　22.5 印张　410000 字
2024 年 12 月第 1 版　2024 年 12 月第 1 次印刷
ISBN 978 - 7 - 5218 - 6593 - 6　定价：128.00 元
（图书出现印装问题，本社负责调换。电话：010 - 88191545）
（版权所有　侵权必究　打击盗版　举报热线：010 - 88191661
QQ：2242791300　营销中心电话：010 - 88191537
电子邮箱：dbts@esp. com. cn）

国家社科基金后期资助项目
出版说明

后期资助项目是国家社科基金设立的一类重要项目，旨在鼓励广大社科研究者潜心治学，支持基础研究多出优秀成果。它是经过严格评审，从接近完成的科研成果中遴选立项的。为扩大后期资助项目的影响，更好地推动学术发展，促进成果转化，全国哲学社会科学工作办公室按照"统一设计、统一标识、统一版式、形成系列"的总体要求，组织出版国家社科基金后期资助项目成果。

全国哲学社会科学工作办公室

自　序

一、背景和研究基础

我们处于一个信息爆炸的时代，日常学习、工作、生活被各种数字所包围。政府统计信息是其中最重要的一级。要想了解一国（地区）经济社会发展整体状况，离不开政府统计数据，因为只有政府统计才有能力、才有权力收集针对国情国力和经济社会发展状况的全面数据。国家治理、商业运作、科学研究均对政府统计数据具有巨大需求，是各级政府宏观和专业决策的依据，是各种市场主体进行经营、投资决策的参考，同时也是各领域研究者进行社会科学研究的基本依据。

鉴于其数据应用的广泛性以及其专业性，特别需要通过各种形式对政府统计予以介绍，帮助各个层次的用户和相关者了解政府统计。对一般数据用户而言，其兴趣点可能是政府统计信息"有没有""准不准"；一部分深度数据用户可能会进一步关注某个统计指标"是什么意思"（统计指标的内涵解释），以及某个统计数据"是怎么得到的"（具体的统计调查方法）；最后还有一些研究者，以及在政府统计系统内处于特定岗位的工作人员，会从管理视角出发，关心政府统计"是怎么运作的"，"与国家治理体系是什么关系"，以及"哪些方面制约了政府统计的效率"等问题。

面对上述不同层次的需求，是否有足够的文献出版物？查询相关文献可以发现，从国际层面而言，有关政府统计有很多国际规范，其中绝大部分是针对特定调查项目（比如人口普查、企业创新调查）、特定领域的综合统计（比如国民账户体系 SNA、货币金融统计）、特定技术和特定环节的管理（比如住户调查的抽样技术、数据质量管理）而提供的指导性文件，有关政府统计整体的规范则很少。比较符合这一目标的文献大体有两部，一是联合国统计委员会通过的《官方统计基本准则》，二是联合国发布的《统计组织手册》。前者涉及政府统计的功能定位、可以做什么、应该怎样做，但仅限于原则性规范，一共十条、数百个字；后者主要涉及政府统计工作的组织，虽然涉及管理过程的多种要素，但仍然不是一部全面论证政府统计的著作。国内出版物也有不少涉及政府统计，尤其是中国政府统计，写作者主要是政府统计机构及其工作人员，也包括一些大学和研究机构的研究人员。但总体看，这些出版物要么属于政府统计的指标解释（比如《中国主要统计指标诠释》）和知识普及（比如《领导干部统计知识问答》），要么属于统计制度汇编（比如《国家统计调查制度》），要么属于特定主题下的国际经验考察（比如《中外政府统计体制比较》）或者特定统计技术和问题研究（比如《我国政府统计调查发展与改革》《中国政府统计数据质量管理问题研究》），却没有一部著作能够系统论述政府统计，尤其是尚没有针对中国政府统计做全面讨论的著作问世。也就是说，前面所说的三层需求，前两层均有各类出版物与之对应，但针对第三层需求却仍然是一个空白点。我在本书酝酿设计阶段曾经与时任国家统计局副局长鲜祖德、国家统计局设计管理司司长程子林做专门讨论，他们明确表示"确实需要有这样一本书，但一直没有这样一本书"。

我从 20 世纪 80 年代至今一直从事政府统计的研究和教学工作。尤其是最近 20 年，开课程、带学生、做研究、提供咨询，都是在政府统计圈子里打转。先后承担 40 余项政府统计研究课题，涉及的政府部门以国家统计局为主，同时覆盖国家发改委、商务部、生态环境部、交通运输部等十余个中央政府部门，以及北京市统计局和其他委局，相关成果曾经出版专著和研究报告汇编，在国民经济核算、对外经济统计、资源环境生态经济核算、科技统计等领域有比较突出的贡献。曾经主持翻译《国民账户体系（2008）》《环境经济核算中心框架（2012）》等核心国际统计规范，曾经撰写覆盖各大国际组织、容纳各种国际指导性文献 200 余部的《政府统计国际规范概览》，熟悉政府统计国际规范及其发展趋势。曾经在国家统计局国民经济核算司挂职副司长，熟悉政府统计的实务工作流程，曾经被聘国家统计专家委员会成员，是中国国民经济核算研究会常务副理事长，多次参加和承担高层次政府统计发展战略和决策的咨询与研究。各方面工作交叉起来，在政府统计方面积累了大量实际经验，并基于这些经验不断进行思考，将这些思考提升起来，逐渐形成了对于政府统计的整体认识。基于上述，我打算填补空白，将政府统计作为管理对象，写一本系统讨论其理论、方法、机制和运行组织方式的书，最终确定的书名是《政府统计导论》。

二、内容框架形成过程

从 2010 年起我承担了应用专业硕士研究生课程"政府统计理论与方法"。据我了解，各大学这门课的常见方式，是邀请当地统计局等实务部门专家，按照不同专业领域，比如工业统计、投资统计、科技统计等，讲一些政府统计实操专题。我认为，这样的内容设计大体相当于主要统计指标诠释、相关统计调查方法介绍的升级版，对学生培养很有用，但没有达到以政府统计为完整对象讨论其理论、方法、组织机制的目标，无法让学生从管理视角对政府统计形成整体认知。

我自己经过几年摸索，形成了一套全新的课程内容大纲：从讲述什么是政府统计开始；进而介绍政府统计覆盖哪些内容，背后有怎样的组织机制保障；然后围绕政府统计工作过程，讲述如何通过分类识别整合各类统计对象，区别不同对象选择不同调查方法进行基础信息采集，按照不同方式进行综合统计信息加工，并通过不同渠道发布数据、提供咨询，实现政府统计的职能目标；最后综合起来讨论政府统计的能力建设。

经过数年积累，课程内容已经比较成熟。尤其是从 2018 年开始，我在学院组织了一个政府统计研究小组，拟出版系列著作，《政府统计导论》是第一部。为此我们认真讨论各部著作的提纲，同时专门与国家统计局专业官员（前面提到的鲜祖德副局长、程子林司长）讨论本书的内容大纲。2019 年曾经在国家统计局党校培训班上讲述相关专题内容，2020年按照这个大纲在北京市统计局（面向局机关各处室以及下属各区县统计局）开设了系列讲座（共五讲，线上与线下结合），2022 年在国家统计局启动的高层次人才培养计划第一期作为一门课程讲授（共 20 个学时），都取得了比较好的效果。这就是说，这样一本系统讲授政府统计理论方法、组织管理、能力建设的著作，不仅是统计学专业学生培养所需要的，在政府统计系统内对于人才培养、能力建设、提升工作质量同样具有重要意义。

三、总体目标和主要内容

《政府统计导论》的总体目标，是将政府统计作为一个信息系统，从管理视角出发，系统阐述其内容组成、组织机制、数据生产和服务的方法技术与流程控制，以及能力建设，帮助各类用户全面了解政府统计，同时为政府统计制度建设提供基础论证。具体内容大体概述如下。

第一章是绪论。概述政府统计的性质与功能，政府统计与统计学、经济统计的关系，介绍中国政府统计的简要历史，揭示政府统计的演进过程。

第二章是政府统计内容体系。从经济社会发展系统界定政府统计的内容框架，介绍政府统计的基本内容，包括经济统计、人口与社会统计、资源环境统计、科技创新统计；进而落实到中国，讨论中国政府统计的内容覆盖和组成状况。

第三章是政府统计组织体系。依据独立性、统一性确立处理政府统计内外关系的原则，结合各国经验讨论政府统计的不同组织模式，比较其优劣；然后落实到中国政府统计组织体系，概述新中国政府统计组织的历史沿革，介绍中国政府统计体制的基本架构和职责划分以及国家统计局的内部组织状况。

第四章是政府统计对象与统计分类体系。首先是各类统计对象的识别与定义，确立各类基本统计单位，然后通过统计分类实现对政府统计对象的分类观察；进而结合中国实际，从组织属性、经济活动性质、区域空间位置等维度解析当前应用的统计分类体系，以及通过单位名录库对统计单位进行管理的基本做法。

第五章是政府统计基础信息与数据来源。首先在供—求框架下总揽政府统计的基础信息，进而按照人口与住户、企业、行政事业单位，分别讨论其基础信息以及对应的数据源。

第六章是政府统计调查体系。从统计调查方法论入手与政府统计对接，讨论其与政府统计的契合程度以及政府统计的选择；进而延伸到行政记录、大数据等其他数据源在政府统计中的应用；最后从管理视角讨论政府统计调查"体系"的形成要素，重点介绍中国当前政府统计调查体系的组成结构和建设程度。

第七章是政府统计项目流程管理。将统计项目视为开展政府统计工作的抓手，介绍一个统计项目实际运作应遵循的业务流程；最后以中国当前开展的经济普查、住户抽样调查为例，展示一个大型统计调查项目的实际运作过程，同时也为读者了解这两项重要调查提供帮助。

第八章是政府统计数据加工与传播。基础信息的分析整合是统计数据加工必不可少的前期工作；进而将政府统计数据生产视为一个价值链，结合国际应用和中国实际，具体介绍从调查指标到行业/专业统计指标、再到更具综合性的核算指标/统计指数的数据加工过程；最后讨论政府统计数据产品的不同传播应用渠道和方式。

第九章是政府统计数据产品概览。从统计指标和统计指标体系的讨论入手，落实到中国政府统计，分别不同层次介绍当前最具代表性、应用范围最广的数据产品，为读者理解这些产品的要点、正确使用这些产品提供助力。

第十章是政府统计法制化、能力建设与质量评估。从政府统计宏观管理目标出发，结合国际规范和中国实际，介绍政府统计的法制化建设路径，进而讨论政府统计基础能力建设所涉及的不同维度，硬件、平台建设，人力资源培育，无形资产管理等，最后落实到对政府统计整体质量的评价方法。

四、学术创新和应用价值

政府统计是国家治理的基础设施；要建设好这个基础设施，必须对其内外机制、组成要素、运作过程进行深入研究。政府统计是一个庞大的数据信息系统，所提供的数据涉及国计民生、宏微观决策；要保证这个信息系统的有效运作，为各级政府和社会公众提供全面、准确、及时的数据信息，必须超越对单一指标、单一专业统计的关注，对整个数据生产过程及其保证、制约因素进行深入研究和顶层设计。本书拟在此方面率先做出尝试，填补空白，引导后续研究者持续跟进。

中国国家治理以党和政府的集中领导为核心，由此决定了中国政府统计的重要性。最近几年党中央、国务院连续出台文件，将统计监督提升到前所未有的地位，对中国政府统计建设提出了更高要求。为此，特别需要结合中国实际开展政府统计研究，为中国政府统计未来发展并以中国做法丰富政府统计相关国际规范提供方向和建议。本书研究和写作将充分体现以上要求，为讲好中国政府统计这个"故事"，各章内容均遵循以下逻辑展开：第一，从国际规范引入到国际经验介绍，最后落脚于中国实践；第二，从中国历史经验总结到当前实际状况剖析，最后尝试性给出未来建设方向。

本书的应用价值大体可以体现在以下三个方面。一是服务于政府统计管理研究，以提升政府统计效率、充分发挥统计在国家治理中的作用，并为将中国经验纳入国际规范提供支持；二是服务于统计学高级人才培养，为研究生培养、统计系统在职人员高层次业务培训提供参考材料；三是服务于各类数据用户，帮助他们全面了解政府统计，正确看待和使用政府统计数据。

本人在政府统计领域耕耘 40 年，在各专业统计领域积累了深厚经验。此部著作既是此前经验的凝结，同时又超越了各种具体经验实现了提升，可以说集中代表了我的学术成果，将为我的职业生涯画上圆满句号。

附笔：以上是 2021 年申报国家社科基金后期资助项目时撰写的论证材料。绝大部分文字均保留了当初的模样，只是在各章内容和后期讲授动态方面根据后来进展做了一点补充修改。现置于书前作为"自序"，以资纪念。

高敏雪

2024 年 11 月

目　录

第一章 绪 论

什么是政府统计？将"政府"这个前置词加在统计前面究竟意味着什么？在国际文献中，政府统计作为专有名词有多种大致类似的表述，对应的英语表述分别有：official statistics、government statistics①、national statistics、public statistics 等。由这几个常被混用的英文词语我们可以获得一些初步印象：政府统计是官方的，是在政府主导下完成的，是关于整个国家的，是具有公共性质的。然而，要对政府统计形成一个全面、客观的了解，仅靠粗浅印象还远远不够。要达到此目标，需要用一本书的篇幅来讲政府统计这个故事。

本书的目标就是系统地讲述政府统计这个"故事"，从内容、组织到方法，兼及过程管理和必要的工作实务。在具体讲述之前，先要正面回答"什么是政府统计"这个基本问题，阐释政府统计的基本性质和功能，说明政府统计所具有的国际化与本土化双面特征，并对中国政府统计历史作简要回顾。

第一节 政府统计的性质与功能

联合国大会通过的《官方统计的基本原则》开宗明义第一条说："官方统计是民主社会信息系统不可或缺的要素，为政府、经济部门和公众提供有关经济、人口、社会和环境状况的数据。为此，应由官方统计机构公正不偏地编纂通过检验证明有实际用途的官方统计并加以公布，以尊重公民的公共信息权。"

---

① 国际文献中较多用 official statistics，即"官方统计"，国内则更习惯称"政府统计"。在本书中两种表述同义，在引用国际文献时多沿用"官方统计"，在一般叙述过程中则以"政府统计"行文。

《中华人民共和国统计法》是"适用于各级人民政府、县级以上人民政府统计机构和有关部门组织实施统计活动"的部门法规，其中对政府统计的基本规定性有明确界定："基本任务是对经济社会发展情况进行统计调查、统计分析，提供统计资料和统计咨询意见，实行统计监督。"

以上引文严格说来并不是规范的定义①，但无疑已经将政府统计的性质和基本功能包含其间了。基于"基本原则"第一条，我们可以从中提取出有关政府统计的基本要素：

- 是一个国家和社会的信息系统的组成部分；
- 基本职能是由官方统计机构编纂并提供统计数据；
- 数据内容丰富，覆盖经济、人口、社会和环境各方面状况；
- 所提供数据属于公共信息，公民有权获得；
- 数据用户广泛，覆盖政府、各类经济体以及社会公众。

如果将针对中国政府统计所做规定纳入其中，还可以再加上以下要点：

- 政府部门应依法统计；
- 其职能可以从提供统计数据延伸到统计分析、统计咨询以及统计监督。

专栏 1-1 官方统计基本原则

2013 年 7 月 24 日联合国经济及社会理事会决议：……由统计委员会 1994 年通过、2013 年重申并经经济及社会理事会 2013 年 7 月 24 日第 2013/21 号决议赞同的官方统计基本原则如下。

原则 1 官方统计是民主社会信息系统不可或缺的要素，为政府、经济部门和公众提供有关经济、人口、社会和环境状况的数据。为此，应由官方统计机构公正不偏地编纂通过检验证明有实际用途的官方统计并加以公布，以尊重公民的公共信息权。

原则 2 为了保持对官方统计的信任，统计机构应基于严格的专业考虑，包括科学原则和职业道德，确定统计数据的收集、处理、储存和公布方法和程序。

---

① 没有找到有关政府统计或官方统计的规范定义。联合国主持下发布的各版《统计组织手册》中并没有给出明确定义，其最新发布的第四版《国家统计系统管理与组织手册》在"官方统计"标题之下给出了基于上述基本原则第一条的描述。United Nations. Handbook on Management and Organization of National Statistical Systems ［S/OL］. https：//unstats. un. org/capacity-development/handbook/index. cshtml，2022，具体见其中第 2.1 节以及附录 3。

原则 3　为便于对数据的正确解读，统计机构应按照统计来源、方法和程序的科学标准提供资料。

原则 4　统计机构有权就统计数字的错误解读及不当使用发表评论意见。

原则 5　可为统计目的从各种来源提取数据，不论是统计调查还是行政记录。统计机构在选择来源时应考虑到数据的质量、及时性、成本和给应答者造成的负担。

原则 6　统计机构为统计汇编收集的个体数据，不论涉及自然人还是法人，都应严格保密，而且只用于统计目的。

原则 7　应公布规范统计系统工作的法律、规章和措施。

原则 8　各国国内各统计机构之间的协调对统计系统实现一致性和效率至关重要。

原则 9　各国统计机构使用国际性概念、分类和方法可促进各级官方统计系统的一致性和效率。

原则 10　统计方面的双边和多边合作有助于完善各国官方统计系统。

资料来源：United Nations Statistics Division. Fundamental Principles of National Official Statistics ［EB/OL］. ［2013 - 07 - 24］. https：//unstats. un. org/fpos/implementation/.

专栏 1 - 2　《中华人民共和国统计法》（节选）

（1983 年 12 月 8 日第六届全国人民代表大会常务委员会第三次会议通过　根据 1996 年 5 月 15 日第八届全国人民代表大会常务委员会第十九次会议《关于修改〈中华人民共和国统计法〉的决定》第一次修正　2009 年 6 月 27 日第十一届全国人民代表大会常务委员会第九次会议修订　根据 2024 年 9 月 13 日第十四届全国人民代表大会常务委员会第十一次会议《关于修改〈中华人民共和国统计法〉的决定》第二次修正）

第一章　总　则

第一条　为了科学、有效地组织统计工作，保障统计资料的真实性、准确性、完整性和及时性，加强统计监督，发挥统计在了解国情国力、服务经济社会高质量发展中的重要作用，推动全面建设社会主义现代化国家，制定本法。

第二条　本法适用于各级人民政府、县级以上人民政府统计机构和有关部门组织实施的统计活动。

统计的基本任务是对经济社会发展情况进行统计调查、统计分析，提供统计资料和统计咨询意见，实行统计监督。

第三条　统计工作坚持中国共产党的领导。

国家建立集中统一的统计系统，实行统一领导、分级负责的统计管理体制。

……

资料来源：国家统计局，https：//www.stats.gov.cn/gk/tjfg/tjfl/202410/t20241010_1956870.html。

对上述要点加以整合，总结为以下问题，结合其他相关文献予以回答，即可对政府统计的功能定位和基本性质形成一个轮廓性认识。

第一，政府统计是干什么的？

政府统计以提供有关国家基本国情国力和经济社会发展基本状况的统计数据为基本职能。首先要通过调查或者其他方式收集基础数据，然后进行加工，形成具有综合特征的统计数据，最终发布数据。除了提供数据这一基本职能之外，政府统计是否应该对数据作分析解读，并形成对当前状况的判断，不同国家可能会有不同选择。一般而言，政府统计的职能主要限于生产数据、发布数据，解读数据、从数据中提炼观点可以留待相关数据用户自行完成。[①] 在中国，政府统计一直将自身职能做比较宽的定位，从调查延伸到分析、从提供数据延伸到统计咨询和统计监督，并且通过写入法律条文（《中华人民共和国统计法》）予以明确。[②]

第二，政府统计应该提供哪些方面的数据？

政府统计数据覆盖面广泛，所涉内容都与国家的基本国情国力和基本发展状况有关。上述基本原则第一条将此范围大体归纳为人口、经济、社

[①]　联合国《统计组织手册（第三版）：统计机构的运作和组织》（纽约：联合国出版物，2003），第 510～512 段。

[②]　郑京平. 统计分析与预测——官方统计不可或缺的重要功能 [J]. 统计研究，2005（10）：3～7；党的十九大以来有关国家治理体系的有关决议中特别强调统计监督的重要性，由此提升了统计监督在统计职能中的地位，具体见中共中央办公厅、国务院办公厅印发《关于更加有效发挥统计监督职能作用的意见》，https：//www.gov.cn/zhengce/2021－12/21/content_5663844.htm。

会、环境等方面，但不同国家所实现的政府统计覆盖范围和详细程度会有很大差别。具体到中国，我们可以通过每年年初国家统计局发布的《国民经济和社会发展统计公报》获取一个大概印象，所列专题包括：综合（含人口、经济增长、就业、物价、外汇储备），农业，工业和建筑业，服务业，国内贸易，固定资产投资，对外经济，财政和金融，居民收入、消费和社会保障，科学技术和教育，文化旅游、卫生健康和体育，资源、环境和应急管理，① 可谓覆盖了经济社会生活的各个领域。

第三，为什么要由政府统计提供这些数据？

之所以要由政府提供，是因为此类数据基本上属于公共产品。首先，此类数据生产难度很大，所涉内容覆盖面非常宽，每一类内容的统计范围非常大，相当大一部分数据要求定期、连续发布。其次，对此类数据的需求具有特定属性，既体现了普遍性和非排他性，公众都需要，公众都可以获取；又要求必须达到标准化，以保证能够传递统一的信息。这就决定了这些数据的生产和提供难以借助市场由私人机构运作。可以说，只有政府才有能力调动各种资源进行数据生产，全方位地提供这些数据，所谓"能力"，不仅是能否具备对应的人力财力资源，还包括以立法形式强制要求所有被调查者提供数据的公权力；也只有政府才能超越数据局部需求的利益诉求，具有发布这些数据的公信力。

第四，政府统计是如何组织实施的？

生产和发布政府统计数据的过程被称为政府统计工作实务。如何有效实施这一整套统计工作实务，需要有相应的组织机制做保证。毫无疑问，政府统计是在政府机构主导下完成的，多数国家政府都会设置一个专门的"国家统计局"负责相关事务。但是，不能简单地说所有政府统计数据都是由国家统计局（以及各级统计局）这个政府机构生产的。事实上，政府统计的组织架构有不同模式，可能偏于集中或者偏于分散。除非是绝对集中模式，政府统计实务有可能存在于几乎所有的政府职能部门之中。以中国为例，尽管国家统计局是政府统计的综合管理部门，但大量统计工作包含在诸如工业与信息化产业部、商务部、教育部、生态与环境保护部、交通运输部等职能部委部门之中，可能由专门的统计机构负责，也可能只是作为一项职责存在于各种业务机构之中，各自负责自己职能相关领域的政府统计数据生产，并与国家统计局形成一定的业务关系。

① 最新发布是《中华人民共和国 2023 年国民经济与社会发展统计公报》，https：//www.stats. gov. cn/xxgk/sjfb/tjgb2020/202402/t20240229_1947923. html。

第五，政府统计部门如何进行数据生产？

统计数据生产需要一个完整的工作流程，政府统计也不例外。一般而言，从一个统计项目出发，其工作过程大体包含以下环节：统计设计，对其内容和生产方式作出规范；统计调查，按照设计要求取得基础资料，为数据生产提供"原材料"；统计数据加工，将调查获取的基础数据加工成综合统计数据，形成"统计产品"；统计数据发布，通过各种方式将统计数据及相关信息提供给用户。面对不同统计内容和不同数据资源，上述各环节可能有不同的侧重点。从数据源考虑，一种情况是利用政府部门在管理过程中形成的行政记录，生成统计数据；另一种情况则是要面向社会开展大范围的实际调查，或者从社会相关单位收集其所掌握的数据，然后对这些调查资料进行处理加工，最终形成具有综合性质的统计数据。

第六，统计部门如何为用户提供服务？

政府统计数据的最大用户是政府本身，尤其是一些综合性政府管理部门，特别依赖于政府统计提供的数据作为宏观管理和决策的依据。但政府统计的服务对象并不限于政府部门。作为公共产品，政府统计数据使用者分布广泛，按照属性划分，大体分为：其一是政府，为公共管理而使用统计数据；其二是企业，为经营决策过程中了解宏观背景而使用统计数据；其三是媒体和公众，出于对国家公共事务的关注和了解而使用统计数据；其四是研究者，为进行科学研究而使用统计数据。① 从其公共产品属性出发，统计部门应该保证政府统计数据最大限度的公开化，应力求统计数据公共查询渠道多元化并保持畅通，在提供统计数据的同时公布有助于了解数据产生背景的辅助信息，而且，大多数统计数据应免费提供。

第二节　政府统计与统计学、经济社会统计的关系

政府统计的性质还可以透过其与统计学和经济社会统计的关系来说明。

说到统计，其含义常被赋予统计学、统计资料、统计实务三个侧面，在不同场景会有不同侧重。政府统计也不例外，其产出肯定是一套显示国

---

① United Nations. Handbook on Management and Organization of National Statistical Systems［S/OL］. https：//unstats. un. org/capacity-development/handbook/index. cshtml，2022，具体见其中第2.7节。

家经济社会发展基本条件和当前状况的统计数据（及辅助材料），其数据生产过程就是通过既定组织体系建立起来的一套工作实务，而在工作过程中必然包含一整套基于一般统计学形成的方法论。

我们可以将政府统计放在如下一个二维架构之中（见表1-1）。一方面是政府统计的对象和内容，涉及人口、经济、社会、环境等领域，就其状况提供数据是政府统计的根本目标；另一方面是政府统计过程中应用的统计方法，主要来自统计学，包含描述统计方法和推断统计方法，并进一步推广到数据科学。二维交叉之处，就是政府统计的一套工作实务过程和具体方法论，其结果就是通过统计实务获取的一整套政府统计数据资料。

表 1-1 政府统计与统计学的关系

项目		方法论基础		
		描述统计	推断统计	数据科学
对象和目标	人口	政府统计实务与方法论 以及 一整套政府统计数据、资料		
	经济			
	社会			
	环境			
	……			

据此可以认识政府统计与统计学、经济社会统计之间的关系，厘清本书后面要介绍的内容。政府统计的基本内容不是针对所提供的一套数据分析经济社会发展的基本状况和未来趋势，这是经济社会统计的主要职责；同时，政府统计也不会一般性地讨论诸如数据的计量尺度等描述统计原理，或者抽样误差对统计推断的影响，这是统计学的主要内容。政府统计关注的是：在运用一般统计学方法、以经济社会环境统计为目标而开展实际数据搜集和加工的一套工作实务过程中所包含的方法论。就是说，在此过程中，统计学为开展政府统计提供了一般方法论，但政府统计要将这些一般方法论落实到特定的领域应用，由此形成了具体方法论；经济社会统计的数据主要来自政府统计，但政府统计的基本着眼点并非每一个具体经济社会统计指标的内涵以及在特定时间上的数值水平，而是要将各类经济社会指标及数据生产作为工作对象，考虑其中的数据采集、数据加工、数据质量以及如何面向社会公众提供服务等问题。

举例而言，政府统计在数据调查采集阶段肯定会用到抽样调查。有关抽样调查的一般原理在此处会发挥作用，比如各种抽样方法及其不同适用条件、抽样误差与总体方差及样本量的关系、调查成本在其中的约束作用，等等。但政府统计不再一般性地讨论这些问题，而是要将这些方法原理放在政府统计调查的实际场景之中，比如农产量调查或者住户调查，给出实际抽样方案，并在此基础上形成一整套样本抽选、样本数据采集、总体数据推算及误差修订方案。政府统计调查常常是覆盖全国的、以推算总体指标为目的的、定期并连续实施的，这就决定了抽样方法的应用会自有特点，需要面对的问题也不同于一般的市场调查或社会调查。政府统计就是要面对一个特定的政府统计调查项目，讨论可能产生的具体方法问题，给出解决方案。

再举一例说明政府统计与一般经济社会统计之间的关系。消费价格指数（CPI）是人们耳熟能详的经济指标，能够快速反映市场以及宏观经济形势变化，其数据发布常常会引起社会各界的诸多关注。严格说来，政府统计的关注焦点不是 CPI 当期实际取值的经济意义，而是 CPI 的数据生产过程及其方法问题。比如，如何从众多的消费品和服务中分类确定代表品，如何在不同市场上针对代表品采集价格信息，如何选择合适的权重并分层计算价格指数，等等。至于如何从内涵上、组成上解读 CPI，探讨 CPI 变化与宏观经济的关联，甚至还可以前推到如何更好地定义 CPI 内涵，研究 CPI 的有效性，这些都是经济统计的研究内容和职责所在。对中国而言，政府统计常常被赋予一定的数据分析、统计咨询等职能，这在某种程度上会使政府统计的边界得以扩展，并影响其与经济社会统计之间的关系。但即使如此，也不会从根本上改变两者之间的基本职能区分：政府统计更侧重于数据生产以及在此过程中的方法论，经济社会统计更侧重于基于相关理论对经济社会指标及其现实表现作分析研究。

反过来看，上述认识为统计学、经济社会统计研究者介入政府统计研究提供了路径。一方面，统计学（以及数据科学）应将政府统计视为自身方法技术的重要应用场景，可以在政府统计整个业务流程的各个阶段提供统计技术支持，为改进政府统计现有做法贡献力量。除了上面提到的抽样方案设计之外，还可以延及调查对象的界定与分类、获取原始数据的方式方法、已获取数据的清洗与加工、综合统计数据的系统展示等各个方面。另一方面，经济社会统计研究者借助于统计学背景和数据用户这一重要身份，反过来可以对政府统计"统什么""怎么统"产生重要影响，在政府统计项目设计、统计指标设置和内涵论证、统计指标体系组成和功能设计、统计数据的深度开发应用等方面，结合实际提供更具应用价值的建议和论证方案。

第三节　政府统计的国际化与本土化

行文至此，细心的读者可能已经感受到，以上叙述常常会在两个层面作出论述：国际上如何，中国如何。实际上，这种叙述方式不仅限于"绪论"，而且贯穿全书。这是因为，政府统计不仅是一国的，同时也是世界的。

政府总是建立在国家基础上的，所以，政府统计要立足一国而构建。无论哪一个国家，其政府统计只能发布本国的人口数、国内生产总值、平均预期寿命、石油天然气储量等。如果涉及其他国家的官方数据，只能是"引用"，其数据应来自相关国家或国际组织的发布。以《中国统计年鉴》为例，虽然会提供一些主要国家的主要指标数据，但要放在最后的"附录"部分。有时候，会有若干国家因为某种缘故产生更密切的联系，联合编辑政府统计数据，比如金砖国家自 2010 年起开始编辑《金砖国家联合统计手册》，但也是按照商定的内容、由各国提供自己的官方数据，然后并列编辑在一起发布，遇到不同处理只能作附注加以说明。如果对某国发布的官方数据有疑问，尤其是针对双边关系下各种活动的数据，比如，A 国对 B 国出口商品，A 国记录的出口数据可能与 B 国记录的进口数据不一致，那也只能通过官方机构予以协商，不能擅自更改对方的数据①。

但是，这并不意味着一个国家的政府统计可以随心所欲，关起门来各搞一套。事实上，政府统计具有很强的国际性，而且其趋势在逐步加强。其原因在于，在全球化背景下，各国经济社会发展存在着密切的联系，一国政府统计数据的用户不限于本国而是会延伸到国外，一国的统计数据也不仅限于反映本国经济社会发展状况，而且要与其他国家的同类数据作比较，甚至还会加总在一起。为此，要求国家之间的统计数据应具备可比性，有些指标还要具备可加性。比如，人口数、国内生产总值（GDP）、进出口总额、能源消费量等总量指标，各国必须按照统一的定义提供数据，这样才能加起来反映全球各国一共达到多大规模，并在此基础上计算不同国家各自占有多大份额。又如，价格指数（如 CPI，反映价格变化幅

---

① 中美双边贸易统计数据就是一个典型的例子。长期以来，中国和美国相关部门各自公布的贸易数据一直存在不一致，中国公布的对美出口（或进口）数据不同于美国公布的来自中国的进口（或出口）数据。为了消除这些不一致，曾经有多次双边会商，2012 年还曾经专门成立中美商贸联委会工作组研讨解决其间的不一致。

度）、生产率（产出与投入之比，可以是劳动生产率，也可以是资本收益率）、资源存储比（资源储量与年度开采量之比，说明当前拥有的资源储量可以开采多少年）等指标，虽然不以全球范围内相加为前提，但仍然要求在内涵、口径以及统计范围等方面具备可比性，这样才能便于用户了解各国在此方面各自处在什么水平，有多大差异，相互之间是否存在连带效应。

如何实现各国之间统计数据的可比以及可加？这就需要在各国政府统计之间做沟通和协调，制定能够超越单个国家政府统计的国际规范和国际标准。如何沟通？谁充当这个国际协调人？需要有平台，需要有国际组织。通过相应的平台，可以展示各方经验，交流观点和研究实验成果。只有这些国际组织，才能超越单个国家的立场，对组织范围内的成员国发挥约束作用，对非成员国起到一定的示范作用。在此意义上，官方统计甚至可以被定义为"各国国家统计系统根据官方统计基本原则以及国际商定的统计标准、守则和建议而形成的一套国家立法和方案"①。

除了协调之外，国际组织更大的作用体现在对各国政府统计建设的指导方面，即通过制定各种标准和规范，以及相关培训和示范，指导各国尤其是后进国家进行政府统计建设，提高数据生产能力。一般而言，国际统计规范的基础是各国已有统计实践经验，尤其是发达国家的统计实践经验，然后在国际机构协调下经过进一步研制而成。因此，以这些规范为指导，不仅对于提高各国政府统计数据的可比性大有裨益，而且特别有助于发展中国家的统计建设，相当于将发达国家摸索出来的经验，通过国际标准化而传输给欠发达国家。专栏1-3针对政府统计国际规范的基本情况作了轮廓性描述，由此，读者可以大体感受到当前国际组织在制定统计国际规范方面所作出的努力，并延伸想象一下这些国际规范对各国政府统计的影响。以下仅就与政府统计有关的国际组织、区域国际组织及其在制定政府统计国际规范方面所发挥的作用作简单介绍。

专栏1-3　两份政府统计国际规范清单

2011年联合国统计委员会通过统计活动协调委员会汇编了一份国际统计规范清单。这份清单包含93份文献。以下是对此清单的分类说明。

---

①　United Nations. Handbook on Management and Organization of National Statistical Systems [S/OL]. https://unstats.un.org/capacity-development/handbook/index.cshtml, 2022, 具体见其中第2.2节和第2.3节。

● 作为政府统计国际规范，大体包括以下几类：一是统计委员会成员组织正式出版的方法性出版物；二是经国际商定的统计分类；三是由国际统计系统以外的机构出版但得到统计组织广泛利用的标准；四是由相关的全球或者区域统计机构采用的全球和区域标准。

● 内容涉及：统计分类（17 种）、概念与定义（40 种）、方法和程序（36 种）；

● 覆盖领域：人口与社会（15 种）、经济（57 种）、环境与多领域（18 种）、数据收集处理传播分析（25 种）、统计战略（2 种）等多个领域（该清单按照多元领域分组，故各组合计大于 93 种）；

● 牵头制定机构：联合国统计司（25 种）、联合国欧洲经济委员会（17 种）、经济合作与发展组织（16 种）、国际货币基金组织（11 种），此外还涉及欧洲中央银行、联合国教科文组织、联合国粮农组织、联合国国际电信联盟、世界贸易组织、联合国贸易与发展会议、联合国人居署、联合国工业发展组织、世界卫生组织等。

资料来源：联合国统计委员会第 42 届会议 2011 年 2 月 22 日至 25 日临时议程. 统计活动协调委员会关于全球统计标准汇编的报告［R］. http：//unstats. un. org/unsd/statcom/doc11/Report-Final-C. pdf。

2017 年中国人民大学国民经济核算研究所基于上述 93 部规范作了进一步扩展，编辑了一部《政府统计国际规范概览》，其中收纳了各个国际组织针对政府统计所制定的各种标准、指南、方法手册共 206 部。以下是对书中所收规范的分类说明。

● 内容覆盖：综合（13 种）、国民核算（24 种）、人口与就业（28 种）、住户（9 种）、行业与企业（16 种）、价格（6 种）、财政与金融（11 种）、国际贸易投资与全球化（14 种）、交通运输与通信（13 种）、教育科技与创新（12 种）、城市与社会（17 种）、资源环境与可持续发展（32 种）、统计工作（11 种）。

● 牵头机构：联合国统计司（63 种）、联合国欧洲经济委员会（16 种）、经济合作与发展组织（22 种）、国际货币基金组织（13 种）、国际劳工组织（9 种）、欧盟统计局（26 种），此外还涉及联合国经济与社会事务部（10 种）、联合国教科文组织（6 种）、联合国粮农组织（2 种）、国际能源署（3 种）、欧洲中央银行（3 种）、国际清算银行（4 种）、联合国国际电信联盟、世界贸易组织、联合国贸易与发展会议、联合国（UN）。国际统计合作是联合国的责任之一，其标志性机构是联合国统计委员会（UNSC）。作为覆盖范围最大的国际组织，联合国在政府统计国际规范制定方面作用巨大，超过一半的国际标准、准则、指南由联合国及相关机构制定，或者由联合国牵头其他国际组织联合制定。《官方统计基本原则》产生于联合国大会，代表了最高级别的国际规范。《统计组织手册》由联合国经济社会委员会制定，对各国政府统计组织体系建设有重要的指导意义，至今已经发布第四版。联合国统计司（UNSD）是联合国秘书处经济及社会事务部下设的统计机构，其主要职能就是促进全球统计系统的发展、汇编和传播全球统计信息、制定统计活动的标准与规范，这就决定了其是政府统计国际规范的主要制定者，所制定的规范不仅覆盖人口、经济、社会、环境各个方面的统计，还涉及政府统计组织、统计实务流程的不同技术环节。比如，联合国统计司不仅代表联合国牵头各国际组织编制了《国民账户体系》（SNA），还独立编撰了关于国民核算的系列手册，此外，还牵头制定了被广泛应用的《所有经济活动的国际标准产业分类》（ISIC）、有关人口普查的系列手册、有关住户调查和抽样设计的手册等。联合国欧洲经济委员会（UNECE）是一个地区委员会，主要职能是协调其区域内及其与区域外国家之间的国际统计活动，但在国际规范方面很有作为，出台的规范对世界各国都具有指导意义，比如《通用统计业务流程模型》《使数据有意义》等都出自该机构。国际劳工组织（ILO）也属于联合国，其在就业、失业和劳动统计方面提供了不少国际规范，比如《国际职业标准分类》《国际劳工组织统计学家会议决议》等。此外，还有联合国教科文组织、联合国世界粮农组织、联合国工业发展组织、联合国国际电信联盟、联合国贸易与发展会议、联合国人居署等专门组织，都包含一定的统计职能，可以在其专业统计领域范围内制定国际规范。

经济合作与发展组织（OECD）。该组织成立于1961年，是政府间国际经济组织，其成员大部分属于发达国家，以促进世界经济繁荣、改善民生、增进福祉为己任，致力于建立国际标准，为一系列社会、经济和环境挑战寻找循证解决方案。该组织设有专门的统计和数据部门负责统计工作,不仅收集和发布统计数据、建立数据库,而且还特别重视国际性统计标准的开发,在科技统计、国际经济统计等方面处于领先地位。《外国直接投资基准定义》《弗拉斯卡蒂手册:研究与试验发展调查实施标准》《奥斯陆手册:创新数据的采集与解释》《知识产权产品资本测算推导手册》《OECD 生产率测算手册》等,都作为国际通用规范被各国政府统计所认同。

国际货币基金组织(IMF)。该组织成立于 1945 年,致力于促进全球货币合作,确保金融稳定,推动国际贸易,促进高就业和经济可持续增长。该组织内部专门设有统计部门,帮助各国编制、管理和报告宏观经济和金融统计数据。一方面是制定各种专题性国际统计标准,《政府财政统计手册》《货币与金融统计手册》《证券统计手册》《金融稳健指标编制指南》《外债统计:编制者和使用者指南》等均被相关领域作为国际规范应用;另一方面是为提高各国经济信息透明度而制定政府统计数据发布标准,比如适应不同发展阶段国家分别制定的《数据公布通用标准指导手册》《数据公布特殊标准指导手册》。这些工作对形成高质量、一致和可比的宏观经济和金融数据,促进和提高跨国数据分析质量,均起到了积极作用。

欧盟统计局(EUROSTAT)。欧盟统计局在欧洲统计体系下开展工作,主要职责是在欧盟范围内处理和发布可比的统计信息。为达到此目标,需要通过相应的统计标准,形成在概念、方法、框架和技术等方面达于通用的统计"语言"。基于此,欧盟统计局在政府统计方法研究和实务标准化研究方面一直居于国际领先水平,为其他国际组织和全球各国政府统计提供了重要参考。

除上述之外,还有其他各种专业性国际组织,包括世界贸易组织、世界卫生组织、国际标准组织、国际旅游组织、国际能源署、欧洲中央银行、国际清算银行等,都会在其专业领域范围内承担相应的统计职能,从而为政府统计国际规范制定和数据库建设作出贡献。

以上讨论集中强调政府统计国际规范的重要性,进一步我们还应认识到,不能说有了这些国际规范,各国政府统计就可以直接照搬。一国政府统计的服务对象首先是本国的管理和社会公众,要基于本国现实而设计和实施。不同国家在自然、历史、制度、发展程度等诸多方面均存在差异,这就决定了各国政府统计在内容、方法、组织模式上都会有自己的特点,难以与国际规范保持完全一致。一般而言,发展中国家政府统计建设水平相对滞后，常常难以在国际规范制定过程中发出自己的声音，由此导致当前所形成的国际规范可能更多地体现了发达国家的经验以及意愿；这种情况反过来也会影响国际规范在发展中国家的适用性。基于此，各国（尤其是发展中国家）需要在政府统计本土化与国际化之间作出权衡和协调。一方面要遵循国际规范，借鉴来自先进国家的经验；另一方面则要将这些规范和经验与本国实际情况结合起来，进行本国政府统计建设。

对于中国而言，一方面，政府统计既是中国的也是世界的，中国政府统计要服务于中国社会公众，同时也要为其他国家提供统计经验；另一方面，政府统计既是世界的也是中国的，中国政府统计应积极借鉴国际经验，同时必须在具体实施过程中体现自己的特点。对于本书而言，我们的目标是：一方面要了解国际规范——可将其视为规范的政府统计；另一方面则要把握中国政府统计的具体处理经验——可将其视为现实的政府统计。

第四节　中国政府统计的简要历史

中国具有悠久的历史传统，很早就确立了以中央集权为特征的政治制度，因而有关国情国力的政府统计起源很早。但是，从近代开始，伴随外来势力侵蚀和中国国力日渐衰微，中国传统政治治理体制逐渐坍塌，导致传统政府统计难以为继，与政治体制一起，面临着必须向现代统计机制转化的历史性任务。因此，可以认为，现代政府统计体系建设是从中华民国开始起步的。

一、民国时期的政府统计

1911 年辛亥革命结束了清王朝统治，建立了中华民国，但迅速进入军阀割据的混乱局面，即所谓北洋政府统治时代。以 1927 年为标志，蒋介石领导的国民党建立中央政府，开启了统一中国之路，即所谓训政时期。1948 年起政治制度又有变化，但伴随中华人民共和国成立，中华民国在大陆实际执政年代随即结束，这一小段时期常常被忽略，直接被归并到前一阶段。①

---

① 以下叙述的主要参考资料是：朱君毅. 民国时期的政府统计工作 [M]. 北京：中国统计出版社，1988；王一夫. 新中国统计史稿 [M]. 北京：中国统计出版社，1986；李惠村. 中华民国时期统计史略 [J]. 现代财经－天津财经学院学报，1993（5）：48－53。

政府统计是国家政治和行政治理制度的组成部分，所以，中华民国政府统计发展阶段的划分也要体现上述特征。先是以 1927 年为界分为北洋政府时期的政府统计和国民党政府时期的政府统计，可以说，现代意义上的政府统计开始于后一阶段。但是，从政府统计本身的建设而言，其进展还会有其不同特征，因而需要在两阶段区分基础上再做区分，主要是以 1931 年主计制度建立为节点，将训政时期再区分为两个阶段。这样，整个中华民国时期的政府统计工作包括三个阶段：1911～1927 年为北洋时期；1927～1931 年为前主计制度时期；1931～1949 年为主计制度建设实施时期。

　　总体而言，北洋时期政府统计工作乏善可陈，"承袭清末规模，略事更张，各机关各自为政，虽有集中的统计机关，而无统筹的统计计划，因此，统计工作零星片段"。第二阶段是国民党执政初期，"政府注重统计调查，普遍设置统计机构"，虽"统计事权还未集中统一"，但开展的"统计工作要比第一阶段为多"。第三阶段是国民党巩固其执政的时期，为掌控国家财政大权，特设置主计处，政府统计基于主计处在组织机制上实现了集中统一，据此开展了多种统计工作，但仍然无法实现全国范围的实际调查统计，统计内容也比较有限。①

　　组织机制建设最能体现政府统计建设水平。民国初期，中央政府承袭旧制，各部均有统计机构，但直到民国五年（1916 年）在国务院下设统计局，统计事务才在名义上有了最高机关。国民党主政之后，政府各部门统计和地方统计机构均显著加强，但总体看，中央虽有最高机关但无法统筹全局，各部门和地方政府的统计机构建制不一、职责不清、各自为政倾向严重，这种情况直至 1931 年主计制度筹建才开始发生改变。所谓主计制度，是以"超然"（直接隶属国民政府，独立于其他部门和机构）为原则，对全国数字进行计算的一套原则、办法、程序和组织机构。实施主计制度的背景是要加强财政监督，其中包含一套由"岁计、会计、统计"组成的架构，岁计是年初财政预算，会计是预算执行的记录，统计则是为编制预算提供参考资料，为此，统计局被置于主计处之下。但是，统计的职能并不仅限于财政监督，而是要为整个政府"一般政事"的设计、执行、考核提供辅助，因而统计局架构体现了一套完整的政府统计机制。在此过程中，统计局要统领政府各机关的统计工作，负责制定统一的统

---

　　① 引文参见：朱君毅. 民国时期的政府统计工作 [M]. 北京：中国统计出版社，1988：1. 其他文献的评价与此大体类似。

计方法和统计表，开展"国势调查"和其他部门无法覆盖的综合调查，编制全国统计数据报告。可以说，至此民国政府统计有了一套比较完备的组织机制。

具体开展的统计调查和数据发布最能体现政府统计实际达到的水平。受国情国力影响，民国初期政府统计基础薄弱，所开展的实际调查统计工作非常有限，在人口和户口、农业、手工业、物价方面均有涉及，但一直没有形成全国性调查结果，比较突出的是以铁路为重点的交通运输统计。主计制度建立之后政府统计能力有了一定提升，统计工作有所加强，总结此后完成的基本"国势调查"和常规统计工作，主要包括：1942年的户口普查以及相关人口调查，持续开展的遍及全国不同城市/地区的物价调查和价格指数编制，始于上海此后曾经尝试扩展到更大范围的工业普查，局部地区尝试进行的农业普查，针对政府各机关职能行使及其结果的公务统计，以及教育统计等。自1935年开始编制《全国统计总报告》呈送国民政府内部应用，不同年份曾先后编辑《中华民国统计提要》《中华民国统计简编》《中华民国统计年鉴》等，以及《统计月报》，公开发行供社会各界使用。

二、中华人民共和国政府统计的建设与发展

中华人民共和国成立后百废待兴，其中就包括政府统计。总体看，此时的政府统计并不是民国政府统计的承接；此前中国共产党领导的解放区虽然有统计、有调查，但不足以作为全国政府统计的基础。因此，新中国政府统计是一套全新的体系，其源头是东北统计局的建立以及所开展的工作，背后则是来自苏联的政府统计经验和具体指导。也就是说，中华人民共和国政府统计应以1948年东北统计局为起点。①

按照一般历史分期，新中国成立70多年的发展历程包括：恢复时期（1949~1952年）、"一五"时期（1953~1957年）、"二五"时期（1958~1962年）、调整时期（1963~1965年）、"文革"时期（1966~1976年）、改革开放新时期（1977年至今）。以此为依据并结合政府统计的建设过程，大体可以分为以下阶段。

酝酿和初创时期。以1952年国家统计局成立为标志，创建全国统一

---

① 以下叙述的主要参考资料是：王一夫. 新中国统计史稿［M］. 北京：中国统计出版社，1986；本书编写组. 领导干部基本统计知识问答［M］. 北京：中共中央党校出版社，中国统计出版社，2024。

的统计工作体系。其间组织了第一次全国工业普查以及工农业总产值、劳动就业等专项调查，在国民经济的主要领域开始建立统计报表制度。

建设时期，包含"一五"时期、"二五"时期和调整时期。尽管其间有起伏有波折，尤其曾经受到"大跃进"时期"浮夸风"的负面影响，但总体而言，最大成就是在计划经济体制下建立起来一套相对成型的政府统计体系，统计工作有了很大拓展。其中包括：一是开始统一制定全国性的统计制度和统计方法，在农业、工业、贸易等很多方面开展覆盖全国的统计调查；二是从中央到地方各级政府建立了相对独立的统计机构，相关政府部门也开始有了正规的统计机构；三是开展了第一次全国人口普查①和其他多项普查；四是开始通过统计公报、专题报告（如 1959 年出版的《伟大的十年》）形式向社会提供统计数据，为国家建设和政府决策提供了必要的统计支持。

受重创时期。"文化大革命"期间，统计局一度被撤销，专业人员被下放，相关统计工作停止。从 1970 年起开始逐渐恢复，但仅限于最基本的统计活动，直到 1975 年才开始谋划政府统计全面恢复工作。

改革开放大发展时期。1978 年国家统计局恢复，统计部门重新焕发生机。在改革开放大背景下，政府统计经历了恢复、转变、创新不同阶段，实现了跨越式发展。经过多年建设，基础统计能力大幅提升，统计工作无论在内容覆盖范围、统计方法方面，还是统计服务水平方面，均实现了跨越式提升。其中应重点提及的事项有：一是 1982 年开展了具有国际水平的第三次人口普查，后期不断改进，形成包括人口普查、农业普查、经济普查在内的周期性普查制度；二是 1981 年第一次公开出版《中国统计年鉴》，此后适应信息化时代要求逐步形成多种数据发布渠道，服务社会；三是 1983 年颁布实施《中华人民共和国统计法》，此后出台实施细则和相关行政管理条例，标志着政府统计从此走上法制化轨道；四是自 20世纪 90 年代开始实施与国际接轨的国民经济核算体系，并在后期不断改进，当前已经发布《中国国民经济核算体系》2016 版；五是 2005 年国家统计局探索进行统计管理体制改革，在省、市、县分设直属调查队，以此确保能够为政府统计数据生产提供可靠的基础资料；六是在企业统计报表

---

① 这是从清末到民国时期一直准备而未能实施的人口普查，受到国内外相关领域的极大关注和肯定。著名经济史和人口学家何炳棣在《明初以降人口及其相关问题（1368–1953）》（中华书局，2017）一书中说：明清和近代一系列人口数据中，没有一项基于真正的人口普查。他认为明初以来只有四个比较可靠的人口数字，最后一个就是 1953 年人口普查数据，距离他给出的第三个人口数字的时期——清道光三十年（1850 年）——整整过去了一百年。

制度基础上，2011 年开始实施基于基本单位名录库、企业一套表制度、数据采集处理软件平台和联网直报系统的统计"四大工程"，统计生产方式发生了根本性改变；七是党的十八届三中全会以来，政府统计在统计改革方面有很多大动作，不断完善国民经济核算制度，推进防范和惩治统计造假弄虚作假责任体系，努力形成新时期推进高质量发展的统计体系，探索信息时代政府统计的自我更新和现代化建设，在国家治理体系中积极发挥政府统计的职能作用。

总结中华人民共和国政府统计发展历程，一方面是政府统计从无到有、从封闭到开放所取得的巨大成就，另一方面不可否认在此期间曾经走过不少弯路，有些争议一直持续到今天。比如，如何看待当年"一边倒"学苏联，将政府统计作为社会科学、完全摒弃数理统计方法应用的选择；如何处理调查研究与全面统计之间的关系、统计监督与统计服务的关系；如何在服务政府相关部门决策和管理的同时，保持政府统计的独立性和统一性。相关内容本书后面章节会作讨论，整体而言，新中国成立 70 多年来，"中国政府统计基本建立起了与社会主义现代化建设相适应、充分借鉴国际统计准则、能够满足经济社会发展需要的现代统计体系，包括比较完整配套的统计法律制度、比较完善高效的统计组织体系、比较科学适用的统计调查体系、以现代信息技术为支撑的统计生产方式、比较高质优效的统计服务体系、国际统计交流与合作的良好机制。统计数据已成为国家的重要战略资源，政府统计在促进经济社会发展中的作用日益增强"[①]。

第五节　政府统计仍然处于演进中

政府统计正处于持续演变之中，现代化进程中的政府统计面临诸多挑战，主要体现在以下方面。

伴随着人类经济社会持续发展，政府统计的对象和具体内容在持续演进。人与自然的关系、经济发展与社会发展的关系、经济体系的内部机制，以及全球化背景下的区域之间、国家之间的关系，这些都处于变化之中。政府统计要对这些变化作出反应，必须对统计内容不断作出相

---

①　以上概括来自国家统计局官网上一版首页。尽管官网改版以后已经看不到这段文字，但仍然可视为对中国政府统计数十年建设成就的全面总结。

应调整，以便能够适时为国家乃至全球范围内的管理和决策提供数据信息服务。在此方面最突出的例子，是联合国近期推出的可持续发展目标指标体系，其指标覆盖范围之广、指标颗粒度之细，都显著超出既有政府统计的常规内容。如何进行相应的指标数据源开发，不仅是满足全球可持续发展 2030 年目标所必需，同时也被视为拓展政府统计的突破口。

伴随信息技术革命的发展，要求政府统计必须变革现有数据生产方式。数字化时代，经济社会发展的行为模式正在发生巨大变化，并通过大数据技术记录下来，可以直接产生大量基础信息。这些变化对于政府统计而言，一方面是机遇，有助于拓展数据的可获得性，从而提高统计数据的质量和周期性；另一方面也是挑战，政府统计既有的获取基础数据的方法和渠道，进行数据综合加工的方法、数据的传播与服务方式，都要适应数字化时代的特点，未来政府统计的生产方式必然会有革命性变革。

受上述影响，未来政府统计的能力建设任重道远。一方面是信息技术软硬件基础设施建设，另一方面需要在组织架构、统计机制以及人才管理上作出反应。

回顾过去四十余年的发展，我国政府统计已经取得长足进步，但面向未来仍然需要迎接挑战，不断探索，提升统计能力，服务于我国未来经济社会发展，并为国际政府统计理论与实践提供来自中国的经验。

第二章　政府统计内容体系

关于政府统计有两个比喻。一个比喻是眼睛，政府统计像一双可以将经济社会发展状况尽收眼底的眼睛，通过这双眼睛识别当前状况，然后将信息传送给大脑（各级管理部门）；另一个比喻是镜子，政府统计是一面映射社会经济发展基本状况的大镜子，通过镜像提供信息，为不同层面的决策提供依据。这实际上都是在形象化地展示政府统计的描述功能：为社会公众提供反映一国国情国力以及发展基本状况的统计数据。

接下来的问题是：这双"眼睛"应该"看什么"？这面"镜子"到底要"照向哪里"？就是说，什么属于一个国家的国情国力，如何刻画一个国家经济社会发展的基本状况，政府统计的覆盖宽度应该有多大、覆盖程度应该有多深，在不同时空条件下是否有所差异。在联合国《官方统计基本原则》中，这些被概括为"相关性"。以下先针对政府统计内容体系搭建作一般性论证[1]，进而落实到中国，追溯政府统计内容体系的变迁，展示当前政府统计的内容组成状况。

第一节　从观测对象界定政府统计的内容框架

根据《官方统计基本原则》第一条，政府统计要"为政府、经济部门和公众提供有关经济、人口、社会和环境状况的数据"，这相当于为政府统计应覆盖的内容范围给予了一个初步界定。毫无疑问，人口、经济、社会、环境都属于一国国情国力的基本构成要素，查国际文献以及各国政府统计，其具体内容可能存在区别，但无一例外都可以放在这个框架之内。

---

[1]　以下关于政府统计内容框架的最初搭建可以追溯到高敏雪在 20 年前所作讨论，这里进一步强化了内容体系的文字论证。当年论证见"基于科学发展观的经济社会统计指标体系框架研究"，收录：高敏雪. 中国政府统计建设与应用专题研究报告 [M]. 北京：中国人民大学出版社，2018.

但是，仅靠以上泛泛说明还不足以刻画政府统计的内容体系。我们还需要将这些要素置于一国政府统计的语境下进行严格的论证，说明它们为什么成为政府统计的对象，相互之间是什么关系，如何相互影响、共同作用于人类所追求的"发展"。通过论证，政府统计内容的系统性就会显现出来。

需要先在人口、经济、社会、自然环境等要素之间建立关联。以下是认识其相互关系的基本要点。第一，国家是人群与空间的划分结果，任何国家都需要以人口和自然地理状况作为基本前提。人是生活在自然环境里的，属于自然生态系统的一部分。第二，有人群就有社会，人群内部相互间的关系以及与其他群体之间的外部关系，构成了社会系统。整体看，人类社会系统属于自然生态系统的一个子系统，反过来，自然生态系统代表人类社会系统赖以生存的外部环境。第三，人群的生存以及社会的存在，很大程度上取决于是否能够"养活"自己。要养活自己，必须要进行生产，把自然资源转换为人造"产品"，以满足人类需求，这就是所谓经济活动。通过经济活动，人类社会与外部自然环境之间形成了物质互换关系，一方面从自然环境中取得基本资源，另一方面又反过来向自然环境排放废弃物，使自然地形地貌发生改变。第四，伴随经济活动规模的扩大，分工导致的复杂性日益提高，经济活动本身逐渐演变为一个独立的系统，成为社会系统中相对独立且最具能动性的一个子系统。

基于上述分析，可以从系统角度看三者之间的关系：以人为中心，依次存在经济、社会、自然生态三个系统，这三个系统之间表现为层属、包容关系（见图2-1），其中，经济系统、社会系统是存在于自然生态系统之中的人造系统。

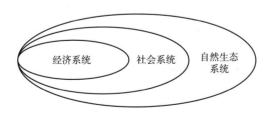

图2-1 以人为中心的三个系统及其关系

从管理视角审视，透过直观的包容关系，可以发现上述三个系统之间存在着深层次的复杂关联。第一，经济系统与社会系统之间的关系。经济系统的根本目的是利用自然为人类生存提供物质基础，集中体现了人与自然的关系。广义上看，社会系统包括经济系统，但在经济自成系统前提下也可以从狭义上定义社会系统，将其视为以经济系统为基础、集中体现人与人之间关系的目标系统，相当于依赖经济体系所提供的物质基础、实现全社会各成员共享的一套制度性结构。社会系统有赖于经济系统提供产出作为自身存在的物质基础；反过来，社会系统又会通过人力资源以及包括制度、法律、文化等在内的一整套组织机制对经济系统提供支持和约束。

第二，人工系统与自然生态系统之间的关系。广义上看，整个经济和社会系统都应包括在自然生态系统之中，要依赖、从属于自然系统；反过来，如果将人类社会作为出发点（即所谓人类中心说），自然生态系统代表了人类社会这个人工系统存在的外部环境——为人类提供了自然物质基础和生存条件。这样，自然生态系统通过资源供给、环境和生态服务这些要素构成对人类社会存在与发展的约束。

基于上述，图2-2展示了三个系统之间的功能关系。其中，三者间关系由包容式变为并列式，目的是更好地显示系统之间的作用力和反作用力。可以看到，通过物质流，自然系统支持了人类社会系统，一方面是物质的直接供给，但更主要的是通过经济系统实现物质转换、再提供给社会系统，以满足人类需要，这是三个系统之间关系的主逻辑（图2-2中实线所示）。在这一套基本流向基础上还存在反向关系：人工系统会通过资源消耗、废弃物排放以及对生态系统的其他扰动反过来影响自然生态系统，社会系统会通过人力资源和组织制度体系影响经济系统，这些在图2-2中以虚线示之。综合起来，在人工系统与自然系统之间，存在着一套正负反馈机制；在人工系统内部，经济系统与社会系统之间也存在着这样一套正负反馈机制。

进一步看，在特定时期考察人工系统与自然系统以及经济系统与社会系统之间关系到底会呈现什么样的态势，特别取决于产生于人工系统内部的两个因素。第一是人口。人口再生产不仅关系到人类自身的繁衍，其规模和分布更是决定经济系统和社会系统的规模和内在关系的重要因素，并由此决定了人工系统向自然系统索取基础物质资源、对自然生态系统产生扰动的规模和方式，因此是影响经济社会系统与自然生态系统间关系的重要因素。第二是科学技术。可以说，科学技术是人类手中握有的利器，人类所达到的科学技术水平，一方面决定了经济系统能够向社会系统提供多少物质产出，另一方面决定了整个经济社会系统向自然生态系统攫取自然资源的强度以及对生态系统的扰动强度。为此，必须将这两个要素也放入图2-2之中。

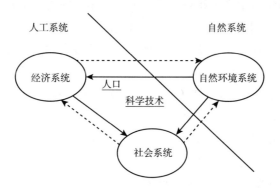

图 2-2 三个子系统以及与两个基本要素之间的关系

综上所述，为达成基本目标，政府统计具体应该覆盖五个基本方面：经济、社会、资源环境生态、人口、科学技术，由此形成所谓人口统计、经济统计、社会统计、资源环境生态统计、科学技术统计，大体相当于政府统计的五个分支。鉴于以上所述系统和要素之间的关联关系，不难理解这五个分支之间并不是截然分开的，它们在内容对象上互有重叠，但统计观察视角各有不同，组合起来共同描述了一个国家的国情国力和经济社会发展状况。

第二节 政府统计基本内容概述

以上旨在阐明政府统计的基本内容架构，接下来需要针对各主题分别考虑其具体统计内容。每一个主题都是自成体系的，有一套既定的内在逻辑，可以分解为不同的具体统计内容。同时每一个主题下又都包含着一些与外部发生联系的端口，通过这些端口，不同主题下的统计内容被连接为一体。各个主题的统计内容组合起来，就是一套完整的政府统计内容体系。

一、经济统计

经济统计的内在逻辑来自经济学对经济运行过程的归纳，其中至少包含以下要点。第一，经济体系在现实中具体化为经济运行过程，是指在既定经济存量（能力）前提下，经济产品/经济价值的生产、分配、消费、投资过程，其中生产活动是整个实体经济的起点，经济存量包括各种生产要素，体现了对经济规模的约束条件。第二，在现代经济中，受产业分工和市场细分影响，生产过程被区分为大大小小不同层次的行业。这些行业之间相互独立又相互关联，构成一幅复杂的生产网络。第三，参与经济体系的社会成员构成复杂，从基本经济关系入手可以归类为住户、企业、政府、金融机构几大经济部门，它们在经济过程中各具不同特点，承担着不同职能，相互之间发生经济往来，共同构成了一国经济的整体样貌。第四，在市场经济体制下，主要经济活动以交易形式出现，发生在各种市场中，包括劳动市场、产品市场，以及由货币市场、资本市场组成的金融市场。第五，在全球化背景下，对外经济活动成为一国经济体系的重要内容，"国外"成为组成一国经济的重要角色。

这些要点构成搭建经济统计体系框架的基本依据。每一个要点都可以铺陈开来，形成具体的统计内容。

（一）行业统计

生产活动是经济运行过程的起点，行业统计就是针对产品生产过程的统计。基于产业及行业分类，可以按照层级将经济体系中的生产者区分为大大小小、林林总总的行业。通常我们最为关注的农业统计、工业统计、服务业统计，即所谓三次产业统计，属于最具综合性的行业统计。在此之下还可以再作细分，比如工业分为采矿和制造业，批零贸易业、交通运输业、住宿餐饮业、金融业、房地产业、信息服务业、居民服务业、文化体育娱乐业等都是服务业中引人注目的行业。不同行业提供的产品各异、市场化程度不同，但其基本特征都可以用投入和产出两个方面刻画，将两个方面结合起来，即可反映行业的结构分布状况及其生产效率。

因此，行业统计的内容大体涵盖投入、产出以及对应形成的结构分布和生产率等基本方面。投入统计以各种生产要素为对象，主要包括劳动和资本，以及土地，有时候还会将一些关键性资源投入（比如能源、数据）包括在内。一方面要显示被经济过程占用的生产要素总量（比如就业总人数）及其行业分布，另一方面则要测算当期被生产过程消耗的生产要素（比如劳动时间或者劳动成本），以及当期新增加的生产要素（比如新增就业人数）。产出统计的对象是生产的成果，一方面是各种主要产品产量（比如粮食产量、能源产量），另一方面还要测算经过价值加总的行业总产出和行业增加值等指标。投入与产出按照一定逻辑匹配起来对比，就可以得到各种生产率指标，比如劳动生产率、单位面积产量，以及全要素生产率等。

（二）经济主体部门统计

经济学教科书告诉我们，整个经济体系实际上就是企业、政府、住户、国外四类角色之间的相互关系，完成从经济生产、分配到消费、投资的过程。企业是汇集各种生产要素进行生产经营的主体，产出各种货物与服务，同时创造价值；住户既是产品的最终消费者，体现了经济活动的目的，反过来又是生产要素的最初提供者；政府属于公共部门，代表全民提供并消费公共性服务，通过财政手段影响全社会范围内的收入分配和资源配置；国外是开放环境下一国经济体与其外部发生关系的对象，对外关系覆盖了产品与服务往来、收入分配往来和金融往来。

经济统计要立足上述每一类主体部门提供数据反映宏观经济状况。第一是企业统计，核心是从整体上反映企业生产经营状况。企业家数、企业生产能力、资产与负债状况、生产与销售状况、企业利润形成和分配状况、人力资源和研究与开发状况，都是需要关注的方面。不仅要进行总体水平统计，还要显示其在不同组织形式、不同地域和不同行业上的分布。第二是政府公共统计，围绕其公共职能提供统计数据。核心是公共财政统计，围绕财政收入及其来源（主要是税收）、财政支出及其去向、财政收支差额以及政府融资、债务进行；进而要延伸到社会保障统计，以及政府主导下的公共服务统计，比如教育、卫生、文化、环保等。第三是住户经济统计，目标是显示住户群体的基本经济状况，以及所达到的生活水平。核心内容是住户收入与支出统计，延伸出去还有住户消费、住户财产与投资统计，以及就业和个体生产经营状况统计。第四是对外经济统计，针对本国对外经济活动提供数据。核心是由内及外、由外及内进行双向国际贸易和国际投资统计，反映其总量、结构和平衡状况，进而会延伸到对外资产和负债统计。

（三）要素和产品市场及其他调控手段统计

市场是各类经济活动作为交易发生的主要场所，并为通过竞价实现供求双方达成交易提供有效机制。一国经济范围内存在各类市场，按照交易对象大类分为产品市场、劳动市场、金融市场。在此之下会有更具体的划分，比如产品市场按照产品种类（农产品、工业品、各类服务等）区分，或者按照用途（原材料、中间品、消费品、资本品等）区分，金融市场分为资本市场和货币市场，资本市场可以按照股权和债权作进一步划分。此外还有所谓现货市场和期货市场的区分，国内市场和国际市场的区分等。

市场统计要围绕供给和需求两方面构建其内容。核心是市场交易统计，表现为各种具体交易标的下的成交量和成交额指标，比如产品市场上的购进和销售，劳动市场上的就业，货币市场上的资金借入与贷出，资本市场上股票和债券的发行、买入与卖出等。与之相伴随的是市场交易价格统计，显示各类交易标的的价格水平和价格变化，比如消费价格指数、股票价格指数、贷款利率、汇率等。进一步可延伸到潜在的供给和需求统计，比如产品市场上的库存、劳动市场上的经济活动人口、货币市场上不同口径的货币供应量等。

　　除了市场之外，以政府为主导，还存在着其他经济调控手段，包括经济手段和行政规制。这些调控手段会通过税收与财政、公共产品供给、核心资源如能源等要素发挥作用。这些方面也属于经济统计不可或缺的内容。经济统计范围内各种国际规范举例见专栏2-1。

专栏2-1　经济统计范围内各种国际规范举例

　　有关经济统计的国际指导文献数量众多，无法全部展示。以下分别从不同领域举例。

　　1. 行业统计与企业统计国际规范举例
　　● 联合国统计司：《工业统计国际建议》
　　● 联合国粮农组织：《国民信息系统中的粮食与农业统计》
　　● 欧盟统计局：《企业统计手册》
　　● 联合国统计司：《国际旅游统计建议》
　　2. 价格统计国际规范举例
　　● 国际劳工组织等：《消费者价格指数手册：理论与实践》
　　● 国际劳工组织等：《生产者价格指数手册：理论与实践》
　　● 欧盟统计局等：《住宅房地产价格指数手册》
　　3. 财政统计与金融统计国际规范举例
　　● 国际货币基金组织：《政府财政统计手册》
　　● 国际货币基金组织：《货币与金融统计手册》
　　● 国际货币基金组织：《债券统计手册》
　　4. 对外经济统计国际规范举例
　　● 国际货币基金组织：《国际收支和国际投资头寸手册》
　　● 联合国等：《国际服务贸易统计手册》
　　● 经济合作与发展组织：《外国直接投资基准定义》

　　资料来源：高敏雪，甄峰，等. 政府统计国际规范概览［M］. 北京：经济科学出版社，2017.

（四）国民经济核算

整个经济体系就是由各个交易者在不同市场上进行的不同类别经济活动的集合，因此，以上不同角度形成的统计内容是相互关联的。比如，行业统计的基本统计单位主要是企业，从而行业统计与企业统计有交叉；企业是市场的主要参与者，所以市场统计与企业统计也是有关联的。进一步看，政府财政收入来源于企业和住户的税收缴纳，政府社会保障基金运作在来源和去向上与住户收入、支出有很大关联；货币市场、资本市场上交易的资金来源于企业、住户、政府，结果会形成这些部门的资产和负债。要完整地体现这些联系，超越这些局部统计内容，需要以整个国民经济为对象做系统统计，也就是需要进行国民经济核算。

所谓国民经济核算，是基于宏观经济学原理，通过一套相互关联的核算表对一国经济总体发展状况进行系统核算和展示。具体包括以下内容。第一，经济产品的供应与需求核算。供应来自国内生产和国外进口，然后用于国内生产、国内消费和投资，以及出口国外；进一步细化，可以将各类产品相互之间发生的供应与使用关系具体化为产业关联。这些内容涉及国内生产总值核算和投入产出表的编制。第二，经济价值的创造、收入的分配与使用核算。经济价值是在生产过程中创造的，然后通过一系列的分配机制转化为社会各成员所掌握的收入，这些收入转而要用于消费支出，支出后的收入结余作为储蓄构成投资和金融交易的资金来源。与此有关的核算通常通过编制资金流量表实现。第三，投资与金融交易核算。针对实体经济的投资属于非金融投资，其基本资金来源是当期储蓄，但需要复杂的金融交易方能转化为投资。这部分统计内容也要通过编制资金流量表实现，重点是金融交易表。第四，国民财富存量及其变化核算。国民财富从总体上代表一个经济体的生产能力，特定时点上的财富存量既是经济过程的起点，又是经济过程的结果，会因为经济使用或处置而减少，会因为经济积累而增加。为此需要分别期初期末两个时点编制国民资产负债表。第五，对外经济核算。与国外之间的经济联系首先表现为当期对外发生的各类经济交易，进而延伸到各时期累积起来的对外资产和负债存量。为此需要编制国际收支平衡表和对外投资头寸表。

通过以上统计和核算，可以生成一大批经过不同层级汇总的宏观统计数据。这些数据可以为各层次（宏观或者微观）、各领域（不同专业）的管理、决策、科学研究提供依据，据此可以对经济发展作出相应评价。国民经济核算的相关规范与内容架构见专栏 2-2。

有关国民经济核算，联合国与其他国际组织联合编制的《国民账户体系》(2008) 是当前最具权威性的国民经济核算国际指导文件。有关中国国民经济核算的制度性文件是国家统计局发布的《中国国民经济核算体系》(2016)。

依据中国当前国民经济核算体系，其内容架构大体可用下图表示。

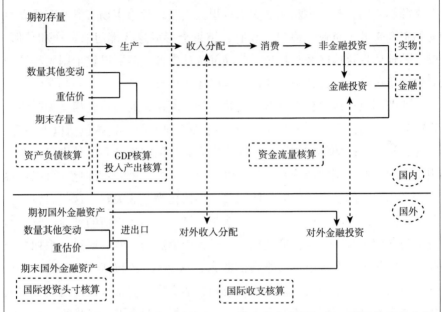

资料来源：①联合国，欧盟委员会，经济合作与发展组织，国际货币基金组织，世界银行. 2008 国民账户体系 [M]. 北京：中国统计出版社，2012.

②国家统计局. 中国国民经济核算体系 (2016) [M]. 北京：中国统计出版社，2017.

③高敏雪，李静萍，许健. 国民经济核算原理与中国实践（第五版）[M]. 北京：中国人民大学出版社，2022.

二、人口与社会统计

社会系统是以人为中心的，为此这里将人口统计与社会统计放在一起归纳其内容①。和经济统计相比，人口社会统计涉及的内容更加宽泛，其组

---

① 有关人口和社会统计的归纳，最早可以参考的国际文献是：联合国经济和社会事务部统计处. 社会和人口统计体系 [M]. 北京：中国财政经济出版社，1985。以下内容归纳来自：李静萍，高敏雪. 经济社会统计（第四版）[M]. 北京：中国人民大学出版社，2021，第一章。

成也更加松散。为了找到人口社会统计内容的内在逻辑，可以设想一个具有一定规模人口的共同体作为起点，对人口和社会生活所覆盖的内容加以概括。第一，该人口总体是按照特定结构组成的，不仅有性别、年龄等自然性特征，还有不同种族（民族）、不同宗教和不同社会经济地位而形成的不同阶层，并通过一定机制组合为一个社会系统。第二，为了满足人类生存需要，该社会系统中处于一定年龄段内的大部分成员要用一部分时间驱动自然资源（比如土地）生产各种物品，供全体成员消费使用；在生产出有用的产品的同时，可能产生诸如肮脏的空气等有害的东西。就是说，人类首要的活动是进行生产获得粮食、衣物等基本生活用品，在此同时放弃了一部分起初拥有的闲暇和洁净环境。第三，进一步看，科学技术的进步对人口和社会发展发挥了重要作用：一定面积的土地能够供养更多的人口，于是人口变得更加稠密；医疗水平的提高会延长人口寿命，改变人口的年龄构成；教育事业的发展使得许多人离开体力劳动队伍，专门从事体育、文化、娱乐等服务性活动，以帮助人类实现全面发展。第四，通过市场机制进行生产和生活制度的安排，一方面提高了效率，另一方面却导致分配的不平等，并使社会中持续存在贫困。第五，为解决贫困和相关风险引发的问题，需要创建社会保障计划，并通过社会提供各种各样的福利服务；个人和家庭环境的差别，又在经济不平等之上再加上社会的不平等；无论何时何地，人们总能看到不同程度的压迫、歧视和犯罪。第六，作为一个共同体，需要处理与其他共同体之间的事务，产生所谓对外关系问题。

依照上述归纳，围绕整个人口和社会系统所进行的统计至少应包括以下方面。

（1）人口统计。首先是特定时点上的人口数量和人口结构状况统计，其次是特定时期内的人口动态统计。一方面是出生死亡引起的自然变动，另一方面还有迁移造成的机械变动。变动的结果不仅改变了人口数量，还改变了人口的构成。

（2）家庭和社会组织状况统计。首先是家庭组成状况统计，包括家庭数、组成规模、分布状况等。其次是从社区到城镇以及不同层次的行政区划组织状况统计。最后是社会等级、分层状况及其流动状况统计。

（3）就业与谋生状况统计。针对有经济活动能力人口，通过总数统计和分组统计反映其劳动参与状况，就业及失业状况，工作条件和报酬水平。

（4）收入、消费、积累、财产状况统计。首先是当期收入与消费统计，其次延伸到财富存量及其积累统计，目的是显示人口及其家庭所达到的物质生活水平，同时揭示经济分配所造成的不平等状况。

（5）时间分配和闲暇状况统计。时间分配统计可以在年度、周、日不同水平上进行。谋生与闲暇是时间统计的两个基本关注点；即使在非谋生时间范围内，时间安排也有不同模式和不同趋势，其分配状况可以显示人的生活质量。

（6）教育、医疗卫生、体育、文化娱乐状况统计。这些统计内容既关系到人力资源培育，又是人类生活质量的直接表征。一方面要从相关服务生产供应角度进行统计，反映一个社会在教育、医疗卫生、体育、文化娱乐事业发展方面所达到的水平；另一方面要从接受者角度进行统计，反映这些服务施加于人身上所产生的效果，比如健康与寿命、受教育程度、对生活质量的满意程度等。

（7）社会保险与福利状况统计。这是为平抑市场经济带来的风险和经济分配不平等所设计的社会机制。对此进行统计，目的是反映社会通过各种市场和非市场手段为人的健康和人身安全、财产安全、基本生活保障所提供的服务，以及这些服务对于降低风险、减少贫困、控制经济不平等程度所带来的效果。

（8）环境、公共秩序与社会参与状况统计。环境统计的目标是通过社区基本环境状况指标反映人们居住环境的适宜状况，社会参与和公共秩序状况统计则从政治和社会角度反映了人们的所处环境状况和生活质量水平。

专栏 2-3　人口与社会统计国际规范举例

人口和社会统计涉及面广，相关国际指导文献有很多。以下分别从不同领域举例。

1. 人口、就业与家庭经济状况统计国际规范举例
- 联合国统计司：《人口与住房普查的原则与建议》
- 联合国统计司：《人口动态统计系统的原则与建议》
- 国际劳工组织：《国际劳工组织统计学家会议决议》
- 国际劳工组织：《住户收支统计》
- 经济合作与发展组织：《住户收入、消费和财富统计框架》
- 联合国统计司：《时间利用统计数据生产指南》

2. 社会公共领域统计国际规范举例
- 联合国教科文组织：《国际教育标准分类》

- 联合国人居署:《城市指标指南》
- 联合国教科文组织:《文化统计框架》
- 联合国统计司:《刑事司法统计系统发展手册》
- 国际劳工组织:《社会保障调查手册》
- 联合国发展集团:《千年发展目标监测指标:定义、缘由、概念和来源》

资料来源:高敏雪,甄峰,等. 政府统计国际规范概览[M]. 北京:经济科学出版社,2017.

面对上述比较松散的统计内容及其结果,如何对特定时期的社会发展状况作出综合评判,是政府统计以及相关研究者需要解决的课题。前提是对社会发展的内涵予以科学论证,进而进行评价指标选择,以恰当方法将多个指标聚合起来,形成总体评价结果。总结当前比较流行的做法,第一是针对社会系统各方面协调关系进行综合评价,比如各种社会发展指数;第二是着眼于某一主题对社会系统进行综合评价,比如中国有关"小康社会"建设进程的评价;第三是将社会发展效应落实到人类自身,对人的发展进行评价,比如联合国开发计划署主导的人类发展指数(HDI)。

可以看到,人口和社会统计与经济统计在内容上是有交叉和重叠的,并通过交叉和重叠使这两个统计系统相互衔接起来。比如,人口与就业既是社会统计的内容,也是经济统计的内容,不仅是社会系统的中心、观察人类发展的基本对象,而且也是经济体系的重要变量,代表一类生产要素同时也是最终产品消费者。又如,社会统计所关注的人口物质生活水平状况,取决于经济活动所提供的货物和服务产品,这些数据要由经济统计提供。再如,人口在收入、消费、财产占有方面的差别是在以市场为基础的经济分配过程中形成的,为消除这些差别而形成的社会机制反过来产生了大量非市场机制下的分配,这些内容会同时出现在社会统计和经济统计之中。可以看到,在这些交叉点上,人口社会统计与经济统计有不同的观察角度和关注点,在一定程度上可以认为,任何经济活动都具有社会性功能,任何社会性活动也都可以从一个侧面作为经济活动看待。比如,教育活动从社会统计角度看是一项公共事业活动,关系到人的素质提高,但从经济统计角度看,教育属于一类特定的产业活动,所提供的教育服务被消费者获得,结果是提高了人力资本水平。

三、环境统计

这里用"环境"一词指代人类居于其间的整个自然生态系统。广义而言，环境统计的目标是从人类立场出发，通过统计数据显示自然生态系统与人类经济社会活动之间的关系。

从"环境"对于人类经济社会体系的不同功能入手，环境统计包含不同层次。最容易理解的是资源功能，第二个层次是环境容量功能，最近几年生态系统作为第三层也越来越受到关注。以水为例，水资源直接为人类经济社会活动所用，作为生活用水，工业、农业用水或市政公共用水；水环境重在水体的质量，其内在功能就是充当废污水排放的容纳空间；水生态则更强调水体作为一个系统应具有的功能，不仅提供景观，更重要的是以生物多样性维护生态平衡。

统计如何看待并处理上述三者之间关系仍然是一个很有争议的问题。① 粗略而言，资源统计着眼于资源拥有量及其变化，尤其关注因为经济开采而导致的存量变化，一般要按照不同资源种类分别进行统计，比如矿物资源、森林资源、水资源、水生资源、土地资源等。狭义环境统计常常聚焦于人类经济活动排放的废弃物和污染物，排放引起的周边环境质量变化，以及对自然地形地貌的改变，比如废水、废气、固体废物排放统计，水环境、大气环境、土地的质量统计。有关生态的统计则更关注自然生态系统作为人类和其他生物栖息地所提供的各种生态服务及其功能质量，以及这些质量因为人类经济行为所发生的变化，生态经济核算中一般将这些功能归纳为供给服务、调节服务、文化服务等类别，此外还有与生物多样性有关的指标。

总体而言，环境统计本质上是以"期初存量 +／－ 期间变化 = 期末存量"为基本架构的。其中，用期初、期末存量统计反映环境（数量或者质量）的状况，期间变化统计则要揭示在期初状况基础上发生了怎样的变化，以及是哪些原因引起的变化。有些是自然原因，比如降水量、林木自然生长、气候变暖等，更受关注的则是经济原因。在经济原因引起的变化中，主要的作用力肯定是经济活动对资源环境的利用，从而对资源拥有、环境质量和生态功能产生了负面影响（导致其数量减少和质量下降）；但

---

① 资源概念包含环境，抑或环境概念包含资源，一直是有争议的；此后将生态系统纳入其中，更加剧了如何定义其关系的复杂性。高敏雪曾经就资源和环境的关系做仔细讨论，参见：高敏雪，许健，周博. 资源环境统计 [M]. 北京：中国统计出版社，2005，第一章。

在环境问题受到日益关注的前提下，为实现可持续发展，经济体系开始展开以环境保护为目标的活动，或者减少对资源环境的利用强度，或者保护、恢复已经受到损害的资源环境。统计对这些变化都应该给予量化描述。

最常见的是以环境某类实体为对象的统计，比如森林统计（有时称其为林业统计）、水资源统计、废弃物排放统计、土地统计、海洋统计、能源统计等。这样的专题统计可以直接对应数据源，便于开展统计调查以及其他相关数据的搜集，同时也能够更贴近特定领域管理对统计数据的需要。但是，仅依靠这些专题统计，可能无法对环境状况、环境与经济社会系统之间的关系作出总体展示和评价。为此，还需要基于一国所面对的整个环境及其与经济系统的关系做综合统计。在此方面，已经形成了两类各具特色的综合环境统计框架。

一种框架是基于"压力—状态—响应"（pressure-state-response，P-S-R）模式的环境统计指标体系。所谓"压力—状态—响应"模式的内在逻辑是：从环境角度看，经济社会活动会通过资源开采和污染物排放而对环境施加"压力"，进而对环境"状态"带来负面影响；当环境"状态"恶化到一定程度之后，经济社会系统会作出"响应"，投入相应经济资源对环境施以保护，要么恢复已经变化的环境"状态"，要么通过对应的方式减轻对环境的"压力"。基于此，统计可以将来自不同方面的经济指标和环境指标集合起来，形成具备内在逻辑的统计指标体系。这样的指标体系既可以用于整个环境统计，也可以针对特定环境对象构建；不仅可以用作描述性统计，也可以照此逻辑构造综合统计评价和分析模型。

另一种框架是借助国民经济核算，将环境因素纳入其中并作为主题，形成环境经济核算体系。通过这样一套核算体系，改变了原来经济核算对环境的处理方式，目的是将资源环境生态要素及其与经济活动的关系凸显出来。联合国会同其他国际组织已经开发出一套作为国际标准的《环境经济核算体系2012中心框架》，并且据此架构先后出台了一系列具有专题性的核算规范，比如《关于水的环境经济核算体系》《能源环境经济核算体系》《实验性生态服务核算》等。

可持续发展是将环境因素与经济社会发展整合起来形成的新发展理念，已在全球范围内获得认可并予以实施，对应地就需要进行可持续发展统计评价。应该说，环境统计、环境经济核算都是在可持续发展理念之下发展起来的，当前流行的可持续发展统计指标体系以及评价方法与此有很密切的渊源。2016年联合国主导下通过的《2030可持续发展议程》中包含17个目标并细化为169个具体目标，覆盖了经济、社会、环境各个方面，对应的统计监测指标达到 230 多个，堪称三方面统计内容的集大成者。环境统计国际规范举例见专栏 2-4。

专栏 2-4 环境统计国际规范举例

伴随环境问题凸显，可持续发展提上国际议事日程，与环境有关的各种专题统计日益受到重视，相关国际组织开发了各种与此有关的国际统计规范。以下分别从不同领域举例。

1. 专题统计国际规范举例
- 国际能源署等：《能源统计手册》
- 国际能源署：《能源效率指标必备指南》
- 联合国统计司：《国际水统计建议》
- 联合国统计司：《环境统计开发框架》
- 欧盟统计局：《环境支出统计：产业数据收集手册》
- 国际气象组织等：《IPCC 国家温室气体清单指南》

2. 与环境经济核算有关的国际规范举例
- 联合国等：《环境经济核算体系 2012——中心框架》
- 联合国统计司：《水环境经济核算体系》
- 联合国统计司：《能源环境经济核算体系》
- 联合国统计司：《实验性生态系统核算》

资料来源：高敏雪，甄峰，等. 政府统计国际规范概览［M］. 北京：经济科学出版社，2017.

四、科学技术统计

科学技术活动简称科技活动，泛指所有与科学技术各领域（自然科学、农业科学、医药科学、工程技术、人文与社会科学）中科技知识的产生、发展、传播和应用密切相关的系统性活动。

鉴于科学技术在人类经济社会生活中的重要性，科技统计很早就引起关注，其受关注程度在不断加强。经济合作与发展组织（OECD）对科技统计理论、方法与实务规范的开发作出了卓越贡献，其发布的各种文献已经被世界各国作为国际规范遵循。以下从统计对象和统计内容两方面入手，简要介绍科技统计的整体架构。

专栏 2－5　经济合作与发展组织（OECD）：有关科技统计的系列规范

在科技统计国际规范制定方面，OECD 扮演了极其重要的角色。自 1963 年第一本有关科技统计的国际标准——《研究与试验发展调查实施标准》诞生至今，半个多世纪以来，OECD 已经出台多部科技统计方面的指导手册。

- 《研究与试验发展调查实施标准》，又称弗拉斯卡蒂手册，2015 年发布第 7 版；
- 《创新数据的采集和解释指南》，又称《奥斯陆手册》，2005 年发布第 3 版；
- 《科学技术人力资源测度》，又称《堪培拉手册》，1995 年发布第 1 版；
- 《技术国际收支手册》，又称《TBP 手册》)，1990 年发布第 1 版；
- 《专利科学技术指标手册》，2009 年发布第 2 版。

除此之外，还有 2010 年发布的《知识产权产品资本测算手册》。

资料来源：高敏雪，甄峰，等. 政府统计国际规范概览［M］. 北京：经济科学出版社，2017.

从统计对象而言，当前科技统计对科技活动的关注主要集中在以下三个关键点上：研究与试验发展、创新、知识产权。研究与试验发展（R&D，简称研发）"是指为增加知识存量以及用已有知识设计新的应用而进行的创造性、系统性工作"[1]，具体包括基础研究、应用研究、实验发展三大类活动。创新是指"出现新的或有重大改进的产品或工艺，或者采用新的营销方式，或者在商业实践、工作场所或外部关系中出现新的组成方式"，对应的创新活动是指为"实现创新所采取的科学、技术、组织、金融、商业方面的活动"[2]。知识产权从法治角度看是一种无形财产权，其客体是作为智力劳动成果的知识产品，代表国家赋予智力创造者对其知识成果在一定时期内享有的专有权或独占权，比如专利、著作权，以及各种形式的工业产权等。仔细考察可以发现，上述三个关注点之间是有先后顺序的：研

---

① 经济合作与发展组织. 弗拉斯卡蒂手册 2015——研究与试验发展数据收集与报告指南［M］. 北京：科学技术文献出版社，2020，第 2.5 段.

② 经济合作与发展组织. 奥斯陆手册：创新数据的采集和解释指南［M］. 北京：科学技术文献出版社，2011，第 149 段.

发处于创新的前端；在若干种创新形式中，产品创新和技术创新直接来自研发活动；知识产权则处于研发和创新的后端，是从法律意义上对研发、创新所形成的智力成果施以保护的结果。三类活动之间的关联自然也会传递到统计，也就是说，研发统计、创新调查、知识产权统计之间也是有联系的。

原则上讲，科技统计的内容可以用"投入—过程—产出"来概括。投入主要包含人力和资金两个方面，反映为开展科技活动所投入的人力物力；过程统计关注科技活动本身；产出代表科技活动的成果。结合研发、创新、知识产权这三个统计节点来看，研发活动本身具有探索性和不确定性，所产生的知识本身是无形的，常常难以单独表现，导致其过程统计和产出统计存在很大局限，尤其是难以在较大空间范围内作汇总统计，因此，研发统计的重点是研发投入统计。和研发相比，创新调查处于中间过程阶段，其关注重点是识别企业是否有创新行为，以及有哪些创新行为，进一步考察这些创新给企业带来的影响。知识产权统计则直接针对科技产出成果"做文章"，显示知识产权的存量及其增减变化、知识产权通过市场或非市场手段实现的转让[①]。

广义而言，科技活动由人类主导，故而也属于经济社会活动，它与经济社会系统具有密切联系。从投入看，科技活动要依赖于经济社会系统提供人力和资金方面的支持，一个国家的经济社会发展水平，从根本上决定了其科技水平。从产出看，科技活动的目的无疑就是扩展人类进行经济社会活动的能力，其产出成果应体现为经济社会系统的规模扩展和效率提高，最终表现为科技进步所引起的生产率变化以及对于经济增长、社会发展的贡献，并会间接影响到人类与生态系统之间的关系。因此，在几乎任何有关发展的综合评价中，科技指标都是不可缺少的。中国近年来倡导以推进高质量发展为目标的新发展理念，其核心内涵第一条就是创新发展。

第三节　一国政府统计内容覆盖的决定因素

以上轮廓性论证了政府统计的内容框架。这个框架带有一定"应然"性。事实上，不同国家在政府统计内容覆盖上可能具有很大差别。第一是

---

① 2019 年国家统计局发布中国《研究与试验发展（R&D）投入统计规范》（2019）（https://www.gov.cn/zhengce/zhengceku/2019 - 09/19/content_5426634.htm.），高敏雪曾经撰文"为创新国家奠定数据基础"（https://www.stats.gov.cn/sj/sjjd/202302/t20230202_1896178.html.）予以解读，论及上述关系。

覆盖范围的差别，第二是统计重点的差别。由此产生一个问题：是什么在影响着政府统计的内容覆盖范围和实现程度？

　　笼统而言，决定一国政府统计内容覆盖程度背后的原因可以从两个方面归纳。第一有关需求。政府统计属于政府对社会提供的公共服务，各界对政府统计数据的需求越大，政府统计提供此类服务的动力（压力）就越大。第二有关供给。统计具有专业性，政府统计常常要针对全国做调查，为此必须配备相应的人力资本储备，需要有专门的组织，成本花费必不可少，这些都预示着政府必须具备足够的统计能力才能提供相应的服务。

　　进一步需要追问：什么决定了对政府统计的需求和供给？就是说，在政府统计需求、供给的背后，肯定有一些因素在发挥着作用。正是这些因素，透过供给和需求决定了一国政府统计内容覆盖范围。以下尝试总结这些因素。

　　第一是一国经济社会发展状况，可以通过许多途径对政府统计产生影响。首先是经济社会发展的阶段，其次是特定阶段上的活跃程度和开放程度。显然，发展阶段越高级，发展速度越快、越活跃，区域间开放程度越高，人员、资本、产品流动性越强，政府公共决策、企业和私人决策对外部信息的依赖性就越强，政府统计作为综合信息提供者，所承受的信息需求就越大。追赶型国家一般先聚焦于经济方面的追赶，由此决定了对政府统计的需求更多体现在经济统计方面。一旦经济发展达到一定程度，就会更加关注社会发展、人的发展及其与经济发展之间的双向制约关系，传导到政府统计，社会统计的内容会越来越受到关注。在此方面，中国可以作为一个很有代表性的例子（下一节对此有详细阐述）。

　　以上主要从需求角度看问题，反过来看，经济社会发展程度也会在很大程度上影响政府统计的供给能力。没有适度的经济发展，政府统计运作的资源投入就无法保障；没有适度的社会发展，政府统计所需要的人力资源和专业队伍建设也会受到影响。

　　第二是经济社会体制以及国家治理模式，会在更深层次上对政府统计产生影响。相比计划经济体制，市场经济体制下政府统计要面对更大、更多元的需求。一方面是需求者更加广泛。计划经济体制下，政府部门作为计划制定者是唯一的数据需求者；但在市场经济体制下，政府统计数据用户不仅限于政府本身，每一个微观经济单位都或多或少依赖政府统计数据，作为自身决策的依据。另一方面是统计内容更加丰富。计划经济体制下，政府统计主要围绕计划制定和监督完成情况而设，较少关注市场，不同部门、不同单位之间的经济利益关系相对比较简单。但在市场经济体制下情况则有根本不同，政府统计要面对一个更加复杂的经济体系，统计内容会因此而丰富起来。

社会管理的统制性与政府统计需求之间大体呈反向关系。与一个稳态、封闭的社会结构相比，动态特征明显、流动性强的社会体系会给政府统计带来更大的压力：一方面是数据需求更大，另一方面是数据生产的难度更大。

国家治理模式体现政府与社会之间的关系，一般有所谓的"大政府""小政府"之分，前者对社会实施管理的程度要高于后者。大政府模式下，政府统计会承担很大的数据生产责任，政府本身作为数据用户就会有很大的需求。相比之下，"小政府"治理模式下，对政府统计数据服务的需求未必小，但需求者的结构会有所不同：除了政府以外，来自企业、社会组织、科学研究各方面的需求可能要更加显著。

第三是国际社会尤其是国际组织的敦促和指导，会从外部对政府统计产生影响。从需求角度说，国际社会倡导的理念，尤其是那些有一定约束力的战略和目标，会转化为各国的实际行动，由此推动政府统计为这些行动提供服务，一方面是为开展行动提供依据，另一方面是评价行动进度和达到的水平。比如，联合国主持下由全体成员国一致通过的"千年发展目标"，作为一项行动计划，其目标是将全球贫困水平在 2015 年之前降低一半（以 1990 年的水平为标准），其中各项目标均被量化。为此，即使是那些政府统计水平处于较低水平的国家，也要提供与这些目标指标有关的统计数据。与此类似的还有《全球气候变化框架公约》的签署，涉及联合行动中减排责任的分担，要求各国必须建立起可核查的温室气体排放统计，由此大大推动了各国政府统计在能源、工业过程以及其他与温室气体排放有关领域的工作。特别要提及可持续发展主题下有关资源环境统计以及环境经济核算的研究实验，前面提到的可持续发展目标指标体系及其开发建设，代表了在此方面的最新动态，预计未来会对各国政府统计产生重要影响。①

除了需求方面的作用之外，国际组织还通过发布各种统计规范、标准、指导手册，通过各种政府统计专题的国际培训，通过国际专家的具体

---

① 围绕可持续发展目标指标体系的开发建设，联合国等国际组织在许多政府统计基础指导文献中予以专门讨论。比如，UN：*Handbook on Management and Organization of National Statistical Systems*（https：//unstats. un. org/capacity-development/handbook/index. cshtml，2022）第 6 章"用户及其需求"中有专门一节讨论"与可持续发展目标有关的需求"；UN：*National Quality Assurance Frameworks Manual for Official Statistics*（New York：United Nations Publication，2019）中专设第 8 章，对"可持续发展目标指标数据和统计的质量保证"作出规范。与此相呼应，各国政府统计部门都在开始行动，对当前可持续发展目标指标的数据可得性进行盘点，制定未来指标开发完善工作的时间表。中国在此方面的状况和进展可见：鲜祖德，王全众，成金璟. 联合国可持续发展目标（SDG）统计监测的进展与思考［J］. 统计研究，2020，37（5）：3 - 13。

指导，对各国政府统计能力提升发挥了重要作用。一方面是帮助后进国家进行政府统计能力建设，另一方面是通过国际标准化提升了政府统计数据的可比性和应用效率。

第四节 中国政府统计的内容覆盖

本节将以前面提出的内容体系为模板，讨论中国政府统计内容体系的组成状况。需要注意的是，改革开放40余年，中国经济社会经历了史无前例的快速发展过程，受此影响，中国政府统计从内容到方法也发生了"跨越式"变化。因此，讨论中国政府统计的内容体系，不仅要立足当下，分析其内容覆盖状况，还应追踪最近40年间所发生的变化，说明中国政府统计内容的拓展过程。

如何确认中国政府统计覆盖了哪些内容？这里选取两个角度作为判断依据。第一是看政府统计发布了什么数据。《中国统计年鉴》作为综合统计资料汇编，是中国政府统计数据发布的集大成者，对其中所含内容作归纳，即可大体显现中国政府统计的内容覆盖以及中心所在。第二是看政府统计做了哪些调查，通过国家统计调查体系的相关信息，可以为中国政府统计内容体系的组成和变化提供进一步的佐证。

一、改革开放之初中国政府统计内容一览

直到20世纪80年代初期，中国政府统计的内容覆盖仍然非常有限。表2-1所列材料从数据发布和统计调查两个角度大体显示了改革开放之初中国政府统计内容覆盖的基本状况。

1979年6月发布的《关于1978年国民经济计划执行结果的公报》，是中断18年之后中国第一次全面发布政府统计年度数据。[1] 1982年出版的《中国统计年鉴》（1981），是新中国第一次通过年鉴这种载体全面发布详细的政府统计年度数据。[2] 二者合起来，所涉内容大体反映了当时中国政府统计的"家底"。

粗略观察这两份出版物的目录（见表2-1），可以认为，到20世纪80年代初期，中国已经具备一个大体覆盖基本国情国力、经济社会发展状况的

---

① 国家统计局. 中华人民共和国统计大事记（1949～2009）[M]. 北京：中国统计出版社，2009：135.

② 国家统计局. 中华人民共和国统计大事记（1949～2009）[M]. 北京：中国统计出版社，2009：156.

政府统计体系，但其具体内容却非常单薄。对照前面提出的政府统计内容体系，可以发现：第一，覆盖的统计内容尚比较有限，存在明显的内容缺失，比如资源环境统计是空白，科学技术仅作为政府一般事业性活动进行统计。第二，经济统计内容占据主要地位，人口与社会统计的内容非常薄弱，除了人口和劳动力统计、人民生活统计之外，社会统计内容被高度浓缩为教育科学文化、体育卫生两个专题。第三，经济统计部分显示出，计划经济色彩浓厚，行业统计主要限于传统的物质生产部门，财政统计与金融统计混为一体，没有系统的国民经济核算，相关综合指标仅限于工农业总产值和国民收入。

表2-1中还列示了当时国家统计局的统计年度报表制度。将统计调查所涉内容与上述数据出版物相比较，可以发现，由国家统计局负责的统计报表制度比较侧重于经济统计，其内容与出版物中的经济统计部分具有基本对应关系；其他与人口、社会有关的统计内容，数据主要来自公安、教育、卫生等部门的行政记录，不属于国家统计局系统统计调查范围。此外还有一些字面上以及内容归集上的差别，主要是因为统计调查组织方式不同于综合统计数据发布方式所致。比如，商业统计发布的数据，对应两部分统计报表制度，一部分是针对一般商业系统的商贸统计，另一部分则是对应由物资系统负责的国有企业之间物资调配统计。

表2-1   中国政府统计的内容覆盖：改革开放初期状况

资料	所涉统计内容
《1978年统计公报》	1. 工业；2. 农业；3. 基本建设；4. 交通邮电；5. 国内商业；6. 对外贸易；7. 劳动工资；8. 科学技术、教育、文化；9. 卫生、体育；10. 人口
《中国统计年鉴》（1981）	1. 综合；2. 人口和劳动力；3. 物价；4. 人民生活；5. 农业；6. 工业；7. 基本建设；8. 运输和邮电；9. 商业；10. 对外贸易与旅游；11. 财政与金融；12. 教育、科学与文化；13 体育与卫生
国家统计局1980年统计年报制度	1. 农业统计报表；2. 工业和交通统计报表；3. 基本建设统计报表；4. 商贸和职工生活统计报表；5. 劳动工资统计报表；6. 物资统计报表；7. 国民经济基本情况（卡片）

资料来源：①国家统计局. 中华人民共和国统计大事记（1949～2009）[M]. 北京：中国统计出版社，2009：135.

②国家统计局编. 中国统计年鉴（1981）[M]. 北京：中国统计出版社，1982.

③徐荣华等："改革开放以来我国统计制度方法改革与发展研究"，收录于高敏雪. 中国统计年鉴30年观察 [M]. 北京：中国统计出版社，2011.

如果打开目录考察其具体内容，还会发现，即使是那些已经独立列示出来的专题，所提供数据的详细程度还非常有限。比如，在科学技术主题下，只提供了四张表：全民所有制单位自然科学技术人员数、1981 年全民所有制各部门自然科学技术人员数、1981 年全民所有制单位自然科学技术人员构成、1981 年各地区全民所有制单位自然科学技术人员数，四张表综合起来，实际上只涉及一个指标：全民所有制单位自然科学技术人员数。

总而言之，这是一份体现当时中国低发展水平、计划经济体制、政府高度统制等特征的政府统计内容清单。覆盖内容之所以如此有限，一方面可能与发展水平有关，尚不存在相应的经济社会现象，或者因为其尚不显著而没有作为一个独立的专题；另一方面则可能受制于当时的统计能力，还不能在更大范围内提供更详细的统计数据服务。

二、改革开放以来中国政府统计内容的拓展

伴随中国开启改革开放进程，上述情况很快发生了变化，而且是以很快的速度发生了根本性变化。表 2 - 2 列示了《中国统计年鉴》（2023）的内容目录和《国家统计调查制度》（2024）的主题目录，将其与表 2 - 1 内容进行比较，不难发现经过 40 年建设之后中国政府统计内容的拓展。

表 2 - 2　　　　　　中国政府统计的内容覆盖：当前状况

资料	所涉统计内容
《中国统计年鉴》（2023）	1. 综合；2. 人口；3. 国民经济核算；4. 就业与工资；5. 价格；6. 人民生活；7. 财政；8. 资源和环境；9. 能源；10. 固定资产投资；11. 对外经济贸易；12. 农业；13. 工业；14. 建筑业；15. 批发和零售业；16. 运输、邮电和软件业；17. 住宿餐饮业和旅游；18. 金融业；19. 房地产；20. 科学技术；21. 教育；22. 卫生和社会服务；23. 文化和体育；24. 公共管理、社会保障和社会组织；25. 城市、农村和区域发展
国家统计调查制度（2024 年）	1. 全国人口普查和 1% 人口抽样调查制度；2. 全国经济普查和投入产出调查制度；3. 全国农业普查制度；4. 农林牧渔业统计调查制度；5. 农业产值和价格统计调查制度；6. 一套表统计调查制度；7. "四下"单位抽样调查制度；8. 劳动工资统计调查制度；9. 能源统计调查制度；10. 固定资产投资统计调查制度；11. 互联网经济统计调查制度；12. 城市高质量发展统计调查制度；13. 乡村振兴统计调查制度；14. 人口变动情况抽样调查制度；15. 劳动力调查制度；16. 住户收支与生活状况调查制度；17. 流通和消费价格统计调查制度；18. 工业生产者价格统计调查制度；19. 房地产价格统计调查制度；20. 城镇低收入居民基本生活费用价格统计调查制度；21. 采购经理调查制度；22. 公众生态环境满意度调查制度；23. 基本公共服务满意度调查制度

资料来源：①国家统计局. 中国统计年鉴（2023）［M］. 北京：中国统计出版社，2023.

②本书编写组. 领导干部应知应会统计法律法规［M］. 北京：中共中央党校出版社，中国统计出版社，2024，详见其中"国家统计调查制度"。

将《中国统计年鉴》（2023）的内容目录与表 2 – 1 所列内容作比较，不难看到，有多项新篇目出现，同时有不少老篇目的分拆，还有一些篇目的名称发生了变化，这些都在不同程度上代表了中国政府统计内容在改革开放 40 余年间的拓展。以下仅列举其中一些比较重要的内容变化①：

（1）"基本建设"专题先更名为"固定资产投资和建筑业"，1986 年拆分为"固定资产投资""建筑业"，由此把固定资产投资行为与建筑业产业活动区分开来。

（2）1988 年"人口和劳动力"拆分为"人口""劳动力与工资"，2014 年将"人口"专题排在紧接"综合"之后的位置，人口作为经济社会系统之第一变量的意义得到体现。

（3）先有"财政金融"专题扩展到保险，进而在 1990 年将"财政金融保险"拆分为"财政""金融与保险"，后者于 2004 年更名为"金融业"，从此金融这个市场资金融通手段开始与政府财政调控手段分道扬镳。

（4）伴随城市化进程，1991 年增设了"城市概况"，此后经过 20 多年，最终在 2014 年扩展为"城市、农村和区域发展"。

（5）"国民经济核算"是为国家算大账的不二工具，相关内容经过脱胎换骨的变化，直到 1998 年才最终从"综合"中脱身出来，作为独立的篇目呈现。

（6）资源环境事关可持续发展这一重大战略，相关统计内容早期一直较少体现，而是隐藏在"综合""能源"等专题中，此后经过多次整合，最终在 2010 年作为"资源与环境"专题独立成篇。

（7）在经过多次整合变化之后，"科学技术"在 2014 年终于作为一个独立的专题列示出来。与此同时，社会统计被具体拆分为"教育""卫生和社会服务""文化和体育""公共管理社会保障和社会组织""城市农村和区域发展"等若干个专题分别展示，其内容得到了加强。

再看国家统计调查制度。表 2 – 2 显示出，改革开放 40 多年来，国家统计局主导下的政府统计调查项目类别有数倍增加，从原来的 7 类扩展到 23 类，从所列主题词可以初步显示调查内容的扩展。为了进一步追踪扩展过程，这里特根据相关资料制作了表 2 – 3，择要列示各个时期带有关键性改革步骤的统计调查项目信息。总结其中变化，大体可以分为以下两类情况。

---

① 高敏雪，穆箫旎.《中国统计年鉴》：政府统计窗口建设的回顾与展望［J］. 统计研究，2012，29（8）：38 – 43，其中对截至 2012 年的专题变化做了总结。更详细的追逐可参阅：高敏雪. 中国统计年鉴 30 年观察［M］. 北京：中国统计出版社，2011，后期变化见各年《中国统计年鉴》。

表 2-3   改革开放以来各阶段国家统计局统计调查制度的重要事项

项目	经济统计	人口与社会统计	环境统计	科技统计
1979~1990 年重要事项	建立旅游统计报表制度（1979） 恢复职工家庭生活调查（1980） 建立国际收支统计制度（1981） 第二次全国工业普查（1986） 建立利用外资统计制度（1986） 国民生产总值统计制度（1987）	第三次全国人口普查（1982） 建立人口变动情况抽样调查制度（1983）		第一次科技普查（1985） 科技统计报表制度（1986）
1991~2001 年重要事项	建立投资项目统计报告制度（1991） 第一次全国第三产业普查（1993） 第一次全国农业普查（1997） 建立房地产企业联网直报制度（1999） 实施价格指数重大改革（2000）	建立农村统计一套表制度（1991） 小康生活标准统计监测指标体系（1993） 建立城镇劳动力调查制度（1997） 建立全国农村贫困监测系统（1997） 第一次群众安全感调查（2001）		第一次全国 R&D 资源清查（2000） 制订《科技投入统计规程（试行）》（2000）
2002~2010 年重要事项	发布中国国民经济核算体系（2002） 第一次全国经济普查（2004） 建立社会物流统计制度（2004） 房地产开发统计报表制度（2005） 建立服务业财务状况报表制度（2008）	出台社会发展水平综合评价方案（2002） 建立社会综合统计报表制度（2003） 建立妇女儿童状况综合统计报表制度（2004） 第一次时间利用调查（2008）	能源统计报表制度（2003） 环境综合统计报表制度（2006） 第一次全国污染源普查（2008）	高技术产业综合统计报表制度（2003） 第一次企业创新调查（2007）

项目	经济统计	人口与社会统计	环境统计	科技统计
2010年之后的重要事项	实施企业一套表统计调查制度（2011） 实施国家城乡一体化住户调查制度（2012） 建立《服务业小微企业监测统计报表制度》（2012） 发布《中国国民经济核算体系》（2016） 建立《新产业新业态新商业模式统计监测制度》（2018） 实施地区生产总值统一核算（2019） 印发《数字经济统计监测制度（试行）》（2023）	首次开展国家脱贫攻坚专项普查（2020）	出台《绿色发展指数计算方法（试行）》（2017） 探索编制自然资源资产负债表（2018） 开始建立碳排放统计核算体系及相关制度（2023）	发布《研究与试验发展（R&D）投入统计规范》（2019）

资料来源：2010年及以前部分来自徐奕华等：《改革开放以来我国统计制度方法改革与发展研究》，收录于：高敏雪．中国统计年鉴30年观察［M］．北京：中国统计出版社，2011；2011年之后部分根据国家统计局网站信息整理，同时可参见中国信息报每年编制的"统计大事记"。

一类是内容从无到有的调查项目。表中所列项目中常常包含"第一次"这样的字眼，或者在调查项目名称前面冠以"建立""开始"等字眼，这些都是政府统计内容扩展的典型标志，比如旅游统计报表制度、利用外资统计报表制度、人口变动情况抽样调查制度、城镇劳动力调查制度、全国农村贫困监测系统、社会物流统计制度、房地产企业联网直报制度，以及第一次农业普查、第一次第三产业调查、第一次时间利用调查、第一次全国 R&D 资源清查、第一次创新调查等。此外，还出现了一些超越一般调查制度的统计规范，比如《科技投入统计规程》《中国国民经济核算体系》，以及一些针对特定目标进行的综合统计评价项目，比如《小康生活标准统计监测指标体系》。比较典型的是科技统计专题，从早期的简单统计，一步步扩展到研发投入统计、创新调查、高新技术产业统计，成为与国际规范衔接程度较高的政府统计专题。

另一类属于原本存在但统计内容发生了根本性蜕变的调查项目。比如，能源原来只作为一类工业产品进行统计，到 2003 年则建立起统一的能源统计报表制度；价格指数编制从 20 世纪 80 年代初期恢复职工生活费指数开始，此后逐步开发，直到 2000 年实施重大改革，最终形成当前实施的一套价格指数体系，对应的就是覆盖各方面的价格统计调查；企业统计原本是按照不同行业、不同专业分别实施的，此后经过数年努力，通过"统计四大工程"整合为"企业一套表统计调查制度"。最典型的例子是国民经济核算，专栏 2-6 比较详细地追溯了中国国民经济核算体系的开发实施过程，可以作为镜子映射中国政府统计为扩展内容、实现与国际规范接轨所作出的长期努力。

专栏 2-6 中国国民经济核算体系的改革过程

国民经济核算处于政府统计这个金字塔的顶部，是对一国经济体系的综合核算。中国 20 世纪五六十年代曾经尝试按照苏联计划经济体制下开发的国民经济核算模式（物质产品平衡表体系，MPS）进行一些综合指标的开发，比如工业净产值、工农业总产值、国民收入等，但一直没有建立起完整的国民经济核算体系。

进入改革开放时期，中国政府统计部门先是恢复上述相关指标的核算，随后开始了参照国民经济核算国际标准进行中国国民经济核算体系开发的探索和逐步实施过程。以下是其中的一些重要节点：

● 按照 MPS 模式编制 1981 年、1983 年全国投入产出表。

- 1981 年，开始编制国际收支平衡表。

- 1984 年，国务院成立"全国国民经济统一核算领导小组"，组织和领导中国新国民经济核算体系的研究设计工作。

- 1985 年，开始进行国民生产总值核算。此举是对计划经济模式下 MPS 的突破，意味着开始引入市场经济模式下《国民账户体系》(SNA) 的内容。

- 1987 年，开始编制基于 SNA 的投入产出表。

- 1992 年，开始编制资金流量表。

- 1992 年，发布《中国国民经济核算体系方案》(试行)。其中既包含 MPS 的内容（以国民收入为代表），也包含 SNA 的内容（以国民生产总值为代表），因此具有过渡性质。

- 2002 年，发布《中国国民经济核算体系 (2002)》，到此为止，形成了基于 SNA 的中国国民经济核算体系，实现了与国际标准的衔接一致。

以此为起点，中国国民经济核算体系的改进优化一直在进行中。2017 年发布了《中国国民经济核算体系 (2016)》。最近几年针对地区生产总值核算、国民资产负债表编制、自然资源资产负债表开发等三大改革开展工作，均已取得重大进展。

资料来源：宁吉喆. 中国国民经济核算体系 (2016) 培训教材 [M]. 北京：中国统计出版社，2018.

三、当前中国政府统计内容覆盖和组成状况

以上主要是追踪中国政府统计内容扩展的过程。以下拟基于当前情况对中国政府统计内容体系作一个截面分析，以此了解当前的统计内容覆盖状况。

分析框架就是本章第一节勾勒出来的政府统计内容体系。将中国政府统计当前所涉及的内容逐一填入这个框架之中，就可以大体看到其覆盖程度。所涉信息仍然来自以下两个方面，一是当前正在实施的统计调查项目所覆盖的内容，二是相关部门通过各种渠道正式发布数据所覆盖的内容。有关统计调查内容的基本材料，主体部分是《国家统计调查制度》(2024)，代表国家统计局系统负责实施的调查项目，其内容在表 2 - 2 中已经按照其目录进行粗略展示，另一部是《部门数据共享制度》(2023)，代表其

他政府主管部门负责实施、被纳入国家统计体系的统计内容。有关数据发布所涉内容，主要材料是《中国统计年鉴》（2023），具体内容在表2-2中已经按目录进行粗略展示。这里对各单元内容覆盖状况作简要说明，结果列示在表2-4中。

表2-4　　　　　　　　中国政府统计内容覆盖状况归纳

项目		对应的《国家统计调查制度》及其他	对应的《部门数据共享制度》	对应的《中国统计年鉴》专题
经济统计	行业统计	覆盖了农业、工业、服务业各个行业；体现不同调查方法的结合应用；若干年一次的普查，规模（或限额）以上的年度统计报表，规模（或限额）以下的抽样调查	对行业统计作补充，主要是各类业务统计，比如电信业务量、交通量和客货运输量、邮政业务量、保险业务投保状况等	农业；工业；建筑业；批发与零售业；运输邮电和软件业；住宿餐饮和旅游
	经济主体部门统计	主要集中在企业和住户两类经济主体。企业统计主要是一套表调查，以及行业调查制度中包含的企业财务状况调查；住户统计主要是住户收支与生活状况调查	对企业统计做补充，比如国有控股企业经济指标；政府财政统计；将国外视为一个准部门，编制国际收支平衡表和国际投资头寸表	人民生活；工业；建筑业；批发与零售业；运输邮电和软件业；政府财政
	要素和产品市场及其他调控手段统计	劳动工资统计大体完备，主要来自基于就业单位的统计调查；以固定资产投资为核心的非金融投资统计；以批零贸易业为中心的商品流通交易统计；基本形成了一套价格统计体系	基本覆盖各类金融市场交易和价格统计，包括货币市场、证券市场、对外投融资；补充了进出口商品贸易和服务贸易统计、石油天然气和电力的生产销售统计	就业与工资；金融业；房地产业；批发和零售业；对外经济贸易；价格；财政；能源；固定资产投资
	国民经济核算	包含一套与国民经济核算需求相匹配的统计报表	金融交易表（人民银行）；国际收支平衡表（外汇管理局）	国民经济核算

项目		对应的《国家统计调查制度》及其他	对应的《部门数据共享制度》	对应的《中国统计年鉴》专题
人口与社会统计	人口	形成了比较完备的人口统计调查体系，包括人口普查、1%人口调查、1‰人口调查等	补充出入境人员统计	人口
	家庭和社会组织	通过人口普查可以提供家庭组成资料	相关部门行政记录可以提供区域、社会组织、社区等层面的统计资料	城市、农村与区域发展
	就业与谋生	就业统计包含来自就业单位、劳动力市场不同视角的统计调查，可以基本覆盖相关内容，重点在城镇居民	补充各类就业培训和扶持情况统计	就业与工资；人民生活
	收入消费积累财产	通过住户调查，可以提供基本资料	税收系统、社会保障机构可以补充相关资料	人民生活
	时间分配	不定期开展生活实践调查		
	教育医疗卫生体育文化娱乐	针对文化及相关产业、健康服务业提供增加值等核算资料	利用各部门行政记录和相关调查，可以提供教育、文化体育娱乐、医疗和卫生防疫方面的统计资料	教育 卫生与社会服务文化和体育
	社会保险与福利		社会保险基金项下的收支结余统计；此外还有各类社会优抚、保障、救助的记录和调查	公共管理、社会保障和社会组织
	环境、公共秩序与社会参与状况		依据行政记录提供各类刑事民事案件和纠纷的司法、调节方面的资料，覆盖各类安全、灾害事故的资料，工会、妇联等社会组织建设和参与的资料	公共管理、社会保障和社会组织
资源环境统计		比较完备的能源统计，以及与气候变化有关的温室气体排放统计	覆盖国土资源、矿产资源、森林和湿地资源、水资源提供相关实物统计数据；大体覆盖不同污染物及环境介质提供排放和污染以及保护情况的统计数据	资源和环境

项目	对应的《国家统计调查制度》及其他	对应的《部门数据共享制度》	对应的《中国统计年鉴》专题
科技统计	企业研发和创新统计调查	高等教育系统、科技部系统、国家国防科工系统有关研究与试验发展统计调查；专利、技术贸易等知识产权统计	科学技术

根据这些信息和判断，可以对中国政府统计内容体系方面的特点作一些归纳。

当前中国政府统计不仅在一级内容体系的五个领域实现了全面覆盖，而且在二级内容体系方面也有较高的覆盖程度。由此可以认为，中国政府统计已经形成了比较完整的内容体系。进一步观察可以发现，经济统计部分主要依赖于国家统计局系统主导的国家统计调查，辅之以财政部、人民银行等部门的业务统计；社会统计、资源环境统计、科学技术统计则呈现另一种样貌：较多依赖于其他政府主管部门的行政记录和相关调查，国家统计局系统主要负责综合协调，同时承担一部分调查任务。

以下分别对五大领域做一些具体归纳。

（1）经济统计。以国民经济核算为龙头，一直被政府统计作为重点开发建设领域，内容覆盖已经较为完备。

行业统计历来受到高度重视，农业、工业、建筑业、交通运输业、批零贸易业作为传统五大物质生产部门，其行业统计可以追溯到20世纪50年代。此后伴随经济社会发展，其他服务业的重要性逐渐凸显，相关统计内容有了进一步扩展，不仅就一些行业建立专门的统计制度，比如住宿餐饮业、计算机服务和软件业、房地产业等，还将覆盖面扩展到各类具有非市场性质的服务领域，比如教育、卫生等，通过人员、财务等方面的统计调查掌握其基本经济状况。

企业、住户、政府、国外是经济体系的四大主体部门。企业统计和住户统计主要依赖于国家调查制度，相对比较完备。作为公共部门的政府职能统计（区别于本书作为官方统计所定义的政府统计）有广义和狭义之分，狭义政府统计集于财政统计，广义政府统计则还要覆盖大量行政、事业单位，甚至国有控股企业。前者基于政府预算决算系统记录而产生，后者则要依赖于经济普查和各主管部门的调查和汇总，当前中国在这些方面已经具备基础。对外经济业务统计分散于海关、商务部等各个政府职能部门，但系统的对外统计则依赖于国际收支平衡表和国际投资头寸表，国家外汇管理局已经形成了成熟的编制和数据发布规范。

市场交易和价格统计按照不同市场区分，包含若干组成部分。劳动市场及工资统计、货币市场和资本市场及其价格统计、产品市场及其价格统计，每一项都以国内市场为主，同时会涉及对外市场交易。总体来看，上述各个部分的统计都已经大体具备，只是其统计内容常常未必单独列示，而是混合在行业、主体统计之中，需要从供给、需求不同交易者处加以识别。比如国内贸易统计作为批零贸易业的业务统计，房地产市场交易作为房地产业的业务内容加以统计，货币市场交易则隐含在各种基于银行业资产负债表的货币概览之中，等等。与市场交易相匹配的一套价格指数体系已经大体形成，但也存在一些空白点。

国民经济核算已经形成体系。国内生产总值核算、投入产出核算、资金流量核算、国际收支核算已经比较成熟，国民资产负债核算一直比较薄弱但最近几年已经有了很大进展。除此之外，还在资源环境核算、旅游和卫生等卫星账户编制、新经济核算方面有了新的探索和突破。

（2）人口与社会统计。围绕人口和社会生活方方面面，统计已经有了较高程度的覆盖。

第一是人口统计。通过人口普查、年度抽样调查以及相关部门人口动态监测系统，构建了不同层次、不同重点的人口信息采集体系。

第二是就业和工资统计、人民生活统计两个专题。可以从供给和需求两个方面覆盖统计对象，围绕就业和物质生活状况提供统计数据。比如就业和工资状况，从就业单位角度开展从业人员和工资统计调查，同时针对失业和新增就业，有专门组织的劳动力市场调查，住户调查中也包含一些家庭成员就业状况的调查内容。

第三是教育、卫生、体育、文化等公共事业统计。其主体是政府相关部门的行政记录和业务调查，进而可以将相关内容从一般公共事业视角延伸到产业视角进行统计，包括文化产业、体育产业等。

第四是社会参与、公检法司、群众组织和劳动保障情况统计。主要是通过政府各个职能部门的行政记录和业务调查获取数据，显示社会组织状况以及社会成员的参与和权利保障状况。

第五是城市、农村和区域发展，主要通过统计局系统逐级汇集各层级的相关统计内容，显示经济社会发展的空间特征。

（3）科技统计。这是最近40年间实现从无到有且得到较好建设的统计领域。

第一是科技投入统计。以研究与试验发展（R&D）活动统计为重点，已经按照企业、科研机构、高等教育不同口径实现了统计调查的全面覆盖。

第二是广义科技活动产出统计。其中，企业创新调查已经成为国家统计调查制度中的规范性统计调查，专利申请和授权、科技论文发表与收录等内容则属于知识产权主管部门行政记录和相关调查的覆盖范围。

第三是科技市场统计。高技术产品进出口贸易、技术市场交易，可以通过相关调查获取数据。

第四是延伸到更广泛的相关产业统计。当前有专门针对高技术企业的调查制度，同时还有针对战略性新兴产业的专题统计。

（4）环境统计。这是最近 20 年在可持续发展战略推动下得到快速建设的统计领域。

第一是自然资源统计。借助自然资源资产负债表的编制，全面整合了传统自然资源统计内容，不仅覆盖资源存量及其变化统计，还延伸到资源管理过程，对各种自然资源经营或开发权益、资源节约等方面进行统计。

第二是环境与生态统计。覆盖从各种废物和污染物排放以及处理或处置、各种环境介质的质量监测、不同生态系统的保护与建设补偿以及生态服务等统计内容。

第三是与气候变化有关的统计内容。围绕二氧化碳和其他温室气体排放的全面监测，建立了全面的能源供需平衡统计，并将其与经济活动结合起来，延伸到能源消耗与排放清单层面的统计。

总结以上对改革前后状况进行比较的结果，不难看到中国政府统计在内容覆盖方面所发生的明显变化。变化背后的主要原因就是中国 40 多年来改革开放带来的翻天覆地的经济社会发展。一方面，从计划经济体制到社会主义市场经济体制的改革，从封闭式经济到"拥抱全球化"的开放进程，是经济统计内容转型、扩展、重点转移的根本原因；另一方面，从经济增长到经济发展再到高质量发展，新发展理念中所包含的创新发展、绿色发展、开放发展、平衡发展、共享发展，促使政府统计内容重点从经济统计扩展出去，成为社会统计、科技统计、资源环境统计得以不断加强的基本背景和动力。

总体而言，新中国在国家治理方面具有"大政府小社会"的特征，政府在国家治理体系中居于绝对中心地位，对社会的覆盖程度较高。这种格局对中国政府统计建设具有决定性影响。一方面，国家治理过程中对统计数据的需求较大，要覆盖社会的方方面面，由此决定了政府统计在内容上必须有较宽的覆盖面；另一方面，"大政府"对社会有较大规制能力，政府统计可以借此实现在较大范围内搜集数据，有能力实现政府统计内容的较大覆盖面。

以此为标准，从国家治理需求角度看当前中国政府统计，其在内容覆盖以及重点内容上仍然有待进一步扩展提升。面对新发展理念的要求，政府统计长期以经济统计为主所带来的局限性已经显现，其他方面的统计内容、不同统计内容之间的整合，均有待进一步加强。在经济统计内部，传统的"行业统计"思维仍然居于主流，其他诸如经济分配、市场监测、资产负债存量等方面的统计与核算仍然比较薄弱，甚至存在缺口。

第三章　政府统计组织体系

政府统计是一项系统工程，要实现其职能，公正、有效地提供统计服务，需要有组织地开展工作。所谓有组织地开展工作，一个最重要的前提就是要有专门设置的机构、一支专业人员队伍，以及规范内外关系的一套机制和体制。这些方面合起来，就是本章要讨论的政府统计组织体系。

国际组织非常重视在政府统计组织方面为各国提供指导。联合国大会通过的《官方统计基本原则》为政府统计组织提供了基本原则；相关机构专门制定《统计组织手册》① 并不断更新，针对政府统计组织所涉及的问题进行了宽泛而丰富的讨论，② 所展示的具有开放性的不同观点以及不同组织模式，是各国政府进行统计组织建设的重要参考。国内也有一些相应研究，较早时期出版的《统计组织管理学》《中外政府统计体制比较研究》均出自国家统计局专家之手，内容各有侧重，可以在一定程度上显现当时中国政府统计的组织体系状况以及对这一问题的认识程度。最近几年针对政府统计体制改革的呼声在不断加强，显示出这仍然是一个有待进行系统讨论的重大课题。

本章将结合上述文献，系统讨论政府统计组织体系所涉及的基本原则和代表性模式，进而结合中国实际，介绍政府统计组织体系的构成以及当前所面临的问题。

第一节　政府统计组织运作的基本原则

简单而言，政府统计组织体系的目标就是通过一套机制，妥善处理与

---

① 该手册第一版 1954 年发布，第二版 1980 年发布，第三版《统计组织手册——统计机构的运作与组织》2003 年发布，2022 年发布了第四版 *Handbook on Management and Organization of National Statistical Systems*。本章针对政府统计组织体系的一般性讨论主要参考该手册第四版以及第三版的内容。

② 这两部文献将统计组织定义为两个方面，一是统计机构的组织，二是统计业务流程的组织。本章内容主要侧重于第一方面，有关统计业务流程组织管理问题将在第七章讨论。

政府统计有关的内外关系，以此保证政府统计职能的实现。为此，需要先了解政府统计所面临的内外关系，确立处理这些关系的基本原则。①

一、在数据生态系统中认识政府统计的内外关系

从运作机制看，政府统计工作的主导方无疑是政府统计部门，采集基础信息、加工生产统计数据、将统计数据提供给用户，体现了统计部门的完整的工作流程。

但是，政府统计部门是在一个数据生态系统②中开展上述工作的。在这个生态系统中，不仅有统计部门，还有被调查者和数据用户，三者合起来组成了一个链条，此外，作为统计部门之主管部门的政府也是这个运行机制中不可缺少的组成部分。为此，统计部门要立足这个生态系统处理其与调查对象、数据用户、主管部门之间的关系（见图3－1）。显性的关系是数据流动过程（图3－1中实线箭头所示），统计部门要从被调查者处收集基础数据，对数据进行加工形成综合统计数据，然后提供给数据用户，这体现了政府统计工作过程以及职能所在。在数据流动过程背后是统计部门与其他行为主体之间形成的需求和管理制约（图3－1中虚线箭头所示）：统计部门要求被调查者及时、准确地提供基础信息，数据用户要求统计部门进行数据生产、提供数据服务，政府主管部门要求统计部门必须依法统计、履职尽责，统计部门反过来要求主管部门为统计工作开展提供相应条件。③ 对这些予以归纳，可以视为政府统计所要面对的内外关系的基本框架。

如果将图中各个角色进一步展开（见图3－2），上述关系的复杂性就会进一步显现出来。第一，每个行为主体方框中都会出现不同角色。就是说，政府统计要从各类调查对象处获取基础数据，要为各类数据用户提供服务，同时要受各级政府主管部门领导；即使是政府统计部门本身也是可

---

① 本节以下内容和文字参见：高敏雪，蔡国材，甄峰，等. 论统计监督 [J]. 统计研究，2023，40（2）：3－15。

② 数据生态系统这一概念来自：United Nations. Handbook on Management and Organization of National Statistical Systems [S/OL]. https://unstats. un. org/capacity-development/handbook/index. cshtml，2022，具体见其中第1. 3. 2节。

③ 国家统计局原局长李成瑞曾撰文讨论，将被调查者、统计部门、数据用户这三类角色分别称为统计客体、统计主体、统计宿体，据此归纳政府统计运行机制中的相互关系。参见：李成瑞. 关于统计监督的若干理论问题——兼论统计系统的内外关系和运行机制 [J]. 统计研究，1990（1）：1－11。但受制于当时的经济体制和统计体制，这样归纳存在比较明显的局限：一方面将数据用户完全等同于政府，忽略了其他数据用户的存在；另一方面是没有独立显示政府作为统计主管部门的功能。

分的，以国家统计局为中枢，一方面纵向延伸到各级地方统计局，另一方面横向扩展到其他政府部门（如人民银行、商务部）所属统计机构。这就决定了统计部门内部及其与其他行为主体之间的关系具有复合性。

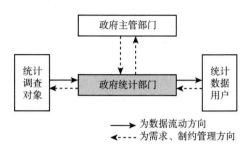

图 3-1　政府统计运行机制的基本结构

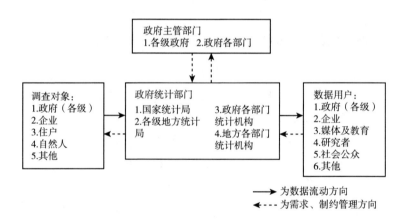

图 3-2　详细展开的政府统计运行机制关系

第二，同一类角色可能出现在不同行为主体方框内，由此可能出现身份重叠。比如，企业既是被调查者也是数据用户。其中最值得关注的是政府：既是很重要的基础数据提供者——为政府统计提供各种行政记录；又是最重要的数据用户——政府统计数据是各级政府制定政策与各种规划的基本依据；还是政府统计的主管部门；就连统计部门本身实际上也是政府部门的一部分——尽管图中按照业务关系将各级统计局、各部门统计机构与国家统计局合起来放在同一个行为主体方框内，但从行政隶属关系看，这些统计机构各自与其对应的各级、各部门政府具有更紧密的关联。

一旦出现身份重叠，就有可能形成利益关联，从而给上述各个行为主体之间的关系增加更多变数。对政府统计而言，这种关联可能会带来正面的效果，比如，因为明了自身对数据的需求（作为数据用户），所以更加乐意提供基础信息（作为被调查者），或者会更重视对统计部门的能力建设（作为主管部门）；但更有可能造成负面影响，扭曲数据生态系统的运作方式。比如，企业在特定情境下有可能利用自己在提供基础信息方面的垄断地位，以此影响统计部门的数据生产，达到自己作为数据用户预设的目标。① 政府部门有可能借助于自身在这个数据生态系统中的特殊地位，或者利用提供基础数据的便利，或者凭借主管部门的优势，对统计部门施加压力，甚至直接干预统计部门的数据生产，以满足自身作为数据用户的需求，包括一些不当需求。显然，这些可能性的存在，会进一步加大政府统计处理其内外关系的难度。

为此，政府统计必须建立一定的机制，处理好内部和外部关系，在各行为主体之间形成制衡，防止因为身份重叠而发生不当利益关联，以此保证政府统计能够公正、有效地履行自身的职能，为各方提供高质量的统计服务。

二、恪守独立性：处理政府统计外部关系的基本原则

处理政府统计外部关系应以独立性为基本原则。所谓统计独立性，有文献称其为自主性、中立性，笼统而言是指统计部门在统计数据生产、发布、解释过程中应秉持专业性，不受利益倾向的干预，保证统计数据客观、公正，支持各类数据用户作出准确判断和科学决策。

相关国际规范曾经对政府统计的独立性作了进一步区分和阐释：第一是科学独立性，是指统计工作者能够根据实际情况自主选择适宜的定义、方法、技术、数据来源、调查方案、抽样方法、数据收集工具等；第二是专业独立性，是指政府统计在其整个统计工作过程的各个环节均具有独立决策和操作的权力，包括独立确定应该统计的内容，独立设计统计方法和流程，独立的基础数据管理，独立的数据发布系统，独立的数据解读等；第三是机构独立性，是指政府统计在机构设置、职能界定、经费预算以及运作方式上被赋予独立地位。② 联合国《统计组织手册》（第三版）列举了涉及政府统计机构独立性的一些具体内容（见专栏 3 - 1）。这里将科学独立性和专业独立性综合起来，按照统计工作的基本流程对独立性的内涵

---

① 例如，在那些处于高度垄断的行业，头部企业的经济活动举足轻重，政府统计数据可能会特别受制于这几个提供基础调查资料的单位。这种情形下，头部企业就有可能利用自己的市场支配地位对政府统计数据质量形成实质性干扰。

② United Nations Statistics Division. United Nations Fundamental Principles of Official Statistics：Implementation Guidelines [EB/OL]. https：//unstats. un. org/unsd/dnss/gp/impguide. aspx，具体见其中第Ⅱ部分。

作简要解释。

专栏 3 - 1 政府统计机构的独立性：具体内容

与独立性有关的特征包括以下内容：

● 有权对数据汇集、分析或公布的口径、内容和频率作出专业的决定；

● 有权选聘和提拔专业人员、技术人员和实际操作人员；

● 其他统计部门或机构认可统计机构有权在不需预先审批的情况下发布统计信息；

● 首席统计长官和相关人员有权在政府和公共部门面前谈论统计数据；

● 坚持按事先确定的时间安排公布重要的经济数据或其他指标数据，避免让人以为由于政治原因而操纵信息发布的日期；

● 在统计信息发布与政府高级官员政策性解释之间划清界限；

● 制定信息发布政策，以便能通过媒体、因特网和其他途径将重要统计数据定期、经常地向公众发布。

资料来源：联合国经济和社会事务部. 统计组织手册：统计机构的运作和组织 [M]. 第三版. 纽约：联合国出版物，2003，第7段.

（1）统计什么，独立地确定哪些内容可以作为政府统计信息纳入公共产品范畴，避免短期行为或者受特定用户要求影响。

（2）如何统计，独立地按照专业要求设计统计工作流程和相应技术方案，避免外部干扰从而影响数据质量。

（3）独立的基础数据管理，保证所有被调查者提供的基础数据不能被用于生产政府统计数据之外的目的，即使这些目标诉求来自同一政府的决策或执行部门。

（4）独立的数据发布系统，保证所有的数据用户得到公平待遇，比如能够在同一时间、以同样的频率获取具有同样详细程度的数据。

（5）独立的数据解读，保证从专业、技术角度对所发布数据给予解释，面对外部误解、曲解给予专业技术性的更正和规范。

独立性被视为政府统计的"立身之本"，作为处理外部关系的基本原则被直接纳入国际组织所制定的基本规范之中。联合国统计委员会在2013年第四十三届会议上取得共识，认为独立性对官方统计的质量、可信度和完整性至关重要，是质量标准中的先决条件，《官方统计基本原则》中有若干条直接涉及统计独立性问题①。《统计组织手册》（第三版）对此种关键曾有明确阐述："一个统计机构必须具有一种得到广泛承认的独立地位，这样它才能获得公信力并执行其职能，从而不受阻碍地为公众和决策者不断提供有效的和优质的信息。如果缺少由高度的独立性所带来的公信力，用户可能会不再相信该机构的数据是准确的和客观的；而数据的提供者也可能不再愿意对统计机构提出的要求予以合作"。② 就是说，独立性所处理的外部关系，会透过政府统计与数据使用者、基础数据提供者（受调查者）这两对关系，对统计数据的生产产生影响。没有独立性，就会失去数据用户对政府统计数据的基本信任；数据一旦不具备公信力，政府统计就很难获得被调查者的积极配合，反过来又会从源头上影响政府统计数据的质量。

现实中政府统计会面临来自外部的各种压力，如果不能筑牢防线，独立性就会以各种方式受到侵蚀，进而影响政府统计的客观和公正。有研究者将著名的古德哈特定律移植于统计领域，认为一项社会指标或经济指标，一旦成为一个用以指引宏观政策制定的既定目标，那么该指标就会丧失其原本具有的信息价值，因为政策制定者会牺牲其他方面来强化这个指标，从而使这个指标不再具有指示整体情况的作用。③ 也有学者针对多国状况进行综合性考察，指出不同发展阶段的国家在政府统计独立性上均面临挑战，只是干预手法有所区别，一般来说，发展水平越低的国家操纵统计数据的方法较为简单直接，而在政府统计体制比较完善的国家，干预方法会更加复杂隐蔽。④

中国相关法规和文件中一直强调独立性对于政府统计职能的重要性。《中华人民共和国统计法》第七条专门规定："统计机构和统计人员依照本法规定独立行使统计调查、统计报告、统计监督的职权，不受侵犯。" 2021 年 12 月，中共中央办公厅和国务院办公厅联合印发《关于更加有效发挥统计监督职能作用的意见》明确指出政府统计部门要"依法独立履行

---

① 至少涉及其中的第一条、第二条、第四条，参见：United Nations Statistics Division. Fundamental Principles of National Official Statistics ［EB/OL］. ［2013 – 07 – 24］. https：//unstats. un. org/fpos/implementation/。

② 联合国经济和社会事务部. 统计组织手册：统计机构的运作和组织 ［M］. 第三版. 纽约：联合国出版物，2003，第 5 段.

③ Outrata, Edvard. Influence of governance issues on the quality of official statistics ［J］. Statistical Journal of the IAOS, 2015, 31（4）：523 – 527.

④ Georgiou A V . The manipulation of official statistics as corruption and ways of understanding it ［J］. Statistical Journal of the IAOS, 2021, 37（1）：1 – 21.

监测评价职能"。但结合现实情况看，处于高速发展过程中的中国，统计数据是中央政府针对各个职能部门以及地方政府进行业绩考察的重要依据，由此决定了处在如图 3 - 2 中的政府统计的敏感性，如何在处理外部关系过程中恪守独立性，仍然是一个有待解决的问题。"什么指标纳入考核什么指标就不准""数字出官、官出数字"，这些坊间流传的说法就是对政府统计面临独立性风险的生动刻画。事实上，在统计督察和执法过程中发现和查处的各种问题，背后就是在不同情况下以不同手段发生的对统计数据独立性的干预。最近几年政府统计在党中央、国务院支持下进行的各种制度建设，实际上就是要从组织机制上整治需要面对的外部关系，切断其间存在的各种利益关联，以维护政府统计的独立性。

三、保持统一性：处理政府统计内部关系的基本原则

政府统计要提供反映国家基本国情和发展状况的数据信息，要面对覆盖全国的调查对象，其中会涉及不同领域、不同层面，由此决定了整个政府统计工作是一项系统工程，而且是带有专业技术特征的系统工程。这套系统工程要持续运转，工作量庞大，为此需要统计组织上的分工和合作：一方面要将任务分解给处于不同方面、不同层次的不同机构完成，另一方面要保持各个机构工作之间的协调配合。为了使这个系统良好地运转，服务于社会并赢得社会公信力，必须保持这个系统内部的统一性（或称一致性）。也就是说，处理好政府统计的内部关系，需要以统一性为基本原则。

国际文献中对统一性论述较少，但对于类似中国这样的大国而言，恪守政府统计的统一性非常重要。[1] 具体来说，统一性包括过程与结果两个层面，是两者的双重统一。

从过程来看，所有统计机构、统计调查项目之间应遵照统一的统计制度，分工明确、各司其职、协同配合，共同完成政府统计工作。过程统一性可以区分为两个层次。第一个层次是指不同部门统计机构之间的协同。很多大型统计调查项目（如人口、经济、农业三大普查项目）需要多部门协同完成，[2] 各部门常规统计工作一般按照各自的管理职能而分工，也会

---

[1] 国家统计局原局长李成瑞主编的《统计组织管理学》（中国统计出版社 1994 年版）中专门讨论统一性，甚至还将其放在独立性之前。见该书第 46 页。

[2] 以第四次全国经济普查为例。按照"全国统一领导、部门分工协作、地方分级负责、各方共同参与"的原则，由国务院经济普查领导小组办公室组织实施和协调，参与部门除统计局系统外，银行、证券、保险、铁路等业务管理部门也要按照普查方案统一要求，分别组织开展本业务系统内的普查工作，最终汇总出全国的经济普查数据结果。

涉及相互之间的协调与合作，国家统计局在协同过程中具有不可或缺的作用。第二个层次是指统计局系统内部各专业机构、统计调查项目之间的协同，既包括国家统计局不同职能机构之间的协同，也包括国家统计局与地方统计局之间的协同，以此保证统计局作为政府统计"大本营"的工作具有统一性。

从结果来看，要按照统一的设计提供统计数据，对于同一个指标，应当做到定义、口径、范围、分类一致，以保证最终公布的数据具有一致性。结果的统一性也可以分为两个层次。第一个层次是指不同部门发布的数据应当保持一致，现实中不同的部门或机构可能对同一个指标进行统计，如果不能贯彻统一性，就会出现"数出多门""数据打架"的情况，影响政府统计的公信力。第二个层次是指国家数据应当与地方数据保持一致，即各地方数据汇总结果应与国家级总数一致，如果不能贯彻统一性，就会导致数据结果出现差异，由此影响政府统计的权威性。

延伸推论，能否保持统一性，会给政府统计带来两方面的后果。一方面关系到政府统计的服务质量。如果政府统计数出多门，统计范围、基本指标定义、基本数据来源都不一样，结果肯定造成信息混乱，无法发挥应有作用，还会导致公众对政府统计的不信任。另一方面会影响政府统计的整体效率。如果一项统计事务同时有不同部门在做重复性工作，必然导致人力物力财力的重复投入，由此就会加大数据生产的直接成本，进一步看还会因为不同来源数据给使用者带来选择上的困扰，在整体上加大数据使用的间接成本。反过来，如果因为统一性缺失导致某些领域存在政府统计空白点，同样会影响政府统计的整体效应，造成另一种效率损失。

四、独立性和统一性原则背后的保障手段

以上分别阐述了政府统计的独立性和统一性，但在现实中这两项基本原则并非是孤立存在的，而是相互影响、互为条件。没有独立性，统一性难以实现。如果过分受制于数据用户的影响，而数据用户的需求——涉及统计什么、如何统计等——又是高度多元化的，政府统计显然难以在统计内容、统计方法以及最后信息发布上实现统一。进一步看，政府统计的统一性固然受制于独立性，但同时还有自身的组织问题。如果没有有效的组织，即使有独立性做保障，政府统计内部的统一性也未必能够实现。一旦统一性不能实现，用户面对的是一盘散沙、数出多门的统计信息服务，这无疑会影响政府统计的公信力，并对其独立性形成负面影响。

接下来需要讨论：如何保证政府统计独立性和统一性的实现？撇开管理过程中可能出现的各种具体问题，仅就制度层面而言，以下保障手段不可缺少。

第一是立法。

为保持政府统计独立性需要立法。应通过不同层面的法律规章，赋予政府统计以独立的地位，明确界定政府统计与数据用户以及基础数据提供者之间的关系。一方面，各类单位和个人有义务按照要求向政府统计提供真实可靠的基础数据；另一方面，社会公众有权利以合适的方式公平地获取政府统计数据，任何数据使用者个体无权按照自身利益对政府统计提出特殊要求，尤其不能干预政府统计数据的生产和发布。

为实现政府统计的统一性，也需要立法。以法律和规章来规范政府统计内部不同组成部门之间的职能关系，搭建起统计机构之间关系的框架。一方面是分工，确定不同组成部分各自的工作职责；另一方面是明确协调机制，保证不同部分之间的职能合作，使其成为一个整体。

第二是要将法律赋予政府统计的地位通过行政管理而实体化、机构化。

从独立性角度，要通过政府行政机构设置和职能分工设立专门的统计机构。首先是国家统计局（或中央统计局等具有类似功能的独立统计机构），其次是各个政府部门内部的统计处室。要明确其基本职能，界定这些机构与政府其他部门之间的关系——这就是前面所提出的统计机构独立性。这些统计机构可以依据其法定职能，集聚一定人员、资金投入，确定具体工作内容和工作流程，处置和发布所形成的统计数据，对在此过程中形成的各类无形资产①具有支配权。《统计组织手册》将这些归之为"品牌识别"，认为政府统计必须是"看得见的""可辨认的"，一个独立的机构（包括独立的标牌、独立的办公大楼、独立的预算、独立向上一级政府领导汇报工作等）是在公众层面提升政府统计地位的重要保证。②

从统一性角度看，要将职能分工和协调机制落实到具体机构分置及其职能分工上，以此将各类、各级统计机构之间的关系具体化，实现衔接与

---

① 例如与数据采集有关的调查单位名录库，用于推动统计产品整合的国民核算体系和其他数据库，人才和相关知识库，以及更广泛的政策、信誉等。参见：联合国经济和社会事务部. 统计组织手册：统计机构的运作和组织［M］. 第三版. 纽约：联合国出版物，2003，具体见其中第8章；UN. Handbook on Management and Organization of National Statistical Systems，https：//unstats. un. org/capacity-development/handbook/index. cshtml，2022，具体见其中第11章。

② 联合国经济和社会事务部. 统计组织手册：统计机构的运作和组织［M］. 第三版. 纽约：联合国出版物，2003，第48－49段.

协调。其中涉及国家统计局、地方统计局以及各政府职能部门下属统计机构的设置，同时还涉及国家统计局与其他统计机构之间的行政关系、业务关系，以及工作成果（尤其是统计数据）共享和交换机制。

第三是必要情况下可依法设立一些具有代表性的协调、协商机制。

从独立性角度考虑，可以组成相应的社会性机构（如委员会等），授权其能够以一定方式介入并监督政府统计工作过程。此类社会机构的组成人员来自政府、经济界、社会组织、企业和科学家等方面，他们既代表数据用户，也代表被调查对象，其工作中心是对政府统计的调查项目和调查方法提出建议和看法，同时也监督政府统计机构的具体统计活动。[1]

从统一性角度看，必要时也可以设置由各类统计机构成员组成的跨部门机构，比如国家统计理事会（或协调委员会、咨询委员会）。这些机构可以是监管性质的，也可以是咨询性质的，目标就是在部门之间加强职能协调。

第四是推进统计标准化。

政府统计是一个具有专业技术性质的系统，如果其工作过程中所涉及的各个关键要件能够按照统一的标准运作，就可以在很大程度上保证"生产"出来的数据具有内在一致性，并能够实现其衔接。相关关键要件包括统计对象识别的标准化、相关技术分类的标准化、调查表的标准化、工作流程的标准化、数据加工储存和传输技术的标准化等。[2] 尤其是那些具有通用性的要件，一旦作为标准固定下来，对于政府统计统一性将具有重要保障作用。借助于信息技术发展，未来有希望搭建统一的政府统计数据加工和服务平台，在此背景下，对统计标准化的要求将日益迫切，反过来则显示出标准化对于政府统计统一性的重要性在与日俱增。

标准化也不仅限于统计系统内部，还可以扩展到与政府其他部门之间的共享，实现国家层面的标准化，以此形成更高层次的统一系统。比如企业单位识别代码在政府统计部门、税务部门、质量管理部门之间实现共通，个人身份识别系统在社会保障、税务、就业等方面实现统一。通过这样的标准化系统，一方面可以改进政府统计的数据采集基础，将其他部门的行政记录纳入统计数据搜集范围；另一方面可以与数据使用者的需求对接，提供更具便利性的统计服务。

---

① UN. Handbook on Management and Organization of National Statistical Systems，https：//un-stats. un. org/capacity-development/handbook/index. cshtml，2022，具体见其中第 4.5 节。

② UN. Handbook on Management and Organization of National Statistical Systems，https：//un-stats. un. org/capacity-development/handbook/index. cshtml，2022，具体见其中第 4.6.2 节。

进一步考察以上所述各种保障手段及其应用，可以看到，前两种带有法律强制力或行政制约，第三种主要是业务上的监管和协商，第四种则体现业务技术层面的作用。总体而言，对独立性而言，可能更多地倾向于由前面的手段来规范；对统一性而言，则可能会更强调后面各种手段的规范作用。同样是立法手段，独立性涉及政府统计外部关系，用作规范手段的是国家层面的法律；统一性主要限于政府统计内部关系，规范手段主要限于政府范围内的行政规章。而且，在政府统计内部，除了上述各种手段之外，还有其他一些具有激励性的保障措施，比如由多部门共同开发统计项目、部门间人力资源培训和技术援助、统计经费划拨或统计数据产品交换机制等，对保障政府统计系统的统一性也具有意义。

综合上述各种保障手段，基于独立性和统一性两个基本原则，政府统计为实现其职能而建立了两套体系：第一是统计组织体系；第二是统计业务体系。前者更强调统计机构设置、职能划分、能力培养，后者涉及统计工作流程的科学管理、标准化操作。本章接下来主要针对组织体系做介绍，并结合中国实际讨论其中涉及的相关问题；有关统计业务体系的讨论则见随后各章。

第二节　政府统计的组织模式

广义而言，政府统计是一国国家治理和行政体系的重要组成部分。如何搭建这套统计组织体系，涉及一系列问题的处理，比如"政府统计如何成为国家行政相关部门的常规职能，如何建立以政府统计为核心职能的国家统计局，从事政府统计工作的各种组织如何适应用户需求、技术变革以及体制变革"[1]。围绕这些问题，联合国《统计组织手册》各版都做了详细讨论，各国国家统计系统也会以不同方式展示自己的组织体系状况。以下结合国际规范和相关著作，对政府统计组织体系的不同模式以及各国的实际选择做简要介绍。

一、政府统计组织的不同模式：政府统计体制

政府统计体系的组织，最终要由统计机构设置以及相应的职能划分来

---

① 转引自：UN. Handbook on Management and Organization of National Statistical Systems，https：//unstats. un. org/capacity-development/handbook/index. cshtml，2022，具体见其中第4.1节。

体现。各种保障手段都要以此为凭来发挥作用：立法很大程度上就是用来确定机构的设置和职能划分的，理事会等协商机制的工作对象就是政府统计的各类机构及其职能，标准化的目的就是要以业务技术手段促成各类统计机构之间的一致和衔接。此类统计机构及其职能的组成模式，就是一般所称的统计体制。

不同国家受其历史传承、国家政治和行政体制的影响，所形成的统计体制可能有很大差别。为了说明不同统计体制之间的差异，我们可以从一个极端的状态开始：一国所有政府统计活动都由一个独立的机构完成，这个机构可以称之为国家统计局。显然这是一种高度集中的统计体制，可以为政府统计提供最高级别的统一性组织保障。

但是，鉴于前面一再强调的统计内容复杂、调查对象覆盖广泛这些特性，全部政府统计工作一般很难仅靠一个机构完成，为此常常需要向其他部门分散其职能。就是说，在中央政府层面，除了国家统计局之外，其他各个职能部门下面可以设置相应的统计机构，负责与本部门管理内容有关的统计工作，比如农业部设置统计机构负责农业统计，教育部设置统计机构负责教育统计。一般将后者称为专业统计或部门统计，对应地即可将前者称为综合统计。

以不同方式处理这一对关系，结果就会形成不同的政府统计模式。政府统计工作集中在国家统计局，弱化或取消部门专业统计，这就是所谓集中型模式；政府统计工作大部分分散在相关职能管理部门，国家统计局只起协调作用，甚至不设国家统计局这样的中心机构，结果就是分散性模式。

除了上述部门统计与综合统计之间的关系之外，还存在中央统计与地方统计之间的关系。就是说，在中央（联邦）政府之下的省（州）政府以及下属地方政府层面，也需要设置相应的统计机构，由此会出现地方统计机构与中央统计机构之间的关系问题。一种模式是各地区统计机构完全受中央统计机构的控制，即所谓"集中垂直管理"。此时，地区统计机构的作用首先是执行中央统计机构的指示，完成数据收集任务，进而还可以由中央统计机构授权汇总并发布本地区统计数据。另一种模式则属于分散型模式，地区统计机构并不直接由中央统计机构控制，而是作为地区政府的组成部分，按照地区特点和数据需求各自组织相关的政府统计工作。

将上述两对关系汇集在一起，就是政府统计体制中的横向管理和纵向管理问题。以国家统计机构在两个方面中的作用和权限的大小作为划分标

准，理论上，可以将政府统计体制划分为如下四种类型：①

● "集中型"政府统计体制。国家统计机构对横向（即对专业统计）和纵向（即对地方统计）方面的政府统计工作实行高度集中的统一管理。

● "横向集中、纵向分散"型政府统计体制。专业统计集中于国家统计机构，但地方统计工作由各地方政府统计机构负责，国家统计机构对地方政府统计的管理相对松散，一般仅限于业务指导。

● "横向分散、纵向集中"型政府统计体制。专业统计分散于政府各有关部门，国家统计机构只负责业务指导和协调，同时对地方政府统计机构实行集中垂直管理，甚至不设地方政府统计机构。

● "分散型"政府统计体制。国家统计机构对专业统计和地方统计的管理均比较松散，专业统计工作基本上由政府各部门来管理，地方统计工作由地方政府负责，可能没有独立的国家统计机构，或者只在政府统计体制中起协调的作用。

将上述理论划分放到现实中加以考察，可以说，无论是横向还是纵向，很难见到绝对集中或者绝对分散的政府统计体制。如果将集中和分散这两个端点连接起来形成一条轴线，各个国家实行的政府统计体制会处于这条轴线的不同位置，所谓集中型统计体制和分散型统计体制，其区别可能就是一个集中/分散程度问题。② 经常发生的情况可能是：需要有一个机构负责人口调查、住户调查以及各种跨部门的、综合性的经济调查和统计工作，但在那些具有专业性质或者以相关行政记录为主要数据来源的领域，其统计工作会分散在各个部门。③ 如何确定两者之间的界限，则要受制于各国的历史、文化以及政府治理模式和行政组织方式等多种原因，由此决定了一国所选择的政府统计体制更偏向于集中一端还是更偏向于分散一端。国家统计系统组织划分情况见专栏3-2。

专栏3-2　国家统计系统组织划分情况

（1）国家统计局是唯一机构，职能高度集中。此外中央银行的统计部门也会编制官方统计数据，但可能不会被视为官方统计系统的一部分。在联邦制国家，国家统计局作为真正的国家统计局而不仅是联邦统

---

① 贺铿，郑京平，等. 中外政府统计体制比较研究［M］. 北京：中国统计出版社，2001：5.

② 参见：联合国《统计组织手册》第三版，第31段。

③ 转引自：联合国《统计组织手册》第三版，专栏2，其中转述了1980年版手册对此所做论述。

计局在这一系统中发挥作用；没有独立的地方统计局。

（2）国家统计局作为核心生产者和国家政府管理部门存在，此外还有数量有限的其他数据生产者，体现不同程度的职能集中度，国家统计局局长承担协调责任。中央银行的统计部门通常会得到银行法律的授权，成为国家统计系统的一部分。没有独立的地方统计局。

（3）在联邦制国家中，职能高度集中于国家统计局，但作为联邦统计局存在。在联邦一级，其他数据生产者很少；在地区层面大多具有独立的统计局参与联邦统计的编制。对该系统进行协调是国家统计局局长的任务。

以上是实践中出现的主要类型。但落实到不同国家则可能出现很多具体差异，要么变得更加复杂，要么由于相对陈旧的统计立法而缺少某些要素。在第二和第三种类型中，中央银行的统计部门是国家统计系统的组成成员。

资料来源：United Nations Statistics Division. Fundamental Principles of National Official Statistics［EB/OL］.［2013 – 07 – 24］. https：//unstats. un. org/fpos/implementation/，具体见其中第4.3.6节。

进一步看，在政府统计体制形成过程中，横向管理模式的作用可能要大于纵向管理模式。也就是说，专业统计是否能够相对独立于综合统计或者在多大程度上独立于综合统计，是各国政府统计体制的首要选择；相比之下，地方统计是否相对独立于中央统计，可能只是一部分国家需要考虑的问题——比如，只有规模较大的国家才需要分级管理，小国则必要性不大；如果国家实施联邦制，州一级政府才会具有相对比较独立的治理需求。如果一国横向管理采用分散模式，其纵向管理一般会比较倾向于分散模式，因为国家统计局作用被削弱，同时决定了地方统计局作用的有限性，从中央到地方的纵向管理也会随之边缘化。考察各国政府统计体制的具体选择，大体上验证了上述认识：有不少国家采用横向与纵向双集中体制，也有不少国家采用横向集中纵向分散体制，但少有国家采用横向分散纵向集中模式。①

基于上述认识，我们接下来不是简单地按照这四种类型讨论不同政府统计体制的优劣势，而是结合现实，对集中型、专业分散型和地方分散型

---

① 李成瑞等在《统计组织管理学》（中国统计出版社，1994）第三章"国家统计组织"中，结合中国实际对此问题进行了详细讨论。

三种类型下的情形做重点说明。①

二、不同政府统计体制优劣势比较与各国案例

评价一套政府统计体制的优劣，有两个标准，第一是质量，第二是效率，具体体现在政府统计产出和投入两个方面及其对比关系。对于政府统计而言，其产出可以分为两个层面：直接产出就是通过统计工作所生产数据的多少以及数据质量高低；广义来看则是对数据使用者需求的服务质量，是否满足数据使用者的需求，服务方式是否便利。其投入也可以分为两个层面：直接投入就是在统计工作过程中的人力物力财力投入；扩展到更宽泛意义上，对被调查者的动员/扰动程度也可以作为政府统计的投入看待，即应力求使调查负担达到最小。以下主要围绕这两个方面的关系，观察集中和分散两类政府统计体制的优点和不足。

（一）"集中型"统计体制

"集中型"统计体制的基本特点，是政府统计工作高度集中于国家统计机构，由此弱化（或者取消）了专业统计工作，并将地方统计工作置于强制管理之下。国际上采用集中型统计体制的典型国家是澳大利亚和加拿大，此外还有墨西哥、丹麦、荷兰、挪威、比利时、奥地利、印度尼西亚和东欧诸国等，其政府统计也比较倾向于集中模式。

在集中型国家统计体制下，国家统计局（中央统计局）是全国唯一行使政府统计职能的机构。其统计工作范围广，收集、整理、发布的统计数据几乎覆盖社会经济的方方面面，不仅有全国的统计数据，还有分地区的统计数据，以满足各级政府、社会各界对统计信息的全方位需要。

为达到上述目标，国家统计局机构设置门类齐全，既包括按专业划分的机构，也包括按统计方法制度、统计标准、信息处理技术、咨询服务等统计工作管理职能划分的机构，规模比较庞大，资源比较集中。对应地，政府其他部门一般不设统计机构，即使设有统计机构，其统计调查规模也比较小，而且必须经国家统计局批准，接受中央统计局的统一管理。同时，中央统计局要么在各地区设立派出机构，或者对地方统计局实行垂直领导，地方统计局的主要任务是根据中央统计局的统一要求，开展统计调查。具体关系及流程见图3-3。

---

① 贺铿等按照四种类型划分法对政府统计体制的特点进行了系统讨论，参见：贺铿，郑京平，等. 中外政府统计体制比较研究 [M]. 北京：中国统计出版社，2001：5－12。本章此处尽管没有沿用这种划分方法，但该书的归纳和论述对本章思路和内容形成仍然具有借鉴意义。

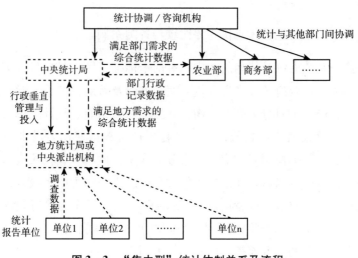

图 3-3 "集中型"统计体制关系及流程

"集中型"政府统计体制有很多优点。从保证独立性、统一性的角度看，集中型政府统计组织体制具有显著的优势。集中型组织体制可以从立法、机构设置以及职能划分上保证政府统计机构的独立性，隔断政府统计部门与作为主管部门的政府、作为监督对象的政府之间因为身份重叠而形成的利益关联，从而有利于统计机构从专业视角针对统计内容、统计方法、统计流程、统计结果等各方面进行独立决策，保持其科学性和客观性。同时，集中型组织模式在保持组织机构统一性方面具有天然优势：所有工作机构和人员都集中在国家统计局，全部工作都发生在这样一个综合机构内部，不涉及部门间、机构间关系；这种优势随即就会传递到统计专业的统一性上来：全部政府统计数据生产均集中于国家统计局，面向不同专业领域的不同类型的调查项目都在其直接管理范围之内，由此特别有助于实现政府统计内容的统一设计、各种统计调查方法的综合运用、不同统计资源的统一调度、不同调查项目组织之间的相互协作。

上述优势会影响政府统计的质量和效率（见专栏 3-3）。一方面，集中型政府统计体系有利于统计体系保持统一、完整，统计机构能较好地排除外界（尤其是其他政府部门）对统计工作的干扰，避免数出多门，以此能够更好地保证统计数据质量，使其具有较高的权威性；另一方面，从被调查者角度看，只需对应统计局一家提供基础数据，可以最大限度地防止重复调查，从而降低被调查者的负担。

专栏 3 - 3　将官方统计全部集中在国家统计局的优势

（1）有助于官方统计从组织上更明确地与行政或政策任务分开，这是保密、公正和独立原则的核心；

（2）数据产品品牌和官方统计活动与国家统计局的重叠度较高，易于识别；

（3）方便举办各种培训，以此在工作人员之间建立起共同的文化；

（4）其传播平台上涵盖了更多主题领域，提高了官方统计数据的用户友好性；

（5）无须专门考虑其他官方统计数据生产者责任范围内的概念和方法，降低了协调难度；

（6）具有规模效应；

（7）可以通过内部决定来解决协调问题，通过内部机制监测相关任务的执行情况；

（8）更容易监测全系统标准的遵守情况，特别是质量管理标准；

（9）有助于简化联邦和州两级官方统计数据生产者之间的关系；

（10）可以为数据整合和数据匹配等操作提供更广泛的数据集；

（11）可以针对官方统计国际化负起全面责任。

资料来源：United Nations. Handbook on Management and Organization of National Statistical Systems［S/OL］. https：//unstats. un. org/capacity-development/handbook/index. cshtml，2022，具体见其中第 4.3.1 节。

但是，集中型统计体制也会产生各种问题。比如会导致中央统计局机构过于庞大，内部管理和外部协调任务比较重，反过来就会对政府统计运作效率产生负面影响。从数据应用角度看，中央统计局未必能够全面、及时地了解各方面的实际需求，有可能造成统计与政府专业管理脱节，地区统计可能会因为"一刀切"而不能反映当地的实际情况，由此对政府统计发挥作用产生负面影响。

为避免上述缺陷，需要建立有效的协调机制。比如设立由中央统计局、政府各部门、有关用户、专家学者组成的国家统计协调委员会或国家统计咨询委员会，定期召开会议，协调各方面统计信息需求的关系，分不同层次和专业解决统计工作中出现的问题。一方面保证从专业部门、地区能够获得稳定的基础数据；另一方面保证对政府各部门、地区各层面及时提供所需统计数据。加拿大的集中型统计体制见专栏 3 - 4。

专栏 3 - 4 加拿大：集中型统计体制

加拿大统计局是一个独立的政府机构，负责国民经济核算、经济和社会方面的统计调查，向全国包括各级政府提供加拿大住户、工商、机构及政府活动的统计信息。全国95％以上的统计数据来自统计局。

按宪法的规定，"统计和普查"是加拿大联邦政府的职责之一，政府统计有悠久的历史。1918年统计局正式成立，1971年正式更名为加拿大统计局，其最高行政管理者是总统计师（chief statistician），负责统计局的日常运行和人员的管理。总统计师（及统计局）由内阁中一名负责统计工作的部长（一般是工业部长）领导，每年由该部长代表统计局向议会做工作报告。

加拿大统计局的统计调查绝大部分由直属的地区机构来承担，政府其他部门不设专门的统计机构，其所需数据除少量由本部门自行组织调查外，一般均委托加拿大统计局进行调查。国家法律对加拿大统计局与其他部门的关系作出了明确的规定：各部门应按照统计局的要求，无条件地提供各种统计数据，由统计局加工整理；加拿大统计局也应及时向各部门提供它们所需要的各种统计数据。为实现上述职能，加拿大统计局有庞大的机构，通过社团与劳工统计司、沟通与运作司、咨询与方法司、工商统计司、国民核算与分析司、行政管理司等一级机构，统辖下面数十个处级单位，在分工基础上统筹合作，进行政府统计数据的生产流程运作。

同时，为协调统计局与政府部门之间的关系，以解决统计资料供需之间的矛盾，加拿大还建立了相应的联络或联系机构。一是政府各部门都设有统计联络员，负责与统计局的联系。统计联络员会及时向统计局提供本部门资料，反映本部门对统计方面的要求和建议，反过来要传达统计局在统计工作方面提出的新要求，将统计局的统计资料反馈给本部门。二是建立多边统计协商会和双边协调委员会。加拿大统计局建立了全国统计协商委员会、统计理事会、15个统计专业咨询委员会、20多个与各部门之间的双边协调委员会，分别用来解决不同层次、不同专业统计工作中出现的问题。

各省也设有统计局，但并不隶属于国家统计局，只是地方政府的组成部门，其机构设置、人员数量和工作范围由省政府自行决定。它们既不承担国家局的统计任务，也不进行专门的统计调查，只是收集、整理和提供极少量的有关本地区的统计数据、行政记录等，并进行一些分析和预测。地方统计局与联邦统计局不存在领导与被领导的关系，只是一种业务上的协作关系。

资料来源：贺铿，郑京平，等. 中外政府统计体制的比较研究 [M]. 北京：中国统计出版社，2001，具体见其中"加拿大国家统计体系简介"。

(二)"专业分散型"统计体制

"专业分散型"政府统计体制的基本特点，是对专业统计工作实施松散式管理，专业统计工作基本上由政府各部门负责，中央统计局主要起协调的作用，有的国家甚至不设中央统计局而是由其他机构代行协调之职。实行这种统计体制的典型国家主要有美国、英国、日本、意大利、西班牙、印度等。

在专业分散型体制下，政府各部门通常都设有相对比较完整的统计机构，负责本部门主管专业领域内统计资料的收集、整理和发布工作，有些部门还可能会承担一些综合性跨部门统计工作。此时，中央统计局（或者类似机构）的职责主要限于以下两个方面：一方面是负责宏观综合性社会经济统计工作，但具体的统计工作范围各国之间有较大的差异；另一方面是负责国家统计体系的管理、协调工作，以便形成完整、统一的国家统计体系。具体协调作用有多大，各国之间也存在差异，中央统计局（以及类似机构）可能作为权威机构实施协调，可能只实施最低限度的协调，在不设机构情况下甚至干脆没有相应的协调。[1] 具体关系和流程见图 3 - 4。

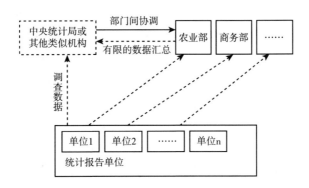

图 3 - 4 "专业分散型"统计体制关系及流程

---

① 联合国经济和社会事务部. 统计组织手册：统计机构的运作和组织 [M]. 第三版. 纽约：联合国出版物，2003，第 41 - 46 段.

采用专业分散型统计体制自有其优点。最突出地表现在：有利于统计工作与专业行政决策部门之间的紧密结合，从而能够充分发挥统计在国家行政管理决策中的作用，减少统计数据生产的供需矛盾；从数据生产过程看，将政府统计建立在各个部门，也便于充分利用各个专业部门的行政记录数据。但反过来其不足之处也很明显：需要强力协调，否则会直接影响国家统计体系的完整性，很容易造成重复统计、数出多门、统计指标口径不一致等问题，部门之间统计资料的衔接有可能受到影响；从被调查者角度看，一个统计报告单位可能需要同时面对多个部门的调查要求，比如一个企业需要向工业部报送其生产数据、向商务部报送其市场数据、向劳动部报送其雇员数据等，由此会给被调查者造成很大负担。

从各国统计实践看，如果采用专业分散型统计体制，一套行之有效的协调手段和完善的统计法律体系必不可少。以此为基础，才能确定中央统计局与部门统计机构之间以及各部门统计机构之间的业务分工，通过部门间的密切联系、相互配合，保证国家统计数据的完整、一致。现代信息技术和网络技术的开发以及在统计工作中的广泛应用，为各部门不同专业之间统计数据衔接和资源共享、交流提供了平台和环境，由此可以从技术上助力这种统计体制的良好运行。美国的专业分散型统计体制见专栏3-5。

专栏3-5　美国：专业分散型统计体制

美国政府统计是典型的分散型体制。联邦政府不设置统一的统计部门，白宫管理与预算办公室的统计政策委员会作为总协调机构，政府统计职能分散在十余个部和其他相关机构中。部门统计机构的组织均由所属部门决定，组织形式也各不相同。这些部包括：农业部、商务部、劳工部、运输部、司法部、国防部、能源部、教育部、卫生部、住房与城市发展部、内政部，以及其他机构。在各部之下，多数专门设有统计局，比如国家农业统计局、劳工统计局、运输统计局、司法统计局、全国教育统计中心、国家卫生统计中心，专门处理本部门的统计工作。但在这些专门统计机构之外，其他机构也会承担统计职能，比如农业部，除了国家农业统计局之外，还有经济研究局、国际农业局、森林局、国家资源保护局等会不同程度地涉及本专业相关统计工作。

在众多的官方统计机构中，有六个机构的统计工作最为重要，可以说在一定程度上代行中央统计局的综合统计职能。

● 隶属于商务部的普查局，负责进行各种普查和调查，如十年一次人口与住房普查、五年一次各产业普查和各种抽样调查等。

● 隶属于商务部的经济分析局，负责国民经济核算工作，并根据核算结果分析经济的发展状况。

● 隶属于劳工部的劳工统计局，负责收集、加工、分析、发布用于制定就业、失业、劳动力、劳动生产率、价格、工资、家庭支出、劳资关系、劳动安全等国家经济政策的敏感性统计资料。

● 隶属于农业部的农业统计局，负责有关食品、农业、农村资源及农村社会的经济统计和其他社会科学的研究、分析工作。

● 隶属于能源部的能源信息服务中心，负责统一收集、评价、汇总、分析和发布有关能源、储量、生产、需求、技术等经济统计信息。

● 卫生部卫生统计中心，负责设计、收集、发布健康统计信息，包括疾病、残疾、生育、死亡、婚姻等方面数据。

资料来源：根据贺铿，郑京平，等. 中外政府统计体制的比较研究［M］. 北京：中国统计出版社，2001，具体见其中"美国国家统计体系简介"。

(三)"地方分散型"统计体制

地方分散型统计体制的最大特点在于，整个国家的政府统计工作不是由中央统计局一级完成，而是由中央统计和地方统计两级共同承担。中央统计主要负责全国性统计数据的收集、整理和发布，地方统计数据的收集、整理和发布工作则基本上分散在各个地方统计局。中央统计局不直接管理地方统计局的组织、人员和经费配置等问题，地方统计局不是中央统计局的下属机构，它们之间不是上下级关系。

从各国统计实践看，地方分散型统计体制在具体职能定位和管理方式上各有不同。一种情形是：地方统计机构会接受中央统计局委托进行统计调查和整理工作，同时开展自身需要的统计调查和数据加工，最终发布地区统计数据。另一种情形则相反，中央统计局主要依赖自己的派出机构收集数据，此时地方统计局的独立性会更加显著。需要强调的是，即使是实行地方分散型统计体制的国家，地方统计在业务上也并非与中央统计局完全脱节的。第一，对一些经济社会重要统计指标，最终要由中央统计局统一协调、统一发布，以保证全国汇总数据和分地区统计数据配套、一致，避免数据的不衔接；第二，地方统计局在业务上要接受中央统计局的指导，中央统计局负责制定全国统一的统计方法和技术标准，地方统计局必须遵循。

三、中央统计局的组织模式

以上择要描述了不同政府统计体制的基本特点。现实中各国国家统计体系类型千差万别，很难严格归入哪一种类型，准确的说法应该是更"接近"哪一种类型。总体而言，当前各国统计体制仍然处于演变之中，并具有相互融合的征兆。在一些实行分散型体制的国家，越来越注重发挥中央统计局作用，将统计组织、管理和协调功能集中在中央统计局，以保证不同部门、不同来源统计数据之间的协调一致，强调整个国家统计体系的合力和内聚力。在一些实行集中型体制的国家，中央统计局越来越注重充分应用现代信息技术，通过部门间协调机制，借助于其他各个政府部门的力量和基础数据资源，尤其是政府部门管理过程中的行政记录资料，进行数据加工，最终形成完整的国家统计数据网络。在此过程中，中央统计局的管理、协调功能在不断强化，其既是国家综合统计数据的提供者，也是国家统计体系的协调者。为此，需要进一步关注中央统计局的组织模式。

如果采用偏集中型统计体制，中央统计局就要发挥核心作用，不仅要协调国家整个统计体系，最重要的是，要承担大部分政府统计数据生产、发布的艰巨任务。具体而言，中央统计局具体要承担如下方面的工作：第一，政府统计的战略管理，及时调整统计工作项目，以适应不断变化发展的外部需要，生产和提供对用户有价值的统计数据；第二，制定一整套统计工作的基本制度和运行机制，充分开发、利用现有统计数据满足用户需要，努力降低成本，减轻负担，提高工作效率；第三，提供真实、可靠的统计数据，支持社会各界了解经济、社会发展的实际情况，支持政府能够据此作出科学、正确的决策；第四，代表国家参与政府统计的国际合作，向国际组织提供本国数据，关注并参与国际组织主持下开展的官方统计工作；第五，作为政府统计知识管理中心发挥作用，制定和维护政府统计领域形成的各种知识和无形资产，比如相关标准、程序、方法、概念等，使之得到广泛普及和应用。① 可以说，前述评价一国政府统计时所涉及的一整套效率标准，在很大程度上都要落在中央统计局头上。为保证政府统计的有效运作，中央统计局（以及地方统计局）自身的组织机构就成为一个必须面对的问题。

---

① 部分内容可参见：United Nations. Handbook on Management and Organization of National Statistical Systems［S/OL］. https：//unstats. un. org/capacity-development/handbook/index. cshtml，2022，具体见其中第5.2节。

中央统计局可以有多种组织方式。理论上，有以下三种组织方式：一是按专业设置，即按专业领域设置机构、聚拢相应资源，据此可以建立诸如农业、工业、贸易、交通、卫生、教育等分支部门；二是按功能设置，即以统计工作流程为基础，据此设置抽样调查设计、数据录入和编辑、实地操作、分析和发布等分支部门；三是矩阵结构，是上述两种方式的混合结构。①

前两种方式各有利弊。以农业统计为例，从专业角度考虑，应主要由农业方面的统计专家组成相应的机构，同时还要求这些专家掌握有关抽样调查方法、调查组织实施和数据管理等方面的知识和能力。若从功能角度考虑，应将分布在不同机构下的抽样专家、问卷设计专家、负责现场调查的单位和信息技术等人员组织在一起，共同完成一项农业调查的设计、组织和实施。两种方式优缺点互见：前者有助于形成对农业统计这个专业领域的长期积累，但容易变得自我封闭，人员"杂而不精"，统计技术环节的效率难以保证；后者有助于发挥统计专业人才作用，创建相互合作的团队文化，但可能会降低对农业统计这个领域发展变化和数据需求的洞察力。说白了，前一种模式可能受制于统计技术和组织能力，后一种模式则可能受制于对农业经济特点的把握。

可以说没有哪一种模式是"理想"的。一般来说，许多统计机构特别是中央计划经济体制下的统计机构，一开始都倾向于按专业来设置机构，此后随着时间的推移，会逐渐转向专业和功能混合型结构。② 总括起来看，各国国家或中央统计局的内设机构一般可分为三大部分：一是专业统计部门，如经济统计、社会统计、各产业统计等；二是统计业务职能部门，如统计标准、调查设计、数据收集、信息服务、数据处理技术等；三是行政管理部门，负责人事与后勤工作。在建立和完善过程中，各国遵循独立、适用、专业和高效等一般原则，常常通过组建跨部门小组、项目小组以及矩阵式和网络式团队组织等方式，充分发挥机构内部人员的自主创新精神；通过专家小组、联席会议等形式，建立各分支部门之间的协调机制，避免职能的交叉和重叠，最终达到减少管理层次，实现部门间合作，保证统计体系的整体工作效率。③ 荷兰中央统计局内部组织结构见专栏3-6。

① United Nations. Handbook on Management and Organization of National Statistical Systems [S/OL]. https：//unstats. un. org/capacity-development/handbook/index. cshtml, 2022, 具体见其中第5.3.1节。

② 世界银行. 中国统计体系的成就与机遇：改革的战略构想［M］. 世界银行出版物, 2010.

③ 联合国经济和社会事务部. 统计组织手册：统计机构的运作和组织［M］. 第三版. 纽约：联合国出版物, 2003；世界银行. 中国统计体系的成就与机遇：改革的战略构想［M］. 世界银行出版物, 2010, 专栏1.

专栏 3 - 6　荷兰中央统计局内部组织结构

荷兰中央统计局在 20 世纪 90 年代初期进行了一次较大幅度的内部机构重组，最终形成了以下架构：

最高管理层由一位局长和两位政策主管（包括一位副局长）组成。下设八个部门，其中四个负责统计生产，四个负责后台支持。

四个后台支持部门分别是：

● 第一个部门协调输入，负责企业名录库、住户数据收集和电子数据交换开发等；

● 第二个部门协调输出，包括开发用于整体发布的中央数据库、数据集成（包括国民核算）、一般出版物和市场营销、公关工作；

● 第三个支持部门负责基本统计基础设施建设，包括方法论和计算机服务；

● 第四个部门则负责一般办公服务。其中，财务和人力资源管理工作放在人事部门，直接由局长领导。还有一组人员协助局长工作，负责国际关系、立法和政策事务，向中央统计委员会提供秘书处服务。

四个统计生产部门的分工是：

● 农业、制造业、环境、能源和技术；

● 贸易、交通和商业服务；

● 公共部门和居民生活水平；

● 人口、劳动、收入和消费。

1999 年又进行后续改组，基本方向是由专业取向转变为过程取向：生产部门先被合并，而后根据统计过程的不同阶段予以分割。最终导致统计生产部门从四个减为两个：一个负责企业统计，一个负责社会和空间统计。每个部门下面分别设立单位，一是负责数据收集和行政编辑，二是负责统计编辑和分析。根据这一设计，不再需要单独的数据输入部门，但数据输出部门（宏观经济统计和发布出版）得以保留，并得到进一步加强。

资料来源：联合国经济和社会事务部. 统计组织手册：统计机构的运作和组织 [M]. 第三版. 纽约：联合国出版物，2003，专栏 9.

第三节　中国政府统计组织体系

如上所述，一国政府统计体制的选择，与国家规模、政治体制、国家治理模式有着直接关系。中国是一个幅员辽阔、人口众多的国家，国家治理一直以中央集权为特征，政府对于社会具有较大的掌控力。这些特征深刻地影响了中国政府统计的机制和组织架构，集中体现在：必须直接面对中央统计与地方统计之间、综合统计与专业统计之间的关系，针对纵向管理和横向管理作出体制规范，并要通过统计机构设置、职能分工予以落实。以下先就中国政府统计组织体系的形成过程作简要回顾，然后具体考察当前统计组织架构和职责划分现状，以及在维护独立性、统一性方面所面对的问题。

一、新中国政府统计组织的历史沿革概述

新中国政府统计不是民国政府统计的承接，而是在苏联影响下建立的一套全新体系。中华人民共和国成立以来，伴随国家的发展进程，政府统计曾历经波折，其组织体系变迁大体可以用初建、动荡、恢复、完善、改革等关键词加以概括，核心问题就是上面所强调的围绕中央与地方、综合与专业等纵向管理和横向管理的模式选择。

（一）初期创建

中华人民共和国成立之初，中央政府政务院即在财经委员会下设统计处。1952 年创建国家统计局，随后在省、地区、县级政府设立了独立的统计部门，同时还在全国的各企事业单位设立了统计机构或统计岗位。与此同时，中央政府各部委也在其下属的全国各行政管理层次上设立了统计机构。在经历了"大跃进"期间的混乱之后，1962 年 4 月，中共中央和国务院下发了《关于加强统计工作的决定》，规定各级统计部门由国家统计局垂直领导。1963 年 3 月，国务院颁布了《统计工作试行条例》，对统计工作的指导思想、基本任务、调查方法、组织原则、国家统计指标体系和报表制度、统计数据管理、统计机构和人员管理等均作出了明确规定，特别规定县级以上统计部门为独立机构设置。

这一时期的中国政府统计体系基本上是仿照苏联模式建立的，其最突出的特点是：为适应当时的中央计划经济体制需要而设计，所有统计信息的收集都是为制定发展计划目标、分配资源、监测计划执行情况、评估国

家所取得的成绩服务的。与此相匹配，整个统计组织体系体现出高度集中统一的特征，"统一领导、分级负责"的统计管理体制大体形成。在这一体制下，国家统计局作为国务院直属局承担中央政府综合统计机构的角色，负责国家统计体系的组织、审批、协调工作；在统计业务上实行统一领导，具体调查工作由地方统计机构和部门专业统计机构负责。

（二）"文革"动荡及后续恢复

"文革"期间，政府统计工作遭到严重破坏，政府统计机构瘫痪，国家（以及地方）统计局被缩减为国家（以及地方）计委的一个内设组。1978年3月，国务院批准恢复国家统计局，各地统计机构相继重建，全国统计工作重新步入正常轨道。1979年，国务院作出关于加强统计工作、充实统计机构的决定，强调必须建立起一个强有力的统计系统，实行统一领导、分级管理的体制。1983年12月，第六届全国人大常务委员会第三次会议通过《中华人民共和国统计法》，从法律层面确立了国家统计管理体制，标志着中国政府统计开始走上法治轨道。

这一时期的中国政府统计体系仍然沿用"统一领导、分级负责"的基本管理模式，同时在一些具体操作方式上有所变化，最突出的举措是所谓"一垂三统"。一方面，国家统计局统一管理地方各级政府统计局的人员编制和统计事业经费，上级统计局可以对下一级统计局的领导班子进行考察，地方政府任命统计局局长时要征求上一级政府统计局的意见；另一方面，设置农村社会经济调查总队、城市社会经济调查总队、企业调查总队，全部统计业务及人员编制、干部、经费均由国家统计局垂直领导，统一管理。国家统计局与各部委专业统计机构之间的关系，仍然保持业务审批和协调管理的模式。

（三）进一步完善与改革

最近十余年，是中国政府统计体制不断改革探索的时期。标志性事件之一是2005年国务院批准《国家统计局直属调查队管理体制改革方案》，撤销了国家统计局直属的各级农村社会经济调查队、城市社会经济调查队和企业调查队，在省、市级和近1/3县级组建了各级国家调查队。各级调查队是国家统计局的派出机构，由国家统计局实行垂直管理。这意味着，国家统计局第一次获得授权可以跳过地方统计机构直接采集数据，从而拥有更大的数据质量控制权。标志性事件之二是2009年6月第十一届全国人大常委会第九次会议通过修正的《中华人民共和国统计法》以及2017年发布的《中华人民共和国统计法实施条例》，配合相应的政策文件，由此将此前各种改革所确立的政府统计体制以法律形式固定下来。标志性事件之三是 2017 年国家统计局组建统计执法监督局，出台以防范和惩治统计造假弄虚作假的行政法规，国家统计局针对防范和惩治统计违法行为，形成了对各级、各部门统计工作以及政府部门的实际执法、监督能力，并明确写入 2024 年 9 月第十四届全国人民代表大会常务委员会第十一次会议通过的修改后的《中华人民共和国统计法》。可以说，经过这一系列改革，中国政府统计组织体系尤其是中央统计局与地方统计局的关系发生了重大变化。①

2019 年，党的十九届四中全会提出国家治理体系和治理能力现代化建设的重大课题，其中对政府统计提出了新的要求。一方面是政府统计调查体系的改革，另一方面是政府统计体制的改革。可以预见，中国政府统计体制会继续演变，新一轮统计体制改革正在酝酿和进行之中。

二、中国政府统计体制的基本架构和职责划分

综合《中华人民共和国统计法》的相关条款可以明确，中国的政府统计体制既不同于加拿大式的集中型模式，也不同于美国式的分散型模式，而是以"集中统一领导、分级分部门负责"为特征的混合型管理体制。②

所谓集中统一领导，主要体现在以下方面。第一，国家统计局负责组织和领导全国统计工作；全国范围内的重大国情国力普查，包括人口普查、农业普查、经济普查，由国务院统一领导，国家和地方统计机构及有关部门共同实施。第二，从调查项目源头上进行集中管理，实行政府统计调查项目审批报备制度，以保障国家、地方、部门统计调查项目明确分工，相互衔接且不重复。第三，为了保证政府统计数据的统一性和一致性，明确国家统计标准属于强制性执行标准，政府统计系统在组织实施国家、地方和专业统计调查项目时，都要严格执行国家统计标准。第四，针对不同分支有不同程度的集中领导方式。其中，国家调查队承担国家统计局布置的各项调查任务，国家统计局对派出机构的人员、编制、业务实行垂直管理；各级地方政府统计机构受本级政府和上级政府统计机构的双重

---

① 以上相关资料来自：国家统计局. 中华人民共和国统计大事记（1949~2009）［M］. 北京：中国统计出版社，2009；《中国信息报》历年"大事记"；本书编写组. 领导干部基本统计知识问答［M］. 北京：中共中央党校出版社，中国统计出版社，2024，"新中国政府统计发展历程是怎样的"。前两个阶段的更多讨论，可参见：贺铿，郑京平，等. 中外政府统计体制比较研究［M］. 北京：中国统计出版社，2001：39-40。

② 这种提法最早见：贺铿，郑京平，等. 中外政府统计体制比较研究［M］. 北京：中国统计出版社，2001，称当时中国属于"专业分散、地方统计介于集中与分散之间"的混合型政府统计体制。

领导，在统计业务方面主要受上一级（直至国家统计局）政府统计机构的领导；其他政府部门的统计机构，应接受本级政府统计机构的业务指导。第五，国家统计局组织管理全国统计工作的监督检查，依法查处国家、地方、部门统计调查中发生的重大统计违法行为，县级以上地方政府统计机构依法查处本行政区域内发生的统计违法行为，有关部门协助本级政府统计机构查处统计违法行为。第六，县级以上各级地方政府统计机构的统计事业费、国家统计事业编制的经费、国家统计局及其派出调查队的各项经费，均由中央财政拨付、国家统计局统一管理；重大国情国力调查所需经费由国务院和地方政府共同负担。

所谓分级分部门负责，主要体现在以下方面。第一，县级以上地方各级政府统计机构依法管理、协调本行政区域内的地方统计工作，这些工作包括：本区域内由其实施的国家统计调查，要对其数据质量负总责；本区域内的地方统计调查，对其数据质量负总责；指导本级政府有关部门统计工作。第二，县级以上地方各级政府统计机构作为地方政府的组成部分，在行政上受地方政府领导，其机构、人员编制、干部等由地方政府管理。完成地方统计工作所需的经费，以及重大国情国力调查中应当由地方政府负担的经费，均由地方政府列入政府财政预算。第三，政府各部门统计机构隶属于国务院各部门或地方政府各部门，其职责是依法组织、管理本部门职责范围内的统计工作，包括实施国家统计调查和本部门的统计调查，要对其数据质量负总责，相应的机构、编制、干部、经费、业务均由所属部门管理。① 中国政府统计体制的立法条文见专栏 3-7。

专栏 3-7　中国政府统计体制的立法条文

第三条：统计工作坚持中国共产党的领导。

国家建立集中统一的统计系统，实行统一领导、分级负责的统计管理体制。

......

第二十七条：国务院设立国家统计局，依法组织领导和协调全国的统计工作。国家统计局根据统计工作需要设立的派出调查机构，承担国家统计局布置的统计调查等任务。县级以上地方各级人民政府设立独立

① 以上参见：本书编写组. 领导干部基本统计知识问答 ［M］. 北京：中共中央党校出版社，中国统计出版社，2024，具体见其中"我国政府统计组织体系及管理体制是怎样的"。

的统计机构，乡、镇人民政府设置统计工作岗位，配备专职或兼职统计人员，依法管理、开展统计工作，实施统计调查。

第二十八条：县级以上人民政府有关部门根据统计任务的需要设立统计机构，或者在有关机构中设置统计人员，并指定统计负责人，依法组织、管理本部门职责范围内的统计工作，实施统计调查，在统计业务上受本级人民政府统计机构的指导。

资料来源：《中华人民共和国统计法》（2024 年修正版），https：//www.stats.
gov.cn/gk/tjfg/tjfl/202410/t20241010_1956870.html。

基于上述，中国政府统计组织体系大体可以用图 3 - 5 表示。其中包含两类共四种关系。一类是数据上报关系，从报告单位向各级、各部门以及国家调查队的信息流动。另一类是组织领导或指导关系，具体包括：国家统计局对外派调查队的业务和行政垂直领导关系，既包括业务领导也包括行政领导，是最"强"的上下关系；国家统计局对省级及地方统计局的业务领导关系，突出的是"业务"方面的"领导"；国家统计局（以及地方统计局）对国务院各部门统计机构（及本级部门统计机构）的业务指导关系，在三种关系中最"弱"，只有"业务"上的"指导"关系。

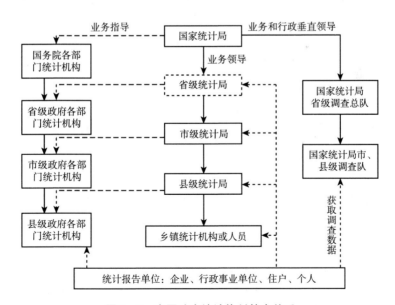

图 3 - 5　中国政府统计体制基本关系

资料来源：根据本书编写组. 领导干部应知应会统计法律法规［M］. 北京：中共中央党校出版社，中国统计出版社，2024，图 3 - 1 修改而成。

在此架构中，国家统计局、地方统计局、部门统计机构各自承担不同职责，相互之间形成了不同关系。①

（一）国家统计局

根据《中华人民共和国统计法》和国务院相关编制规定，国家统计局处于中国政府统计组织体系的核心，其职责大体可以归纳为以下几个方面。第一，组织领导和协调全国政府统计工作，制定国家统计政策、规划、全国基本统计制度和国家统计标准，起草统计法律法规草案。第二，组织实施全国重大国情国力普查和常规国家统计调查，收集、汇总、发布全国性基本统计资料。第三，实施国民经济核算，对国民经济和社会发展情况进行统计分析和监测，向党中央、国务院提供统计信息和咨询建议。第四，代表国家开展政府统计国际合作、编撰并实施国际统计数据交换。第五，依法审批部门统计标准、审批或备案地方或部门统计调查项目，垂直管理国家调查队系统，统一领导地方政府统计业务，指导国务院各部门统计工作，组织管理全国统计工作的监督检查，查处重大统计违法行为。

需要强调的是，国家统计局不单纯是政府统计的组织协调部门、统计数据汇编和发布部门，相当大一部分统计数据是由国家统计局直接调查获取的。比较大的年度调查项目包括：覆盖工业、建筑业、批发与零售业、住宿和餐饮业、房地产开发经营业、规模以上服务业的一套表统计调查，固定资产投资统计，能源统计，人口和劳动力调查，企业研发活动统计，住户调查、价格统计等；此外还有十年一次的人口普查、五年一次的经济普查、十年一次的农业普查，均是以国家统计局为主导进行的。

（二）国家统计局派出调查队

当前国家统计局在 31 个省（自治区、直辖市）和新疆生产建设兵团设有调查总队，在 15 个副省级、333 个市（地、州、盟、新疆生产建设兵团师级单位）、851 个县（市、区、旗）设有调查队。作为国家统计局的派出机构，调查队主要承担国家宏观调控和国民经济核算所需主要统计数据的调查任务，工作方式以抽样调查为主。

国家调查队主要服务国家统计局，主要职责是组织实施国家统计局布置的各项常规性统计调查，以及各种统计快速反应调查、经济社会重大问

---

① 以下内容参见：本书编写组. 领导干部应知应会统计法律法规［M］. 北京：中共中央党校出版社，中国统计出版社，2024，第三章；本书编写组. 领导干部基本统计知识问答［M］. 北京：中共中央党校出版社，中国统计出版社，2024，具体见其中"我国政府统计体系及管理体制是怎样的"。

题专项调查。目前主要承担城乡住户、价格、农产品产量、规模以下经济等国家抽样调查任务，以及国家统计局布置的有关企业景气、企业集团、现代企业制度跟踪监测、农村贫困监测、城乡社会经济基本情况、党风廉政建设等重大专项调查和统计快速反应调查。除此之外，调查队也会承担一些地方政府委托的有关统计调查事项。

需要注意的是，国家统计局各级调查队和各级统计局都是政府统计的重要组成部分，在业务上都受国家统计局的统一领导。但是，各级调查总队是国家统计局的派出机构，主要承担国家统计局布置的调查任务，负责向国家统计局独立上报调查结果；各级统计局则是地方政府的综合统计部门，既要完成国家统计局布置的统计任务，也要完成地方政府布置的统计任务。派驻各地的调查队虽然也向同级统计局报送数据，甚至承担一些地方统计调查任务，但与当地统计局是一种业务上的协作关系，没有上下级领导关系。①

（三）各级地方统计局

地方统计局是指县级以上（含县级）地方人民政府依法设立的独立统计机构，是同级人民政府的组成部分，在县以下的乡镇（街道），通常会设置统计站（所）等统计机构，至少要配备专职或兼职统计人员。我国地方人民政府包括省（直辖市、自治区）人民政府、地级市（自治州、盟）人民政府、县（区、旗、县级市）人民政府和乡（镇）人民政府等四个层级。在每一个层级都会有相应的统计局和机构，由此可知地方统计机构数量之庞大。

根据《统计法》和其他政府规范，地方统计机构是地方政府的组成部分，在行政上受地方政府领导，人员编制由地方政府管理；但在业务上则要受上一级统计机构（直至国家统计局）的领导，要严格执行国家统计局统一的统计标准、统计调查方法和统计指标体系，还会承担上一级统计机构布置的统计调查任务。因此，地方统计局的主要职责在某种意义上相当于国家统计局职责的地方版本。一方面要按照国家统计局要求做好相关工作，另一方面要负责本地区统计工作的综合管理和协调。其中包括统计法律、法规、制度、标准和工作计划的制定和执行，各项统计调查和国民经济核算工作的实施，定期汇总发布国民经济和社会发展情况的统计公报，进行统计分析和统计监督，向党委、政府及各有关

---

① 本书编写组. 领导干部应知应会统计法律法规［M］. 北京：中共中央党校出版社，中国统计出版社，2024：54－62.

部门提供咨询建议，以及区域内各种调查项目审批报备管理、重大统计违法案件查处等。

（四）各部门统计机构

部门统计依附于国务院各相关部门而存在。按照当前政府的组织结构，国务院以下共包括国家发展和改革委员会等 26 个部委、1 个特设机构（国有资产管理监督委员会）、海关总署等 10 个直属机构、港澳事务办公室等 2 个办事机构、新华社等 9 个直属事业单位，此外还有信访局等部委管理的 16 个国家局。[①] 这些部门会根据统计任务的需要，或者设立统计机构，或者在有关机构中设置统计人员，据此依法组织、管理本部门职责范围内的统计工作，实施统计调查。具体来看，各个部委局办的统计机构形式多样、大小不一，有的会设立专门的统计司局，或者是在某司级单位下设处级统计机构，也有一些部门的统计职能分散在不同的相关业务司局。[②] 此外，在机械联合会、商业联合会、电力联合会等 15 个被授权的行业协会也都设立了专门的统计机构，承担本行业的统计职能。

部门统计机构主要服务本部门，同时依法承担国家和地方统计调查任务。按照统计管理原则，部门统计工作要在国家统计局统一组织下进行；但从统计内容来看，两者之间具有分工协作关系。原则上讲，凡属全国性的、全地区性的基本统计任务和重大调查工作，由国家统计局负责会同各有关部门统一规定制度方法，统一组织进行。凡属专业性统计任务和专业性调查工作，由各有关业务部门负责组织进行。与此对应，全国性的、全地区性的基本统计资料，各业务部门有需要的，可按规定向国家统计局获取。各业务部门收集和整理的有关本部门的基本统计资料，则要按规定报送同级政府统计局。一些重要部门统计如金融、海关、财政、教育、卫生统计，既是部门有效履行职责的重要数据基础，也是国家宏观决策管理的重要依据。

国家统计局和部门统计之间有原则性的职责分工。一般来说，第一，

---

① 国务院机构和部委管理的国家局设置信息，http：//www.gov.cn/guowuyuan/zuzhi.htm。

② 根据 2018 年国家统计局组织开展的摸底调查结果，在 58 个反馈情况的部门中，有 56 个部门设置了司、处级综合统计机构，统一组织协调、归口管理本部门的统计调查工作。其中，应急管理部、中国人民银行、海关总署、银保监会 4 个部门设置了司级统计机构；教育部、科技部、自然资源部等 34 个部门在相关司设置了专门统计处室；工业和信息化部、住房城乡建设部、体育总局等 18 个部门明确由相关处室负责本部门综合统计职能。除设置综合统计机构外，还有 26 个部门在 129 个司级单位的 190 个处室开展专业统计工作。以上数据参见：编写组. 领导干部应知应会统计法律法规 [M]. 北京：中共中央党校出版社，中国统计出版社，2024：57。

全国性社会经济情况基本统计报表，由国家统计局制定，并统一下达，或者由国家统计局与有关业务部门联合制定下达。凡国家统计局已经统一下达或与有关业务部门联合下达的报表和指标，各级业务部门都不得重复制发。第二，各业务部门制订的专业统计报表，是对国家统计局制订的社会经济情况基本统计报表的必要补充，必须由各该部门的综合统计机构统一组织、统一审查、统一管理。其中，发到本部门直属和本系统管辖的企业、事业单位的统计报表，送国家统计局备案；发到非本系统所管辖的企业、事业单位的统计报表，则要送国家统计局核批。

各业务部门统计中相当一部分内容属于经济与社会发展综合统计，最终要由国家统计局汇编发布。为实现各部门统计数据向国家统计局的数据传输和共享，国家统计局制定了《综合部门统计报表制度》，后改称为《部门数据共享制度》，涉及国务院有关部门、行业协会和集团公司等数十个报送单位，内容覆盖：农业、气候环境、能源资源、外贸旅游、社会、科技、文化、交通运输、邮电通信、软件业等领域的主要业务指标；金融业和其他服务业等相关行业的企业、行政事业单位和民间非营利组织的主要财务指标；固定资产投资、交通运输和邮电业价格方面的主要指标。这些来自部门的统计指标在功能上与国家统计局自行组织的统计调查具有互补关系，是全面体现国家经济与社会发展状况的政府统计数据的重要组成部分。

三、中国国家统计局的内部组织

国家统计局成立于1952年，1954年底正式命名为"中华人民共和国国家统计局"，直属国务院领导。"文革"期间国家统计局曾一度被撤销，统计工作受到严重破坏，后期被归并到国家计划委员会之下，直到1978年才得以恢复独立地位，属于副部级的国务院直属局。改革开放四十多年来，国家统计局一直在扩展和优化其工作职能，机构设置及内部分工也在中国政府体制改革过程中多有变化。

当前国家统计局当前一共内设30个单位（不含派出各省区市的调查总队）。其中，行政及参公事业单位20个，在京直属事业单位8个，企业单位2个（见图3-6）。

在行政单位中，有14个业务单位直接从事统计调查和数据生产及分析，1个单位负责统计执法监督，5个管理单位主要负责局内行政事务。在事业单位中，有3个业务单位直接从事统计调查和数据生产，4个单位从事与政府统计科学研究、人力资本培育、对外宣传、社会服务等方面事务，还有 1 个单位纯粹服务于局内事务。

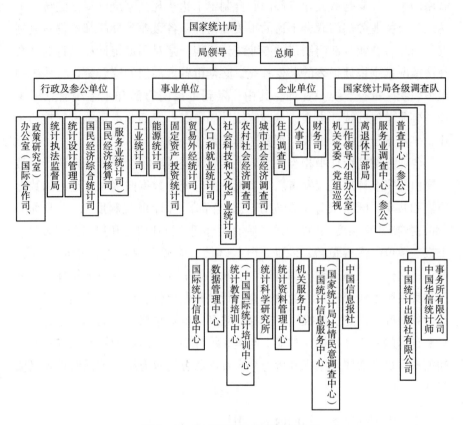

图 3-6 中国国家统计局组织机构

资料来源：本书编写组. 领导干部应知应会统计法律法规［M］. 北京：中共中央党校出版社，中国统计出版社，2024，图 3-2.

参照前面提供的中央统计局组织方式，对直接从事政府统计调查和数据生产的 17 个业务单位的主要职责作进一步分析。可以看到，归入按专业领域设置的单位至少包括：工业统计司、能源统计司、固定资产投资统计司、贸易外经统计司、人口和就业统计司、社会科技和文化产业统计司、农村社会经济调查司、城市社会经济调查司，以及服务业调查中心、普查中心；真正体现"功能"的单位包括统计执法监督局、统计设计管理司、国民经济综合统计司、国民经济核算司、数据管理中心、国际统计信息中心、统计信息服务中心，可以看到，这些单位主要是调查数据的后期综合应用、发布和监察，真正介入统计工作流程核心阶段的业务单位较少——严格来说只有统计设计管理司。因此，可以说，中国国家统计局内部组织体系具有明显的专业色彩。

根据前面对不同设置思路的优劣势分析可知，国家统计局当前的机构设置方式有其不可忽视的优势。主要表现在：宏观管理的每一个专业领域都有一个对应的内设统计单位持续关注。其中既包括比较重要的产业统计，比如工业统计、服务业调查等；又涉及比较重要的经济社会发展要素，比如投资统计、能源统计、人口就业统计等。这样一种设置方式有利于把握该专业领域的特点，将统计工作建立在该领域对数据需求的基础上，能够作出比较深入的统计分析。但是，这种组织方式也有其缺陷：每一个统计单位都是一个"小而全"的统计体系，不仅会因为其流程重复而造成统计资源的浪费，而且会因为重复填报而加重统计报告单位的负担，造成不同业务统计之间的"割据"，从而影响相关领域统计数据之间的衔接，给统计数据的统一整合、综合应用带来难度。正因如此，当年相关国际机构在对中国政府统计进行评估过程中，曾经明确建议国家统计局"应该考虑按功能法思路对其机构进行重组，采用矩阵式管理模式更好地整合统计工作流程"，并提出了具体的组织架构图。[1]

为克服上述缺陷，中国国家统计局近年做出了很大努力。其中最大举措就是2012年建成并投入运作的"企业一套表制度"以及配套的"四大工程"，目的是在调查环节通过整合原本分散在各个专业统计内部的统计调查项目，解决国家统计局内部原本存在的各专业统计自行其是造成的资源浪费、数据口径不统一、企业重复填报等问题。[2] 但这一举措主要是借助于信息技术从业务角度进行的整合，比较强调相关各个机构之间的合作，尚不涉及机构设置本身的变化。

四、中国政府统计的独立性和统一性

独立性和统一性是政府统计需要面对的重大问题，中国政府统计也不例外。[3] 总体而言，在统一性方面，中国政府统计已经达到较高实现程度，但在独立性方面，相关机制还正在探索改革过程中。这是一个非常复杂的研究课题，以下以举例方式稍作论证。

先看统一性。中国政府统计体制以"统一领导、分级负责"为基本

---

① 世界银行. 中国统计体系的成就与机遇：改革的战略构想 [M]. 世界银行出版物，2010：45，81－85.

② 详细说明可参见：本书编写组. 领导干部基本统计知识问答 [M]. 北京：中共中央党校出版社，中国统计出版社，2024，"什么是统计四大工程".

③ 有关中国政府统计独立性和统一性以及所面临问题的系统讨论，以及对于实施统计监督的意义，可参见：高敏雪，蔡国材，甄峰，等. 论统计监督 [J]. 统计研究，2023，40（2）：3－15.

原则，其中的"统一领导"意味着政府统计具有较为显著的"统一性"，"分级负责"主要体现在具体工作层面的分工——分级、分部门承担具体调查统计工作。因此，理论上说，中国政府应该具有比较高的统一性。实践中，在很多领域，统计项目都是由国家统计局主导和其他部门统计共同完成的，必要时还会提交更高的机构如国务院对各部门予以统筹、协调。这里仅以举例方式总结"统一领导、分级负责"的不同模式。

一个比较典型的例子是研发投入统计。整个统计项目由国家统计局主导；具体统计调查、审核、数据加工由各相关部门分别负责；最后由国家统计局做总体汇总，然后会同各部门共同发布数据（见专栏3-8）。

专栏3-8　研发（R&D）投入统计："集中统一领导、分级分部门负责"一例

科学技术和创新是经济发展和社会进步的内在推动力，研究与试验发展（R&D，简称研发）处于前端的科学技术活动，故而建立完整的统计体系非常重要，其中的重点是研发投入统计。

研发活动发生在不同领域，不同领域的研发活动各具不同性质。因此，研发投入统计绝不是一张调查表就能解决的，而是要与不同领域的特点结合起来，分别由不同部门组织实施。按照分工，科技部负责政府属科研单位研发活动统计调查，教育部负责高等教育单位研发活动统计调查，国防科工局负责国防军工单位研发活动的统计调查，国家统计局负责企业领域研发活动统计调查。

为了实现有效率的 R&D 投入统计，最终汇总为全国 R&D 投入统计数据，必须体现两个原则。第一需要"统"：给出统一的概念定义、统一的指标和分类、统一的统计原则和分工；第二需要"分"：分别不同领域依据各自特点，由各实施部门制定具体的统计调查制度和统计汇总方法。当前中国 R&D 投入统计有一套三层架构的统计制度体系：最上面是作为政府统计标准的《R&D 投入统计规范》，中间是国家统计局制定的《R&D 投入综合统计制度》，最后具体化为各个部门的统计调查制度。根据分工，各部门负责各自范围内的经常性统计调查和数据加工，同时联合起来共同实施各种一次性或专门性的调查（比如全国 R&D 资源清查），最后由国家统计局进行数据汇总，统一发布综合统计数据和相关信息。

国家统计局设立社会科技和文化产业统计司，负责科技统计工作。全社会 R&D 投入统计数据的报送大致分为纵、横两个方向：纵向报送是指调查单位基层数据在各部门系统内的报送，各类单位将其研发投入数据按照渠道逐级报送至科技部、国防科工局、教育部、国家统计局。横向报送是指汇总数据的报送，即科技部、教育部、国防科工局的部门汇总数据报送至国家统计局，由国家统计局进行综合汇总发布。具体数据报送流程见下图。

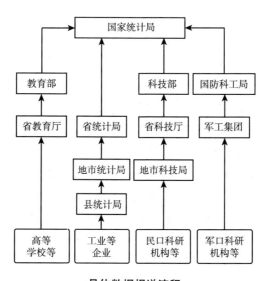

具体数据报送流程

资料来源：高敏雪，关晓静，李胤，等. 中国研究与试验发展投入统计的历史回顾与当前改革［J］. 调研世界，2019（11）：3－8.

金融统计也采用类似的分工合作模式，但主导部门是中国人民银行。人民银行内设调查统计司，负责制定各种统计标准；人民银行与国家金融监督管理总局、中国证券监督管理委员会以及其他机构分别负责收集来自各类银行、证券公司、保险公司及其他各类金融机构和金融市场的数据，最后由人民银行统一汇总，发布各类综合金融统计信息。

有关国情国力三大普查项目——人口普查、经济普查、农业普查——是另外一种模式：国务院牵头但实际工作主要由统计局承担。以经济普查为例，由国务院牵头设立普查领导小组及其办公室，负责普查的组织和实施，领导小组办公室设在国家统计局，具体负责普查的日常组织和协调。地方各级人民政府有关部门设立普查机构，负责完成相应的普查任务。最后由各级普查领导小组办公室进行本级普查数据处理，经核准后发布调查数据结果。

作为经常统计的内容，各政府职能部门的业务统计，每年要按照统一要求，通过《部门数据共享制度》汇集到国家统计局，作为整个政府统计的组成内容，制成各年《国民经济和社会发展统计公报》发布，同时纳入各年《中国统计年鉴》发布。

进而是独立性有关问题。中国政府统计在独立性方面的情况比较复杂，主要体现在政府统计与政府部门本身之间关系的复杂性上，其牵涉面甚广，限于篇幅这里不详细讨论。以下仅以 GDP 等核心指标数据受行政干预情况为例进行初步分析。

最近几十年，中国经济社会发展迅速，其中一条最重要的经验就是以政府为主导推进并协调各方面工作。各级政府实行一把手负责制，都要接受业绩考核，考核的依据就是政府统计发布的经济社会发展指标数据。于是出现了一个三角关系：一是作为考核者的政府（一般是上一级政府，直至中央政府）；二是作为被考核者的政府（一般是下一级政府，直至县级政府）；三是政府统计。就是说，上级政府要以政府统计提供的数据为依据考核下级政府。但是，按照当前组织机制，提供数据的政府统计，从机构到人员、经费以及负责人任免，都主要隶属于下一级政府，上一级统计部门对其只有业务领导关系没有行政管理关系。于是，地方政府出于业绩考核目的而有了干预政府统计数据的强烈动机，由此给同级政府统计部门实施独立统计带来很大压力。如果顶不住压力，就会出现虚假统计，导致统计数据出现"水分"，极大地影响数据质量。

这种情况的存在，给政府统计部门带来很大困扰，上一级机构无法直接进行"纵向"数据汇总，必须以各种方式"挤水分"。于是就造成一种扭曲的现象：本级汇总发布的数据与下一级政府统计数据合计之间出现偏差，最典型的例子就是各省份地区生产总值数据相加之和大于全国 GDP 数据。事实上，类似问题并不仅发生在 GDP 这一个指标上，最近几年公开爆出来的各地数据造假问题，就说明了这一点。

要从根本上解决这一问题，必须从机制入手。2005 年国家统计局开始组建自己的直属调查队，就是为了绕过地方政府统计，使一些重大国计民生调查能够第一时间在自己控制下取得数据，以保证全国统计数据的准确和及时。但是，这一举措仍然不能触及地方政府统计数据的虚假问题，从而无法扭转各省数据加和不等于全国数据这一怪现象。最近几年在中央全力支持下，国家统计局开始从两个方面采取更为有力的举措。一方面是加大执法力度，国家统计局组建统计执法监督局，同时以党中央、国务院名义下发相关文件①，赋予国家统计局以相应权力，不仅对地方统计局进行统计执法检查，而且对地方政府主管领导予以统计督查②，对统计违法现象予以惩处，以此遏制干预政府统计、统计数据造假现象。另一方面是对最关键的指标（如GDP），开始实施数据核算的垂直管理，由国家统计局对各地区生产总值实施统一核算。2020年初已经依据2018年普查提供的基础数据，第一次实施统一核算，并公布了核算结果（见专栏3–9）。

专栏3–9　《地区生产总值统一核算改革方案》：出台与落实

中国GDP核算一直以来采取分级核算制度，即国家统计局核算全国国内生产总值，各省（自治区、直辖市）统计局核算本地区生产总值。围绕中国GDP核算数据有诸多争议，其中一个最突出的问题就是省级GDP汇总起来与国家GDP数据的不一致。造成这种状况的原因很复杂，一方面与区域间的经济关联的复杂性有关，同时也与人为干预数据核算有关。

为解决此问题，国家统计局曾作出多方努力，不断完善国家级和地区级GDP核算方法，制定了各地区统一使用的核算方法，还建立了地区GDP数据联审制度。此后两级GDP数据不一致状况有所改善但一直存在，分级核算带来的数据衔接问题始终没有得到根本解决。

以此为背景，就可以理解为什么2017年6月要经中共中央深改组审议通过、推出《地区生产总值统一核算改革方案》，其基本原则是：各省（自治区、直辖市）生产总值核算由现行的省级统计机构核算改为由国家统计局和省级统计机构共同开展的统一核算，以保证实现地区生产总值汇总数与国内生产总值数据基本衔接，把差率控制在合理范围之内。

---

① 主要文件包括：2016年出台的《关于深化统计管理体制改革提高统计数据真实性的意见》；2017年出台的《统计违纪违法责任人处分处理建议办法》；2017年出台的《中华人民共和国统计法实施条例》；2018年出台的《防范和惩治统计造假、弄虚作假督察工作规定》；2021年12月中共中央办公厅和国务院办公厅联合印发《关于更加有效发挥统计监督职能作用的意见》。参见：本书编写组. 领导干部应知应会统计法律法规［M］. 北京：中共中央党校出版社，中国统计出版社，2024，第一章"统计领域党内法规和规范性文件"。

② 从2019年开始，每年国家统计局会组成统计督察组，对各省份和政府各部门开展统计督察，对其贯彻执行党中央、国务院关于统计工作的决策部署和要求、统计法律法规、国家统计政令等情况进行监督检查。见国家统计局网站和《中国信息报》历年"大事记"。

2020 年初各省（自治区、直辖市）统计局公布了基于普查数据重新调整后的 2018 年地区生产总值数据。用调整前后的数据做比对，其中有两点引人注目：第一，调整前后比较，一些省份的生产总值增大了（比如云南、安徽、上海、北京、重庆等），另一些省份则减少了（比如天津、吉林、黑龙江、山东、河北等），由此引起各省份经济规模排序出现了一些变化；第二，排除国家层面存在一些无法分解到省级的内容之外，各省份生产总值相加之和与全国 GDP 之间第一次达成了一致。

　　资料来源：国家统计局有关负责人就《地区生产总值统一核算改革方案》有关问题答记者问，http：//www. stats. gov. cn/tjsj/sjjd/201710/t20171030_1547424. html；"GDP 大修订：安徽上海广东隐藏实力、山东天津河北大幅下调"，https：//baijia-hao. baidu. com/s？ id = 1659156186166972584&wfr = spider&for = pc。

　　应该说，上述举措已经初见成效。但是，要从根本上解决问题，实现政府统计数据的"不敢造假、不能造假、不想造假"，以及更进一步地，使政府统计能够为推进国家治理体系、治理能力现代化提供坚实统计保障，[①] 还需要对当前政府统计体制做根本性改革，这将是中国政府统计当前和未来一段时间内所面临的重大改革任务。

---

　　① 宁吉喆. 更加有效发挥统计监督职能作用为全面从严治党和推动高质量发展提供坚强统计保障［J］. 中国统计，2022（1）：17 - 19.

第四章　政府统计对象与统计分类体系

政府统计最终目标是围绕一国国情国力、社会经济发展状况提供统计数据，为达成此目标，从工作过程来看，需要先做调查，通过调查取得相应的基础数据；进而才能进一步加工成综合统计数据并提供给数据用户。于是就提出如下问题：对谁做调查，调查什么。

回答这个问题可以从这样一个简单的问题开始：谁，做了什么。"谁"代表了经济社会活动的主体，"做了什么"则代表了实际发生的形形色色的社会经济活动。这个问题还可以进一步延伸：和谁打交道、交换了什么、原来拥有什么、为了什么目的，但所有这些问题都要依附于一开始提出来的这个"谁"所代表的主体。这个主体就是本章所要着力刻画的"政府统计的对象"，主体后面拖着的一系列问题就是第五章将要讨论的统计调查内容。也就是说，无论政府统计最终针对哪一部分内容提供数据，其起点都要落实到"谁"所代表的主体上。

如何刻画这个"统计对象"呢？需要先完成两部分工作。一是识别，说明一国范围内组成政府统计对象的主体有哪些，以什么方式存在；二是分类，要对识别出来的形形色色的主体单位按照相应标识进行划分，形成不同类别。分类的目的，首先是为随后实施的统计调查提供前提，实践中常常要分类开展统计调查；其次是为分类提供统计数据奠定基础，便于政府统计及其数据用户从结构上认识经济社会发展状况。延伸思考，统计分类的作用还不仅限于统计应用，而是会贯穿于经济社会管理的各个层面，在更加广泛的意义上得以应用。结合政府统计工作流程来看，要想使这些主体单位最终能够成为政府统计的实际操作"对象"，还需要对其进行系统管理，形成统计单位名录库。

第一节　统计对象的识别与定义：基本统计单位

笼统而言，所谓政府统计的对象，就是一国范围内政府统计所覆盖的实施经济社会活动的全部主体单位，它们合起来构成了统计上所说的"总体"。对应地，该总体里面的每一个个体，可以被视为政府统计的基本统计单位，它代表了组成政府统计数据的最小"颗粒"。为了追求政府统计数据的精确性，显然这个"颗粒"应该是越小越好。所谓统计对象的识别，实际上就是要找到这些基本统计单位，确定这些"颗粒"存在的层次，最后将这些基本统计单位归入对应的类别。

一、统计单位的识别

政府统计的内容包罗万象，第二章将其归纳为人口、经济、社会、资源环境、科技五个子体系。这就意味着，政府统计要面对的不是某项单一的统计调查，而是要基于不同内容进行多种调查。与此相对应的是，政府统计的对象也不是单一的，其基本统计单位要随着统计调查的内容而有不同定义。

如何具体确定这些基本统计单位呢？政府统计要通过各种渠道（这里笼统地称其为"统计调查"）来收集数据，每一项调查都有明确的调查对象和被调查单位，这些被调查单位未必是统计单位的全部——不一定要对总体中的每一个基本统计单位都进行实际调查，比如抽样调查——但这些作为调查对象的样本肯定来自由基本统计单位组成的总体。所以，通过政府统计进行各种调查中所涉及的被调查单位，我们就可以大体知道政府统计的基本统计单位有哪些，以及以什么形式存在。在此过程中需要注意的是，调查过程中实际填报调查问卷的未必一定是设定的统计调查对象，于是存在所谓统计报告单位的定义——填报数据的主体单位。也就是说，在不同场景下我们看到的统计对象以及基本统计单位，可能只是统计报告单位。

专栏 4-1 整理了中国国家统计局《国家统计调查制度》以及其他相关调查所覆盖的调查对象。对此略作区分，大体可以分为三类。前面 6 种调查对象本身就是经济社会活动的实施"主体"；中间 4 种调查对象涉及经济社会活动过程的诸般要素：市场及其交易物、经济生产的资源或产出物以及各种特定活动；后面 2 种调查对象则具有区域空间性质。

专栏 4-1　中国政府统计调查中的调查对象

针对《国家统计调查制度》以及《部门数据共享制度》中所列各类统计调查项目，以及人口普查、经济普查、农业普查等大型调查项目，提取其中相关信息，罗列政府统计的调查对象及基本统计单位如下。

---

1. 针对人做调查。此类调查包括人口调查，以及以人为信息载体的各种专项调查，比如生育状况、就业状况、人口流动状况、社保状况等。

2. 针对家庭住户做调查。首先是住户家计调查，涉及住户家庭经济状况，在农业普查中农户也是主要调查对象。其次还有与能源消耗、用水、生活时间等有关的专项调查，也会涉及住户。

3. 针对个体经营户做调查。个体经营户与家庭住户有关，但更强调其从事的生产经营活动。很多经济活动调查会涉及个体经营户，一般会与法人单位一并出现。

4. 针对企业做调查。大到经济普查，小到细分行业的专项调查，都会涉及企业法人。应该说，《国家统计调查制度》所列调查中，以企业法人单位为对象者占有非常高的比例。

5. 针对各种行政事业单位做调查。在一些经济调查中，行政事业单位是与企业并列的调查对象，比如经济普查、服务业调查等。在与社会统计有关的调查中，行政事业单位常常是主要的被调查对象，比如教育统计以各类大中小学为调查对象，卫生统计以医院及相关卫生防疫单位为调查对象。

6. 针对法人单位之下的细分单位做调查。经济调查中常常希望在更细"颗粒"基础上取得基础数据，为此需要对企业和行政事业等法人单位作进一步拆分，将产业活动单位视为统计调查对象。

7. 针对项目做调查。包括投资项目、建设项目、科技项目以及一些专门实施的项目。提供数据的是这些项目的所属单位，其作为投资主体、建设主体报告相关数据，一般为各类法人单位。

8. 针对市场做调查。比如各种类型的商品交易市场、技术市场，还有证券、期货市场。提供数据的是市场管理者或者市场交易者。

9. 针对特定类别的活动做调查。比如研发活动、创新活动、环保活动。提供数据的是具有此类活动的主体单位，可能是企事业法人单位，也可能是住户或者个人。

10. 针对产品/商品或服务项目做调查。比如各类价格调查，要以工业品、农产品、新建住宅或二手住宅、消费品、消费服务项目等作为对象，采集相关价格信息。提供数据者是与这些产品/商品有关的交易主体，可能是企事业法人单位，也可能是住户或者个人。

11. 针对各种资源或无形资产做调查。比如自然资源统计以各类资源为调查对象，农业统计中以地块为调查对象，知识产权统计的专利调查等。提供数据者可能是这些资产的拥有者，也可能基于现代信息技术采集数据，比如地理信息系统等。

12. 针对街道办事处、村民委员会做调查。它们本身代表一级行政组织，相当于一个法人单位，但一般是充当报告单位角色，提供对应的村、街道等社区状况数据。

13. 针对乡、镇、县、地级及以上城市做调查。比如县域、城市经济社会情况统计，但很多情况下并不是将其作为统计单位，而是将其作为综合统计信息的报告单位。

对这三类调查对象加以比较，第一类调查对象本身就是基本统计单位，会在政府统计调查中多次出现，是最主要的经济社会信息承载者；第二类调查对象常常要附着在对应的主体性单位之上，最终要由法人单位、住户、个体经营者等主体来报告相关信息；第三类调查对象所提供的信息，在某种程度上是对前面两类调查对象的综合，但体现了地域空间特征。综合归纳起来，尽管统计调查的对象有主体和客体两种类型，但最终相关信息要基于以下各类主体单位提供：自然人，家庭住户，企业，行政事业单位，产业活动单位，社区组织。这些主体单位被视为政府统计的基本单位。

但是，伴随信息技术发展，政府统计获取信息的渠道和手段在发生变化，不再仅仅依赖于针对主体单位的统计调查，还可以通过地理信息系统、物联网等大数据记录手段直接获取数据。于是，相当一部分具有客体属性的观测对象可以摆脱与相应主体单位的依附关系，作为独立的统计单位，出现在政府统计对象列表中。最为突出的是那些带有一定物理、空间属性的统计对象，比如土地、水等自然资源，建筑物、道路、车辆等生产性资产，还有区别于社区组织、在地理意义上识别的空间区域单位。

二、各类统计单位的定义

国际国内均有文献对政府统计基本单位及其相互关系提供相应规范。联合国统计司曾经就统计单位做专门定义；① 中国国家统计局制定了《统计单位划分及具体处理办法》，作为统计标准发布，其中重点给出以下三

---

① United Nations Statistics Division. Statistical Units ［M］. New York：United Nations Publication，2007.

类统计单位的规范处理方法：法人单位、产业活动单位、个体经营户。国民经济核算本身不做调查，但同样会涉及基本核算单位问题。《国民账户体系（2008）》作为国际标准文本，专设两章讨论其基本单位及其分类，重点强调机构单位和基层单位两个重要概念；中国国家统计局出台的《中国国民经济核算体系（2016）》对此也有阐释，只是按照中国惯例将上述概念改称为法人单位和产业活动单位。

这些标准性文献对政府统计基本统计单位的定义具有内在一致性，但出于不同目的而各有侧重。《统计单位划分及具体处理办法》聚焦于法人单位及其各种相关具体情况，其中不包括住户，更不涉及自然人。国民经济核算的侧重点在于经济，相关文本中没有将自然人作为独立的统计单位，住户、个体工商户也主要按照其经济性质归类，没有考虑其社会性特征。

以下结合国际国内相关规范对各类统计单位做简要定义。需要注意的是，尽管以下按照顺序号编排，但这些统计单位之间未必是并列的关系，不同来源的定义也会有差别，这些都会在行文中给予相应解释。

（一）自然人

自然人（natural person）即生物学意义上的人，其存在取决于出生与死亡。从法律意义上看，自然人与法人相对，是基于出生而取得民事主体资格的人，具有民事权利能力，依法享有民事权利，承担民事义务。[1] 从经济社会意义上看，自然人会按照自己的身份以不同方式参与经济生产、分配、消费以及其他社会性活动，比如以个人身份就业，参与各种政治和社会活动，独自或者由若干自然人组成住户。

自然人具有多种属性。有些是自然属性，比如性别、年龄等，有些则体现了经济社会特征，比如种族、受教育程度、社会身份。在政府统计调查中，这些都是需要提取的基本信息，并成为人口统计分类的标识。

（二）住户

住户（household）由若干自然人组成，他们共用生活设施，其成员会将一部分或全部收入、财产汇聚起来使用，并集体消费某些货物或服务。能否作为住户成员，收入汇聚使用很重要，很多时候即使共用生活设施（比如住在同一居所内），但由于并不共同支配收入，也不能视其为该住户的成员，典型的例子就是与雇主共同生活的保姆。[2]

---

① 见《中华人民共和国民法典》第二章第一节"民事权利能力和民事行为能力"。
② 联合国，欧盟委员会，经济合作与发展组织，国际货币基金组织，世界银行. 2008 国民账户体系［M］. 北京：中国统计出版社，2012，第 4. 149 ~ 4. 154 段.

大部分住户都属于家庭住户，此外还有一些与家庭无关的集体性住户（或称机构住户），比如长期（甚至永久性）生存于社会福利院、监狱、医院等机构的人员，可以被视为此类集体性住户的成员。反过来看，不能简单地将家庭等同于住户。住户家计调查以及国民经济核算定义的住户，主要从经济视角出发，是与企业、政府及其他非营利机构并列的三类机构单位之一；而家庭则是以婚姻关系、血缘关系和收养关系等为纽带而结成的共同体，是社会构成的基本单元，出现在相关社会调查统计中。

（三）法人单位/机构单位

法人是相对于自然人的概念，法人单位与住户合起来构成国民经济核算相关文献中所定义的机构单位（institution unit）。[①] 以下主要依据《统计单位划分及具体处理办法》[②] 并参考其他文献，对法人单位作为统计单位的相关要点进行归纳。

法人单位是指有权拥有资产、承担负债，并独立从事社会经济活动（或与其他单位进行交易）的组织。法人单位应同时具备以下条件：第一，依法成立，有自己的名称、组织机构和场所，能够独立承担民事责任；第二，独立拥有（或授权使用）资产或者经费，承担负债，有权与其他单位签订合同；第三，具有包括资产负债表在内的账户，或者能够根据需要编制这些账户。

中国当前将法人单位分为以下五种类型：企业法人、事业单位法人、机关法人、社会团体法人、其他法人。企业法人是指以营利为目的，具有民事权利能力和民事行为能力，依法独立享有民事权利和独立承担民事义务的经济组织体。依组织形态的不同，企业法人可进一步分为公司和非公司企业法人，个人独资企业、合伙企业也包括在内。后面四类被称为非企业法人，其共同特点并区别于企业法人之处在于，其创办不以营利为目的。其中，事业单位法人简称事业单位，主要是指从事教育、科技、文化、卫生等活动的具备法人条件的社会服务组织；机关法人是指依法行使职权、从事国家管理活动的各种国家机关，包括国家各级权力机关、行政机关、司法机关、军事机关等，只在进行民事活动时才成为法人；社会团体法人简称社会团体，是由公民自愿组成，为实现会员共同意愿，按照其章程开展活动的具备法人条件的非营利性社会组织；其他法人是指除上述类型以外的法

---

① 联合国，欧盟委员会，经济合作与发展组织，国际货币基金组织，世界银行. 2008 国民账户体系［M］. 北京：中国统计出版社，2012，第 4.3 段.

② 国家统计局. 统计单位划分及具体处理办法［EB/OL］.（2023 - 02 - 13）. https：//www. stats. gov. cn/sj/tjbz/gjtjbz/202302/t20230213_1902747. html.

人，比如居民委员会和村民委员会、各种基金会、宗教组织和活动场所、民办非企业单位等。

现实中，各类法人单位尤其是企业法人的权属关系常常比较复杂，除了一般意义上的法人单位之外，还存在各种非常规情况。比如企业集团与其下属公司，一般要分别作为独立法人单位处理；一些法人单位是跨地区经营的公司，比如银行、保险、通信、铁路、石油、邮政、烟草专卖、电网等实施垂直管理的公司，其省、地分支机构虽然不具备独立法人身份，但也视同法人单位处理。

（四）产业活动单位/基层单位

产业活动单位即国际文献中所称基层单位（establishment），按照《统计单位划分及具体处理办法》的定义，是指位于一个地点，从事一种或主要从事一种社会经济活动的组织或者组织的一部分。具体而言，构成一个产业活动单位应同时具备以下条件：第一，在一个场所从事一种或主要从事一种社会经济活动；第二，相对独立地组织生产活动或经营活动；第三，能提供收入、支出等相关资料。

产业活动单位是在法人单位之下进一步分解形成的一类统计单位，分解的依据是其所从事经济活动的类别。如果一个法人单位只从事（主要从事）一类经济活动，则称其为单产业法人单位，此时法人单位同时也是一个产业活动单位；如果一个法人单位同时从事多种经济活动，在条件具备的情况下，需要按照其经济活动类别将法人单位拆分为不同的产业活动单位，此时该法人单位被称为多产业法人单位。可以看出，从经济活动性质而言，产业活动单位的同质性要显著高于法人单位。之所以要在法人单位基础上进一步定义产业活动单位，主要是为了细化统计调查的"颗粒"，以便能够更精确地捕捉产业层面的信息，满足行业管理、产业结构分析等方面的需要。

如何合理地识别产业活动单位，是一项比较复杂的工作。因为，与法人单位有明确的法律标识（比如在相关部门注册登记，有对应的组织代码）不同，产业活动单位主要与法人单位内部组织结构有关，尽管有相应的指导原则，但具体操作中会遭遇各种情况，常常难以被统计部门捕捉到并进行准确识别。

（五）个体经营户

《统计单位划分及具体处理办法》中专门将个体经营户作为一类统计单位，定义为"生产资料归劳动者个人所有，以个体劳动为基础，劳动成果归劳动者个人占有和支配的一种经营组织"。具体而言包括两种类型的个体经营户：一类是经各级工商行政管理机关登记注册、领取营业执照的个体工商户；另一类是经各级民政部门核准登记、领取相应证书的民办非企业单位。

可以看到，上述两类个体经营户与前面给出的统计单位是有交叉的。个体工商户是依附于家庭而存在的，从机构单位角度看，相当于将住户范围内存在的生产经营活动独立出来，作为单独的统计单位。在此意义上说，它们与上面基于法人单位分解得到的产业活动单位有类似之处，一般应用于经济活动调查中。民办非企业单位是中国特有的称谓和类别，是指"企业事业单位、社会团体和其他社会力量以及公民个人利用非国有资产举办的，从事非营利性社会服务活动的社会组织"①，由此与政府背景下举办的事业单位相区别。在前面有关法人单位的界定中，民办非企业单位属于其他法人单位类别。

（六）社区单位/网格化地理单位及其他

有些统计调查具有空间地域特征，对应的基本统计单位也带有空间特性。

行政建制下的各级区域单位，最小单位可以到城乡社区。前面所提到的其他法人单位中包含的居民委员会、村民委员会，大体相当于针对这些社区提供信息的统计报告单位。

在与资源环境生态系统有关的统计中，常常要以地理信息系统作为数据采集手段。为了显示其空间状态，常常要先对相关区域作网格化处理，以一定面积的区域（比如 1 平方千米）作为基本单位，据此提供相应信息。与此类似的还有建筑物、车辆等可以识别的物体，也开始作为基本单位成为统计观测的对象。应该说，这是信息技术时代出现的新事物，可以预期其未来应用开发的前景会进一步扩大。

三、统计单位的常住性问题

一国政府统计的对象是一国范围内的统计单位。但是，什么是"一国范围"？成为一国范围内的统计单位需要具备什么条件？所谓一国范围是否还可以进一步演化到地区范围？回答这些问题，需要引入两个原则，一个是在地性，另一个是常住性。

国民经济核算相关文本中将这两个原则表述在一句话中：所谓一个机

---

① 民办非企业单位登记管理暂行条例［EB/OL］. https：//www. gov. cn/gongbao/content/2000/content_60647. htm.

构单位的常住性，是指它与其所在的经济领土具有最紧密的联系，在此经济领土上具有显著的经济利益中心。所谓经济领土，既有坐落何处的自然属性，又有归谁管辖的社会属性；所谓与其具有紧密联系，应该包含在此地停留较长时间（一年及以上）、有相应场所、雇用当地员工或在当地纳税等种种表现。①

常住性被用于确定一国范围内所覆盖的统计单位，也就是要划清一国与世界其他地区（以下简称国外）之间的界限。一般而言，一国政府统计以该国经济领土上的常住单位为对象，不考虑其权属关系。比如，在中国注册、长期经营的外资企业，尽管权属国外但要作为中国的常住单位纳入政府统计对象；相反，在国外注册经营的中资企业，虽然权属中国，但除非特别说明，一般不作为中国政府统计的对象。

常住性还被用于处理一国范围内不同地区之间的范围界定。《统计单位划分及具体处理办法》第八条明确规定，"对统计单位按照在地原则进行统计"，并将常住性通过注册等管理手段内化在各类统计单位的定义中，以经营地与行政登记住所作为标志，确定法人单位区域归属。尤其是涉及一些具体问题处理时，在地性和常住性被视为基本的识别原则。比如，法人单位的跨省分支机构，尽管本身不是独立法人，但会因为其在省、地两级具有经营场所、与当地具有密切经济联系，从而也将其作为所在地区的法人单位进行处理，同时县级分支机构则作为所在县域的产业活动单位进行处理。类似地，人口统计在确定人口地区所属时，尽管也会考虑国籍或户籍所在地，但更加关注人口的常住性，最终公布的人口数也是以当地常住人口数作为基本指标。

第二节　政府统计对象的分类观察：统计分类标准概述

在确定统计对象的同时，分类工作就开始了，而且要将其贯彻应用在整个统计工作流程的始终。所有的统计调查都是如此，政府统计也不例外。唯有分类，才能使统计对象的边界更加清晰，并建立起内部结构。这不仅是实施统计调查的必要工作，同时也是后期数据加工最终形成结构性数据结果的必要前提。所以，一份调查问卷无论如何简单，开头也会有一

---

① 联合国，欧盟委员会，经济合作与发展组织，国际货币基金组织，世界银行. 2008 国民账户体系［M］. 北京：中国统计出版社，2012，第 4.10 ~ 4.15 段.

些身份识别的选项，这就是分类，要把统计对象分开，分类采集相关数据。同样地，对于政府统计下发的企业统计报表，第一张肯定是基本情况表，显示被调查对象的各种属性，以便后续数据处理过程中能够依据这些分类形成带有结构性特征的综合统计数据。对于政府统计而言，每一类统计对象都是一个由众多单位组成的庞大总体，最终形成的统计数据要面对众多的用户。这就意味着，统计分类不仅必须，而且要标准化，作为"统计分类标准"发布，以此保证其统计调查工作能够程序化，保证最终生产出来的数据能够成为所有用户都理解的通用"语言"。

本章后面几节内容（直到本章第五节）都与政府统计分类标准有关。本节概述政府统计中常用的统计分类标准有哪些，它们是如何开发出来的，以及如何组成一个政府统计分类标准体系；然后按照三个维度分节介绍政府统计的常用分类标准。

一、统计分类标准的重要性

政府统计内容复杂，覆盖人口、经济、社会、资源环境、科技等方面，这就决定了其调查对象是多元的，不仅有自然人，还会涉及家庭住户、各类法人机构，进一步地，还会分解到产业活动单位，落实到社区等空间单位。

进一步看，政府统计是面向一国的全面统计，无论具体统计调查方法是不是全面调查，其统计对象必须要覆盖全国所有此类统计单位。唯有如此，才能保证统计调查能够获取对全国具有代表性的基础数据，据此加工形成的才是能够体现全国特征的综合统计数据。

因为要覆盖全国，故而每一类调查对象都是一个庞大的总体，包含众多统计单位。以中国为例，根据第四次全国经济普查结果，2018 年末全国共有从事第二产业和第三产业活动的法人单位 2178.9 万个，产业活动单位 2455.0 万个，个体经营户 6295.9 万个；① 根据第七次人口普查，2020 年末，我国 31 个省份人口数已经超过 14 亿人，家庭住户超过 4.9 亿户②。由此可见各类统计主体规模之大，是一般的商业或社会调查所难以比拟的。为了有效实施相关统计调查，必须对这个总体中包含的主体单位加以分类，而后才能据此确定明确的调查对象，分类采集基础数据信息；

---

① 第四次全国经济普查公告（第二号）[EB/OL].（2019 - 11 - 20）. http：//www. stats. gov. cn/sj/zxfb/202302/t20230203_1900525. html.

② 第七次全国人口普查公告（第二号）[EB/OL].（2021 - 05 - 11）. http：//www. stats. gov. cn/sj/tjgb/rkpcgb/qgrkpcgb/202302/t20230206_1902002. html.

为了能够揭示总体结构特征，也必须对总体进行分类，将其贯彻在统计数据加工生产过程中，保证所发布的统计数据在横向和动态比较中具有一致性。

该如何分类？回到前面提出的基本问题：谁，怎么样，做了什么。"谁"作为统计基本单位，是分类的对象，分类标识则来自两个方面：一是按照"怎么样"分类，也就是按照统计单位自身所具备的属性进行分类；二是按照"做了什么"分类，也就是按照统计单位从事活动的性质、方式甚至活动规模等进行分类。有些标识是现成的，不言自明，比如人口的性别、年龄、出生地等，但大部分属性和活动标识都需要专门规定，给出对应的类别，比如人口的经济属性，要按照其经济活动参与状况来划分经济活动人口和非经济活动人口，经济活动人口还要进一步被区分为就业人口和失业人口，而所谓经济活动人口、就业与失业人口都是需要专门定义的，甚至作为经济活动人口基础的劳动年龄，也需要专门作出规定，这些定义综合起来就是针对人口经济活动状况的分类标准。法人单位分类也是如此，其分类标识复杂多样，大部分情况下都需要给出专门规定，比如企业法人与事业法人的区分，不同登记注册类型企业的区分，甚至大中小企业规模划分也是一个需要专门研究判断的问题。

有些分类属于局部性的，只存在于特定调查内容之中，而有些则具有通用性。具有通用性的统计分类应用面广泛，各种调查、各种统计数据加工都需要遵循，是各类用户正确使用数据、相关部门进行恰当管理决策的前提。因为通用，所以需要政府统计相关部门对这些分类作出统一规定，规范各方面的应用。为了保证这些规范能够落到实处，就需要提升其规格：作为"标准"颁布。

二、统计分类标准的开发与管理

一项统计分类如果作为标准发布，那就意味着其带有一定程度的强制性。由此就提出以下问题：谁有资格进行统计分类标准的开发？如何开发一项统计分类标准？一项统计分类标准颁布之后是一劳永逸的吗？

一般而言，按照应用范围和原生程度，有国家标准、行业标准（部颁标准）以及地方标准之分。国家标准由国家标准局颁布；政府相关管理部门单独发布、若干管理部门联合发布或联合国家标准局一起颁布的标准则被称为行业标准，因为其是由政府各部委颁布的，故而有时形象地称其为部颁标准。无论是国家标准还是部颁标准，都分为强制性和推荐性两个等级。顾名思义，强制性标准必须严格执行，推荐性标准则具有一定灵活性。表现在内容上，强制性标准的条文更具"刚性"，对相关内容规定的通用性较差，常常仅限于特定场景；推荐性标准的内容规定相对比较灵活，其通用性反而较强，可以应用在很多领域。

落实到统计分类标准上来看，大部分统计分类标准与国家统计局有关，由国家统计局开发颁布，或者是其与其他部门联合开发颁布的。一个例外是《国民经济行业分类标准》，其开发维护主要由国家统计局负责，但却是作为国家标准由国家标准主管部门颁布的。需要注意的是，《国民经济行业分类》原本属于推荐性国家标准（代码 GB/T，GB 代表国家标准，T 代表推荐性标准），后通过《中华人民共和国统计法实施条例》第十五条被明确为强制性标准。

有一些分类标准是在政府各主管部门主导下制定的，或者单独制定，或者联合制定。这些分类标准未必是专门为统计目的制定的，但也会在政府统计中应用，故而也可以将其视为统计分类标准。比如教育分类主要由教育部门主导其编制和维护，是教育管理的基础，同时也会在与教育有关的政府统计中应用。一般而言，如果各部门要颁布与统计分类有关的标准，必须经过国家统计局的审核批准，不能与其他标准相抵触。

还有一种情况特别值得注意，有些统计分类不是单独发布的，而是隐含在其他相关标准之中。比较典型的是国民经济核算中的机构部门分类，它对于国民经济核算具有基石作用，几乎所有核算内容都是建立在机构部门分类基础上的，但并没有作为独立的统计分类发布。类似的情况在各种专业性统计中大量存在，比如在研究与试验发展统计规范中针对基础研究、应用研究、试验发展的区分。这些分类同样要作为标准看待。

统计分类标准的制定具有国际性，在国际组织协调下形成了很多国际统计分类标准。这些国际标准的作用可以归纳为两个方面。一是为政府统计数据实现国际可比提供前提。不难想象，对同一类统计对象，如果各国采用不同的分类标准，就会影响相应统计数据之间的可比性。国际分类标准的目的并不是取消各国的标准，但可以要求各国标准与之对接，相当于为实现国际比较提供一个"桥梁"。二是为发展中国家政府统计分类标准开发提供"模板"。国际组织是相关统计分类国际标准的主要研发机构，它们会广泛吸收各国先进经验，形成的国际标准常常代表该领域的"最佳做法"，可供各国参考，尤其是可以为发展中国家开发同类标准提供指引。本章后面各节介绍具体统计分类时，就会涉及这些国际统计分类标准。

开发一项政府统计分类标准是一件复杂的工作，需要考虑很多因素，不仅涉及一系列技术和协调工作，而且与经济社会管理、相关政策制定实施有密切关联。联合国统计司多年前曾经组织专家就统计分类的开发和管理问题进行研究，罗列了一项统计分类开发所涉及的各种要素和处理原则。① 依据这份文献并结合中国实际工作情况，从国家统计局视角出发，一项统计分类标准开发至少应该包括以下节点上的工作。第一，评估开发此项分类标准的必要性，要达到什么目标，与哪些方面的应用相关，重要性和通用性是否达到出台一项标准的程度。政府统计的性质决定了这方面的论证评估常常与国家经济社会发展出现的新趋势、新动向有关，与综合管理和政策需求有关。第二，按照技术流程，先由开发部门（这里设定为国家统计局）整合国内外经验，就此项分类标准搭建一个初步的统计分类结构，对关键概念、对象范围作出明确定义，提出初步的分类层次设计。第三，跨部门协商，要与相关领域的管理和技术部门以及专家一起对该统计分类结构作详细论证，厘清与已有相关分类的关系，细化各个层级包括的内容、划清不同类别之间的界限，给出确切定义，形成初步方案。第四，邀请该统计分类应用方的部门和专家，召开不同形式的听证会，广泛听取用户意见，作为优化初步方案的依据。第五，针对最后确定的统计分类标准方案完成后续规范性工作，包括各类别的编码和描述性定义，编成完整的分类标准配套文本。第六，统计标准颁布后的服务工作，包括帮助用户获取相关文本，提供解释性、普及性材料等，必要时可以进行一些现场培训。此外，如果开发者是国家统计局之外的部门，还有一个不可缺少的环节：报国家统计局审批。

一项统计分类标准颁布后，应该会在一段时期内持续发挥作用。但这并不是说该标准就是一成不变的。伴随经济社会发展，与此分类有关的内外关系都可能发生变化，这些变化累积到一定程度，就需要对原来分类标准进行修订。所以，一项统计分类标准需要有明确的维护者（国际文献将其形象地称为"监护人"），一般就是当初牵头开发的部门，比如国家统计局。

三、政府统计分类体系

政府统计对象的多元性以及统计内容和目标的多元性，决定了其必然包含多种统计分类。联合国统计司网站上在"国际分类体系"栏目下罗列了超过150项分类（见专栏4-2）。国家统计局网站上在"统计标准"栏目下显示了由统计局制定发布的各种统计分类（具体见表4-1及后面各

---

① Eivind Hoffmann, Mary Chamie. Standard Statistical Classifications: Basic Principles [M]. New York: United Nations Publication, 1999.

节列示）。把这些分类合起来，即所谓政府统计分类体系（国际文献称其为统计分类"家族"）。

专栏 4-2　国际统计分类体系的组成

联合国统计司网站（https：//unstats. un. org/unsd/classifications/ Family/ListByDomain）上，按照以下三个领域罗列了共 152 种分类。

一是人口与社会统计领域，共 54 项分类，其中：人口与迁移 4 项，劳动力 2 项，教育 3 项，健康 26 项，收入与消费 1 项，社会保护 2 项，人居与住房 13 项，司法与犯罪 1 项，时间利用 1 项，其他 1 项。

二是经济统计领域，共 74 项分类，其中：经济账户 18 项，农牧渔业 16 项，能源 4 项，采矿制造建筑业 2 项，运输 2 项，旅游 5 项，银行保险金融统计 3 项，政府财政预算和公共部门统计 8 项，国际贸易与国际收支 9 项，价格 1 项，科技创新 6 项。

三是环境与区域领域，共 24 项，其中：环境 22 项，区域统计 2 项。

表 4-1　　　　　　　　　中国政府统计分类体系解析

类型	与组织属性有关的分类	与活动类型有关的分类	与地理空间有关的分类
基本分类	机构部门分类	国民经济行业分类	行政区划
衍生分类	市场主体统计分类	三次产业划分； 数字经济及其核心产业分类； 战略性新兴产业分类	城乡划分
相关分类	公有和非公有控股经济分类	产品分类； 环境保护活动分类	流域划分

资料来源：根据国家统计局网站"统计标准"下各项资料整理得到，https：//www. stats. gov. cn/sj/tjbz/gjtjbz/。

作为体系，必然有其组成结构。可以分别从政府统计的内容领域考察，即按照经济统计、人口和社会统计、资源环境统计、科技统计，看其各自对应的统计分类（专栏 4-2 罗列的分类大体体现了这样的区分）。但这样平铺式的观察，让我们看到的仍然是一项一项的分类，不能显示各种统计分类之间的内在关联，就是说，无法真正体现其作为一个体系的基本脉络和组成结构。

再回到政府统计分类一开始提出的基本问题：我们对"谁"（基本统计单位）进行分类的依据，一是"怎么样"，得到的分类主要体现各类基本统计单位自身所具备的组织属性特征；二是"做了什么"，得到的分类体现了各类基本统计单位在活动性质、方式等方面的类型特征。除了上述内容之外，空间地理特征也是刻画基本统计单位特征的依据，形成相应的统计分类。据此，我们就可以将形形色色的统计分类归纳为三个大类：与组织属性相关的统计分类，与活动特征相关的统计分类，与地理空间位置相关的统计分类。

这样区分之后，每一大类中仍然包含多种处于不同层级的统计分类。为此需要进一步确定：哪些分类是带有全局性的、具有统领性的；以此种分类为基础，如何派生出各种具体目的下的统计分类开发和应用。联合国曾经邀请相关专家开展研究，提出了一套关联国际统计分类体系的方法，将所涉分类分为基本分类、衍生分类、相关分类，然后以基本分类为抓手，将该主题下的多种国际统计分类按照层级展现体系的组成。① 借鉴这种方法，我们可以在国家层面按照上面提出的三个大类，分别确定其基本分类、衍生分类、相关分类，结果就得到一张关于政府统计分类体系的二维结构图。

哪些分类具备基本分类的功能？ 一方面，该项分类必须能够覆盖政府统计所要求的统计单位，代表各类统计单位在某些方面的基本特质，从而能够对经济社会系统基本特征作出分类刻画。另一方面，该项分类必须被广泛应用，具备一定潜力，能够为进一步开发其他分类奠定基础。综上所述，结合当前政府统计所开发出来的分类标准，有如下选择。

（1）基于组织属性的统计分类体系，以机构部门分类为基本分类；

（2）基于活动类型的统计分类体系，以国民经济行业分类为基本分类；

（3）基于地理空间位置的统计分类体系，以行政区划为基本分类。

按照这种思路对中国政府统计分类予以归纳，结果如表4-1所示。每一大类中的基本分类如上所述，余下的衍生分类，是指以基本分类的结构和内容为依托，按照特定目的将其中某些部分予以延伸、细化、重新整合而形成的分类；相关分类则是指在某种意义上与基本分类保持关联、自身相对比较独立的分类。表4-1主要结合国家统计局当前颁布的分类标准，示例性地填入了对应的衍生分类和相关分类，更详细的阐述可见本章

---

① United Nations Statistics Division. The preamble of the International Family of Economic and Social Classifications [EB/OL]. (2007-02-16). 此文献的研究对象是国际统计分类，其关注点主要在于各国类似分类与国际分类之间的关系——比如将国际标准产业分类视为基本分类，欧盟和北美等采用的产业分类则被视为衍生分类和相关分类。这里仅借用其归纳各种分类的思路，但关注点却有不同。

第三节～第五节的展示和讨论。

第三节　政府统计分类标准：基于组织属性

在统计分类概述之后，以下三节分别讨论政府统计分类标准的具体内容。在每一节中，基本分类是主要关注对象，进而会延伸到衍生分类和相关分类，这样就可以展现出一套统计分类子体系的轮廓。在讨论过程中，要先关注相关国际规范的基本要点，最终落实到中国当前应用的统计分类。

本节的主题是与组织属性有关的统计分类。所谓组织属性，就是要对每一个基本统计单位发问：你是如何组织起来的？不同单位的组织方式不同，据此对统计对象进行分类，结果就是与组织属性有关的统计分类。结合本章第一节所定义的统计基本单位来看，对于自然人无须讨论其组织属性；产业活动单位本身不是完整的组织，只是法人单位或住户的一个组成部分，故而无法从机构属性角度进行分类。所以，能够从基本组织属性角度进行分类的统计对象，一个是住户，另一个是法人单位。住户自身的组织属性相对比较明确，而且统计应用场景比较单一，一般而言，先分为家庭住户或机构住户，再对家庭住户按照不同组成方式进行划分，比如多代家庭或核心家庭，一人户、二人户或多人户等；相比之下，法人单位的情况则比较复杂，在政府统计中应用广泛，故而是统计分类的重点考察对象。

一、基本分类：机构部门分类

机构部门分类不是一部专门发布的政府统计分类标准，而是镶嵌在《国民账户体系》以及《中国国民经济核算体系》中的部门分类。但这并不影响机构部门分类能够成为刻画组织属性的基本分类。第一，国民经济核算是政府统计的"龙头"，有关国民经济核算的规范在整个政府统计体系框架中处于金字塔的顶端，所提出来的很多原则、定义、分类、算法，为各种政府统计的具体规范所遵循；第二，机构部门分类是国民经济核算的基础，基于企业、政府、住户以及国外之间关系搭建起来的机构部门，与一国国民经济运行过程各个阶段的活动结合起来，结果就是国民经济核算的基本内容框架，可以说，没有机构部门分类，就无法编制那一套国民经济核算的中心账户；第三，组成机构部门的各类机构单位，覆盖了组成一国经济社会活动的所有统计对象，直接对应着本章第一节所定义的住户和法人单位，并通过住户和法人单位囊括了自然人、产业活动单位和个体经营户；第四，机构部门分类所揭示的政府、企业、住户（个人）以及国外之间关系，是宏观经济以及社会结构观察的主要关切所在，有关组织属性的其他各种分类都与机构部门分类具有直接、间接的关联，可以说机构部门分类是认识这些衍生分类和相关分类的起点。

（一）机构单位

机构部门分类的基本单位是机构单位。所谓机构单位，是指能够以自己的名义拥有资产和承担负债，能够独立地从事经济活动并与其他主体进行交易的经济主体。机构单位具有以下特点：一是独立拥有货物和资产，能够与其他机构单位交换货物或资产的所有权；二是能够直接作出经济决定，从事经济活动，并能以自己的名义承担法律责任；三是能够以自己的名义签订合同，承担负债、其他义务或未来的承诺；四是能够编制包括资产负债表在内的在经济和法律上有意义的完整的会计报表。①

在现实社会中，机构单位包括两大类别：一类是住户；另一类是各种形式的法律或社会实体，也就是本章第一节所说的法人单位。两者的定义可参见前面所述，这里不再重复。住户是由单个人或一小群人组成的，个体经营户是以个人或家庭为主体进行生产经营的单位，所以不难理解，住户作为机构单位已经覆盖了自然人和个体经营户。法人单位是被法律或社会承认的实体，尽管其背后的创办者、拥有者或控制者可能另有其"人"（自然人或其他实体），但却要将其作为独立的个体看待，甚至一些不完全符合法人单位要求但实际运作模式与法人单位相同的非法人单位，也会作为"准法人"包括在其中，比如前面提到的一些分支机构等。

由本章第一节的定义可知，法人单位的组成比较复杂，可能有各种名称，不能简单地"顾名思义"，而是要依据其功能和目的加以识别与区分。国际文献中一般将法人单位区分为公司、非营利性机构、政府单位，本章第一节提供了中国对于法人单位类型的划分方法，其中企业法人大体相当于公司，机关法人大体相当于政府单位，其余的事业单位法人、社会团体法人大体对应非营利机构。

（二）机构部门分类

对机构单位按照一定标识归类，结果就是机构部门分类。分类标识主要是上面一直在讨论的各类机构单位自身的组织属性，除此之外，还要进一步考虑各自在社会经济体系中的目标、功能和运作方式。最终在企业、

---

① 以上定义来自：国家统计局. 中国国民经济核算体系（2016）[M]. 北京：中国统计出版社，2017：7；此外，《2008 国民账户体系》第 4.2 段也有类似表述。

政府、非营利机构、住户架构基础上，形成五个机构部门，即非金融公司、金融公司、广义政府、为住户服务的非营利机构、住户，以及与国内对应的国外。专栏 4 - 3 的分类识别决策树来自《国民账户体系（2008）》，演示了机构部门的形成过程。

专栏 4 - 3　从机构单位到机构部门分类

　　如何确定一个机构单位应该归属于哪一个机构部门，《2008 国民账户体系》提供了一个判别树。通过这个判别树，读者可以更好地理解各个机构部门及其子部门的性质。

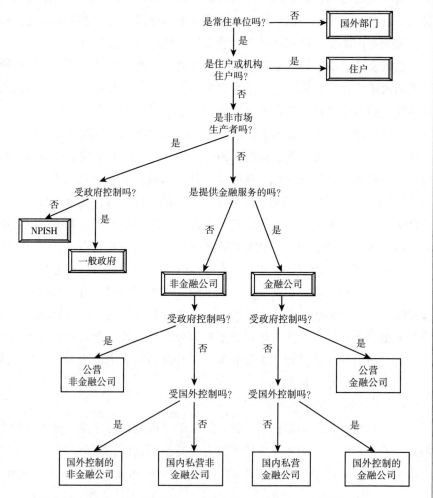

　　资料来源：联合国，欧盟委员会，经济合作与发展组织，国际货币基金组织，世界银行. 2008 国民账户体系 [M]. 北京：中国统计出版社，2012，此图为书中图 4.1。

《中国国民经济核算体系（2016）》也有与之大体相同的归类方法和部门分类，只是语言表述更加符合中国习惯。以下对这五个机构部门作简要说明。

- 非金融企业部门。非金融企业主要从事市场性货物生产、提供非金融市场性服务，包括从事农业、工业、建筑业、批发零售业、交通运输业以及其他各类服务业活动的企业。所有常住非金融企业组成非金融企业部门。

- 金融机构部门。金融机构主要从事金融媒介以及与金融媒介密切相关的辅助金融活动，比如提供货币金融服务的银行、提供资本市场服务的证券公司、提供保险服务的保险公司，以及提供其他金融服务的信托公司、典当行、小额贷款公司等。所有常驻金融机构组成金融机构部门。

- 广义政府部门。政府机构做广义理解，主要包括各级党政机关、群众团体、事业单位、基层群众自治组织等，其主要职能是向社会和公众提供货物与服务，对社会收入和财产进行再分配。所有符合上述范围的法人单位组成广义政府部门。

- 为住户服务的非营利机构部门。非营利机构主要从事非市场性生产，不以营利为目的。其中，主要为企业提供服务、获取资金来源的非营利机构划归企业部门（非金融企业或金融机构），主要为政府提供服务、获取资金来源的非营利机构划归政府部门，余下的主要为住户提供服务、其资金主要来源于会员会费和社会捐赠且不受政府控制的常住非营利机构，组成为住户服务的非营利机构部门。

- 住户部门。所有常住住户组成住户部门。

二、衍生性分类：市场主体统计分类

机构部门分类是一个整体分类架构，在此基础上需要有更详细、更具专业性的分类。从专栏4-3分类识别图的后半段可以看到，其中最需要进一步分类的是企业（公司）部门（包括非金融企业部门和金融机构部门），随后出现的分类标识，一个涉及是否由政府控制，另一个涉及是否由国外控制，所谓控制，主要与资本/权益等企业组成的基本属性有关。

在中国，市场主体分类以及此前长期应用的企业登记注册类型划分就属于这种性质的分类。2023年国家统计局和国家市场监督管理总局联合发布《关于市场主体统计分类的划分规定》。它是"为进一步规范市场主体统计类别划分，满足统计工作需要"，在原来《关于划分企业登记注册类型的规定》基础上经过扩展而形成的，同时对接了国家市场监督管理总局依据《中华人民共和国市场主体登记管理条例》在进行市场主体登记管理工作中的具体类型识别。具体划分结果见表4-2，总括起来，此项分类包含以下基本要点。

表4-2 市场主体统计分类

一级分类	二级分类	三级分类
内资企业	有限责任公司	国有独资公司、私营有限责任公司、其他有限责任公司
	股份有限公司	私营股份有限公司、其他股份有限公司
	非公司企业法人	全民所有制企业（国有企业）、集体所有制企业（集体企业）、股份合作企业、联营企业
	个人独资企业	
	合伙企业	
	其他内资企业	
港澳台投资企业	有限责任公司	
	股份有限公司	
	合伙企业	
	其他企业	
外商投资企业	有限责任公司	
	股份有限公司	
	合伙企业	
	其他企业	
农民专业合作社（联合社）		
个体工商户		
其他市场主体		

资料来源：国家统计局，国家市场监督管理总局. 关于市场主体统计分类的划分规定 [S/OL]. (2023-02-03). https://www.stats.gov.cn/sj/tjbz/gjtjbz/202302/t20230213_1902786.html.

第一，市场主体统计分类的对象，是"在中华人民共和国境内以营利为目的从事经营活动的自然人、法人及非法人组织"，具体包括：公司、非公司企业法人及其分支机构；个人独资企业、合伙企业及其分支机构；农民专业合作社（联合社）及其分支机构；个体工商户；外国公司分支机构；法律、行政法规规定的其他市场主体。和此前的企业登记注册类型划分相比，分类覆盖范围扩大了。

第二，市场主体统计分类的主要标识。一级分类旨在将内资企业与港澳台投资企业、外商投资企业分开，集中体现在是否由国外、港澳台控制或参与，同时覆盖了企业之外的市场主体。二级和三级分类标识主要集中在企业的不同组织形式。伴随中国最近几十年企业改制，新老组织方式混杂其中，故而现实情况比较复杂。比较典型的是按照《中华人民共和国公司法》形成的有限责任公司、股份有限公司，进而是计划经济年代遗留下来的非公司类企业，如国有企业、集体企业，以及股份合作企业、联营企业等变种，有些在经济活动中的占比已经很小。各种合资企业的归类也是一个难点，当前划分中采用了与市场主体登记类型相对接的处理方式。各类企业的具体解释可参见该分类规定下的各项条款，这里不予重复。

市场主体分类在现实中有广泛应用。通过不同类型市场主体，可以在不同层面、不同维度上显示经济的组织结构，尤其在体现所有制关系方面具有不可或缺的作用。比如，要考察外资经济、港澳台经济在中国经济中所占据的地位以及竞争程度，必须依据该分类对相关指标进行分组。此外，还可以据此观察不同国有经济或者私营经济在发展过程中的力量对比，是否存在所谓"国进民退"或者"国退民进"等现象，以及所谓公私合伙制（以下简称PPP）发展情况，这些都需要借助于该分类下提供的统计数据。

三、其他各种相关分类

政府统计还会涉及其他一些与组织属性有关的分类。比如，按照单位隶属关系，可以区分中央属单位、省属单位、地方属单位等；按照执行会计标准，可以区分执行企业会计的单位、执行事业会计的单位等。除此之外，在中国，最值得关注的是有关公有和非公有控股经济的分类，在所有制结构分析方面具有重要作用。

2006年国家统计局发布新一版《关于统计上对公有和非公有控股经济的分类办法》，取代此前1998年的分类标准。其中明确说明，以法人企业作为分类对象，根据企业实收资本中某种经济成分的出资人实际出资情况进行分类，并按出资人对企业的控股程度，分为绝对控股和相对控股。所谓绝对控股，是指在企业的全部实收资本中，某种经济成分出资人拥有的实收资本（股本）占企业全部实收资本（股本）的比例大于50%；如果该比例未大于50%，但根据协议规定拥有企业实际控制权（协议控股)，或者相对大于其他任何一种经济成分出资人所占比例，则属于相对控股。

结合经济成分，控股经济分类先分为公有控股经济、非公有控股经济；其中，公有控股经济进一步区分为国有控股和集体控股，非公有控股经济进一步区分为私人控股、港澳台商控股、外商控股。每一类别下都分别按照绝对控股和相对控股分列。

第四节　政府统计分类标准：基于活动类型

无论是自然人、住户还是法人单位，都会发生各种活动，可以说，活动就是其存在方式。反过来，就可以按照不同活动类型对各类统计单位进行分类，刻画其特征。所以，本节所讨论的，是对不同活动的分类，但最终要落实到统计对象上，以此为依据实现对各类统计单位的类型划分。

活动的具体方式各种各样。对应自然人、住户、法人单位、产业活动单位、区域单位，有不同的活动，这些活动可以分别体现在经济层面、社会层面、家庭层面、个人层面。政府统计所关注的主要是具有通用意义的活动，目的是为后续统计工作开展、统计数据应用提供标准。以下以中国政府统计当前所涉内容为线索（见表 4-1），结合国际分类标准，对各种活动分类作简要介绍。

一、基本分类：国民经济行业分类

国民经济行业分类①是依照经济活动性质进行的分类。所谓经济活动，先是指经济生产活动，即生产性经济活动。现代经济学对经济生产有很宽泛的定义，所有"在相应机构单位管理与控制之下，通过投入（货物、服务、生产要素）提供产出（货物和服务）的活动"② 都属于生产活动。据此，即使是那些体现社会功能的活动，比如教育、医疗卫生，也都会因为其通过投入从而提供了教育、卫生服务等产出而被作为一类经济生产活动看待。在此定义下，一国范围内的所有法人单位和大部分住户都会

---

① 行业分类中的"行业"是 industry 的中文对译，但有时会对译为"产业"，比如三次产业分类中的"产业"，过去曾将联合国对应分类称为《所有经济活动的国际标准产业分类》，有时候还将其作为"工业"的代称使用。具体应用视具体场景而有不同。

② United Nations. International Standard Industrial Classification of All Economic Activities [M]. Rev. 4. New York：United Nations Publication，2008，具体见其中第 23 段和第 28 段。

因为从事某种生产活动而被纳入行业分类的覆盖范围。

宏观经济管理特别重视行业管理，经济学分析非常关注基于行业、产业的经济结构分析。这就对政府统计按照行业分类提供数据提出了强烈需求：要按照行业分别收集数据，体现不同行业的发展情况，针对就业、生产经营、收入、资源配置等多领域指标提供行业结构信息，并且要标准化。可以说，国民经济行业分类是经济社会管理和分析中应用最为广泛的分类标准。

为了支持上述应用，政府统计领域很早就开始了对国民经济行业分类标准的开发，并持续更新维护，形成了标准分类。以下主要依据两部标准进行讨论，一部是联合国主导下开发的《所有经济活动的国际标准行业分类》（以下简称《国际标准行业分类》），另一部是中国在国际标准指导下结合中国实际开发的《国民经济行业分类》。

（一）行业的定义与分层

所谓行业，是指从事某类具有相同性质经济活动的经济实体的集合。所以，行业定义的依据就是经济生产活动的类别。

区分不同经济生产活动的标识有三类。一是从产出端区分，即提供了什么产品，这些货物或服务有什么效用；二是从投入端区分，即使用了什么投入或投入组合；三是与生产过程有关，即采用了什么生产工艺，技术上有什么特点。依据上述分类标识，可以在不同层级上定义不同行业。按照当前应用的分类标准，自上而下共包含四个层级：先是门类，处在最高层次、概括性最强，主要依据产出标识区分，按照英文大写字母顺序编码；在门类之下，依次分解为大类、中类和小类，分别按照两位、三位、四位阿拉伯数字编码（以下简称两位码行业、三位码行业、四位码行业）。层级越低，行业分类越详细，行业区分就会较多涉及投入标识、工艺技术标识。通过这样的方式区分的行业，内在地包含以下两个原则：一个是全面性，通过不同行业定义，要将所有的经济生产活动都包括在内；另一个是互斥性，一类活动只存在于一个行业，不能同时出现在两个及以上行业中。

具体应分为多少个行业类别呢？所谓"一类经济活动"是一个弹性很大的说法。某类活动能否作为一个行业出现在行业分类中，以及出现在哪一层级分类中，一方面固然与经济分工、生产活动的显著性有关，另一方面还取决于管理部门以及数据用户对于分类数据的需求状况。伴随科学技术发展和经济分工的深化，新的经济活动会不断产生，原有经济活动也可能发生裂变，形成新的生产组合，由此必然引起经济活动类别变化。为了体现这些新变化，行业分类需要不断更新、维护，这就是每隔一段时间就会出现行业分类新版本的原因，而且，更新版本包含的行业类别一般都会多于原来的老版本（专栏4-4所介绍的中国行业分类演变过程清楚地体现了这一点）。

专栏4-4 中国国民经济行业分类的历史演变过程

中国行业分类标准经历了多次修订。追溯其背后的动因，一方面与经济活动演进和经济社会管理的需求有关，另一方面也在一定程度上体现了中国标准向国际标准不断靠拢的过程。

1959年发布第一部与行业分类有关的"暂行规定"。国民经济部门分类目录共分9个部门：工业部门；基本建设部门；农、林、水、气部门；运输与邮电部门；商业、公共饮食业与服务业部门；城市公用事业部门；科学与文教卫生部门；金融保险机构；国家机关及人民团体。

1984年发布《国民经济行业分类和代码》（GB 4754—84）。这是中国关于国民经济行业分类的第一部国家标准，包括13个门类，75个大类，310个中类，668个小类。制定过程中参照了国际通行做法，明确了划分行业的同一性原则，并规定了划分行业的基本单位和编码方法。13个门类如下：农、林、牧、渔、水利业；工业；地质普查和勘探业；建筑业；交通运输、邮电通信业；商业、公共饮食业、物资供销和仓储业；房地产管理、公用事业、居民服务和咨询服务业；卫生、体育和社会福利事业；教育、文化艺术和广播电视事业；科学研究和综合技术服务事业；金融、保险业；国家机关、党政机关和社会团体；其他行业。

1994年进行修订，发布《国民经济行业分类和代码》（GB/T 4754—94）。经过修订，门类由原来的13个调整为16个，最突出的变化是参照国际通行分类方法，将原来的工业门类调整为采掘业、制造业、电力煤气及水的生产和供应业三个门类。在门类之下包含92个大类，368个中类，846个小类。

2002年再次修订，发布《国民经济行业分类》（GB/T 4754—2002）。新标准具体设20个门类，95个大类，395个中类，912个小类。最突出的变化是将以下六个门类从原来所属门类中独立出来：信息传输、计算机服务和软件业，住宿和餐饮业，租赁和商务服务业，水利、环境资源和公共设施管理业，教育，国际组织。经过此次修订，中国行业分类标准在门类层面实现了与国际标准的基本一致。

2011 年进行第三次修订,发布《国民经济行业分类》(GB/T 4754—2011)。此次修订参考了国际标准 ISIC(Rev. 4)的最新进展情况,完成修订后的国民经济行业分类包括 20 个门类,96 个大类,432 个中类,1094 个小类。

2017 年进行第四次修订,发布《国民经济行业分类》(GB/T 4754—2017)。分类结果包括 20 个门类,97 个大类,473 个中类,1381 个小类,可以看出,变化主要体现在细分行业上,尤其是小类行业有较大幅度的细化。

资料来源:早期版本及修订情况见方宽. 我国国民经济行业分类标准的沿革及与国际标准的比较 [J]. 统计研究,2002(7):27 – 31;后期变化见《国民经济行业分类》各个版本。

表 4 – 3 分别依据国际标准和中国标准列示出当前门类层次的分类结果,据此可以对行业分类有一个轮廓性了解。①

表 4 – 3   国民经济行业分类的门类

中国《国民经济行业分类》 (GB/T 4754—17)	《所有经济活动的国际标准产业分类》 ISIC Rev. 4
A. 农、林、牧、渔业	A. 农业、林业及渔业
B. 采矿业	B. 采矿和采石
C. 制造业	C. 制造业
D. 电力、热力、燃气及水的生产和供应业	D. 电煤气蒸气和空调供应
E. 建筑业	E. 供水、污水处理废物管理和补救活动
F. 批发和零售业	F. 建筑业
G. 交通运输、仓储及邮政业	G. 批发零售业、汽车和摩托车修理
H. 住宿和餐饮业	H. 运输和储存
I. 信息传输、软件和信息技术服务业	I. 食宿服务活动
J. 金融业	J. 信息和通信
K. 房地产业	K. 金融和保险活动
L. 租赁和商务服务业	L. 房地产活动
M. 科学研究和技术服务业	M. 专业、科学和技术活动

① 更进一步地讨论可参见:王卓. 我国行业分类与国际标准行业分类的比较研究 [J]. 统计研究,2013,30(4):15 – 20。

中国《国民经济行业分类》 （GB/T 4754—17）	《所有经济活动的国际标准产业分类》 ISIC Rev. 4
N. 水利、环境和公共设施管理业	N. 行政和辅助活动
O. 居民服务、修理和其他服务业	O. 公共管理和国防、强制性社会保障
P. 教育	P. 教育
Q. 卫生和社会工作	Q. 人体健康和社会工作活动
R. 文化、体育和娱乐业	R. 艺术、娱乐和文娱活动
S. 公共管理、社会保障和社会组织	S. 其他服务活动
T. 国际组织	T. 家庭作为雇主的活动；家庭自用、未加区分的物品生产和服务活动
	U. 国际组织和机构的活动
20 个门类，97 个大类，473 个中类，1381 个小类	21 个门类，88 个大类，238 个大组，419 个组

第一，国民经济行业覆盖了所有经济活动，不仅包括日常所熟悉的农林牧渔、采矿、制造、建筑、批零贸易、交通运输、信息通信等行业，其他诸如教育、文化、体育、卫生、科技、公共管理等社会性活动，甚至国际组织，也因为其所提供的服务而作为经济活动纳入其中。需要注意的是，从经济活动性质看这些门类是并列关系，但结合实际看，不同门类里面的经济活动发生规模和内部复杂程度却有很大区别。比如，制造业是经济门类中容量最大的行业，依照中国当前的行业分类标准，要分解为数十个大类行业、上百个中类行业以及数百个小类行业；与此相对的是，很多服务性行业比如教育、卫生等，细分行业则非常有限。

第二，《国民经济行业分类》与《国际标准行业分类》在门类层面有很高的相似度。如果忽略措辞上的差异，大多数行业都是直接对应的，还有一些虽然有所不同但也可以显示出其间的联系。历史地看，中国标准曾经历了一个逐步向国际标准靠拢的过程（见专栏 4-4）。但进一步观察可以发现两者之间仍然有所差别，最突出之处在于，虽然在门类上对应性很强（中国标准的 20 个门类对应国际标准的 21 个门类），但从大类开始的细分行业层面，中国分类标准的详细度逐级加强，远高于国际标准，依据当前分类，其中大类层面是 97 个对 88 个，中类层面是 473 个对 238 个，到小类层面差异进一步扩大到 1381 个对 419 个。

（二）行业分类的基本统计单位

如何将众多的实体单位纳入设计好的行业层级架构之中，需要定义用以分类的基本统计单位，并确定具体归类中采用的基本原则。

以生产活动类别为分类依据，决定了进行行业分类的统计单位应该是能够体现生产特征的生产单位。机构单位——包括住户和各种法人单位——是一个完备的经济实体，具备了完整提供相关统计数据的功能。但是，从生产视角看，一个机构单位（尤其是法人单位）可能会同时进行不止一类生产活动，一般将在该实体所创造的增加值中占有份额最大（不一定超过50%）的那一类活动称为主要活动，对应的其他活动就是次要活动，此外还存在各种辅助活动，即在内部发生的、用以支持其主要生产活动的那些活动。不难想象，以机构单位作为基本统计单位，按照其主要生产活动性质确定所属行业，最终形成的行业分类数据常常带有混合性，据此提供的数据可能无法真正体现每一个行业的真实规模。

避免上述弊端的替代方案是引入产业活动单位。按照第四章第一节的定义，产业活动单位（即国际文献中的基层单位）是综合考虑活动与地点而得到的统计单位，其特征在于：在一个场所从事一种或主要从事一种经济活动；相对独立地组织其生产活动或经营活动；能提供收入、支出等相关数据资料。显然，如果能够按照产业活动单位进行行业划分，分类结果会更"纯"，可以降低法人单位分类带来的混合性。但是，采用产业活动单位作为分类单位，需要面对一些很棘手的问题，一个是如何确切地识别这些单位，另一个是如何保证基础数据的可得性。因为，或许针对生产活动的收支资料可以按照产业活动单位进行核算，但只有在法人单位层面才能形成完整的资产负债、利润税收等财务方面的数据。总体而言，政府统计收集数据时，要面对的终归还是法人单位。

对上述问题做全面权衡，行业分类最终确定的基本单位常常是一个折中的结果。在《国际标准行业分类》中，原则上建议：对小型企业，无论是否从事多种产品生产，均直接作为一个统计单位，依据其主要生产活动性质，将其归入相应的类别；对大型联合企业，会涉及各种处于不同地点的横向或纵向综合生产活动，可以通过一种被称为"特征分析"的过程，进一步剥离出具有相对独立性的地点单位或活动单位（或直接称其为基层单位），作为统计单位。①

---

① United Nations. International Standard Industrial Classification of All Economic Activities［M］. Rev. 4. New York：United Nations Publication，2008，具体见其中第90~99段。

中国政府统计部门已经认识到按照法人单位进行行业分类所存在的问题，但受制于产业活动单位在识别和资料收集方面存在的困难，以及行业分类的不同用途，《国民经济行业分类》的规定有一定弹性。①

（1）同时以产业活动单位和法人单位作为划分行业的单位。采用产业活动单位划分行业，适合生产统计和其他不以资产负债、财务状况为对象的统计调查；采用法人单位划分行业，适合以资产负债、财务状况为对象的统计调查。

（2）在以法人单位划分行业时，应将由多法人组成的企业集团、集团公司等联合性企业中的每个法人单位区分开，按单个法人单位划分行业。

（3）在具体归类时，按照各单位的主要经济活动确定其行业性质。如果某单位从事一种经济活动，则按此经济活动性质确定该单位所属的行业；如果某单位从事两种以上的经济活动时，则按照其主要活动确定其所属行业。

以上是原则性的规定，结合实际执行情况看，绝大多数时候仍然是基于法人单位、按照其主要经济活动归入对应的行业，所提供的综合统计指标主要是具有混合特征的行业分类数据。

二、衍生性分类：三次产业划分、派生性产业分类

如上所述，国民经济行业分类是一个全面、互斥、分层级的经济活动体系，这就为据此进一步开发更具目的性的分类提供了可能。结合当前中国实际应用，此类更具目的性的分类开发大体有两种思路：一种是基于行业分类整体做进一步概括，归纳形成更高层级的分类，以三次产业分类为代表；另一种则是出于特定目的，从行业分类中拣取一部分行业组成某种主题产业，通常被称为派生性产业分类。

（一）三次产业分类

三次产业是经济学家从经济发展史角度提出的概念，认为在农耕时代起主导作用的经济活动是农牧业，工业革命之后很长一段时期内占有主导地位的是工业，到经济发展第三阶段起主导作用的则是服务业，由此将农业等称为第一产业（或第一次产业），工业等称为第二产业（或第二次产业），各种服务业被统称为第三产业（或第三次产业）。在此基础上开发的三次产业分析方法认为，各经济体大体都会经历以下发展阶段：资源配

---

① 国民经济行业分类（GB/T 4754—2017）［S/OL］.（2017 - 06 - 30）. https：//www. stats. gov. cn/sj/tjbz/gjtjbz/202302/P020230213402699744172. pdf，第3.2～3.3节.

置先从第一产业向第二产业转移，进而从第一、第二产业向第三产业转移；据此对特定经济体三次产业结构状况进行观察，即可对其所处经济发展阶段作出大体判断，产业结构变化随即成为经济结构向高级化演进的证据。为满足此类观察需要，形成了三次产业分类。

国家统计局很早就出台了三次产业分类标准，历经数次修订，当前应用的是 2018 年发布的经过修订的《三次产业划分规定》。① 按照该规定：

- 第一产业覆盖农林牧渔业（A）门类下的 4 个大类，即农业、林业、畜牧业、渔业，但不包括"农、林、牧、渔专业及辅助性活动"；
- 第二产业覆盖采矿业（B）、制造业（C）、电力热力燃气及水生产和供应业（D）、建筑业（E）4 个行业门类下共计 43 个大类，但不包括采矿业下的"开采专业及辅助性活动"和制造业下的"金属制品、机械和设备修理业"；
- 第三产业被称为服务业，包括从批发与零售业（F）开始到国际组织（T）共 15 个行业门类，以及从农林牧渔业、采矿业、制造业分离出来的 3 个大类，即"农、林、牧、渔专业及辅助性活动""开采专业及辅助性活动""金属制品、机械和设备修理业"。

（二）各种主题性派生产业分类

行业分类是一个带有"中性"的通用分类体系，不直接显示特定目的下的分类需求，但宏观管理和分析常常会基于特定主题提出数据需求，希望能够就这些主题做专门的统计观察。为满足这些需求，有必要在行业分类基础上针对特定主题做"二次开发"，形成主题性派生产业，此类处理在《国际行业分类标准》中被视为"备选归并"。

此类应用在中国比较普遍，国家统计局最近几年开发了很多类似的派生产业分类标准。按照发布（以及最新修订）时间从近及远罗列：《节能环保清洁产业统计分类》（2021）、《数字经济及其核心产业统计分类》（2021）、《农业及相关产业统计分类》（2020）、《教育培训及相关产业统计分类》（2020）、《养老产业统计分类》（2020）、《生活性服务业统计分类》（2019）、《生产性服务业统计分类》（2019）、《健康产业统计分类》（2019）、《体育产业统计分类》（2019）、《知识产权（专利）密集型产业统计分类》（2019）、《高技术产业（服务业）统计分类》（2018）、《战略性新兴产业统计分类》（2018）、《新产业新业态新商业模式统计分类》

---

① 2022 年 11 月又再次刊出并有一定补充说明。具体见：http://www.stats.gov.cn/sj/tjbz/gjtjbz/202302/t20230213_1902749.html。

（2018）、《国家旅游及相关产业统计分类》（2018）、《文化及相关产业统计分类》（2018）、《高技术产业（制造业）统计分类》（2017）、《国家科技服务业统计分类》（2015）、《统计上划分信息相关产业暂行规定》（2004）等。①

派生产业的开发大体遵循以下步骤：第一，论证所关注主题领域的定义，确定其基本组成范围；第二，与行业分类对接，从行业分类中逐级（从门类到大类、中类、小类）选择属于该主题产业范围内的行业；第三，如果对应的小类仍然不能完全满足其需要，只有一部分属于该产业范围，便专门以"＊"标识出来，说明需要结合产品性质做进一步区分。专栏4-5针对数字经济及核心产业提供了一个例子。

专栏4-5　数字经济及其核心产业统计分类

数字经济是新经济新业态的代表，对于实现高质量发展意义重大。为此国家统计局一直重视针对数字经济的统计规范开发和实践，在借鉴国际经验基础上，结合中国数字经济发展状况及未来趋势，于2021年发布了《数字经济及其核心产业统计分类》（以下简称《分类》）。通过该《分类》，明确了数字经济的定义、范围以及具体分类，实现了与《国民经济行业分类》的衔接，从而为各方进行数字经济统计与核算提供了统一依据。

依据《分类》，数字经济"是指以数据资源作为关键生产要素、以现代信息网络作为重要载体、以信息通信技术的有效使用作为效率提升和经济结构优化的重要推动力的一系列经济活动"。其中包含三个关键词：数据资源、现代信息网络、信息通信技术，奠定了数字经济的基调。从广义视角定义，数字经济是与上述三个关键词相关的各种经济活动的总称；在此基础上突出"核心产业"，体现狭义定义，主要聚焦于数字产业化部分。

将上述数字经济的定义落实到具体类别识别和划分上，《分类》提供了一个由5个大类、32个中类、156个小类三层架构组成的分类体系（见下表）。其中，数字产品制造业（01）、数字产品服务业（02）、数字技术应用业（03）、数字要素驱动业（04）共同组成数字经济核心产业，即"为产业数字化发展提供数字技术、产品、服务、基础设施和

① 见国家统计局网站：http：//www. stats. gov. cn/sj/tjbz/gjtjbz/index. html。

解决方案，以及完全依赖于数字技术、数据要素的各类经济活动"；数字化效率提升业（05）则属于更广意义上的产业数字化范畴，覆盖了几乎所有的行业，显示"应用数字技术和数据资源为传统产业带来的产出增加和效率提升，是数字技术与实体经济的融合"。

数字经济及其核心产业分类

大类	中类	小类描述	与行业分类的对应关系
01 数字产品制造业	0101 计算机制造 0102 通讯及雷达设备制造 0103 数字媒体设备制造 0104 智能设备制造 0105 电子元器件及设备制造 0106 其他数字产品制造业	包括计算机整机制造等 51 个小类	对应制造业 48 个小类，其中 2 个为部分纳入（以 * 标识）
02 数字产品服务业	0202 数字产品批发 0203 数字产品零售 0204 数字产品租赁 0205 数字产品维修 0206 其他数字产品服务业	包括计算机、软件及辅助设备批发等 11 个小类	对应批发、零售、租赁、维修等 10 个行业小类
03 数字技术应用业	0301 软件开发 0302 电信、广播电视和卫星传输服务 0303 互联网相关服务 0304 信息技术服务 0305 其他数字技术应用业	包括基础软件开发等 25 个小类	对应软件开发、电信服务等 34 个行业小类，其中 3 个为部分纳入
04 数字要素驱动业	0401 互联网平台 0402 互联网批发零售 0403 互联网金融 0404 数字内容与媒体 0405 信息基础设施建设 0406 数据资源与产权交易 0407 其他数字要素驱动业	包括互联网生产服务平台等 27 个小类	对应互联网平台、互联网批发等 33 个行业小类，其中 10 个为部分纳入

大类	中类	小类描述	与行业分类的对应关系
05 数字化效率提升业	0501 智慧农业 0502 智慧制造 0503 智慧交通 0504 智慧物流 0505 数字金融 0506 数字商贸 0507 数字社会 0508 数字政府 0509 其他数字化效率提升业	包括数字化设施种植等 42 个小类	对应几乎所有门类行业及其下属大类、小类行业，所有行业均为部分纳入

资料来源：国家统计局. 数字经济及其核心产业分类［EB/OL］.（2021 - 06 - 03）. http://www. stats. gov. cn/sj/tjbz/gjtjbz/202302/t20230213_1902784. html；高敏雪，孙庆慧. 派生产业的识别与核算问题［J］. 中国统计，2022（8）：40 - 43.

三、其他各种相关分类

很多分类以不同方式与《国民经济行业分类》相关联。

关联比较密切的是产品分类。联合国制定了《产品总分类》，认为该分类与《国际标准行业分类》有密切关联，一类产品很可能就是一个行业生产的货物或服务。[①] 中国也发布了《统计用产品分类目录》，其与《国民经济行业分类》具有类似的关系。

与行业分类具有一定关联的还有各种基于特定目的的活动分类。比如《居民消费支出分类》，是以支出目的同质性为原则对个人消费行为的分类，按照目的将消费支出划分为 8 个大类、24 个中类、80 个小类，其中，8 个大类分别是：食品烟酒；衣着；居住；生活用品及服务；交通和通信；教育、文化和娱乐；医疗保健；其他用品和服务。在宏观经济管理层面，常常会将此类体现需求因素的分类数据与体现供给因素的行业分类数据对接，以此显示需求对供给的拉动作用，或者反过来，显示供给对需求的创造作用。比如《环境保护活动分类》，首先根据环境领域特点区分环境保护活动，即水、大气、固体废物、噪声和振动、辐射、土壤、生物多样性和自然景观，以及其他环境保护相关活动；其次要将这些活动具体落实到国民经济行业，相当于将《国民经济行业分类》中与环境保护有关的

---

① United Nations. International Standard Industrial Classification of All Economic Activities［M］. Rev. 4. New York：United Nations Publication，2008，具体见其中第 173 段。

类别做了一次甄别归类。

编制投入产出表会涉及产品部门分类，由此涉及与国民经济行业分类的关系。从字面上看，两者有很高的相似度，2017 年中国投入产出表编制分为 149 个部门，大体对应国民经济行业分类中的大类。但是，两者之间有一个显著区别：投入产出表中的产品部门，是依据产品确定的部门，是纯部门分类；国民经济行业则更具混合型，是依据生产者（企业）主要活动进行的分类，不考虑次要活动生产的性质。

第五节　政府统计分类标准：基于地理空间位置

国家的概念与国土高度相关，在某种意义上可以说国家本身就是一个空间概念。延伸下来，国家治理要落实于地理空间区域，基于空间区域显示人口分布、资源分布、经济社会活动分布，对发生于特定区域以及不同层级区域之间的经济社会活动实施管理。因此，政府统计必然要依据空间区域进行统计调查、收集数据，并按照空间区域发布相关统计数据。为此需要对各类统计对象按照其所属空间区域进行划分。

最基本的空间区域划分毫无疑问是行政区划，在此基础上还有城乡区域划分、不同经济区域划分，以及在其他目的下的区域划分。

一、基本分类：行政区划

行政区划是行政区域划分的简称，据此形成多层级的空间区域。行政区划在国家治理中具有基石作用。国家各项方针政策要通过行政逐级贯彻落实到各个区域，反过来就是要依托行政区域对经济社会发展状况作出评价。

行政区划是从国家根本利益出发，综合考虑政治、经济、民族、人口、国防、历史等多重因素对所辖区域进行划分而形成的。《中华人民共和国宪法》规定，中国行政区划分为省级行政区、县级行政区、乡级行政区三个级别。中国现行的行政区划实行如下。

- 一级省级行政区：包括省、自治区、直辖市、特别行政区。
- 二级地级行政区：包括地级市、地区、自治州、盟。
- 三级县级行政区：包括市辖区、县级市、县、自治县、旗、自治旗、林区、特区。
- 四级乡级行政区：包括街道、镇、乡、民族乡、苏木、民族苏木、县辖区。

根据民政部提供的数据，截至 2020 年底，中国一级省级行政区共 34 个，包括 23 个省、5 个自治区、4 个直辖市、2 个特别行政区；二级地级行政区共 333 个，包括 293 个地级市、7 个地区、30 个自治州、3 个盟；三级县级行政区共 2844 个，包括 973 个市辖区、388 个县级市、1312 个县、117 个自治县、49 个旗、3 个自治旗、1 个林区、1 个特区；四级乡级行政区共 38741 个，包括 2 个区公所、21157 个镇、7693 个乡、153 个苏木、962 个民族乡、1 个民族苏木、8773 个街道。①

为了在区域层面进行规范的政府统计工作，国家统计局制定了《统计用区划代码和城乡划分代码编制规则》，并适时公布《统计用区划和城乡划分代码》。通过这一套代码，各级行政区域统计部门即可按照不同层级覆盖辖区内的基本空间单位，据此开展政府统计工作，并进行人口、经济、社会、资源等各个方面的数据汇总，反映本地区经济社会状况。

二、衍生分类：城乡划分标准

城镇化是经济社会发展的标志，一般通过城市区域人口数占总人口数的比重来测量。因此，城市区域和乡村区域的划分特别受人关注。

城乡划分的基本问题在于城市的定义，也就是如何确定城市区域。一般而言，城市较之乡村，应具有相当大的人口规模且密度较高，以非农业人口为主，具备相应的公共设施，是一定区域内的政治、经济、文化中心，以及各级行政机构的所在地。中国比较强调城市的行政功能，《城市规划法》第三条将城市直接定义为"国家按行政建制设立的直辖市、市、镇"，也就是说，城市区域的确定与直辖市、建制市和建制镇有着直接关联。

国家统计局 2008 年发布的《统计上划分城乡的规定》就是秉承上述思路制定的。其基本要点是：第一，以行政区划为基础，以民政部门确认的居民委员会和村民委员会辖区为划分对象，以实际建设为划分依据，将我国的地域划分为城镇和乡村。所谓实际建设，是指已建成或在建的公共设施、居住设施和其他设施。第二，具体而言，城镇包括城区和镇区。城区是指在市辖区和不设区的市，覆盖区、市政府驻地实际建设连接到的居民委员会和其他区域。镇区是指在城区以外的县人民政府驻地和其他镇，覆盖政府驻地实际建设连接到的居民委员会和其他区域。此外，与政府驻地实际建设不连接，且常住人口在 3000 人以上的独立的工矿区、开发区、

---

① 中华人民共和国行政区划统计表，http：//xzqh. mca. gov. cn/statistics/2020. html。

科研单位、大专院校等特殊区域及农场、林场的场部驻地，也被视为镇区。

与统计划分规定相匹配，国家统计局通过《统计用区划代码和城乡划分代码》将各个空间单位分别纳入城镇和乡村两个类别之中，据此就可以分别汇总相关数据，显示各个区域范围内城镇、乡村发展状况。

三、其他相关分类

与空间区域相关的还有其他一些划分方式，有些与行政区划有关，有些则会在一定程度上打破行政区划的规定性。

东部、中部、西部和东北四大经济区域是区域发展观察中常用的划分方法，是基于一级行政区做进一步归并的结果。国家统计局曾经发布《东西中部和东北地区划分方法》，确定其各自包括范围，其中，东部地区包括北京、天津、河北、上海、江苏、浙江、福建、山东、广东和海南；中部地区包括山西、安徽、江西、河南、湖北和湖南；西部地区包括内蒙古、广西、重庆、四川、贵州、云南、西藏、陕西、甘肃、青海、宁夏和新疆；东北地区包括辽宁、吉林和黑龙江。

最近几年备受关注的长江经济带、粤港澳大湾区、京津冀协同发展等战略性发展策略则体现了新的区域划分思路。其中，长江经济带覆盖上海、江苏、浙江、安徽、江西、湖北、湖南、重庆、四川、云南、贵州11个省份，以长江为线，横跨东中西三大区域。粤港澳大湾区（缩写 GBA）由香港、澳门两个特别行政区和广东省广州、深圳、珠海、佛山、惠州、东莞、中山、江门、肇庆九个珠三角城市组成。京津冀协同发展是北京、天津和河北的组合。

资源环境统计常常从自然地理特征出发进行区域划分，比如所谓长江流域、黄河流域、淮河流域、海河流域、珠江流域等的区分，会打破行政区划的边界，在更小的地理单元基础上重新组合。尤其是地理信息系统等空间信息技术的应用，基于经纬度定义的网格单元替代了此前的行政单元，可以提供多种目的下的空间区域组合。

第六节　从统计对象到统计单位名录库

对于政府统计而言，统计对象不是一个笼统的概念，而是具体统计实务操作的起点。任何一项统计调查，都要针对一个个具体的统计单位设计调查方案、收集相关数据，然后再将来自个体单位的基础数据通过相应加工最后形成综合统计数据。这就出现一个问题：政府统计部门是怎样掌握这些具体统计单位的呢？答案是要区别不同类别的统计对象，建立统计单位名录库。

一、统计单位名录库概述

针对特定类型的统计对象，将属于该总体的所有统计单位的基本信息汇集起来，形成一个类似于登记册的一览表，结果就是统计单位名录库。单独看，统计单位名录库中的每一条代表一个统计单位，类似于该单位的"户口簿"或者"档案"；汇集在一起，就是记录整个统计总体所有组成单位基本信息的数据库。

统计单位名录库被视为政府统计的重要基础设施，是其无形资产的重要组成部分。联合国《统计组织管理手册（第四版）》将统计单位名录库称为"统计登记册"（statistical registers），围绕统计单位名录库的建设以及在政府统计数据生产过程中的作用方式进行了多方面的讨论①，相关统计机构还专门出台了建立维护统计单位名录库的方法指南②。以下结合这些文献提炼统计单位名录库建设与维护的要点。

（一）统计单位名录库的定义

统计单位名录库是一个定期更新、结构化的区域统计单位数据库，它由国家统计局维护，主要用于统计目的。对应不同的调查对象类别，统计单位名录库大体可以分为企业统计登记册、非正规活动调查用登记册、农业普查中的农场登记册、户籍和人口登记册等。除此之外，还可能会有类似的建筑物登记册等。不同国家搭建的统计单位名录库可能有不同主题划分和组合，相关登记册之间在内容上可能会出现一定交叉。

（二）统计单位名录库与行政记录

统计单位名录库的形成和维护，常常要以与管理相关的各种行政记录作为基本数据源。第一，这些行政记录可以提供其管理范围内各个单位的基础信息，而且是适时更新的；第二，这些数据的管理者与统计机构一

---

① United Nations. Handbook on Management and Organization of National Statistical Systems [S/OL]. https：//unstats. un. org/capacity-development/handbook/index. cshtml, 2022, 具体见其中第11. 2节。

② United Nations. United Nations Guidelines on Statistical Business Registers [M]. New York：United Nations Publication, 2020；Eurostat. European business profiling [M]. Luxembourg：Publications Office of the European Union, 2020.

样，一般都属于政府部门，故而经过一定的制度或协议安排即可免费获取数据。以企业单位名录库为例，体现管理职能的行政记录数据源包括公司登记、税务登记、社会保障登记、各种协会登记等。通过这些登记，不仅可以获得特定时点上所有的登记企业，还会适时记录管理范围内发生的企业新增、注销信息，以及因为各种因素引起的企业属性变化，比如权益所属、规模大小、地址迁移等。

但是，一般而言，不能指望通过行政记录直接生成统计单位名录库。不同行政目的下的记录各有特点，覆盖范围、包含信息常有不同，记录方式在技术设计上也各有特点，由此导致其从内容到结构都未必符合建立统计单位名录库的要求。因此，利用行政记录建立统计单位名录库，需要统计部门按照统计目的要求，做进一步的加工、甄别，必要时还要辅之以统计部门的相应调查结果。在建成之后的维护阶段，同样需要对记录更新的行政记录加以具体甄别，与原来数据相匹配。

这就是说，统计单位名录库在一定程度上超越了单个行政部门的记录，是一套具有通用性的目录数据库。这样建成的统计单位名录库，反过来可以为优化各个行政管理系统提供参考，并成为连接不同管理系统之数据信息的中介和枢纽。正是在此意义上，统计部门建立和维护的这一套单位名录库，具有了中央数据库的性质，其他行政管理数据库成为以不同方式与其保持链接的子系统。美国商务部经济普查局主持建立的企业登记名录库就是一个比较典型的例子（见专栏4-6）。

专栏4-6　美国企业登记名录库的结构

美国企业登记名录库集中了除家务劳动和政府机构之外的几乎所有美国机构单位、基层单位。早期美国几个主要部门均各自为政建立自己的企业登记名录库。1972年美国普查局受托开始设计编制统一的企业登记名录库。经过数十年的演化，不断形成经过修订的企业登记名录库。

美国企业登记名录库是一个多数据库共存的平台。每一个数据库就是一个一级附库，相互之间用链接表关联起来；每一个一级附库里可以包含多个二级附库。当前有四个一级附库，分别是税务雇主单位库、社会保障单位库、有雇员单位库、普查单位库，其中，税务雇主单位库直接取自美国国内税务局单位库，社会保障单位库直接取自国家社会保障局单位库。链接表包含企业代码、企业名称、企业地址，以及各种属性信息，这些指标是各一级附库的共同指标。通过链接表，不同部门可以通过企业登记名录库了解企业的基本情况，并建立与其他数据库的链接。具体结构见图。

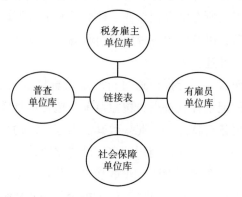

资料来源：刘建平，等．我国政府统计调查发展与改革［M］．北京：人民出版社，2018：184－190．

（三）统计单位名录库的结构

统计单位名录库在内容结构上包含两个基本要素：单位名，与之匹配的基本信息。

具备什么条件才能作为一个统计单位被纳入名录库呢？不同行政部门可能对其管理范围内的对象有不同定义，但经过整理之后进入统计单位名录库的单位，则一定要与政府统计对统计单位的基本定义对接，比如基于《国民账户体系》的机构单位、基层单位，以及有关常住性的内在规定性。就是说，本章第一节针对各类统计单位给出的定义在这里会得到具体应用。

所谓基本信息，包括两个层次，以下结合企业统计登记册做简要介绍。第一层是与单位识别并建立联系有关的核心信息，为进入统计单位名录库所必备，主要包括该单位的类型、识别码、单位名称、地址、通讯联系（电话、邮寄、电子邮件）等。第二层是各单位所具备的特征信息，这些信息是否被纳入统计单位名录库中是可以选择的，故而被视为非核心信息，具体可分为几个类别：一是人口学特征信息，包括该单位出生（注册）日期、组织结构变化（比如各种重组）时间、死亡（注销）日期等。二是与活动有关的分层信息，比如属于哪一个机构部门，主要经济活动、次要经济活动以及辅助经济活动，是否属于市场经济主体，雇员人数和营业额（用来确定规模大小）等。

（四）统计单位名录库的用途

统计单位名录库对于政府统计的重要性，无论如何强调都不过分。相关文献认为，统计登记册是统计系统的支柱，是支持数据收集和统计数据生产的核心基础设施，在政府统计数据生产方面发挥着核心作用，不仅关系到统计数据生产的方式，直接影响统计数据的质量，还可以提高政府统计数据开发的潜在能力。具体用途大体可以概括为以下方面。

第一，统计单位名录库以标准方式记录并描述了特定范围内参与经济社会活动的每一个组织个体，并通过不断更新，实时记录统计单位随时间推移而发生的变化。通过这种方式，用以保持并跟踪经济社会系统中各类统计单位及其特征的变化，按照特定时间要求提供有关该总体的完整"快照"。

第二，统计单位名录库为每一个统计调查项目提供了"入口"，是进行统计调查设计的起点。就普查而言，该名录库代表整个调查总体的组成，以此确保该单位能够被调查而且只被调查一次；对抽样调查而言，该名录库提供了一个抽样框，各种抽样设计都要在这个抽样框基础上作业，据此进行数据收集，最后进行总体推算。显然，统计单位名录库的质量会直接影响整个统计调查项目的最终质量。进一步地，通过该名录库，还可以进行统计调查项目的质量管理，监测被调查者的应答程度以及负担情况。

第三，通过统计单位名录库记录的信息，可以直接生成政府统计数据，并进一步服务于政府统计数据生产。首先是可以进行单位计数，提供各种基本分类的单位数信息，为观察总体结构提供参考；其次可以此为线索向外部用户提供各类宏观数据和微观数据（在保密限定范围内），实现与其他行政登记或统计数据来源之间的衔接，为分析和科学研究提供更多的统计信息，进一步开拓数据生产能力。

第四，还可以延伸看待统计单位名录库的作用。比如，如果能够进行国家间统计单位名录库的互访，就可以极大地促进国际微观数据的交换和协调；可以着眼于特定观测和分析主题，将通过不同方法收集的信息链接到统计单位名录库的某些特定组合，以此为各类卫星式数据开发提供支持。

二、中国统计基本单位名录库的建设与维护

作为政府统计的对象，中国总体上无疑可以用幅员辽阔、主体众多、变化巨大来形容。因此，建立完备的统计单位名录库，对中国政府统计而言至关重要，是决定整个政府统计数据生产过程的关键。中国政府统计调查体系的整体架构被概括为"以周期性普查为基础，以经常性抽样调查为

主体"，其中周期性普查的"基础"作用之一，就是通过普查提供完备的统计单位名录库，为经常性抽样调查提供抽样框。当前中国有三大周期性普查：经济普查、农业普查、人口普查，对应的统计单位名录库覆盖了自然人、家庭和集体住户、各类法人单位和产业活动单位以及农户。其中，有关人口的名录库是非普查年份进行人口抽样调查的样本框；包括各类法人单位、产业活动单位的统计基本单位名录库是进行各种规模以上企业联网直报的依据，以及规模以下企业抽样调查的样本框；来自人口普查和农业普查的住户名录则是进行住户抽样调查的样本框。

但是，这并不等于说，这些针对不同对象的统计单位名录库都是普查的结果。历史地看，中国围绕各类统计单位名录库的建立和维护方式曾经发生过重要变化，行政记录在不同名录库中发挥的作用不尽相同。现实地看，调查与各种行政记录利用是相互交织的。以下以"统计基本单位名录库"为例，对其建设和维护方式作简要说明。[①]

（一）基本定义和主要作用

所谓基本单位，是企业、事业、社会团体和其他组织机构等各类单位的统称，它与个体经营户合起来，共同构成经济社会活动的基本单元。在政府统计工作中，这些基本单位按照法人单位和产业活动单位两个层次划分，所谓统计基本单位名录库就是指中国境内从事经济和社会活动的所有法人单位、产业活动单位基本信息的数据库。

在这个数据库中，包含每一个基本单位的如下信息：一是统一社会信用代码、单位名称、法定代表人名字、单位地址、联系方式等基本识别信息；二是所属地区和行业类别、登记注册类型、控股情况、隶属关系、单位类型、法人与附属产业活动单位间关系等基本属性信息；三是登记批准机关、开业时间、营业状态、执行会计制度类别、单位类型等基本状态信息。除此之外，还会有从业人员数、主营业务收入、行政事业支出、资产总计等基本经济活动信息。

统计基本单位名录库的主要作用基本如前所述。在中国政府统计语境下，更强调以下三个方面。一是为相关统计调查提供调查单位名录或抽样框。以"先进库，再出数"为原则，不在统计基本单位名录库中的单位不得纳入专业统计调查范围，这就极大地提升了单位名录库的重要性。二是

---

① 以下主要参考：本书编写组. 领导干部基本统计知识问答［M］. 北京：中共中央党校出版社，中国统计出版社，2024，"什么是统计基础单位名录库"；刘建平，等. 我国政府统计调查发展与改革［M］. 北京：人民出版社，2018，第十章和第十一章。

在规范统计数据生产过程中发挥作用。统计基本单位名录库建设处在统计数据生产链的源头，其质量在很大程度上会影响到后续统计数据的收集、整合、处理，直至最终发布。三是可以促进部门间统计信息共享工作。统计基本单位名录库具有单位全覆盖特点，且包含各种属性分类标识，具备转换为各种专题单位名录的能力，可以支持政府统计机构与政府其他部门之间的数据共享与衔接。

（二）历史沿革

在高度集中的计划经济体制下，与当时一整套全面统计报表制度相配合，统计报告单位管理是首要的工作。但是，作为明确的统计基本单位名录库概念，却是改革开放之后才出现的。究其背景，一方面与逐步摒弃高度集中的计划体制有关，另一方面与经济社会呈现出来的迅猛发展态势有关，不同形式的单位大量涌现，并呈现出非常快速的变化。显然，政府统计部门已经无法自动地获取这些单位信息，更无法像计划经济年代那样通过全面统计报表制度收集相关数据进行政府统计数据生产。

可以认为，1985 年开展的第三次工业普查、1990 年开展的首次第三产业普查为建立统计基本单位名录库奠定了一定基础。在此之后，1993年开始第一次基本单位基本情况年报编制，1996 年开展了第一次基本单位名录库普查。伴随 2004 年第一次经济普查，确立了每五年一次经济普查、每年一次基本单位基本情况年报发布的基本单位名录调查制度。根据这套制度，在经济普查年份，基本单位名录库的数据来源主要是经济普查资料；在非普查年份，则主要通过基本单位基本情况年报、专业统计报表、基本单位清查以及部门资料获取相关信息。由此，国家统计局初步建立了统计基本单位名录库以及相应的维护机制。

将有关行政记录用于统计基本单位名录库，也经历了一个过程。2005年国家统计局、中央机构编制委员会办公室（以下简称编办）、民政部、国家税务总局、国家工商管理总局等部门联合下发《关于建立全国基本单位名录更新制度的通知》，随后在 2006 年开始建立多部门共同实施的全国基本单位名录库维护更新机制。2014 年《国务院办公厅转发国家统计局关于加强和完善部门统计工作意见的通知》明确提出，国家统计局要会同机构编制、民政、工商、税务、质监等部门建立统一完整、不重不漏、信息真实、更新及时、互惠共享的国家统计基本单位名录库，为各类以单位为对象的普查和调查提供单位库与抽样框。

相关国际文献认为，普查在早期统计单位名录库建设维护过程中具有很重要的作用，但这种情况在发生改变，不仅统计单位名录库主要依据行政记录进行维护，甚至有些国家已经开始以行政记录的信息替代普查，①甚至形成了"名录库调查"这样一类统计调查方法②。中国则呈现出不一样的状况：受当前国情和政府相关机制影响，在中国当前统计基本单位名录库的建设维护过程中，行政记录的作用确实在增强，但仍然离不开经济普查这个全面更新手段。

（三）维护更新方式

当前中国统计基本单位名录库的维护更新机制，大体由以下三个维度组成。

第一，利用经济普查进行全面更新。经济普查的一个重要目的就是建立健全统计基本单位名录库。经济普查每五年进行一次，普查对象是中国境内从事第二、第三产业的全部法人单位、产业活动单位和个体经营户。据此，在普查结束后，统计机构就可以利用普查结果对统计基本单位名录库进行全面更新。

第二，利用行政登记资料进行定期更新。在非普查年份，基层统计机构以编制、民政、税务、市场监管等部门定期提供的新增、变更和注销登记资料为线索，对所涉单位进行实地核查，利用调查核实结果更新统计基本单位名录库。

第三，利用各项统计调查进行重点更新。各级统计机构每年利用规模以上统计调查结果，每季利用规模以下抽样调查结果，以及相关部门的统计调查结果，对统计基本单位名录库中的相关单位信息进行核实更新。

经济普查之所以能够做到对统计单位进行全面普查，从而为统计基本单位名录库提供全面更新资料，是因为整个经济普查包括两个阶段：首先是单位清查，其工作成果就是形成一套经济普查单位底册；其次是基于普查单位底册，进行正式的数据采集工作，形成经济普查最终发布的经济统计数据。在单位清查阶段，先汇集来自编制、民政、税务、市场监管等部门的登记资料，与统计部门已有名录库合并，形成初步单位底册；普查员要对这个底册中所载单位进行逐一核实，剔除各种因为注销、重复注册、无实际经营活动等情况而出现的无效单位，形成一份比较可靠的有效经济主体单位名册。最近这些年，随着商事制度改革以及中国发展进入新的阶段，新增市场主体井喷式增长，大量小微企业生、变、死周期大幅缩短，

① 杨彦欣. 经济普查的国际经验——《经济普查：挑战和良好做法》简介 [J]. 中国统计，2021（11）：28-31.

② 刘建平，等. 我国政府统计调查发展与改革 [M]. 北京：人民出版社，2018，第12章.

大中型企业的规模变化、权属变化现象显著增强。面对上述情况，仅靠行政记录资料，常常无法真实捕捉到各类主体单位的真实存在，历次经济普查的经验表明，对于综合各方面基础信息，进而形成一套经过核实的、全面的统计基本单位名录这一目标而言，单位清查是其中不可或缺的一个环节。

专栏 4-7 统计基本单位名录库的日常管理、维护更新与实际应用示例

以某工业企业 A 公司为例，统计基本单位名录库的日常管理、维护更新与实际应用大体包括以下方面。

● A 公司设立。公司在工商部门办理注册登记并领取营业执照，工商部门根据"五证合一、一照一码"规定向统计机构推送该公司登记信息；统计人员据此上门核实调查，组织该公司填写法人单位基本情况表，正式纳入统计基本单位名录库管理。

● A 公司变更经营范围。公司在工商部门进行变更登记，工商部门将其变更登记信息推送至统计机构；统计人员上门了解实际情况，重新划分公司的行业分类。

● A 公司发展壮大。公司经营状况良好，年主营业务收入达到 2000 万元以上，在统计基本单位名录库中被确认为"规模以上工业企业"进行管理。

● A 公司被其他公司兼并。公司在被兼并后到工商部门办理注销登记，工商部门将其注销登记信息推送至统计机构；统计人员将其从统计基本单位名录库中剔除。

在此过程中，A 公司可能会作为"规模以下工业企业"被抽中为被调查单位，达到一定规模后会作为"规模以上工业企业"参与相应调查。在相应调查结束之后，统计机构会利用调查结果更新 A 公司在统计基本单位名录库中的信息。

资料来源：本书编写组. 领导干部基本统计知识问答 [M]. 北京：中共中央党校出版社，中国统计出版社，2024，具体见其中"什么是统计基本单位名录库"。

第五章　政府统计基础信息与数据来源

第四章围绕政府统计的对象"做文章",通过识别统计单位、对统计单位作分类、建立统计单位名录库,集中回答"对谁做调查"这个问题。本章要继续沿着这个思路进行讨论,回答另一个基本问题:"调查什么",要从各类统计单位身上提取什么信息。两相比较,识别统计单位是手段,目的则是从其身上分门别类提取到相关基础信息,以便为政府统计最终加工综合统计数据提供充足的"原材料"。

有不少文献涉及基础信息这一主题,但常常被置于特定统计调查项目的一揽子方案之中,很少就政府统计整体,全面讨论其基础信息及其数据源:政府统计到底需要什么基础信息,这些基础信息从哪里来。这就是本章力图要达成的目标。

第一节　在供—求框架下看政府统计的基础信息

基础信息采集是政府统计生产过程中不可或缺的环节,目的是为政府统计后续加工综合统计数据提供"原材料"。这个目标导向意味着,应该采集哪些基础信息,归根结底取决于政府统计覆盖哪些方面的内容、最终要提供什么综合统计信息,后者作为"需求"一方,对基础信息的内容设定具有决定性作用。如果属于政府统计应提供的内容,那就必须想方设法找到对应的基础信息及其数据源。

第二章曾经对政府统计的内容体系作过详细讨论和归纳。在第一层面,政府统计包括人口、经济、社会、资源环境、科技等基本主题,每一个统计主题都是一个具有内在逻辑的子体系,包含更加丰富的统计内容专题。接下来,不同专题下的统计内容需要进一步具体化为一个个统计指标,必要时还要显示其内部构成。毫无疑问,每一项统计主题,每一项统计专题,每一个统计指标,其综合统计信息的最终生成都要依赖于相应的基础信息,要建立在稳定的信息来源之上。面对如此庞大、全面的政府统计，可以想象其对基础信息的需求是什么样的：不仅要全覆盖，覆盖一国经济社会生活的方方面面；而且要足够详细，能够支持各种具体指标的加工生成；同时还要保证其数据源的质量可靠以及动态连续性。所以，所谓政府统计基础信息，不等同于一项简单的调查，必须作为一个系统予以规划进行整体设计。

首先，基础信息要着落在不同的统计对象上。每一类统计对象在经济社会体系中承担的角色不同，提供的基础信息不一样，从而就会对应不同的政府统计内容。第四章曾经专门对政府统计对象作分类和识别，落实到本章主题很容易联想到：与人口统计对应的基础信息主要由自然人和住户提供，经济统计所需要的基础信息主要来自企业，支撑社会统计的基础信息主要来自各行政事业单位的行政记录。然而，尽管各有侧重，各类统计对象与政府统计不同内容主题之间的关系，并不是如上述这样简单地一一对应，而是存在交叉。比如，在住户提供的基础信息中，有相当大的一部分与经济统计和社会统计有关；在资源环境统计、科技统计中相当大的一部分基础信息是由企业提供的，因为企业不仅是生产经营主体，同时也是科技活动的主要实施主体，资源消耗、残余物排放的重要主体。更有甚者，有时候，一项统计指标可以同时从不同统计对象处获得基础信息，其结果从好的方面看是可以通过不同数据源形成比照，有助于找到替代的数据源，但也有可能因为"数出多门"而造成信息混乱。比如就业统计，既可以从就业单位处获取信息，也可以从就业者个人处获取信息，两者之间既有对应关系同时也体现了不同视角。比如对人口健康状况作统计，一方面可以直接从不同人群处获取基础信息，另一方面则可以利用卫生机构的记录与人口数据匹配起来，达成最终统计目标。原则上说，上述种种都会被纳入政府统计基础信息采集的规划设计中。两方面之间的交叉关系可以用图 5－1 简单表示。

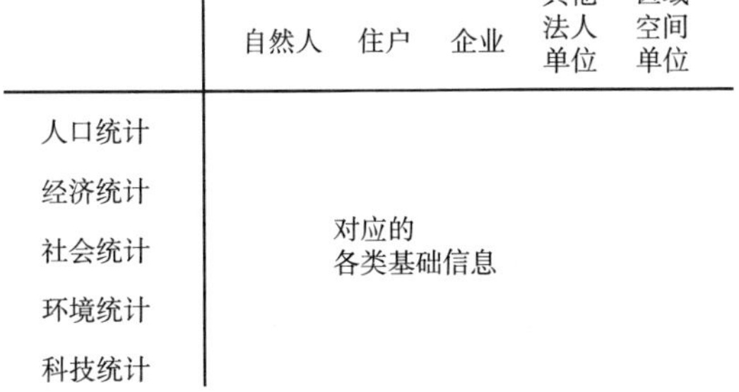

	自然人	住户	企业	其他法人单位	区域空间单位
人口统计					
经济统计			对应的各类基础信息		
社会统计					
环境统计					
科技统计					

图 5－1 政府统计基础信息框架示意

其次，如何获取这些基础信息，涉及数据源问题。对应的问题是：基础信息从哪里来？落实到不同统计对象有哪些数据源？

传统数据来源主要依赖专门的统计调查，即针对特定统计主题编制调查表（问卷），下发给被调查者填报（回答）相关信息，然后收集上来。浏览国家统计局网站，为取得各种基础信息而进行的统计调查可谓"琳琅满目"，此外还有分布在其他政府部门的基础数据调查。① 面向不同对象的调查，基于不同主题的调查，政府统计系统相当大比重的工作都与统计调查实施有关，就是为了按照政府统计的预设要求，全面、及时、准确地采集到相关基础信息。很多国家的政府统计机构直接以"普查局""统计调查局""调查统计局"以及类似的方式命名，就是这个缘故。

但是，现代政府统计的基础信息已经不限于由统计机构专门针对统计对象作调查，而是扩展到更广泛地利用现成的但不是专门为统计而设的其他数据来源。一是行政记录。自 20 世纪中期以来，国际组织特别倡导政府统计要以政府机构的行政记录作为数据源，开发这些行政记录信息为政府统计所用。比如税务、社会保障管理部门记录的纳税人、参保人的相关信息可以作为经济统计的重要数据源，教育、卫生、公安等部门记录的信息一直是社会统计的主要数据来源。二是"大数据"。随着信息技术发展和应用范围扩展，其越来越显著地介入日常经济社会生活，形成电子商务数据、电子政务数据，以及基于物联网、互联网的各类物流、社交数据。大数据的出现，无疑为政府统计扩展其数据源带来了新机遇，同时也因为其数据权属和数据类型的特殊性，从而给政府统计如何有效规划其数据源、实现基础信息提取带来了巨大挑战。

将上述内容综合起来，围绕政府统计基础信息采集所形成的关系，可用图 5 - 2 展示其框架结构。某种程度上说，统计调查属于"从无到有"的国家数据源，行政记录和大数据则属于"再利用"的数据源。需要注意的是，尽管图 5 - 2 中将三者并列显示，实际过程中可能并不是如此"界限分明"的，其间的复杂关系在后面各节以及第六章会有相应讨论。

将数据源引进来讨论，旨在说明，对基础信息采集起决定作用的因素不仅限于政府统计内容需求一方，还有来自供给一方的力量。即使有预先

---

① 时任国家统计局副局长李强曾经给过一组数据：2012 年，国家统计调查制度共 46 套，583 种报表，包含 11310 个指标；国务院各部门、高检院、高法院、人大财经委、全国性行业协会、国家级大型企业集团等一百多个部门，共有 232 套制度，4300 种报表，近两万个统计指标。见：李强. 新中国政府统计调查制度的建立、发展和改革六十年 [J]. 统计研究，2012，29 (8)：3 - 7。

的统计内容设计，但如果没有数据源的支持，基础信息无法采集，对应的统计内容需求就会落空，原来的设计就无法真正落到实处。另外，在数据源得到明显改进的前提下，比如开发了新的数据源，或者原来的数据源得到显著加强，基础信息采集的质和量因此得以显著改善，反过来就可以促进统计内容的提升，以此扩展或者丰富原有的内容。上述相互制约、促进关系也可以用一个图来表示，见图 5 – 3。

图 5 – 2　包含数据源的政府统计基础信息关系框架

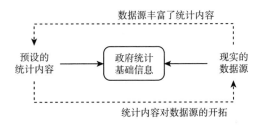

图 5 – 3　统计内容、数据源与基础信息之间关系示意

在厘清政府统计范围内围绕基础信息的种种关系之后，还需要对基础信息本身作一些解说和限定。基础信息是面向被调查者（被记录者）的，可能是需要填入的项目（文字或数字），也可能是针对特定问题一系列备选答案的选择，还可能是被记录下来的种种行为或其他痕迹。从数据采集来看，基础信息必须与政府统计内容具有相关性，要服务于政府统计综合指标的数据加工和信息形成。由此可知，到底提取什么基础信息，是经过政府统计部门预先设计的。这些基础信息应该能够满足以下要求：第一，信息采集有明确的目的，与特定统计内容具有明确的对应关系，可能是年度信息，也可能是更高频率的季度、月度等信息；第二，欲采集信息的含义应经过严格定义，不产生歧义，能够符合大范围汇总、推算或其他加工的要求；第三，其数据源应具备稳定性，以此保证所采集信息的质量以及动态可比性。

反过来从数据提供一方来看，政府统计要求对方提供的基础信息必须具备一定条件。第一，应该是被调查者能够提供的信息。最好是已经存在的现成的信息，比如基于企业会计报表就可以填报相关财务信息；如果没有现成信息，就需要通过某种方式对被调查者提供帮助以取得相应信息，比如为了提供家庭收支信息，需要帮助被调查户建立收支日记账。第二，应该是被调查者愿意提供的信息。比如这些信息应不涉及隐私和商业秘密，或者应以相应方式防止敏感信息被泄露或挪作他用，以此保证所填报信息的准确性。第三，应该以比较"友好"的面貌出现，易于被调查者理解，方便其填报。大数据场景下也有类似要求，只能要求对方（比如某些网络平台）提供其力所能及范围内的数据，权属清晰、不涉及相关被记录者个体隐私的数据。所以，基础信息内容设计很重要，最后要形成一套完备的调查表（问卷），并辅之以各种项目定义和填报说明等附件。

接下来我们要区分不同统计对象，展开来看政府统计到底要采集什么基础信息，对应的数据来自哪里，以及这些信息以什么样的方式呈现。其中，第二节和第三节主要基于传统统计调查介绍相关内容，第四节会牵涉到行政记录的应用。除此之外，还有其他一些维度的基础信息对于政府统计也具有意义，比如基于空间单位显示出来的基础信息，附着在产品、建筑物等以"客体"为特征的统计对象上的基础信息。当前政府统计对这些基础信息的开发还相对比较有限，但放在信息技术发展背景下观察，未来其丰富程度及其可得性应该会快速提高，对政府统计的意义也会不断提升，有可能会成为拓展政府统计内容、改变其传统样貌的重要方面。

第二节　人口与住户基础信息及数据源

本节将自然人和住户放在一起，讨论其基础信息及其采集。之所以这样处理，是因为住户是由相应的自然人组成的，在各种人口调查中，住户常常是识别人口的一个主要入口，基于自然人的信息与基于住户的信息具有密切关联，尤其是与经济、社会统计有关的基础信息。但反过来看，对应单个自然人提取的基础信息与对应一个家庭住户所形成的基础信息又是有差别的，至少是各有侧重的。

一、基于自然人的基础信息

一个人身上包含很多特征，很多经济社会活动的发生与人有关。基于自然人提取什么基础信息，要取决于政府统计的需求。人口统计的需求包括人口规模、结构、变化统计，必须要着落在自然人身上提取信息；进一步看，与劳动统计有关的大部分基础信息要基于自然人采集，比如就业、失业、社会保障等；此外，还有一些专题性社会统计也需要基于自然人采集信息，比如时间利用统计、政治与社会参与状况统计等。

如何采集这些信息？对应的数据源有多种。毫无疑问，最直接的数据源是人口普查，可以提供比较详细的基础信息。但人口普查的调查成本很高，只能按一个较长时间周期进行，包括中国在内，大部分国家每十年（甚至更长周期或者不定期）才进行一次人口普查，无法按年度提供相关信息，故而需要通过其他数据源予以弥补。一类是有关人口统计的其他数据源，比如，按更短周期、以推断人口总体状况为目的的抽样调查——中国每5年进行一次1%人口抽样调查、每年进行一次1‰人口抽样调查，此外还有各种针对人口出生和死亡、移民和流动以及婚姻状况变化的人口登记系统。另一类是针对劳动人口的其他数据源，包括各种劳动力及其就业状况调查，劳动与社会保障方面的各种行政记录，不仅可以提供更及时的信息，详细程度也会有很大加强。在常规人口统计、劳动统计之外还有很多政府统计数据需求与自然人有关，比如各种围绕舆情、满意度、参与度的统计监测与评价，必须通过各种专门调查或其他渠道采集信息，其中就包括诸如由现代通信技术、互联网平台所记录的个人信息。

人口普查是各国普遍开展的一项统计调查。为了指导各国人口普查，提高人口统计国际可比性，联合国有关机构曾经制定多项国际性规范并不断更新。特别值得关注的是《人口和住房普查的原则和建议》，其中专设"普查细目"一章，把要求被调查者提供的信息按九个标题进行归类，其中七个与自然人有关（另外两个是"住户和家庭特征"与"农业"）。进而在每一个标题类别下设置具体问题，以此获取自然人个体及其所在住户的相关信息，组合起来提供了一个比较全面的个人信息采集清单。具体类别和信息内容见专栏5-1。

专栏5-1　人口普查国际规范中针对自然人个体的调查细目

1. 地域和国内移徙特征：（a）常住地；（b）普查时所在地；（c）出生地；（d）持续居住时间；（e）前一居住地；（f）过去某一特定日期的居住地。

2. 国际移徙特征：（a）出生国；（b）国籍；（c）抵达一国的年份或时期。

3. 住户和家庭特征：（a）与户主或住户其他基准成员的关系；（b）住户和家庭状况。

4. 人口和社会特征：（a）性别；（b）年龄；（c）婚姻状况；（d）宗教；（e）语言；（f）族群；（g）土著民族。

5. 生育和死亡：（a）活产子女数；（b）健在子女数；（c）最后一个活产儿的出生日期；（d）过去12个月的出生情况；（e）过去12个月出生的儿童死亡情况；（f）首次婚姻的年龄、日期或持续时间；（g）第一胎活产儿出生时母亲的年龄；（h）在过去12个月住户人口的死亡情况；（i）丧母或丧父情况。

6. 教育特征：（a）识字情况；（b）在学情况；（c）受教育程度；（d）学习科目和学历。

7. 经济特征：（a）活动状况；（b）职业；（c）行业；（d）就业状况；（e）工时；（f）收入；（g）就业的机构部门；（h）非正规部门中的就业；（i）非正规就业；（j）工作地点。

8. 残疾特征：残疾状况。

资料来源：联合国经济和社会事务部，联合国统计司. 人口和住房普查的原则和建议［M］. 第二修订版. 纽约：联合国出版物，2010. 此处引用时对具体细目作了归纳。

人口普查在中国属于周期性普查，每十年开展一次，到2020年，已经进行过七次人口普查。经过长期实践，人口及相关调查内容已经比较成熟，调查表可分为长表和短表两种，长表的内容比较全面地显示了自然人及其所属住户的基础信息，具体内容可见表5-1。可以看到，中国人口普查调查项目与国际规范基本一致，只是在表达方式上有所差异，体现了具体实施过程中的细化和可操作性。

表5-1　中国第七次人口普查长表：针对自然人个体的主要调查项目

填报对象	填列主题	具体填报项目
住户信息（略）		
全部人口填报	基本信息	姓名、与户主关系、身份证号码
	自然属性	性别、出生年月、民族
	位置信息	当前常住地，户籍登记地，出生地，离开户口地的时间和原因，户口登记地类型，是否有农村土地承包经营权

填报对象	填列主题	具体填报项目
5 周岁及以上人口填报	位置信息	五年前（2015 年 11 月 1 日）常住地
3 周岁及以上人口填报	受教育状况	是否从未上学，学前教育状况，受教育程度（各级），是否完成学业（各级）
15 周岁及以上人口填报	受教育状况	是否识字
	就业和工作状况	是否工作，工作单位类型，所在行业，所属职业，未工作原因
	收入状况	主要生活来源
	婚姻状况	婚姻状况，初婚年月
15～64 周岁女性填报	生育状况	是否生育，生育子女数和存活数及其男女比例
15～50 周岁女性填报	当年生育状况	当年是否生育，婴儿性别
60 周岁及以上人口填报	基本状态	居住状况，身体健康状况

资料来源：国家统计局. 第七次全国人口普查方案［M］. 北京：中国统计出版社，2020.

以下以人口普查的调查内容为线索，结合其他数据源，扼要介绍与自然人有关的各类基础信息及其提取方式。

（一）与空间地域有关的信息

人口是属于一定区域的。物理意义上，每个自然人的存在肯定对应特定的空间位置，属于一个区域。但现代生活的复杂性决定了人口具有多种空间区域属性。一个是出生地，一个是国籍或户籍所在地，还有一个是常住地（即连续生活一定时间以上的区域），最后才是普查时点当时的实际位置所在地。之所以会有不同情况出现，原因在于人口的迁移和流动，此外还牵涉到人口管理中的一些特定需求，比如人口的地域分布，以及所在地是城镇还是农村等。

人口普查的基本任务就是对人口进行清点，回答"一共有多少人"这个问题。填报上述信息的目的，是区分不同口径进行人口计数，查点特定区域内的人口总数，在此基础上显示总人口的地域分布状况。对应的人口数口径有：第一，常住人口，将该区域视为常住地的人口数；第二，现有人口，当前停留在该区域的人口数；第三，户籍（国籍）人口，在该区域进行户口登记（持有该国护照）的人口数。人口的长期迁移，会造成某区域户籍人口与常住人口之间的差异；人口短期流动，则导致该区域现有人口与常住人口之间的错位和数量差异。就特定区域而言，户籍人口数、常住人口数、现有人口数之间有无差别以及差别大小，是考察该区域基本特征、判断其未来发展态势的重要依据。

除了人口普查以及为推算总体而开展的人口抽样调查之外，其他数据源也会涉及此类信息。户籍登记系统、城市外来人口管理系统、身份证管理系统都属于可利用的数据来源，此外还可以利用信息技术的通信定位功能，追踪每个人的实际所在位置及其移动状况。[①] 这些数据源对于人口计数，尤其是小区域尺度（比如居委会甚至物业小区）下的人口管理，都是不可缺少的。

（二）性别、年龄等自然属性信息

性别和年龄是每个人身上具备的特征。性别比例、年龄分布，以及将两者交叉起来的结构（不同年龄组的性别比例，不同性别人口的年龄分布），都是刻画一个人口总体特征的最基本信息，同时会延伸到经济社会统计。比如性别统计，不仅限于人口总体的性别结构观察，还会联系教育、就业、政治参与等多个方面，与社会发展评价具有密切关联，[②] 相关数据不仅来自人口普查，还会涉及各类行政记录和专项调查。

（三）社会属性信息

人的社会属性表现在很多方面，其中最受关注的是民族、种族、宗教信仰，延伸出去，还可以包含语言等选项。有些特征来自家族传承，有些则与个人成长过程中的选择有关。不同国家（区域）人口在民族、种族、宗教信仰方面的构成可能会有很大差异，相关信息不仅具有经济和社会意义，有时候还与政治关联在一起。除了人口普查的自我申报之外，其他行政登记信息系统（比如户籍管理系统）也可以作为此类信息的辅助数据源。

（四）受教育状况

只限于一定年龄（比如 6 岁）以上人口填报。受教育状况包含以下几

---

① 联合国官方统计大数据工作组曾经就手机数据在政府统计中的应用专门发布一份报告，所列示的数据用途中就包含就业统计和人口统计，其中还专门介绍了北京市以手机数据为基础所建立的人口动态监测平台，其被视为在传统人口调查之外借助于大数据开辟新数据源的成功案例。具体见：UN Global Working Group on Big Data for Official Statistics. Handbook on the Use of Mobile Phone Data for Official Statistics [M]. New York：United Nations Publication, 2019。

② 联合国欧洲经济委员会，世界银行学院. 开发性别统计数据：实施工具 [EB/OL]. https：//unece. org/DAM/stats/publications/Developing_Gender_StatisticsCHN. pdf. 相关介绍见：高敏雪，甄峰，等. 政府统计国际规范概览 [M]. 北京：经济科学出版社，2017：455 - 459。

个节点：第一，是否识字，这是一个需要定义的概念，而且随着时代发展其内涵也在变化，早期比较注重读写能力，现代意义上的"识字"被延伸到"可指各种水平、各种应用领域和各种功能性的素养"①。第二，在学情况，是指被调查者是否在正式认可的教育机构中，按照各级教育水平有组织地进行学习，以及是否完成了学业，主要观测对象是学龄人口。第三，受教育程度，是指在教育系统中就读的最高一级教育内所读完的最高年级，比如小学、初中、高中、大学本科、研究生等，主要观测对象是一定年龄以上的人口，尤其是已经结束在校学习的成年人口。以上信息是计算识字率、受教育水平分布、平均受教育年限等指标的基础，可以显示人口总体在人力资本积累、人类发展水平方面的基本特征。除了人口普查的自我申报之外，国家教育系统的行政记录在一定程度上也可以为获取相关信息起到辅助作用。

（五）就业和经济状况信息

这一部分的内容非常丰富，大体可以区分为三个阶段。

首先要确认被调查者是否就业。为达成此目标，需要以处在劳动年龄的人口为对象，一步一步确认：能否就业，是否实际就业，如果没有就业是否在寻找工作。通过这些步骤上对应的问题，就可以分离出处于以下不同状态的人群。一是劳动年龄人口，在一定年龄（一般给一个年龄下限，比如 15 岁）以上的人口；二是劳动力人群，在劳动年龄人口基础上，扣除在学人员、在自己家中从事家务的人员、离退休人员，以及因为残疾等各种因素不愿意工作的人口；三是经济活动人口，是就业人员与失业人员之和，代表具有就业意愿、已经就业或者正在寻找工作的人口；四是就业人口和失业人口，前者表明正在从事一份有报酬的工作，后者则意味着当前没有从事有报酬的工作但正在积极寻找工作。对应的人口总数以及对比形成的比例、强度等指标，都属于劳动和就业统计的基本内容。

其次要针对就业者了解其就业和工作状况。一方面是所从事的职业、所在的行业和机构部门，以及就业者的身份（雇主、雇员、自雇者等），每一个选项下都链接着一个标准分类，比如职业分类、行业分类、机构部门分类等。依据这些基础信息，可以支持劳动统计最终形成各种反映就业结构的数据信息。另一方面是就业者的工作时间，可以用天数或者小时数

---

① 联合国经济和社会事务部，联合国统计司. 人口和住房普查的原则和建议［M］. 第二修订版. 纽约：联合国出版物，2010，第 202 段.

表示，进而还可以延伸到工作条件等方面的情况。

最后要了解经济收入状况。第一层次是识别其主要收入来源，进而可以针对就业者，显示其薪酬水平以及薪酬的构成。相关信息既关系到住户的收支水平，同时也是劳动就业统计的主要内容。

就业和经济状况信息在人口普查中占有很大分量。为了更好地利用人口普查获取相应信息，联合国曾经专门发布《人口普查中在业人口计量手册》，对其中所涉及的概念和识别给予详细指导。为了集中、适时采集与就业以及经济状况有关的信息，政府统计会专门进行劳动力市场调查。国际劳工组织为此制定了很多概念规范和方法指导手册，以帮助各国开展相应调查，保证最终获取的数据具有国际可比性。[①] 除上述内容之外，还有相应的企业调查、各种行政记录，都可以作为数据来源。比如电子税收管理系统，可以将每个就业者通过各种名目获取的收入信息记录在案，在进行个人所得税管理的同时，具备了全面记录个人收入信息的潜力。

（六）婚姻与生育状况信息

婚姻和生育状况信息只针对处于特定年龄段的人群采集。婚姻状况有单身、已婚、离异、丧偶等选项，进而还会针对离异的后续状态再作区分。生育状况信息主要由育龄女性提供，显示是否生育、活产子女数等。

婚姻和生育状况是人口统计的重要组成部分，不仅要了解特定时点上人口的婚姻状态和生育状况，还要获取当年人口婚姻状况变化、出生死亡带来的人口数变化。前一部分信息可以通过人口普查获取，后一部分在很大程度上要依赖于相应的政府行政记录，包括婚姻登记系统、人口出生和死亡登记系统。联合国为此曾经专门出台《关于人口动态统计系统的原则与建议》以及一系列民事登记系统手册，对此方面基础信息的提取有详细解说。结合中国实际情况而言，这些登记系统有些方面比较可靠，比如出生人口登记，有些则存在问题，比如死亡人员登记，为此全国人口普查中专门设计一张"死亡人口登记表"。

（七）残疾与健康状况信息

残疾是客观存在的身体状况，但其覆盖范围比较复杂，国际上将其定义为"缺陷、活动限制和参与限制"的总称，一般将行走、视力、听力、认知力等作为重点考虑的方面。[②] 健康状况的认定则更加复杂，具有一定

---

① 收录于 1926～2003 年颁布的多项决议之中，参见：高敏雪，甄峰，等. 政府统计国际规范概览［M］. 北京：经济科学出版社，2017：141－144。

② 联合国经济和社会事务部，联合国统计司. 人口和住房普查的原则和建议［M］. 第二修订版. 纽约：联合国出版物，2010.

程度的主观性，常常难以客观度量。通过人口普查可以在一般意义上获取残疾人口信息，但要了解更深入、详细的情况，则需要专门的统计调查或相关行政记录；① 相比之下，健康状况信息更适宜通过专项调查获取，② 或者通过医疗卫生机构的行政记录（比如发病、诊疗）等信息与人口统计匹配起来做间接反映。

以上是就人口统计和劳动统计需求而形成的对自然人采集的基础信息。除此之外，还有很多专题性统计内容，也需要基于自然人采集信息。时间利用调查是一个很重要的专题，联合国曾经发布《时间利用调查手册》，中国此前已经进行过两次局部性调查，2024 年开展的第三次时间利用调查将范围拓展至 31 个省份和新疆生产建设兵团，这是第一次覆盖全国的调查③，在调查过程中，需要受访者个人就其在一年、一周、一天中的时间分配状况提供信息。其他各种针对自然人进行的专题统计调查难以一一列举，这里仅借助于国际组织所发布的国际规范简单展示：《受害者调查手册》的主题，是针对个人所经历的犯罪侵害以及普通公众对犯罪的感受进行调查提取信息；《博士学位持有者职业调查手册》是针对博士学位持有者这一高端人才群体，就其职业分布、职业流动、持续学习状况进行调查；《志愿者工作测量手册》的对象是志愿者，一般通过劳动力调查平台考察受访者是否参与志愿者工作以及参与的时间、种类等。④ 互联网背景下在各种商务和社交平台上针对个人记录了很多信息，政府统计已经开始多方探索利用这些信息的可行性。

二、基于住户的基础信息

住户与家庭是两个具有密切联系的概念。一个家庭有可能是一个住户，但两者在概念上和组成上却是有差别的。家庭要由两个及以上具有亲属关系的成员组成，但家庭成员未必共同生活在一起；住户的组成比较灵

---

① 联合国统计司. 编制残疾统计资料的准则和原则［M］. 纽约：联合国出版物，2002.

② 中国第七次人口普查包含一个专门针对 60 岁以上人群设计的信息采集模块，主要是为了提取健康状况和日常活动困难程度方面的信息。具体可参见：国家统计局. 第七次全国人口普查方案［M］. 北京：中国统计出版社，2020。

③ 2008 年国家统计局在北京等十个省市开展第一次时间利用调查，2018 年在北京等十一个省市开展第二次时间利用调查。有关第三次时间利用调查的情况，可见"国家统计局社科文司有关负责人就第三次全国时间利用调查答记者问"，https：//www. stats. gov. cn/xw/tjxw/tjdt/202403/t20240322_1948136. html。

④ 以上国际规范介绍均来自《政府统计国际规范》（经济科学出版社 2017 年版）相关专题。

活，可以有一人住户，除了家庭住户之外还会有机构住户（比如儿童福利院、养老院），但要以其成员共同生活在一起（比如共享住所）为前提，核心特征就是大家共同为其食物和其他生活必需品消费作出安排，为此要将一部分收入集中起来纳入共同预算。两相比较，家庭更多体现社会学特性，住户则内涵更加丰富，在一定程度上包含了家庭，同时具有经济学属性。① 在国民经济核算中，住户作为一类机构单位组成的部门，与企业、政府、其他非营利机构并列出现，身上负载了很多经济活动特征，是发生收入与支出、进行生产经营、拥有资产并承担负债的重要主体。②

宽泛而言，住户所具备的多元性质，决定着其负载了多种类别的基础信息，从而会与政府统计之人口与社会统计、经济统计、资源环境统计的多项主题相关联，甚至针对建筑物（尤其是住房）的调查也会以住户作为对象获取相关基础信息。③ 与此对应的是，政府统计系统会有多项大型调查以住户为对象，或者包含住户信息，其中值得关注的是住户调查，以住户经济状况为核心，进而延伸到更多的观测内容，致力于提供与住户及其成员、住户所在社区环境相关联的各类基础信息，被视为政府统计的一项基本调查。

国际组织早在20世纪60年代就开始发布住户调查的相关规范，此后不断更新，④ 并从一般收支扩展到财富、金融调查，细分到各个主题提供方法指导，还涉及与国民经济核算体系接驳的住户部门账户。⑤ 在中国，《住户收支与生活状况调查》是国家统计局组织实施的重要调查项目，虽然是抽样调查但能够覆盖全国各省市，调查内容非常丰富。可以按季度提供住户成员及劳动力就业情况、家庭收支情况等信息，同时可以按年提供住房和耐用消费品拥有情况、家庭经营和生产投资情况等信息，此外还延伸到所居住宅的详细信息、所在社区公共服务基本情况信息，具体内容见表5-2。以下以中国住户调查为主体，同时结合其他调查和数据源，简要

---

① 相关论述可参见：联合国经济和社会事务部，联合国统计司. 人口和住房普查的原则和建议 [M]. 第二修订版，纽约：联合国出版物，2010，第2.107~2.113段。

② 联合国，欧盟委员会，经济合作与发展组织，国际货币基金组织，世界银行. 2008国民账户体系 [M]. 北京：中国统计出版社，2012，第4章.

③ 人口普查是否与住房普查一并进行，一直是各国人口普查战略决策的一项重要考量。比如联合国提供的国际指导文献是以人口与住房普查来定位的。中国从第六次人口普查开始就包含了比较多的住房及相关居住条件的内容。

④ 最新文献见：United Nations Economic Commission for Europe. Handbook of Household Income Statistics [M]. Rev. 2. Geneva: United Nations Publication, 2011。

⑤ 各项具体指导手册列表可参见：高敏雪，甄峰，等. 政府统计国际规范概览 [M]. 北京：经济科学出版社，2017，第四部分。

归纳政府统计基于住户采集的基础信息。

表 5 - 2　　　　　　　　　　　　住户调查的基础信息

表式	基础数据采集表	基础信息内容描述
基层年报表式	住房和耐用消费品拥有情况（T101 表）	由样本住户年末填报。（1）关于住房，填报内容包括：现有住房物理状况及其配套生活设施情况，自有住房的价值及与之相关的金融情况，租赁房实际房租，所拥有其他房屋情况，期内新购住房和新建住房情况以及住房大修装修情况。（2）关于耐用消费品，填报内容包括：从家用汽车到组合音响等 20 种耐用消费品的年末拥有量，此外还有粮食结存状况
	家庭经营和生产投资情况（T102 表）	由从事生产经营的调查户填报。（1）关于农业生产经营，填报内容包括：家庭实际经营土地情况，期内土地种植和农业生产技术应用情况，期末拥有主要农业生产性固定资产数量及其资产原值，期内农业生产性固定资产投资及资金来源。（2）关于非农产业固定资产投资情况，填报内容包括：期末非农固定资产原值（分行业填报），期内非农产业固定资产投资及其资金来源
	社区基本情况（T103 表）	由抽中调查小区村（居）委会填报。一部分内容按自然村填报，另一部分内容按行政村填报，涉及各种生活设施和公共服务情况
	县（市、区）职工社会保障缴费比例（T104 表）	由各县（市、区）调查队人员根据当地情况填报。内容涉及不同社会保险类别下的单位缴费比例和个人缴费比例
基层定报表式	住宅摸底表（T201 表）	针对抽中小区内的所有住宅填报。内容涉及住宅基本信息和住户基本信息
	住户成员及劳动力就业情况（T202 表）	由样本住户填报。（1）住户成员基本情况，填报内容包括住户所有成员在性别、年龄、民族、户口情况、健康状况、受教育状况、婚姻状况等方面的基本信息。（2）劳动力就业情况，填报内容包括是否离退休、是否有劳动能力、是否就业，以及就业的行业、职业、参加社保、工作地点等方面的信息
	收支情况表（T203 表）	由样本住户填报。（1）收入与非消费性支出情况，填报内容包括：分类收入情况，包括工资性收入、经营净收入、财产性收入、转移性收入，以及利息支出、所得税支出、社保支出等。（2）消费支出情况，填报内容包括在食品等不同消费目的下的消费支出额

表式	基础数据采集表	基础信息内容描述
基层定报表式	现金和实物收支日记账（T204 表）	由样本住户填报。（1）现金收入账，一部分是住户成员个人从各种途径获取的现金收入，另一部分是住户整体获取的现金收入，包括从单位或雇主处得到的现金收入、经营活动的现金收入，财产性现金收入、转移性现金收入，以及其他各种现金所得。（2）现金支出账，一部分是个人所得税和社会保障缴款支出，另一部分是生活消费支出，分别支出项目填报。（3）实物产品和服务收入账，一部分是来自单位或雇主的实物产品和服务，另一部分是来自政府和社会组织的实物产品和服务。（4）自产自用实物账，记录住户自己生产自己消费使用的农产品的产量和消费量

资料来源：根据《住户收支和生活状况调查方案》（2023）整理得到。

（一）住户组成状况与人员信息

住户以及家庭组成状况信息是人口统计的重要组成部分。平均家庭人口规模、家庭组成结构（比如是否多代家庭、核心家庭、有无子女、单身户等），都是了解一国人口总体状况的重要特征。十年一次的人口普查可以提供全面的住户以及家庭组成信息，年度层面的数据则要通过人口变动统计调查获取。

住户调查中也包含调查户及其成员的基本信息提取，内容与前面人口和劳动力调查类似。就是说，通过住户调查，不仅可以就调查户反映住户的平均规模和结构状况，还可以就其成员形成人口学信息、劳动力就业信息。但是，相比较而言，住户调查提供此类信息，其主要功能显然不是为了进行人口和劳动力统计，而是要服务于住户收支和生活状况方面的统计指标生成。作为抽样调查，住户调查最终生成的信息几乎都以人均、户均方式提供，比如人均可支配收入、户均或人均住宅面积等。所以，摸清楚调查户的人数和住户情况非常重要，一方面是为了显示住户调查的代表性，另一方面是为了生成住户人均收支等统计指标，为进一步推算住户总体的总量指标（比如为编制国民经济核算住户部门相关账户）提供依据。

（二）住户收入与消费状况信息

收入与消费是住户调查的核心内容，所以有时候会直接将住户调查称为住户收支调查或家计调查。对于一国政府统计而言，住户调查几乎可以说是完整提供住户以及个人收入与消费基础信息的唯一来源，由此可知这部分基础信息的重要性。

除机构住户之外，绝大部分住户都没有类似企业会计的日常专门核算制度，从而也不会有现成的基础信息可资利用。为此，住户收支信息的采集要从帮助住户建立日常收支记录开始。要基于住户成员或整个家庭，一笔一笔分类记录其全部的收入和支出明细，包括现金性收支也包括实物性收支，包括经常性收支、与家庭个体经营有关的生产性收支，也包括投资性收支以及由此引起的借贷性金融收支。然后要对这些明细记录加以整理，生成基于住户和个人的收支指标：一类是居民可支配收入及其收入来源结构数据，收入来源类别包括工资性收入、经营净收入、财产性收入、转移性收入；另一类是居民消费支出及其消费目的结构数据，消费目的分类包括食品、衣着、居住、生活用品与服务、交通通信、教育文化娱乐、医疗保健、其他用品和服务等，此外还要提供食品、能源等各种实物消费量数据。

（三）住户住房和耐用消费品拥有状况信息

住房是住户家庭最重要的资产，同时与其他配套设施一起，是反映住户及其成员基本生活状况的重要方面，故而是住户调查中重点采集的基础信息，同时也是人口普查所关注的方面。这些基础信息包含住房的物理状况、权属状况等多个维度，涉及现有住房使用状况以及当期建房、购置或出售等变化状况，同时还延伸到与居住有关的用水、卫生设备、取暖方式、炊事方式等方面的情况。基于这些信息，就可以提供人均住房和户均住房、拥有各类设施住房占比等反映住户家居及其质量的统计指标。

耐用消费品是为家居服务的、单价较高的、可以在一年以上时间内使用的消费品，比如交通工具（如家用汽车）、家用电器（如洗衣机）、通信设备（如移动电话）、健身器材等。住户耐用消费品拥有量既是家庭财产的一部分，同时也是住户日常生活质量的综合反映，基于这些信息即可生成诸如每百住户及个人耐用消费品拥有量的指标。

（四）家庭生产经营状况与生产投资信息

大量生产经营活动是以住户为单位发生的。就中国而言，存在大量农户，所谓"家庭联产承包"直观显示出"家庭"是农村基本生产经营单位，但实际上农村住户的经济活动已经不限于农业。除此之外，城镇也存在大量以家庭和个人为单位的个体经营，所涉及的行业会更加广泛。

中国住户调查方案中设有专门的"家庭经营与生产投资"调查表，其内容分为两个部分。一部分是针对农业生产经营户采集信息，覆盖家庭实际经营土地情况、土地种植情况、农业生产性固定资产实物拥有情况及其价值，当期购置农业固定资产的投资及其资金来源情况；另一部分是针对非农产业经营户采集信息，分行业提供期末固定资产价值、当期发生的固定资产投资及其资金来源。基于这些信息，一方面可以了解住户家庭个体经营的生产能力，生成相关统计指标；另一方面作为固定资产投资统计的基础信息源发挥作用。

进一步考察可以发现，生产经营状况毕竟不是住户调查的核心内容，故而其对住户生产经营活动的信息采集还比较有限。更详细的信息采集来自各种行业统计中以农户或个体经营户为对象的统计调查。结合中国情况而言，第一个层面是长周期的普查。农业普查的主要调查对象是农户，经济普查中会包含对城镇个体工商户的信息采集，一般可以提供比较详细的生产经营活动、收入、用工、土地和基础设施及相关投资等方面的信息。[1] 第二个层面是年度调查。农林牧渔业年度统计调查会通过抽样调查确定样本农户，就种植业、林业、畜牧业、渔业生产经营状况采集非常详细的信息。同样地，那些存在于批零贸易业、住宿餐饮业、交通运输业、其他服务业等多种行业的城乡个体经营户，也会被相关行业统计调查制度所覆盖，一般采用抽样调查方式确定调查户，提取有关用工和营业收入方面的信息。

伴随信息技术发展，围绕住户收支以及个体经营活动产生了大量电子信息记录。比如电子商务平台上的消费信息（作为买者）、销售信息（作为卖者）。如何利用这些"大数据"进行相应的数据开发，是政府统计当前和今后很长时间内所面临的任务。

第三节　企业基础信息与数据源

在现代经济社会系统中，企业是一类重要的存在。它是按照法律程序成立的"法人"，其主要职能是从事各类经济活动，并由经济活动派生出与资源环境、科技、社会有关的其他活动和外部效应。所以，企业身上附着了非常丰富的信息。对政府统计而言，来自企业的基础信息至关重要，不仅是各类经济统计的基础，同时也会涉及社会统计、资源环境统计以及

---

① 具体可参见以下文献的相关内容：国家统计局. 第三次全国农业普查方案 [EB/OL]. [2016 - 08 - 01]. https：//www. stats. gov. cn/zt _18555/zdtjgz/zgnypc/d3cnypc/npfa/202302/t20230215 _1904429. html；国家统计局. 第四次全国经济普查方案 [EB/OL]. [2019 - 01 - 03]. https：//www. stats. gov. cn/zt_18555/zdtjgz/zgjjpc/d4cjjpc_19207/ggl/202302/t20230221_1917303. html。

科技统计。

一、企业基础信息的基本内容架构

企业（或称公司）是专事经济活动的法人单位。从经济活动过程看，企业以汇集生产要素进行货物和服务生产为主要职能，现代经济体系中大部分货物和服务都是由企业供给的。作为法人单位，企业是经济交易者，以营利为目的，追求经济效益，可自主进行金融和投资决策，有权和有责任为进行货物及服务生产而配置资源，并可以在一个或多个地点从事一项或多项经济活动。①

企业一般都有比较完备的经济活动记录和经济核算。因此，采集基础信息的关键是要将拟采集的内容与企业信息系统（包括但不限于企业会计核算）对接起来，以便企业能够按照政府统计的要求提供相关信息。以下尝试对企业范围内所涉及的活动和要素加以解析与组合，以此汇总企业基础信息采集的基本框架。

图5-4是对企业经济活动过程的展示。概括地说，从投入开始，通过生产过程形成货物和服务产出，进而面向市场销售，企业生产经营就是这样一个不断周而复始的过程。所谓投入，是指当期直接用于生产过程的投入，一方面是劳动投入，另一方面则是生产能力和材料投入；动态来看则要考虑后续的增量投入，一方面是投资扩大生产能力，另一方面则是通过研发与创新提升生产能力。所谓生产过程，就是把各种投入组合起来通过生产加工转换为产出的过程，投入在此过程中转化为消耗，产出则表现为可以用产量和产值量化表示的各种产品（货物或者服务）。对于企业而言，这些产品需要在各类市场上、以各种方式销售，以此进行价值变现；如果不能及时出售，则会沉淀为库存。除了上述基本经济活动之外，企业还要考虑生产经营过程中所形成的各种外部效应，并承担社会责任，比如要面对当前特别受关注的资源环境问题，企业必须适应各方面监管要求，努力节约资源、减少废弃物排放。

图5-5是在企业会计核算内容基础上扩展形成的企业经济核算的框架，以便显示企业作为法人单位追求营利、实施资本运作的过程。起点是企业资产负债状况，以此为基础进行生产经营，通过生产销售实现价值的创造和分配，进而通过投融资改变资产负债状况，使其达于期末状态。资

---

① 联合国经济和社会事务部，联合国统计司. 关于工业统计的国际建议 [M]. 纽约：联合国出版物，2008，第2.31段.

产负债核算、利润及其分配核算、投融资核算，这些都是企业会计核算的主要内容；由此延伸，就会形成一些与宏观统计核算对接的内容，比如，将核算视角从销售推到生产，这样就可以针对增加值与分配核算、固定资产投资统计等内容提供数据信息。

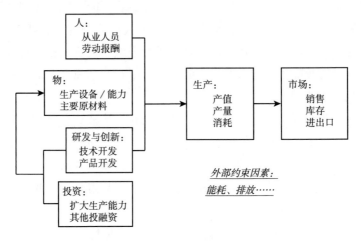

图 5-4　企业经济活动过程示意图

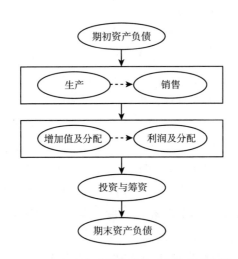

图 5-5　包含会计核算的企业经济核算框架

关于企业基础信息内容框架，联合国曾经制定《基本经济统计用数据项目综合目录》专门列示，并且已经通过《工业统计国际建议》和《经销业统计国际建议》先后落实到工业统计和批零贸易业统计之中，此外还专门针对发展中国家制定了《工业统计指南与方法》。企业调查在中国政府统计调查体系中一直占有最重要的地位，当前实施的《一套表统计调查制度》对企业调查内容也有统一的规范，覆盖工业、建筑业、批零贸易业、住宿餐饮业、房地产开发经营业以及其他服务业等不同行业。表5-3列示了工业企业调查拟采集的基础信息内容清单，分别来自联合国开发的国际规范和中国当前应用的企业一套表统计调查制度。

表5-3 企业调查的基础信息内容类别：以工业为例

国际规范中的企业统计目录	中国企业一套表中的统计内容目录
• 单位基本情况	• 基本情况
• 就业（人数与时间）	• 从业人员与工资
• 雇员报酬	• 财务状况
• 其他支出（货物服务购买，包含专门的燃料水电等购买）	• 生产经营情况
• 营业额、销售额、服务收入、其他收入（含电子商务）	· 产销总值及主要产品产量
	· 主要产品销售、库存、订货
• 存货	· 生产者出厂价格和购进价格
• 税收与补贴	• 能源和水的消费
• 产出*	• 固定资产投资状况
• 中间消耗*	• 研发活动情况（年度）
• 增加值*	• 信息化（年度）和电子商务
• 固定资本形成	交易情况
• 订单	• 生产经营景气状况
• 环境保护（支出）	

资料来源：联合国经济和社会事务部，联合国统计司. 关于工业统计的国际建议［M］. 纽约：联合国出版物，2008；规模以上单位统计报表制度，https：//tjj. beijing. gov. cn/zwgkai/tjzd_31386/cgdczd/2022nb2023db_58745/jctjbbzd_46897/gmysdw_74125/。

综合考察这两份内容清单，不难发现其内容就是图5-4、图5-5归纳的企业范围内两套基本逻辑的叠加。进一步作对比分析，透过不同词语表述，可以看到两者之间具有很强的共性，显示出中国当前企业调查内容与国际规范的一致性，但同时也具有一定的区别。比如，国际规范清单中包含了一组"产出、中间消耗、增加值"等非必须采集项目，此类项目没有出现在中国清单的一级板块中，但在"生产经营活动"板块中包括相关产值指标；中国清单中有专门的企业财务状况模块，生产经营模块的内容要更加丰富；受开发时间影响（国际规范的开发时间是2008年），中国清单更加重视企业信息化和电子商务方面的情况，将其作为独立模块进行处理；国际规范清单中强调环境保护，而中国清单中则以能源和水等资源消耗为重点。总体而言，中国针对企业的调查内容要比国际规范更加详细，体现出与具体国情相结合的特点。

二、企业基础信息内容概述

表5-3列示的是企业基础信息采集的主要内容类别。每一类可以视为一个模块，在每一个模块中都会包含一组需要采集的信息，有些是显示企业特征的类别信息，更多的则是定量显示企业活动的数值信息。《工业统计国际建议》在第四章"数据项及其定义"中专门针对这些具体信息的内容及其定义作了详细介绍，中国《一套表统计调查制度》也详细列示了相关统计表以及主要指标解释。以下主要依据中国工业企业调查内容清单，对各个内容模块下所包括的具体信息作概要性说明，同时简要勾勒其与政府统计不同内容模块之间的对应关系。

中国企业调查分别按照年度、季度、月度不同频率进行，年度采集表被称为"年报"，季度和月度采集表被称为"定报"。年报和定报在内容上有相同之处，但也存在区别。有些内容仅限于一年采集一次，无须企业每月填报，比如生产能力、成本费用、研究与开发活动情况等；有些内容则相反，只能在月度或季度频率上采集，不作年度汇总，比如有关景气状况的信息；还有一些内容同时出现在年报和定报里，但年报要求采集的信息更加详细。表5-3列示的内容清单以定报内容为基础，同时辅之以年报的内容，可以说是企业调查内容的最大范围。

（一）基本情况信息

企业属性信息的采集牵涉到对企业基本特征的刻画，是政府统计后期进行数据分类加工过程的基本依据。主要包括：基本识别码（与基本单位名录库建设有关），所处位置信息（用于地区分组），所在行业（用于行业分组），登记注册类型和股权情况（用于不同企业类型分组），企业规模（用于大中小微企业分组），此外还有营业状态、隶属关系、机构类别、是否为企业集团，以及一些基本指标数值。

（二）从业人员与工资状况

从业人员数和工资总额是显示企业劳动用工情况的两个基本指标。从业人员是指企业吸纳的就业人员，不仅要显示其总数多少，还要通过各种分组显示其人员结构状况，包括人员类型、职业类型，以及男女性别等。工资是企业给从业人员发放的劳动报酬，不仅要提供工资总额数据，还要按照不同人员类别提供工资总额，以及工资的具体组成数据。

从业人员和工资对于政府统计具有多重意义，既是经济统计不可缺少的内容，同时也与社会统计相关。从经济意义来看，劳动是企业经营、行业发展以及整个国民经济的基本要素投入。从业人员数是表征劳动投入规模的基本指标，人数变化可以反映经济的状态是扩张还是收缩，人员构成及其变化则显示了劳动资源的配置以及劳动的质量状况。工资总额对企业而言是生产经营的劳动成本，从宏观意义上看则应作为劳动所得，是整个收入分配过程的重要组成部分。所以，经济统计非常重视来自企业的劳动工资统计。

从社会意义来看，劳动是谋生的前提，就业和失业状况、就业者的工资水平，以及不同类别人员之间的工资差异，都是反映居民生活质量、显示社会公平状况的重要维度。所以，这些信息对社会统计同样重要。进一步地，社会统计还会关注从业者的劳动环境、工作时间、社会保障、政治参与等方面的情况，这些内容一般不在企业基础信息采集范围内，但却与企业有关，常常会通过其他各种专题调查被政府统计所捕捉。

顺便提及，上一节针对自然人所采集的基础信息中也包括就业状况的内容，主要是立足就业者（劳动供给）视角，作为受雇者或自雇者而提供信息，更注重劳动者个人的基本素质以及与此相联系的就业失业、薪酬水平和差异状况。相比之下，从企业提取的信息则更多体现了劳动需求视角，其内容更侧重于与企业生产经营活动之间的关系。两方面的信息具有互补性。

（三）企业财务状况

企业财务信息主要来自企业会计核算。企业资产总额及其分类信息，负债总额及其分类信息，所有者权益总额及其分类信息，这些都属于资产负债表；从营业收入开始，通过营业成本及各类费用、增值税金、投资收益等项目，推导出营业利润、利润总额，进而显示其所得税，这些信息都属于损益表。除此之外，必要时还会要求一部分企业按年度提供成本费用的详细资料。其中，制造成本要区分直接材料消耗、直接人工成本和制造费用，制造费用还要按更详细的分项提供；同样需要细分的还有销售费用、管理费用、财务费用。为获取这些内容，需要企业在财务报表基础上依据财务成本明细核算作进一步分解加工。

企业财务信息对于政府统计很重要，其用途主要体现在两个层面。第一，以这些基础信息为依据进行分类汇总，可以超越单个企业，在行业、地区、所有制类型等不同层面系统反映企业的整体经营业绩，所形成的综合统计数据无论是对短期监测还是长期分析都殊为重要。① 第二，服务于国民经济核算，在行业增加值基础上进行 GDP 核算，与收入分配、资金融通有关的资金流量核算，显示各部门资产负债存量的国民资产负债核算，这些内容都对企业提供的财务信息有很大依赖。比如，之所以要对各种成本费用进一步细分，在很大程度上就是为了满足增加值（即 GDP）核算的需要。

（四）生产经营活动状况

企业生产经营活动包含生产和销售两个环节。生产活动发生在企业内部，然后通过销售与外部市场相关联；观察企业与市场之间关系，销售、库存、价格等都是不可缺少的信号。这一过程在工业企业表现得最为完整，其他行业则会有相应变通，比如建筑业活动常常是围绕施工项目而发生的，批发零售业的核心是商品的购进、销售和库存。

围绕生产、销售和库存的信息采集有两个层次。一个是分产品采集实物量信息，包括产量、销售量、库存量，以及重要原材料的消耗量；另一个是要将各种产品信息加总起来，通过总产值、销售产值等指标显示。与之相伴随的是市场价格，包括主要产品出厂价格和主要原材料购进价格。

企业生产经营活动信息对于政府统计的用途是多方面的。不仅是从总体上观察企业生产经营状况、市场动态的信息来源，汇总起来可以对应不同行业、不同市场、不同业态形成综合性指标，编制价格指数；还可以为分行业计算增加值，进而汇总得到国内生产总值（GDP）提供不可缺少的信息。

（五）能源与水资源的生产与消耗状况

企业经济活动与资源消耗、废弃物排放直接相关。依据循环经济思想，经济与环境之间的物质流以资源为起点，通过产品的生产和使用，最终转化为残余物退出经济过程。能源和水是经济活动过程中普遍使用的资源，一方面涉及资源消耗，另一方面则通过污染物排放而影响环境质量。为了全面提高资源使用效率，节能节水已经成为企业生产经营活动的重要观测和考核指标，与此相关的基础信息采集显得特别重要。

相关基础信息采集包含两个层面。一是消耗信息。无论处于哪个行业，所有企业都要提供与能源和水有关的消费信息。尤其是能源，要按照

---

① 当前国家统计局针对全国规模以上工业企业按月发布主要财务指标和经济效益指标，所依据的基础信息即来自企业会计核算的财务信息。比如针对 2024 年 1~6 月全国规模以上工业企业的财务数据发布见：https://www.stats.gov.cn/sj/zxfb/202407/t20240727_1955855.html。

不同能源类别显示其消费量和消费金额。二是生产流通信息。对于能源生产企业，要分品种填报能源生产、销售、加工转换、回收利用、库存等方面的基础信息，相关批发零售业企业则要分品种填报能源商品购进、销售、损耗、库存方面的基础信息。除了此处由企业直接填报之外，还可以通过能源与水的传输、分配系统从供给端获取相关信息。

这些信息对于政府统计至关重要，不仅涉及经济统计，更与资源环境统计有关。以能源为例，从企业收集的数据是编制全国和地区能源平衡表的基础，同时要将这些消耗数据与相关产出指标（比如行业增加值、地区生产总值，或者企业产品产量等）匹配起来，计算以单位 GDP（以及其他产出指标）能耗为代表的能源利用效率指标。最近十余年，这些指标已经作为逐级考核指标在可持续发展管理过程中发挥了重要作用。

（六）投资状况

企业是最重要的投资主体，所涉及的投资活动比较复杂。例如，固定资产投资，基于固定资产投资项目，所采集信息覆盖计划、开工、在建、竣工整个投资建设过程的不同节点，以及投融资的不同来源和性质。进而还可以扩展到所有非金融资产投资，比如发生在存货、无形资产上的投资，这些信息在一定程度上可以与企业资产负债表上的相关信息对接。

投资尤其是固定资产投资统计是经济统计的重要组成部分，其可用于观测经济生产能力新增状况，更重要的应用场景则是宏观经济需求侧管理，可以作为反映经济未来状况的领先指标。在国民经济核算中，基于固定资产投资统计的固定资本形成总额是支出法 GDP 核算的基本构成项，投资对经济增长的拉动作用有多大，特别有赖于在此框架下的核算结果。

（七）研发活动状况

研发（R&D）是研究与试验发展的简称。在通常所谓国家研发活动的"三足鼎立"中，无论是投入还是产出，企业已经远远超过专门科研机构和高等教育机构，成为最重要的研发主体，甚至出现了大量以研发作为主要活动的科技型企业。因此，针对企业研发活动进行信息收集越来越重要了。

从企业采集的研发活动信息，与国家层面科技统计具有直接的对接。一方面是研发投入方面的信息，覆盖人员和经费两个方面，以及研发机构建设情况；另一方面是研发产出方面的信息，以自主知识产权、新产品生产和销售等指标为主，延及论文发表、商标注册等；此外还应就政府政策和资金支持、国际合作和技术贸易方面的情况提供信息。除了在企业总体层面采集信息之外，政府统计还希望企业能够罗列具体研发项目提供更详细的信息。

各个企业提供的研发基础信息经过甄别汇总，结果就是全部企业的研发统计信息。这些信息与政府属科研机构和高等教育机构两方面的研发统计信息合并汇总，结果就是一国研发统计数据，并进一步延伸到创新统计和知识产权统计。

（八）信息化与电子商务状况

电子商务是通过互联网进行交易的一种方式，企业可以自营平台进行线上销售，也可以借助于专业互联网平台进行线上交易。这些信息与前面生产经营方面的购销活动信息有一定衔接，但为了凸显信息时代企业管理和经营模式的变化，故而专门设置一个信息采集模块，显示其信息化建设和电子商务应用状况。

与企业信息化水平有关的基础信息主要涉及两个方面。一是软硬件建设情况，计算机拥有量，从事信息技术工作的人员数量，以何种方式接入互联网，有无自营交易平台，等等；二是关注其应用场景和应用强度，在哪些方面进行信息化管理，通过互联网开展什么活动等。有关企业电子商务状况的信息主要集中在通过线上实现的交易额，包括采购和销售，并希望企业按照交易对手的身份（个人与单位）、所在地区提供详细数据。

伴随信息技术应用的快速推进，数字经济监测和评价已经成为政府统计亟待加强的专题领域，一方面是数字产业化的统计测度，另一方面则是产业数字化进程的监测。以此为目标看当前企业基础信息采集，其内容还比较有限，可以预期未来这一部分会有很大的扩展空间，可能放在企业常规信息采集项目之中，也可以通过相应的专题调查获取；可以从企业采集信息，也可以借助其他平台或者渠道生成的大数据，应用数据科学方法提取相关信息。

（九）生产经营景气状况

企业是最重要的市场主体，对市场景气状况最为敏感。通过捕捉企业相关动态以及经理人对市场的感觉，可以为政府统计编制景气指数、进行短期景气判断与分析提供第一手基础资料。

具体调查内容大体分为两个部分。一类是主观性指标，由企业经理人对所在行业和企业近期经营状况及其前景作出判断，并显示当前需要面对的主要问题；另一类是针对企业短期经营动态采集的指标，覆盖企业盈利、投资、订单和用工多方面的情况。

三、企业基础信息内容及数据源的补充说明

以上基于中国当前由国家统计局系统实施的"企业一套表"统计调查制度介绍相关模块的内容，据此可以对政府统计的企业基础信息采集形成一个框架性认识。需要说明的是，以上介绍对标的主要是工业企业一套表的调查内容，而且限于所谓"规模以上"大中型企业。这就是说，并非所有企业都会完全按照上述内容提供相关基础信息。

第一，和工业企业相比，非工业企业的不同之处主要体现在生产经营活动的具体内容方面。比如批发零售业企业的主要经营活动是商品转卖而不是产品生产，房地产开发企业的经营活动主要围绕房地产投资建设项目展开。行业不同，相对应的基础信息可能会有所变化，比如对于批发零售业企业而言，相关基础信息会集中在商品销售和库存、重要商品的购销存明细方面，房地产开发经营企业则要按照建设开发项目的周期和类别提供相关基础信息。

特别需要说明的是，银行、债券、保险等金融企业，与政府统计的关系呈现出与一般企业不一样的样貌，故而需要在两个层面上关注其基础信息的采集。首先是国家统计局主导的一般经济统计，需要金融企业像其他非金融企业一样提供相关基础信息，但因为金融企业的经营活动主要与资金运作有关，故而所填报的经营活动信息具有一定特殊性。比如保险业主要以投保为中心，证券业以资本市场业务为中心，银行业则要提供与存贷款等货币资金业务有关的运营信息。其次是中央银行主导的货币金融统计。受金融监管影响，金融企业必须提供非常详细的资金运作信息，比如银行业企业需要按照监管要求，以资产负债表为基础，基于不同货币市场、按照不同货币产品提供详细的存货余额信息以及相关表外业务信息。基于这些基础信息逐级汇总，才能逐级形成货币金融统计的各种"概览"。

延伸来说，任何一个企业都会面临基础信息填报上的"双重领导"甚至多重要求。一方面是国家统计局系统的需求（如上所述）；另一方面其他政府部门出于专业统计需要也会按照自己的职能分工要求企业提供相关基础信息，其内容可能不限于以上列示的模块，即使是同样的主题，也可能在详细程度或侧重点上有所区别。①

---

① 我们曾经做过一个案例，以某电信企业为例，它需要同时填报来自当地统计局、工信部、国资委、商务部等各个部门的调查表，提供的信息内容有共性但也有很大区别。具体见：高敏雪，李璐. 企业填报负担与政府统计指标开发利用程度——关于政府统计效率和公开性的案例研究［J］. 调研世界，2016（1）：4–10。

第二，与纳入"企业一套表"的"规模以上"企业并列的，还有各种"规模以下"企业（具体区分见专栏5-2）。政府统计同样需要这些企业提供基础信息，但因为其数量多、规模小，故而在搜集信息的方式、频率以及填报内容上，都非常不同于"规模以上"企业。具体来说，日常年度调查一般通过抽样调查采集基本信息，只有普查年份才全面登记采集数据，所采集信息的内容覆盖程度和详细程度远不及一套表企业。比如，在第四次全国经济普查中，针对"非一套表企业"的调查，除了基本信息、人员信息之外，其余信息都被归入所谓"主要经济指标"，仅包含非常概略的财务信息和经济活动信息。①

专栏5-2　"规模以上"企业与"规模以下"企业的区分

对"规模以上"企业和"规模以下"企业在统计上实施分类管理，是中国政府统计的惯常做法。

按照当前国家统计局的规定，对应不同行业，规模以上企业简称"四上企业"：（1）规模以上工业企业，是指年主营业务收入在2000万元及以上的工业企业；（2）有资质的建筑业企业，是指具有总承包、专业承包资质的建筑业企业；（3）限额以上批发零售业企业，是指年主营业务收入在2000万元及以上的批发业企业、年主营业务收入在500万元及以上的零售业企业；（4）限额以上住宿和餐饮业企业，是指年主营业务收入在200万元及以上的住宿和餐饮业企业。除此之外还有规模以上服务业企业，按行业区分，对交通运输、仓储和邮政业，信息传输、软件和信息技术服务业，水利、环境和公共设施管理业，以及卫生行业，是指年营业收入在2000万元及以上的服务业企业；对租赁和商务服务业，科学研究和技术服务业，教育，以及物业管理、房地产中介服务、房地产租赁经营和其他房地产业，是指年营业收入在1000万元及以上的服务业企业；对居民服务、修理和其他服务业，文化、体育和娱乐业，以及社会工作行业，是指年营业收入在500万元及以上的服务业企业。不符合上述标准的企业均被称为规模以下企业。

按照中国当前的统计管理，规模以上企业全数纳入"企业一套表统计制度"，通过统一的联网平台由企业按期填报相关基础信息；规模以

---

① 国家统计局. 第四次全国经济普查方案［EB/OL］.［2019-01-03］. https://www.stats.gov.cn/zt_18555/zdtjgz/zgjjpc/d4cjjpc_19207/ggl/202302/t20230221_1917303.html. 具体见其中"非一套表单位普查表式"。

下企业则分行业实施抽样调查获取相关信息，或者由主管部门负责搜集相关信息。在第四次全国经济普查中，前者合称为"一套表单位"，后者则作为"非一套表单位"。其调查内容的详略程度有很大区别。

需要注意的是，规模以上企业和规模以下企业的区分与当前所用的《大中小微企业划分标准》有一定关联但并不完全衔接。其中，对工业而言，所谓"规模"的标准与大中型企业标准是一致的；但受习惯影响，有关批发零售、住宿餐饮等行业的"规模"标准，则与该行业大中小微企业划分没有对接起来。

资料来源：国家统计局. 第四次全国经济普查方案［EB/OL］.（2019 - 01 - 03）. https://www. stats. gov. cn/zt_18555/zdtjgz/zgjjpc/d4cjjpc_19207/ggl/202302/t20230221_1917303. html，具体见其中第二部分"普查表式"。

第三，以上是从法人单位角度将企业视为信息采集的基本单位，但现实中还存在比法人企业更大或更小的统计对象。一种情况是企业之间会因为资本权益而形成连带关系，相关企业组合起来形成企业集团；另一种情况是一个企业可能会因为从事不同类别的经济活动、在不同地点进行经济活动，从而分解为不同的产业活动单位。面对这些不同情况，政府统计采集信息会有不同处理方式。一般是将企业法人设为基本单位，首先就企业整体采集与财务、投资、金融有关的信息；其次为了能够分解出国民经济行业信息，需要区分产业活动单位采集生产经营信息；最后如果属于某企业集团，必要时可以通过信息采集将其关系显示出来。

第四，以上所述是按照统计调查系统采集的企业信息，在此之外还存在其他信息获取渠道。比如税务、市场、安全、司法等监管部门的行政记录数据，上市公司的信息披露，各种网络平台的企业追踪数据，电子商务交易平台的交易数据等，都可以在其范围内提供企业相关方面的数据信息。伴随信息技术快速发展和大范围应用，来自其他渠道的信息采集会越来越重要，它们可以填补企业调查的信息缺口，可以与企业调查数据形成比照，甚至可以取代专门组织的企业调查。与此相伴随，从企业采集的基础信息内容可能也会发生变化。

第四节　行政事业单位基础信息与行政记录的利用

行政事业单位与企业、住户并列，是政府统计基础信息的第三大承载主体，所提供的信息主要对应社会统计，同时也会涉及经济统计、资源环境统计和科技统计。行政事业单位提供的基础信息常常与自身活动的业务记录有关，但广义看，这些行政事业单位在其行政过程中针对服务对象形成的管理记录，即通常所说的行政记录，对政府统计具有更重要的意义，如何将这些行政记录更好地利用起来，一直是政府统计努力探索的重要课题。

一、行政事业单位的组织特点与职能

行政事业单位和企业一样，属于独立的法人单位。第四章曾经专门说明，中国将法人单位分为以下五种类型：企业法人、事业单位法人、机关法人、社会团体法人、其他法人。其中，事业单位法人简称事业单位，是主要从事教育、科技、文化、卫生等活动的社会服务组织；机关法人属于行政单位，主要职能是依法行政，进行国家管理活动，同时会以法人身份进行民事活动；社会团体法人简称社会团体，由公民自愿组成开展服务自身或社会的活动；其他法人则成分复杂，是除已列明类型之外的各种法人单位，居民委员会和村民委员会、各种基金会、宗教组织和活动场所、民办非企业单位等都包括在内。一般而言，事业单位法人和机关法人是在政府主导下设立的，体现政府职能，在这四类非企业法人中最为显著，所以习惯上常常将两者合起来，称为行政事业单位。

行政事业单位以及其他社团法人都属于非营利组织。非营利组织的基本要义在于：其创办和运作不以营利为目的，"设立、控制或资助它的单位不能将其作为获取收入、利润或其他金融收益的来源"[1]。行政单位属于政府的组成部分，经费来自财政预算，其非营利性自不待言。对于事业单位和其他团体而言，资金可能来自财政拨款、会员缴纳、捐赠等多种途径，同时也会通过以有偿方式提供服务获取收入，但作为非营利组织都有一个共同的特征：出资人不能从组织运作中获取类似红利的经济收益。从专栏 5 - 3 可见，行政事业单位之所以能够合在一起，一个很重要的原因是其资金来源的一致性——事业单位的资金相当大的一部分来自财政拨款；社团法人和其他法人则与此不同，故而被笼统称为民间非营利组织。[2]

---

[1] 联合国，欧盟委员会，经济合作与发展组织，国际货币基金组织，世界银行. 2008 国民账户体系 [M]. 北京：中国统计出版社，2012，第 23.3 段.

[2] 第四次全国经济普查表中，行政事业单位调查表与民间非营利组织调查表是并列的（具体可参见：国家统计局. 第四次全国经济普查方案 [EB/OL]. [2019 - 01 - 03]. https：//www. stats. gov. cn/zt_18555/zdtjgz/zgjjpc/d4cjjpc_19207/ggl/202302/t20230221_1917303.html），坊间有非政府组织（NGO）的提法，大体对应这里所说的民间组织。

专栏 5-3　各类行政事业单位、社团等组织的特征及职能覆盖范围

　　机关法人主要从事国家行政管理活动，具体活动方式是利用国家权力对教育、文化、军事及其他社会事务进行管理。同时，从事司法活动的法院、检察院也属于机关法人的范畴。

　　事业单位是由国家设置的带有一定公益性质的机构，主要从事教育、科技、文化、卫生等方面的社会服务。其中，"公益一类"事业单位的业务活动由政府确定，其经费全部由国家财政予以支撑；"公益二类"按照政府确定的公益目标和相关标准开展活动，在确保实现公益目标的前提下，可依法开展相关经营活动取得经营性收入，用于公益事业发展；此外还有一些利用国有资产或社会资本举办、没有财政拨款的事业单位。

　　社团和其他法人单位的情况比较复杂。《国民账户体系（2008）》在述及非营利部门（NPI）卫星账户时，曾经列举其中可能包括的机构类别：非营利服务提供者，比如医院、学校、幼儿园、社会服务提供者和环保团体；在欠发达地区推进经济发展或减少贫困的非政府组织；艺术和文化组织，包括博物馆、艺术表演中心、乐队等音乐团体、历史或文学社团；从事业余运动、训练、健美和竞技的体育俱乐部；推促团体，旨在促进公民权利和其他权利，或拥护某种社会和政治利益；基金会，以自有资产产生收入或捐赠获取的收入、捐给其他组织或用于实施自身项目和计划的实体；社区或草根社团，基于会员制，倡导邻里、社区或村庄间会员互助，为其提供服务；社会俱乐部，包括旅游俱乐部和乡村俱乐部，向单个成员或群体提供服务和娱乐；工会、商业和专业社团，促进和保护劳工、商业或专业人员利益；宗教团会，如教区、犹太教堂、清真寺、寺庙和殿堂等，推进宗教信仰，管理宗教服务和仪式。

　　资料来源：中共中央 国务院关于分类推进事业单位改革指导意见［EB/OL］. http：//www. gov. cn/jrzg/2012 -04/16/content_2114526. htm；联合国，欧盟委员会，经济合作与发展组织，国际货币基金组织，世界银行. 2008 国民账户体系［M］. 北京：中国统计出版社，2012，第 23 章.

　　行政事业单位的主要职能是为整个社会全体成员或者部分特定成员提供公共性服务。在提供公共服务过程中，会以各种方式留下有关社会各个方面的行政管理记录。由专栏 5-3 的列举可知，这些服务涉及教育、文化、卫生、科技、司法、军事、环保、公共管理、社会保护和救助、体育、娱乐等诸多方面。可以看到，这些活动以及相关记录大部分都属于第

二章所介绍的社会统计范畴，同时还会关涉到科技统计、资源环境统计以及经济统计，故而是政府统计基础信息的重要来源。

二、行政事业单位负载的基础信息

行政事业单位的业务活动内容、方式与企业有相同之处，但区别也很明显。相同之处在于，会从事相应的业务活动，为此要占有一定资源、发生相应的经济收支，以支持相关业务活动的正常进行。不同之处在于，作为非营利性组织，其业务活动不以营利为目的，与市场的关系相对比较疏离，主要是免费或以没有显著经济意义的价格提供社会公共服务，更多体现了与社会公共目标的对接。

以一个教育机构为例。教育的目的是通过知识和技能对人进行培养，从而积累人力资源，实现人的全面发展。每一个教育机构都是国家教育网络中的一个节点，在不同教育阶段上从事特定方面的教育活动，包括学前教育、基础教育、高等教育、职业教育等。从教育活动过程而言，学校要有一定的教学条件，包括校舍和教学设备、专任教师以及配套的管理和服务人员；学生作为培养对象是一个重要的存在，会分布在不同的教学级别和层次上，都会经历入学、升级、毕业的循环。学校的主要业务活动围绕教学进行，开设各种课程并组织相关教学活动；除了教学之外，教师还有可能进行科学研究活动（尤其是在高等教育阶段）。从教育机构本身而言，上述各类教育活动都需要相应的资金支持，围绕人员、设备、材料、管理等会发生各种性质的支出，对应地需要有收入来源作为保障，延伸出去还会形成一定的资产和负债。

对这些内容加以概括，总体来看，行政事业单位可以在两个层面为政府统计提供基础信息。

第一层是作为经济统计的调查对象，提供本单位经济状况以及与经济活动有关的基础信息。就是说，行政事业单位与企业法人一样，有可能成为政府统计的调查对象，向政府统计提供自身的经济信息，包括基本单位信息、人员和工资信息、资产负债以及经济收支信息等。比如在全国经济普查中，它们也要按要求填报相关调查表。

但是，鉴于这些单位自身的非营利性质，其经济活动一般比较侧重于非市场性服务，因此，它们在经济统计维度上的重要性不及企业。一是数据采集频率较低。一般来说，除了经济普查年份无一例外成为被调查对象之外，大部分行政事业单位尤其是各类民间非营利机构，并不经常向政府统计部门提供相关经济活动数据资料。① 二是所采集的信息内容相对有限。尽管其拥有资产、承担负债、吸纳就业，并可能会有出于自身建设的投资行为，但整体看它们所从事的活动属于非营业性的，故而在经济普查中，行政事业单位被归类为"非一套表单位"，填报内容主要限于人员、财务状况，财务状况资料收集只限于基本的资产负债和收入支出项目。②

通过上述调查体系，行政事业单位填报的基础经济信息会经过加工，汇编到政府经济统计系统之中，形成基于全国范围的各项经济指标，服务于国民经济核算，其中最典型的就是通过各行业增加值最终形成国内生产总值（GDP）。除此之外，上述经济信息也可能通过其他渠道汇集到各种专题政府统计之中。比如通过财政预算资金管理，行政事业单位的财务状况信息会汇集起来，最终汇编为政府财政收支统计。

第二层是基于行政事业单位的业务活动采集基础信息，以此满足社会统计以及科技统计、资源环境统计等方面的需求，有些还会涉及经济统计。在此方面，行政事业单位的基础信息是政府统计的主要数据来源，在一定程度上甚至可以说是唯一的、不可或缺的数据来源。

表 5 - 4 结合中国情况，针对那些行政事业单位存在比较密集、其统计比较依赖于行政事业单位提供信息的领域，列示了国家统计局通过政府主管部门收集基础信息的基本情况。可以看到，由行政事业单位及相关社团等提供的基础信息，一方面是这些单位的能力建设和活动状况，另一方面则是这些公共服务所覆盖对象的相关情况。以卫生领域为例，一类信息是各级各类医疗、卫生防疫机构的人员、活动和基础设施情况，另一类信息则是针对全社会各类人群的卫生防疫、医疗、生育和健康管理情况。此外还会报告与医疗费用、社会保障有关的收支信息。这些基础信息与政府统计内容的对应关系，可参见第二章政府统计内容体系的相关讨论。

表 5 - 4　　　　　　　主要基于行政事业单位基础信息的统计内容

政府职能部门	统计内容
最高人民法院	有关各类案件及收结案状况
最高人民检察院	有关案件立案、逮捕或审查、起诉、处置状况

---

① 中国直到 2012 年才开始通过相关主管部门尝试建立服务业年度数据报送制度，收集行政单位和事业单位的财务状况数据。参见：李强. 强化大周期统计设计意识，推动大周期设计制度的建立 [J]. 统计研究，2013，30（11）：3 - 6.

② 国家统计局. 第四次全国经济普查方案 [EB/OL]. (2019 - 01 - 03). https：//www. stats. gov. cn/zt_18555/zdtjgz/zgjjpc/d4cjjpc_19207/ggl/202302/t20230221_1917303. html，具体见其中第 47 ~ 54 页。

政府职能部门	统计内容
教育部	各级各类学校教职工和专任教师情况；各级各类学校学历教育、非学历教育的学生情况，入学和升学情况；研究与试验发展人员、经费和产出情况
科学技术部	研究机构研究与试验发展人员、经费和产出情况；国家主要科技计划基本情况；国家重点实验室运行情况；国家自然科学基金资助项目经费；各类科技产出以及国际化情况
公安部	各类刑事立案、各类事故、社会治安情况；出入境人员情况
民政部	各种情景下社区和社会服务情况；低收入群体各类社会优抚、保障、救助情况
司法部	律师、法律服务和民间纠纷调解情况
人力资源和社会保障部	各类就业培训和扶持情况
生态环境部	污染物排放情况；各类别环境载体污染情况；环境与生态保护情况
水利部	水利情况；水资源情况；供水情况；水资源保护情况
文化和旅游部	公共图书、文化、娱乐等方面的活动、组织和基础设施情况
国家广播电视总局	各种图书出版物、广播电视节目制作与播放情况
卫生健康委员会	有关各级各类医疗、卫生防疫的机构、人员、活动和基础设施情况；卫生防疫、医疗、生育和健康管理等情况

资料来源：根据国家统计局《部门数据共享制度》(2023) 第 846~847 页提供的材料归纳整理。

三、与行政事业单位有关的行政记录信息开发

以上所涉主要是体现行政事业单位自身活动的基础信息，这些信息产生于各个单位自身的财务核算和业务记录。其中，有关业务活动的基础信息大部分来自相关单位的行政记录，是依据这些行政记录进行汇总之后的结果。所以，可以将行政记录视为统计数据源。

但是，行政记录对于政府统计的意义，不限于上述行政事业单位自身基础信息的收集，而是可以在更大范围内为政府统计提供更高层次的基础信息支持，故而常常将其与传统的统计调查并列，视为政府统计的重要信息源之一。以下从基础信息采集角度对相关问题作简要讨论。①

---

① 以下介绍所涉及的主要参考文献包括：本书编写组. 领导干部基本统计知识问答［M］. 北京：中共中央党校出版社，中国统计出版社，2024，"行政记录是如何应用于统计工作的"；Wallgren A, Wallgren B. Register-based statistics：statistical methods for administrative data［M］. West Sussex：Wiley，2014；United Nations Economic Commission for Europe. Using Administrative and Secondary Sources for Official Statistics：A Handbook of Principles and Practices［M］. New York and Geneva：United Nations Publication，2011。

所谓行政记录，是指政府部门在行使其行政管理职能（管理、监督和服务）过程中，通过审批、注册登记等方式收集并保存的数据信息。这些行政记录可能留存在相关单位、部门，也可以集中管理形成全社会（区域）范围内的电子数据库。

　　总结行政记录中所包含的信息，可以将其归纳为两大类。一类是登记册信息，另一类是其他行政数据。登记册是面向特定对象集的项目登记，是包含该对象集详细信息的书面的、完整的定期记录，每个对象单元都有一个唯一识别的标识符；其他行政数据则主要是各该政府部门职能执行过程中的业务记录，没有针对对象的识别标识符。举例来说，政府教育系统包含两类行政记录，针对每一个学生的记录属于第一类，学校实际发生教育活动（比如班级、课程、时间等）的记录则属于第二类。前面基于行政事业单位提取的基础信息大体属于第二类，用途更广、开发难度更大的行政记录信息主要是指第一类登记册信息。

　　最常见的登记册按照对象可以大体分为三个类别。

　　一是与人有关的登记册。先是中央人口登记系统，大体相当于中国的户口簿登记和身份管理系统，可以提供与本国有关的全部人口的基本信息。在此之外，还有各类根据特定目的派生出来的针对部分人口的登记册，比如税务登记、劳动力市场登记、学生登记、社会保障登记、医疗健康登记、婚姻登记、刑事登记等，分散在政府各个主管部门，记录内容除了人的基本信息之外，主要是与各对应主题有关的详细信息。

　　二是财产登记册。重点是建筑物以及住所登记，会包含位置信息（具体地址等）、建筑物的物理信息（结构、朝向、建筑时间等）和产权信息（自有产权或公租、购买时间、自用或出租等）。其他类似的还有车辆登记系统。

　　三是企业（以及其他单位）登记册。每一个企业在成立之初就需要登记注册，在市场监管部门留下本单位的基本信息。在后续经营过程中，企业的具体活动会被政府各方面管理系统所捕捉并记录下来，比如税务系统、社会保障系统、市场监管系统、资源环境管理系统、安全生产系统、质量管理系统等。其他单位也会有类似的登记，比如社会团体要在民政部门登记。

　　如何将上述登记册信息应用于政府统计，属于行政记录的深度开发。总括起来包含以下两个层面的利用。

　　第一，利用行政记录里的单元名录及其基本信息，为建立政府统计单位名录库提供支持。进行任何统计调查，都要以明确调查对象为基本前提。如何掌握调查范围内的每一个基本单位，按照一定逻辑编列并形成完整的名录数据库，在既有名录数据库基础上不断更新，是统计部门最先需要解决的问题。最便利的数据源就是行政记录。在政府各部门基于公共管理所建立的管理系统中，就包含管理范围内对应的单位名录，比如税务征管系统中的纳税人、社会保障管理系统中的缴费者和受益者、户口登记簿中的个人和住户，对象是各类法人单位、个人或者住户；此外还有住房登记系统、机动车登记系统等，既包含资产实体也包含其业主单位和个人。如果这些系统建设良好并能够为政府统计部门所用，将其所记录的名录信息汇集起来并加以整理，无疑就可以为政府统计提供很大便利，不仅可以帮助政府统计在初始状态下生成一个名录库，同时可以根据其变动记录为政府统计名录库的更新提供依据（有关统计单位名录库建设，可参见第四章第六节）。

第二，可以考虑利用行政记录里各单元下面的数值信息，生成政府统计相关指标的估值，或者为政府统计特定指标提供技术参数。在各个管理系统中，除了基本信息之外，每一个单元下面都会记录与该管理目标有关的活动信息（或称交易信息）。比如，在税收征管系统中，企业纳税人必须提交详细的财务信息，个人纳税人必须提交各类收入以及关键性支出信息。这些信息可能就是政府统计所需要的基础信息——要么是政府统计在其他方面无法获取的信息，要么是虽然能够获取但却需要花费大量人力物力开展专门的统计调查，要么可以与政府统计从其他方面获取的信息形成比照，以帮助政府统计提高其数据质量。显然，如果能够将这些信息利用起来，就可以填补政府统计的数据来源缺口，降低政府统计数据生产的成本费用，提升政府统计的效率和数据质量。

如果这些信息能够为政府统计所用，作为统计调查的补充甚至替代，将会在很多方面带来效益。前面各个小节介绍针对个人、住户、企业等对象采集基础信息时，都会提到行政记录作为数据源的作用，其意义就在于此。

第六章　政府统计调查体系

在介绍了"对谁做调查"和"调查什么"之后，接下来要回答的问题是"如何做调查"。换句话说，前面涉及谁提供信息、提供什么信息，这里则要说明，政府统计为达成自身的设定目标，应如何完成基础数据信息的采集。要回答这个问题涉及两个方面：一是从方法和技术出发，考虑如何进行政府统计调查；二是从组织方式以及工作过程出发，考虑如何高效率地完成一项统计调查。本章主要回答前一个问题，后一个问题放在第七章讨论。

有关统计调查，在技术方法上已经形成一套比较成熟的方法论，包括统计调查方法和数据采集方式。政府统计调查无疑也要遵循这套方法论，但在具体应用过程中可能会基于政府统计调查特点而有不同选择，甚至会衍生出一些特有的做法，并要按照政府统计的整体目标组合起来形成一套统计调查体系。进一步看，在信息技术快速发展的大背景下，政府统计获取基础信息的方式也在变化，除了传统意义上的统计调查，有了更多的数据源，如何将这些新数据源嵌入既有统计调查和调查体系之中，已经成为一个特别值得关注的问题。基于以上所述，本章讨论会广泛吸收各方面的研究成果并作延伸思考，以全面回答以下问题：政府统计在统计调查方法和数据采集方法的选择上有什么偏好？信息技术发展对传统政府统计调查带来了什么影响？从整个政府统计的职能目标出发，应该如何全面考虑基础信息采集的方式和方法，形成一套覆盖全部统计内容、对全国具有代表性的统计调查体系？

第一节　统计调查方法论及其与政府统计的匹配性

统计调查方法是统计学范畴下的经典内容，尤其是抽样调查，已经开发了各种情形下的抽样技术。从本书内容出发，这里不会具体讨论这些方法的统计学原理,而是把重点放在不同方法的特点及其与政府统计调查的契合度方面,揭示政府统计如何基于自身目标进行调查方法的选择。

一、全面调查方法与非全面调查方法的选择

从方法上说,全面调查和非全面调查之间的区别就在于被调查者是否等同于目标总体。调查覆盖所有目标总体单元,从每一个单元获取数据信息,这就是全面调查;对应地,仅从部分单元处获取信息,调查对象是目标总体中的一部分,此类调查即为非全面调查。

非全面调查有不同类型,主要包括重点调查、典型调查和抽样调查。重点调查是在目标总体中确定少部分重点单位进行调查,目的是了解目标总体的基本情况。典型调查是有意识地选择若干具有典型意义的单位收集数据信息,目的是针对目标总体的某些方面更深入地了解情况。抽样调查的特点是从目标总体中抽取一部分单位作为调查对象(样本),通过收集样本信息用以推断整个目标总体的数量特征。为了实现推断总体这一目的,样本必须对总体具有代表性,这是抽样调查区别于其他非全面调查的主要特点。

政府统计的基本职能是立足国家整体为社会公众提供统计数据。由此出发,决定了政府统计的大部分调查是以提供全面数据为目标的。一种情况是要提供针对全国的总量统计结果,比如能源消耗总量是对全国所有经济单位当期能源消耗的加总,人口数是对全国现存人口的全面计数;另一种情况是提供能够代表全国水平的结构、变化等方面的统计结果,比如居民消费价格指数(CPI)要覆盖全国各地、各类市场、各种消费品和服务的价格变化,失业率是综合全国各地、各类人员的失业率水平。这就决定了政府统计调查在方法选择上具有一定倾向性。第一,在全面调查和非全面调查之间,相同条件下会倾向于选择全面调查,并直接开发了"全国普查"这样一类调查。第二,在非全面调查的不同类别中,通常会倾向于选择能够推断总体的抽样调查,相比之下,重点调查和典型调查只有在特定情况下才会采用。比如,只有在调查对象显著地向"头部"集中、调查目的是把握基本情况的前提下,才选择实施重点调查;在已经掌握整体情况但需要深入了解具体情况的时候,才会进行相应的典型调查。

各国实际运作大体反映了上述特点。以加拿大政府统计为例,在所检索到的 347 项定期开展的统计调查项目列表①中,绝大部分属于全面调查

---

① 有关这个列表的出处以及本章对加拿大调查项目数据的处理,见本章第四节的介绍。

或者抽样调查，只有 9 项属于独立的重点调查，还有 7 项是辅助全面调查的重点调查，主要限于一些专营性比较强的专题，比如国际投资头寸、油气开采、烟草制品，以及特定类型的价格信息调查。中国政府统计调查项目呈现出类似的特征：在国家统计调查制度层面，大部分调查项目属于全面调查和以推算总体为目标的抽样调查。以企业调查为例，五年一次的经济普查覆盖所有企业，无疑属于全面调查；在年度和定期调查中，规模以上企业采用全面调查方法定期采集相关数据，规模以下企业（简称"四下"单位）则采用抽样调查方法获取样本信息，目的也是推算总体数据。明显具有重点调查特征的是互联网经济统计报表制度，调查对象主要是辖区内的重点互联网平台，涉及电子商务交易平台、出行平台、旅游平台、餐饮平台、医疗平台、教育培训平台、文化平台、房屋共享平台等。①

专栏 6 - 1　中国政府统计应用抽样调查的历史回顾

　　中华人民共和国成立初期，我国统计资料主要通过定期统计报表、组织专门调查收集取得，抽样调查方法很少为人们所注意。即使如此，从 20 世纪 50 年代中期到 60 年代中期这段时间，我国在一些领域已经开始对抽样调查有了初步应用。（1）农民家庭收支抽样调查。1955 年国家统计局在苏联专家的帮助下，采用划类选点与机械抽样相结合的方法，在我国 23 个省份，对 16486 户农民 1954 年家庭收支情况进行了一次性调查。这是我国首次在全国范围内进行的抽样调查。（2）职工家庭收支抽样调查。1955 年，国家统计局制定了 1956 年全国职工家庭收支调查方案，采用抽样方法对全国职工家庭收支情况进行调查。调查对象规定为 10 个主要工业部门的国营和公私合营企业的职工家庭，按类型比例与机械抽样相结合的方法，在 27 个城市中，在选定企业后再按照职工工资高低，等距抽选了 6000 户职工家庭进行调查。（3）农产量调查。从 20 世纪 50 年代初开始，我国黑龙江、吉林、辽宁、内蒙古和广东等省区在行政渠道逐级统计上报资料的同时，采取"划类选点，实割实测"方法，调查推算农产量数字。1956 年国家统计局在总结这些地区经验基础上制定了"农作物收获量调查方案"，推广"估产排队，划类选点，实割实测"。

---

　　① 本书编写组. 领导干部基本统计知识问答［M］. 北京：中共中央党校出版社，中国统计出版社，2024，具体见"什么是全面调查、重点调查"。

从 1979 年起，中断十多年的上述各项调查先后恢复，并有了很大发展。到 20 世纪 90 年代中期，对于农产量抽样调查，全国调查样本包括 847 个县，6208 个乡，19203 个村，385662 个地块，约 300 万个实测小样本；农村住户抽样调查在抽中的 847 个县中进行，调查户数为 6.8 万户；城市住户抽样调查的样本包括 183 个县市，调查户数为 3.6 万户。就调查规模来说，我国已成为世界上进行最大规模抽样调查的国家。

改革开放之后的数十年间，我国政府统计中运用抽样调查的项目越来越多，抽样调查在各种调查频率的调查项目中均有应用。(1) 按月进行的抽样调查项目：工业调查、建筑业调查、第三产业调查、居民消费价格调查、农村住户调查、城市住户调查。(2) 按季度进行的抽样调查项目：农业调查、城镇居民家庭收支基本情况抽样调查。(3) 按年度进行的抽样调查项目：1‰人口抽样调查，另外逢 5 年进行一次 1% 人口抽样调查。(4) 季度和年度均开展的抽样调查项目：社会满意度调查、居民健康调查、环境调查。(5) 普查后的质量抽查：在每次人口普查、经济普查、农业普查后都要进行事后的抽样调查，用于评估普查的数据质量。

资料来源：龚鉴尧. 我国抽样法研究与实践的发展［J］. 统计与信息论坛，1994（2）：7 - 14；金勇进，戴明峰. 我国政府统计抽样调查的回顾与思考［J］. 统计研究，2012，29（8）：27 - 32.

二、抽样调查方法的进一步选择

从政府统计目标出发对上述不同调查方法作综合比较，不难发现抽样调查所具有的优势：无须对目标总体所有单位进行逐一调查，但可以通过推断获取代表目标总体数量特征的统计结果。由此决定了抽样调查在政府统计中占据着显著地位。基于此，有必要从方法上对抽样调查再作考察。

抽样调查的核心是抽样。有两种抽样方式：非概率抽样和概率抽样，对应形成不同方式的抽样调查。非概率抽样又称非随机抽样，是基于主观判断从总体中选取样本，具体包括方便抽样、判断抽样、配额抽样、滚雪球抽样等。大数据背景下的抽样，特别是"雨后春笋"般出现的网络抽样调查，很多情况下都采用非概率抽样。此类抽样调查具有快速、简单和成本低的特点，抽取的样本可以折射总体中的有关信息，但不一定满足用样本推断总体的代表性假定。概率抽样又称随机抽样，基本思想是依据给定概率从总体中随机选取样本，然后基于样本采集数据，进而用来推算总体。此类抽样调查具有以下两个特征：第一，样本选择具有随机性，每一个体都有入选样本（以下简称入样）的可能，由此保证了样本对总体的代表性；第二，调查总体各单元具有明确的入样概率，并能估算抽样误差，基于此，通过一个相对较小规模的样本，常常就能得到总体数字特征。

　　基于上述两类抽样技术的不同特点，一般而言，政府统计更加倾向于采用概率抽样，以此保证样本对总体推断的代表性，并在不同时期之间保持相对稳定，同时可以通过抽样误差的控制来确定需要抽取的样本单位数。当然也不排除政府统计会包括一些着眼于快速、不依赖于稳定调查对象的调查项目，比如在舆情调查中，有可能采用各种非随机抽样技术。以加拿大政府统计为例，在检索到的 119 项抽样调查项目中，只有 5 项属于非概率抽样（1 项非随机调查，3 项判断抽样，1 项配额抽样），主题涉及国际商品贸易价格指数、居民消费价格指数以及货运统计等。中国政府统计也出现了类似的情况，在国家级统计调查项目中，最大规模的抽样调查如 1‰人口变动情况抽样调查、住户调查、"四下"单位抽样调查，均属于概率抽样；在一些对公众实施电话调查的满意度调查项目（如基本公共服务满意度调查、公众生态环境满意度调查）中，尽管难以事先抽取样本，也强调要以等概、样本结构与总体结构相匹配为基本原则。

　　进一步分析，依据不同的入样概率，随机抽样有不同的类型。第一，简单随机抽样，保证每个可能的样本都有相同的入样概率，是最简单的抽样技术，适合于特质分布较为均匀总体条件下的抽样。第二，系统抽样，先将总体中的各单元按一定顺序排列、编号，然后按照指定规则抽取样本。以最常采用的等距离抽样为例：先根据总体单位数和样本单位数计算出抽样距离，然后在随机确定起点的前提下按相同的距离（或间隔）选取样本。这是一种操作简便但具有统计推断功能的抽样方法。第三，分层抽样，先把调查总体分为若干同质的、互不交叉的层（或类型），然后在各层（或类型）内独立抽取样本。这种方式特别适合于层间个体异质性较大、层内个体差异性较小的情况，能够在样本量相同的情况下得到较高的估计精度，但对样本框的要求较高。第四，整群抽样，先将调查总体分为若干个群，然后从中抽取某个（些）群，对群内全部单元进行调查，特别适合群间个体差异小、群内个体差异大的情况。

显然，上述不同类型的随机抽样是针对不同具体情况而设计的。政府统计调查包含非常多的调查项目，可能会面对各种具体情况，上述不同抽样技术为政府统计的具体应用提供了多样化的选择。以下归纳选择过程中的一些基本情况：第一，一般而言，大型政府统计调查较少采用简单随机抽样；第二，政府统计调查常常遇到事先不具备完整抽样框的情况，此时就可以考虑采用整群抽样；第三，政府统计调查常常面对很大的目标总体，如果能够将一些事先掌握的信息纳入样本抽取过程之中，将特别有助于在样本代表性和调查效率之间取得平衡，所以系统抽样和分层抽样是政府统计调查中经常选用的抽样方法。

对加拿大政府统计调查项目作初步考察，在 119 项抽样调查项目中，明确说明采用分层抽样方法者高达 83 个，显示出分层抽样在加拿大政府统计调查中的应用程度较高。在中国国家统计调查制度中，既可以看到分层抽样的应用，也可以看到整群抽样的应用，而且有可能放在同一个大型抽样调查项目中，分别对应有抽样框和没有抽样框的不同调查对象，专栏 6-2 就提供了一个这样的案例。

专栏 6-2 规模以下工业抽样调查设计的基本要点

规模以下工业、资质外建筑业、限额以下批发和零售业、限额以下住宿和餐饮业、规模以下服务业的企业和个体工商户统称"四下"单位，其基础信息采集是国家统计调查制度的重要组成部分，主要采用抽样调查方法进行。其中，工业采用分层抽样结合整群抽样方法；建筑业采用二阶段抽样方法；批发和零售业以及住宿和餐饮业采用二阶段抽样结合目录抽样方法；服务业采用目录抽样结合分层抽样方法。

以下以规模以下工业为例对其抽样调查设计作简要说明。

调查对象与总体划分：规模以下工业是指年营业收入在 2000 万元以下的工业生产单位。在统计调查设计中，规模以下工业总体划分为两个子总体，即规模以下工业企业（以下简称企业子总体）和全部个体经营工业单位（以下简称个体工业子总体）。

调查目标：（1）估计全国和各省规模以下工业总体、企业子总体和个体工业子总体的指标总量；（2）估计全国企业子总体分行业大类的指标总量。

基本抽样方法：企业子总体中有企业名录的部分采用一阶段分层随机抽样，没有企业名录的企业和个体工业子总体采用分层随机整群抽样方法。

对于目录企业部分，根据各省（自治区、直辖市）企业名录库直接抽取样本企业。具体操作要点是：（1）按行业大类分层。先将目录企业抽样框按照行业大类分成 41 个行业层，将已确定的样本量分配到各行业层中，若出现某些行业层没有分配到样本，则在该层增加 2~4 个样本。（2）行业层内部进一步分层。在完成按行业大类分层之后，如果分配给某行业层的样本量较大时，则需要在行业层内部进一步分层，以提高估计量的精度。进一步分层的限制条件是，每个最终层内至少包含 4 个样本。（3）采用"永久随机数"方法抽取样本。先对抽样框中的每个单位赋予一个"永久随机数"，然后在每个最终层中将企业按照"永久随机数"从小到大排队，抽取 n_h 个最小"永久随机数"的企业作为第 h 层的样本。

对于个体经营工业单位和未包括在企业名录库中的非目录企业部分，在省一级直接抽取整群单位——村（居委会）作为样本，对整群样本内部的个体工业单位和非目录企业全部进行调查。具体操作要点是：（1）各省级统计局将村（居委会）按照规模分层。可灵活掌握分层数量，采用累计平方根法确定分层界限。（2）按照规模较大层采取较大抽样比的原则，进行样本分配。（3）采用"永久随机数"方法抽取样本。先对抽样框中每个单位赋予一个随机数，然后在每个最终层中将村（居委会）按照随机数大小排队，抽取 n_h 个最小"永久随机数"的村（居委会）作为第 h 层的样本。

抽样精度：在 95% 的置信度下，最大相对误差控制在 10% 以内。

资料来源："四下"单位抽样调查统计报表制度［EB/OL］. http：//tjj. beijing. gov. cn/zwgkai/tjzd_31386/cgdczd/2022nb2023db_58745/jctjbbzd_46897/gmyxdw_65412/.

三、抽样调查方法的灵活应用

除此之外，还有两类抽样技术可以被视为上述基本技术的进一步改良或者灵活运用，在政府统计调查中发挥着重要作用。

一是多阶段抽样。以两阶段抽样为例，其基本做法是：先对总体分组，从中抽出一部分样本组，然后再从这些样本组中抽取样本。两阶段抽样可以外推至更多阶段，故而被统称为多阶段抽样。对于政府统计而言，尤其是像中国这样疆域广阔、存在多重行政管理层级的大国，常常需要在统计调查过程中采用多阶段抽样方法确定调查样本。比如一项全国性调查，可以先按经济发展水平（或地理位置）分层，每层抽取若干地区；然后针对这些被抽中地区，再次运用相应的抽样技术，抽取市、县、村，最后抽至企业、户或个人。多阶段抽样可以根据实际情况具体设计，其优点在于既具有整群抽样的优点，又可以避免对群内单元逐一调查，从而有助于降低调查成本，而且，在样本量相同的情况下能够取得比整群抽样更高的精度。

加拿大政府统计调查中广泛采用了多阶段抽样方法。在所有抽样调查项目中，有31项属于多阶段抽样，大多集中在服务业调查、与家庭有关的收支以及服务调查、劳动力调查等方面。中国政府统计调查中也有很多项目采用多阶段抽样方法，"四下"单位调查、住户调查、人口变动抽样调查等大型抽样调查项目都具有多阶段抽样的特征（专栏6-2提供了一个案例），就连那些满意度相关调查（比如基本公共服务满意度调查），也因为要覆盖全国而采用了二阶段抽样方法。

二是不等概抽样。不等概抽样的特点是，通过有意识地设计，使样本入样概率不相等，以便更好地实现抽样目标。最常用的是抽中概率与规模成比例抽样（PPS），其基本思想是：总体中每个个体被抽中的概率与该个体的规模成正比。换句话说，就是将规模大小作为辅助信息引入抽样过程，以此保证规模较大的个体有较高的被抽中概率。政府统计调查中常常会有此类需求，以此提高抽样效率。比如在企业调查中根据PPS抽样方法抽取企业，和规模较小企业相比，规模较大企业被赋予较大的入样概率，可以有更多机会被抽中作为样本。中国国家统计调查制度中，采购经理调查所采用的就是PPS抽样设计。

第二节　政府统计调查中的数据采集方式

统计调查方法主要解决调查对象的确定问题，接下来的问题是：面对调查对象如何采集所需要的相关数据信息。这就涉及数据采集方式，在相关教科书上常常将此称为统计调查方式。调查对象不同，调查性质和内容不同，调查实施范围不同，都可能影响数据采集方式的选择。按照传统区分，数据采集方式一般包括直接观测、自行填报、调查员面访、电话调查、相关记录等。在信息技术发展影响下，上述不同数据采集方式尽管保留了其原本的性质，但在技术上或多或少都会发生一定变化。

政府统计调查不同于一般的统计调查，在数据采集方式的选择方面也会有自己的特点。比如，政府统计常常规模较大，需要面对大批量的被调查者，如何进行统一的数据采集，是必须考虑的问题。此外，鉴于政府统计是依法进行调查，对被调查者有一定的强制性，数据采集常常在一定程度上带有从下到上的报送性质。

一、直接观测法

顾名思义，直接观测就是由数据采集者通过直接观测获取信息。一般而言，直接观测到的信息必须在物理上有直观的呈现，而且要视觉可及。大部分统计调查的信息都不是通过直接观测而获取的，常常需要借助于当事人的陈述，所以一般认为直接观测法是一种应用范围较窄的数据采集方式，对于空间覆盖范围很大的政府统计而言尤其如此。

但是，以卫星遥感为代表的空间信息技术发展，使得越来越多的地表事物可以留下可供观测的图像资料，并通过"读图"还原被观测事物的特征和动态变化，由此极大地扩展了这种数据采集方式的应用场景，其中就包括在政府统计中的应用。比如中国政府统计中有关农作物面积的统计数据，当前就是基于遥感测量获取的，这些数据在后续农产量抽样设计和总量推算方面发挥了不可替代的作用。[①]

进一步看，各种电子设备感应数据已经不限于遥感等图像数据，还有各种传感数据、通信信号数据、物联网数据等，都具有一定的可观测性，因此在政府统计中均具备广泛开发应用前景。

二、自行填报

调查实施方事先设计调查问卷或调查表，通过一定方式送达被调查者，由被调查者自行完成调查问卷（表），最后返回到调查实施方，这种数据采集方式就是自行填报。

传统的传送方式包括邮寄、传真、电子邮件等。随着信息技术发展，填报方式和传送方式也在发生变化，比如可以通过手机、电脑即时填写，

[①] 本书编写组. 领导干部基本统计知识问答［M］. 北京：中共中央党校出版社，中国统计出版社，2024，具体见其中"什么是遥感测量"。

或者以互联网为平台形成计算机网络调查，也可以在专门的数据报送平台上发布，被调查者先获取登录方式然后自行填报，或者与填报者的相关系统对接起来，形成"机对机转移"。

这种数据采集方式可以适用于较大规模的调查样本，被调查者可以参考其他方面的记录，完整地填写调查问卷（表），因此是传统统计调查可以选用的方式，并为政府统计调查较多选用。在中国，此类采集方式有一个专门名称：统计报表制度，是新中国成立初期适应计划管理体制时作为苏联政府统计实务的一部分被引入的，一直面向企事业单位以及各级行政机构的数据采集而被大范围采用。此后几十年间，统计报表制度几经演变，从组织到技术都有了很大变化，目前仍然是中国政府统计调查中最重要的数据采集方式（见专栏6-3）。这些变化表现在以下两个方面：第一，与政府统计调查体系变化相适应，不再是"全面调查"的代名词，在很大程度上已经成为一类数据采集方式。比如当前实施的"企业一套表制度"，是针对全部"四上"企业和重点服务业企业填报的一套统计报表；即使是各种抽样调查项目，被抽中调查单位的数据采集也常常会采用统计报表这种方式。第二，填报技术发生了很大变化，从早期纸质报表的人工填报、送达，逐步进化到当前利用专门的数据信息系统填报，并由各级政府统计部门分级适时获取。比如"企业一套表制度"就是依托专门的信息系统进行数据采集的，国家统计局数据中心可以即时看到每一个调查单位填报的每一项信息。

专栏6-3 统计报表制度在中国

统计报表是由政府主管部门根据统计法规自上而下统一布置，各级企事业、行政单位按规定的表格形式、内容、时间要求、报送程序，向上级提供基本统计数据的一种统计调查方式。

从字面可以看到，统计报表这种调查方式包含以下要素：（1）事先设计好一套统计表，这是基础数据的载体。（2）基于行政管理的数据采集方式，先自上而下布置发放需要填写的统计表，然后自下而上报送完成填写的统计表。相比一般统计调查的数据采集，统计报表的数据来源可靠，填报内容稳定，回收率可以得到保证。

统计报表是政府统计调查的主要方式，在政府统计各级、各部门广泛采用。按统计调查制度的内容和实施范围，可以将其分为国家统计报表、部门统计报表和地方统计报表。国家统计报表由国家统计部门统一制发，用以收集全国性的经济和社会基本统计资料；部门统计报表也称专业统计报表，是业务部门为满足自身管理需要而收集的统计资料；地方统计报表则具有地方特点，是为满足地方管理需要而补充规定的地区性统计报表。由基层企事业单位填报的统计表被称为基层统计报表，根据基层统计表逐级汇总填报，或者由其他政府业务主管部门报送的统计表被称为综合统计报表。

统计报表制度在政府统计工作中一直发挥着重要作用，但同时也存在很大的弊端：非常容易出现各部门借助行政手段滥发报表的情况，给基层被调查者带来很大负担，同时造成"数出多门"、信息混乱。这种情况从新中国成立初期开始一直存在，根据国家统计局整理的材料，认为针对滥发报表曾经出现过五轮统计报表清理工作，最近的一次是 2007~2008 年。这一问题最终伴随政府统计调查项目的制度化建设得到基本解决，标志性事件就是 2010 年前后推行的"企业一套表"制度。

从实际操作过程看，通过自行填报方式采集数据也有明显的局限性。第一，事先要准备一份非常有条理、易于被调查者理解的调查问卷，事实上很多调查内容不一定适合用这种采集方式；第二，需要有相应机制对被调查者进行引导和控制，以保证其及时应答并提供正确信息，如果做不到，很可能会因为缺少动力而回收率较低，影响样本的代表性，或者因为填写过程中的错过、跳过、误解等而影响数据采集质量。这些问题在政府统计国际文献中经常被提及，是各国政府统计普遍需要面对的问题。

中国政府统计凭借自身行政优势和长期建设，在统计报表制度实际应用过程中已经形成一套比较成熟的做法，以期降低上述问题带来的影响。首先是保证统计报表内容的稳定性，通过各种方式，为填报者正确理解填报内容提供服务和相应便利。比如，编制相关材料，提供清晰的指标解释，显示与填报者所掌握数据来源的关系；定期（如按年度）对填报者进行业务培训；通过不同方式的奖励和荣誉制度对填报者予以激励等。其次是通过行政和技术手段对被调查单位以及填报者予以约束。比如，通过《中华人民共和国统计法》宣传活动，让被调查单位领导和业务人员了解向政府统计提供相关信息是自己的责任，同时打消被调查者对信息泄露的担忧；对于一些不履行填报义务以及弄虚作假行为予以相应的行政处罚；

通过信息系统在技术上设定一些检查、验证节点，敦促填报单位及时提交数据、正确提交数据等。

三、访员辅助调查

为克服自行填报带来的问题，需要引入来自调查实施方的帮助和监督，于是有了访员辅助调查。

传统的访员辅助调查包括调查员面访与电话调查。所谓调查员面访，是由调查员面对面协助被调查者完成问卷填报，可以是事先商定的入户访问，也可以是街头随机拦访。此类采集方法的优点是可以及时解决调查时遇到的各种问题，防止出现理解偏差，提高回答率，数据质量也能得到相应保障；缺陷是成本较高，需要专门的调查员，数据采集质量高度受制于调查员能否及时联系到被调查者，以及调查员自身的素质。

电话调查则是由调查员通过电话询问被调查者从而完成问卷填报。此时调查员与被调查者虽然不是面对面，却有直接交流，并且可以直接实现信息录入。和面访相比，电话调查方式更加灵活，成本较低，因此可用于较大样本的数据信息采集；但反过来看，电话调查特别受制于被调查者是否接听电话以及是否能够持续接听电话，对调查问卷（表）的设计有较高要求，对调查员的素质也有较高要求。

伴随信息技术发展，计算机辅助手段被逐步引入传统访员调查，电脑、平板电脑、手机等设备取代了调查员面访过程中的纸质问卷，电话调查也升级为计算机辅助电话调查，但访员调查的基本特性并没有改变。[①]

政府统计调查常常采用访员辅助调查方式采集信息，尤其是在统计报表制度之外的调查项目中。在中国政府统计调查中，最典型的一种应用场景是人口、经济等大型普查项目，调查实施过程中要选聘大量普查员，专门负责与调查对象之间的面对面沟通，填报并通过相应设备上传采集的信息。可以说，普查结果在很大程度上依赖于普查员的工作，为此要先对普查员进行筛选、培训，还会配备专门的普查指导员（见专栏6-4）。另一种应用场景是为编制商品零售价格指数、居民消费价格指数等而进行的价格调查，为了取得这些商品、服务的价格数据，基层统计工作人员需要根据既定的代表品目录，按照定人、定点、定时原则，深入农贸市场、商场（店）、服务网点进行实地采价。计算机辅助电话调查在政府统计中也有一

---

① United Nations. Handbook on Management and Organization of National Statistical Systems [S/OL]. https://unstats.un.org/capacity-development/handbook/index.cshtml, 2022, 具体见其中第8.2.5.2节。

定应用，主要应用场景是各种社情民意调查，如基本公共服务满意度调查、公众生态环境满意度调查，是根据调查问卷快速采集相关基础信息的重要手段。①

专栏6-4　大型普查项目中的"两员"及其管理工作

人口普查、经济普查、农业普查是中国政府统计实施的三个大型普查项目。为了实现大范围的数据采集，三项普查都将普查员上门采集相关基础信息作为主要调查方式。为此，针对普查员和普查指导员的选聘与管理，是普查前期准备工作的主要组成部分。所谓普查员，是直接面访被调查对象、采集普查基础信息的人员，普查指导员则是对普查员进行业务指导的专业人员。

依据《人口普查条例》，每一个普查区要配备一名普查指导员，每一个普查小区要配备一名普查员。在"人口普查的组织实施"一章包括十三条规定，其中有七条直接与"两员"有关，涉及配备、选聘方式、素质要求、业务培训、权力、职责、薪酬等各个方面。《经济普查条例》也有类似条款规定。

完成一次普查，常常需要组织较大规模的普查员以及普查指导员参与。以第四次全国经济普查为例，全国各级普查机构共选聘普查"两员"约160万人。其中，北京市共选调、招聘各类普查人员3.1万人，包括普查指导员0.85万人、普查员2.25万人，男女比例大体为3∶7，45岁及以下人员占65%，具有大专及以上文化程度的人员占70%。人口普查需要的普查员和普查指导员数量更大，第七次人口普查共组织约700万名"两员"参与调查，每个普查员承担约250人的信息登记工作，分别在"摸底"和"登记"两个环节入户，要进入每个住户，逐人逐项登记普查信息。

资料来源：《第七次人口普查条例》《经济普查条例》《农业普查条例》，国家统计局网站，http：//www.stats.gov.cn/zjtj/tjfg/xzfg/；第七次全国人口普查公报（第一号），http：//www.stats.gov.cn/tjsj/tjgb/rkpcgb/qgrkpcgb/202106/t20210628_1818820. html；第四次全国经济普查公报（第一号），http：//www.stats.gov.cn/tjsj/zxfb/201911/t20191119_1710334.html。

---

① 本书编写组. 领导干部基本统计知识问答［M］. 北京：中共中央党校出版社，中国统计出版社，2024，具体见其中"社情民意调查是如何开展的""计算机辅助电话调查是如何开展的"。

四、一些比较特殊的数据采集方法

除了上述之外，政府统计实践中还有一些比较特殊的数据采集方法，其特殊性主要体现在调查者对数据采集有更高的介入程度。以下是中国政府统计调查中的两个数据采集方法实例。

一是粮食产量调查中的"实割实测"。农产量调查是抽样调查，其中一个重要环节是对粮食作物单位面积产量进行现场调查，所采用的方法就是"实割实测"——"割取"的是样本，"测量"的是样本数据，然后用以"推算"总体产量。具体来说，先通过抽样确定样本村的样本地块，然后在样本地块中放置"小样本"（10平方市尺），最后对小样本内的作物单独割取、袋装，通过脱粒、烘干、称重等一系列操作确定其产量作为农作物单产数据。整个过程都是由专门的统计调查工作人员完成的。[1]

二是住户调查中的日记账。住户调查是抽样调查，通过日记账和问卷调查相结合的方式采集基础信息，为此需要按照统一调查方案所涉内容，帮助被抽中的调查户建立家庭收支日记账，具体包括现金收支日记账和家庭实物收支台账。基层统计人员要对记账户家庭进行经常性的辅导和督导，以保证记账的及时、准确，为住户调查提供可靠的基础数据。随着信息技术发展，中国很多地区的住户调查日记账已经实现了电子化，记账户可以利用国家统计局提供的统一数据采集平台，使用手机、平板电脑、台式电脑等电子数据采集设备，填报本人或家庭的收支信息，实现"随时记账、即时传输、个人账户、保护隐私"。[2]

第三节 其他数据源及其在政府统计中的应用

统计调查一直是政府统计的主要数据获取来源，其重要程度甚至可以到，政府统计的整个工作流程就是建立在这些直接实施的统计调查基础上的：基于统计调查获取基础数据，然后才有综合统计数据的加工和发布以及后续分析应用。但实际上，除了直接实施各项统计调查之外，政府统计一直在谋求开发其他数据源，最早集中在政府部门内部产生的各种行政记

---

[1] 本书编写组. 领导干部基本统计知识问答［M］. 北京：中共中央党校出版社，中国统计出版社，2024，具体见其中"粮食产量实割实测是如何做的"。

[2] 本书编写组. 领导干部基本统计知识问答［M］. 北京：中共中央党校出版社，中国统计出版社，2024，具体见其中"什么是住户调查"。

录方面；伴随信息技术发展，出现了新的数据源，比如地理信息系统，以及更具开放性的大数据，都逐渐进入政府统计的视野。在中国场景下，这些统计调查之外的数据源被统称为"非传统数据源"，具体包括政府部门的行政记录数据、商业记录数据、互联网数据、电子设备感应数据。①

以下从数据源角度对行政记录、地理信息系统、大数据及其当前在政府统计中的利用状况做简要介绍。需要注意的是，上述概念之间并非严格意义上的并列关系，尤其是大数据，其定义和边界仍然在不断变化之中；而且，伴随其逐渐被政府统计吸收应用，它们与传统政府统计调查之间的界限也在逐渐模糊。

一、作为政府统计数据源的行政记录

所谓行政记录，是指"由政府部门、部门或机构收集的主要用于行政（不是研究或统计）目的的数据，行政目的与相应的行政或法律职能有关，如授权、登记、许可、付款、制裁、控制等"②。这些行政记录借助于政府各部门主导下的行政管理系统而存在。有些系统是覆盖全社会的，比如人口、税收、社会保障和医疗保健、就业和失业政策管理系统，以及企业、财产和车辆的登记制度等；有些系统存在于专门领域，比如与交通、司法、教育等有关的数据系统。

第五章曾经介绍行政记录所包含的基础信息内容。将这些信息纳入政府统计数据源，会产生很多方面的效益。第一，可以节约调查时间和成本，提高政府统计数据生产的效率；第二，可以避免对数据提供者的重复调查，减轻企业和个人的应答负担；第三，可以发挥其目标总体全覆盖的优势，有助于消除调查误差，提供更精确和详细的估计结果。伴随信息技术发展，各类行政记录逐渐升级为电子政务记录系统，和既往的实体表册记录相比，电子政务记录可以将所有的记录集合到一个系统之中，支持在更大范围内进行查询、实务操作以及后续数据加工整理，从而提升了行政记录作为政府统计数据源的开发潜力。

但是，行政记录并不能直接为政府统计所用。和统计调查所获数据相比，行政记录数据自有特点。第一，行政记录数据信息系统隶属于政府各主管部门，和统计数据收集部门一般没有关联；第二，行政记录数据是在

---

① 国家统计局，国家发展和改革委员会. 非传统数据统计应用指导意见（国统字〔2017〕160 号）［A］. 2017.

② United Nations. Handbook on Management and Organization of National Statistical Systems ［S/OL］. https：//unstats. un. org/capacity-development/handbook/index. cshtml，2022，具体见其中第8.3节。

特定管理目的下生成的，属于非统计目的下的数据收集，故而不一定能够直接对应政府统计的需求；第三，行政记录一般能够实现目标总体的全覆盖，意味着能够提供具有全面性的数据，但其收集和处理数据的方法主要取决于各行政机构，意味着不同部门的行政记录数据库可能具有不同的结构，相互之间不一定能够直接转换或衔接比对。

结合实践来看，为了将行政记录纳入政府统计数据生产过程，需要克服其间存在的多重障碍。一方面可能会受法律或相关行政规章的限制，政府部门之间在信息共享方面存在各种行政壁垒。比如是否会涉及个体数据的隐私问题，部门可能出于各种考虑不愿意将自己拥有的信息提供给其他部门所用。另一方面是受制于行政记录数据自身的特点，无法"直接拿来就用"。行政记录是在各部门具体行政服务过程中形成的，有其特定的管理目的，属于非统计目的下的数据系统，不同部门记录系统之间以及与政府统计的需求之间可能存在各种不匹配，故而无法直接转化为政府统计数据。为此，必须在立法、设计、技术、管理等各个层面开展工作，方能克服这些行政和技术障碍，实现与政府统计需求的对接。到目前为止，尽管各国政府统计在行政记录应用方面已经取得了不少经验和成果，但更大范围、更有深度的应用仍然有待进一步开发。[①]

在实践中，各国相关部门在不同领域已经有各种应用探索。比如，法国建立了全国企业与基层机构的计算机管理名录库，挪威建立了统计系统基础库，这些数据库成功地将个人、企业与地理信息连接成为一个数据平台。欧盟统计局曾经专门著文介绍北欧诸国行政记录统计化的实践历程及经验教训。联合国欧洲经济委员会于 2018 年出版了《人口和住房普查中使用登记与行政数据指南》，讨论使用登记册与行政数据时所涉及的业务、技术与法律等方面的问题，目的是为开展人口和住房普查的国家提供经验和指导。已经有多个国家（地区）尝试进行基于行政记录的人口普查，形成了完全基于行政记录系统的人口普查模式（以下简称完全模式）以及综合运用抽样调查和行政记录系统的人口普查模式（以下简称组合模式）。[②]加拿大统计局在行政记录利用方面提供了一组比较完整的数据：第一，以

---

① United Nations Economic Commission for Europe. Using Administrative and Secondary Sources for Official Statistics: A Handbook of Principles and Practices [M]. New York and Geneva: United Nations Publication, 2011. 相关文字转引自：高敏雪，甄峰，等. 政府统计国际规范概览 [M]. 北京：经济科学出版社，2017：565。

② 徐蔼婷，杨玉香. 基于行政记录人口普查方法的国际比较 [J]. 统计研究，2015，32 (11)：88 –96.

行政记录作为唯一数据源的统计调查项目共计45项；第二，以行政记录为主、其他数据源为辅的统计调查项目共计59项；第三，行政记录作为辅助数据源的统计调查项目共计95项。以上三类合计为197项，在全部经常统计调查项目（共350项）中占比超过了50%，由此可知加拿大统计局在用行政记录代替统计调查、用行政记录作为辅助信息推算调查数据方面，已经达到比较高的水平。

中国政府统计在行政记录应用方面已经积累了很多经验。一方面是鼓励政府各部门利用行政记录建立相关业务统计，并通过综合统计与部门统计之间的业务关系，建立起相关数据的传输和共享通道。① 另一方面则是在统计调查流程中引入行政记录信息，使其在确定调查对象、提供抽样框、进行相关统计估算和数据质量验证等不同环节发挥作用。比如，利用省级统计机构定期获取的"五证合一"部门共享的企业新增、变更登记信息，以及企业年报信息、异常名录和失信企业信息，维护更新国家统计系统的基本单位名录库;② 利用税务部门掌握的年收入额12万元及以上人群的数量和平均收入数据，评估校验住户调查中高收入人群比例及其收入水平；将身份证信息纳入第七次人口普查以避免人口重复填报（见专栏6-5）。这些都是近年来中国政府统计利用行政记录的成功案例。③

专栏6-5 中国：把相关登记信息应用于人口普查的实践

中国人口普查是一项庞大、复杂的社会系统工程。一方面是人口众多，导致调查对象十分庞大；另一方面是人员流动量大，存在严重的人户分离现象，故而难以准确锁定调查对象，实现不重不漏登记。为避免上述问题对人口普查数据质量的影响，政府统计部门多方探索，其中的主要手段就是引入相关行政记录信息。

第五次人口普查出现了比较显著的流动人口漏报问题，为此第六次人口普查采用了现住地和户籍地同时登记的方式。就流动人口而言，一方面要按照现住地登记原则进行登记，同时还要按照户籍地登记原则进

① 国家统计局专门制定了《部门数据共享制度》，鼓励政府各部门的统计机构利用行政记录形成符合统计要求的指标数据，并传输给统计局。

② 所谓"五证合一"所涉及的五个部门是国家统计局、中央机构编制委员会办公室、民政部、国家税务总局和国家市场监督管理总局。

③ 本书编写组. 领导干部基本统计知识问答［M］. 北京：中共中央党校出版社，中国统计出版社，2024，"行政记录是如何应用于统计工作的"；许永洪. 行政记录和政府统计的多视角研究［J］. 统计研究，2012，29（4）：3-7.

行登记；另一方面在数据处理过程中再对这部分重复登记人口予以排除，以此保证流动人口不会因为两头落空而漏报。应该说，这是将户籍登记系统纳入人口普查，以确定普查对象的一次实践。

从实际应用结果看，确实在很大程度上解决了漏报问题，但随即出现了新的问题：因为流动人口"两头登记"的信息不一致，出现了大量无法排查的重复登记人口，结果就会影响到人口总数；并且，因为流动人口自身的特点，发生重报的人口多集中在劳动力年龄段内，于是会使普查结果出现系统性偏差。

为解决重复登记带来的问题，第七次人口普查首次将身份证信息纳入普查登记。具体做法是：普查登记时采集公民身份证号码，然后依据身份证号对登记资料进行核查比对，避免重复填报。最后的实施结果显示出，此项举措带来了非常好的效果。

应该说，这是利用行政记录的一次成功实践。但是，当前的应用仍然停留在寻找普查对象这个层面，也没有推进到相关信息的进一步开发。比如身份证内置18位码，其中至少包含性别、年龄（通过出生日期）两项终身不变的信息，如果导入人口普查，就可以减少登记项目；又如，各个部门的管理系统都包含身份证信息，如果能够据此将人口普查结果与相关系统衔接起来，就可以进一步开拓数据分析的广度和深度。

资料来源：郭未．简析身份证号信息在人口普查中的作用［J］．统计研究，2013（6）：85-88；李晓超．打赢第七次全国人口普查攻坚战［J］．中国统计，2020（10）：1.

二、地理信息系统在政府统计中的应用

空间信息一直是政府统计的一类信息源。早期主要限于测绘信息，依据图像提供与地理空间有关的基础信息，尤其是与自然资源分布有关的统计，非常依赖于测绘信息。随着地理信息技术发展，地理信息系统可以为政府统计提供更加丰富多样的空间信息，作为数据源的重要性日益显著。

地理信息系统（GIS）是旨在捕获、存储、操作、分析、管理和呈现地理空间数据的系统。GIS数据来自卫星图像，卫星图像可以通过提取的矢量特征和属性数据创建出数据丰富的图像。将这些数据利用起来，可以协助政府统计提供更及时的统计数据、减少调查频率、降低被调查者的负

担，并极大地扩展了政府统计的数据应用价值。

地理空间数据有两种基本类型或形式。一是使用点、线和多边形来表示城市、道路和河流等空间特征。此类矢量模型对于存储具有离散边界（例如国家边界、地块和街道）的数据非常有用。二是使用单元格（计算机通常使用点或像素）来表示空间特征。此类光栅模型可用于存储连续变化的数据，如航空照片、卫星图像、化学浓度表面或立面图。[①]

粗略而言，政府统计对空间信息的利用大体可以区分为以下几个方面。一是通过空间图像信息开发，实现对资源环境生态状况的监测，生成统计数据，不仅限于土地地表的资源分布测绘信息，还有大气、环境状况等方面的监测。二是通过图像信息进行物产监测，以此补充或替代传统统计调查，形成更及时、准确的统计信息，比如通过遥感进行森林植被情况、农产量收获的监测和估计等。进一步看，还可以按照地理位置对原有经济统计数据进行深度开发，提供空间分类意义上的统计信息，支持更先进的地理空间分析，为地区、国家、多国区域和全球各级的决策过程提供更丰富的数据。

中国在地理信息系统信息方面已经有很多应用。一方面是资源、水利、环境等部门的专业统计应用；另一方面在传统经济调查方面也发挥了很大作用，集中体现在农产量调查中的农作物面积测量、固定资产投资统计中的工程实体识别等方面。以农作物面积测量为例，应用结果显示，以精确的图像数据替代原来的人工调查数据，可以提供更客观的、全覆盖的测算数据，极大地避免了原来因客观阻碍带来的调查不到位、因主观选择带来的调查偏误，显著提升了农作物产量的调查水平。[②]

三、大数据与政府统计

"大数据"是一个流行词汇，通常是指由商业交易、社交媒体、电话日志、通信设备、网页抓取、传感器等产生的数据。总体来看，大数据主要有三种来源。一是事务性数据，从所有在线和离线的日常交易中生成，通过发票、付款单、储存记录、交货收据等记录下来。二是电子设备的传感器、仪表和活动记录，又称机器数据，是由工业设备、安装在机器上的传感器甚至跟踪用户行为的网络日志生成的信息。三是社会交往数据，包

[①] United Nations. Handbook on Management and Organization of National Statistical Systems [S/OL]. https://unstats.un.org/capacity-development/handbook/index.cshtml，2022，具体见其中第8.4节。

[②] 本书编写组. 领导干部基本统计知识问答 [M]. 北京：中共中央党校出版社，中国统计出版社，2024，具体见其中"什么是遥感测量"。

括人类通过网络交互产生的数据，最常见的是社交网络上产生的数据，这些数据一部分是机器生成的，也有一些是通过人工输入计算机形成的。

按照数据的状态，一般将大数据分为以下三类。一是结构化数据。从传感器、网络日志和金融系统等接收到的数据，都属于结构化数据，它们驻留在传统的行—列数据库中。二是非结构化数据，它们在存储中没有明确的格式，比如各种卫星图像、科学实验中的数据、各方面捕获的雷达数据，以及社交媒体数据、移动数据和网站内容。三是所谓半结构化数据，它们没有按照传统数据库格式存储，但包含一些便于处理的组织属性的信息。①

大数据具有补充甚至替代某些传统统计调查项目的潜力，所以受到政府统计部门的高度关注，被称为政府统计数据来源的"第二轨"。国际组织特别重视大数据在政府统计应用方面的开发，希望能够在此方面为各国政府统计部门提供指导。联合国统计委员会于 2014 年成立了联合国大数据官方统计全球工作组（UNGWG），致力于开发和测试对新数据源、新技术的使用，探索将大数据用于官方统计和可持续发展目标（SDGs）指标汇编，此后陆续发布了一系列相关成果。② 联合国欧洲经济委员会成立了官方统计现代化高级别小组（HLG-MOS），随后公布了基于官方统计的大数据分类和大数据质量框架，以及如何在官方统计中使用机器学习方法从而推进政府统计现代化的研究成果。③ 2019 年欧洲统计学家大会（CES）召开以"新数据源——可获得性和使用"为主题的研讨会，联合国统计司（UNSD）提交了一份讨论稿，介绍许多一直致力于推进大数据

---

① UN. Handbook on Management and Organization of National Statistical Systems ［S/OL］. https：//unstats. un. org/capacity-development/handbook/index. cshtml, 2022. 具体见其中第 8.5 节。

② 其中包括：如何在官方统计中使用卫星数据、收集数据、扫描数据的手册，官方统计从私营组织获取数据的建议，关于建立一个包括数据、服务、应用程序的全球平台（global platform）的倡议。相关文献有：United Nations Statistics Division. Handbook on the Use of Satellite Data for Official Statistics ［M］. New York：United Nations Publication, 2020；UN Global Working Group on Big Data for Official Statistics. Handbook on the Use of Mobile Phone Data for Official Statistics ［M］. New York：United Nations Publication, 2019；United Nations Global Working Group on Big Data for Official Statistics. Draft Recommendations for Access to Data from Private Organizations for Official Statistics：The Way Forward ［R/OL］. https：//unstats. un. org/unsd/bigdata/conferences/2016/gwg/Item% 202% 20 (i)%20b% 20 – %20Note% 20on% 20Draft% 20Recommendations% 20for% 20Access% 20for% 20GWG% 20meeting% 20in% 20Dublin. pdf。

③ 内容涉及机器学习推进官方统计在文本数据、缺失数据修补、图像分析方面的实际应用，提出了推动机器学习用于官方统计生产的若干关键因素。相关文献有：United Nations Economic Commission for Europe. Machine Learning for Official Statistics ［M］. Geneva：United Nations Publication, 2021。

应用于官方统计的研究、与数据提供者建立伙伴关系的组织机构，以及各种获取和使用大数据的案例。① 最值得关注的是联合国世界数据论坛的启动，其目标在于：致力于推动世界各国在统计数据生产和利用、数据生态系统创新和协同、大数据等现代信息技术与政府统计融合发展等领域的交流互鉴，以促进全球政府统计共同发展，推动落实 2030 年可持续发展目标（SDGs）统计监测，构建全球数据治理体系。该论坛已经举办四届，举办地分别是南非开普敦（2017 年）、阿拉伯联合酋长国迪拜（2018 年）、瑞士伯尔尼（2021 年）和中国杭州（2023 年），围绕统计与数据的科学研究和系统应用吸引了大批来自政、商、研各界的精英，产生了非常广泛的影响。在实务层面，将大数据应用于政府统计已经有很多实际案例探索。比如，UNGWG 曾专门汇集手机数据在政府统计中的应用案例②，由多个国际组织联合开发的、用于指导各国 CPI 编制的《消费者价格指数手册：概念与方法》已经进行了更新，在数据来源、价格收集和验证等方面均增加了针对大数据的讨论。③

　　但是，尽管人们对使用大数据抱有很高的期望，鉴于以下两方面所面临的困难，当前大数据在各国政府统计中的应用仍然主要停留在个案层面，形成成熟应用的领域还比较少见。一是获取数据方面的障碍。拥有大数据的企业可能出于各种原因，比如保持竞争优势、成本投入、对隐私的担忧等，不愿公开其数据。尽管已经出现不少政府统计应用个案，但稳定、持续的数据访问权限问题并未解决。为达此目标，政府统计部门需要在法律层面获得支持，逐步与数据生产者建立数据共享的战略联盟。二是数据利用方法技术方面的障碍。大数据的特征常常以四个"V"形容：数据体量巨大（volume），应用价值巨大（value），数据类型繁多（variety），生成速度快（velocity）。将这样的数据纳入政府统计系统，所依据的方法技术和工作流程与传统统计调查数据具有很大区别。结合当前情况看，大数据应用案例常常包含比较显著的专业统计特殊性，尚无法形成具有一般化、制度化、流程化的大数据统计标准或操作指南。要达此目标，需要实

　　① United Nations. Economic Commission. New data sources for official statistics-access, use and new skills [M]. Paris：United Nations Publication, 2021.

　　② UN Global Working Group on Big Data for Official Statistics. Handbook on the Use of Mobile Phone Data for Official Statistics [M]. New York：United Nations Publication, 2019.

　　③ International Monetary Fund, International Labour Office, Statistical Office of the European Union, United Nations Economic Commission for Europe, Organisation for Economic Cooperation and Development, The World Bank. Consumer Price Index Manual：Concepts and Methods [M]. Washington, DC：International Monetary Fund, Publication Services, 2020.

现基本理念的转变，从调查方法转向数据方法，形成全新和先进的方法论。[①]

中国政府统计在大数据应用方面已经有很多探索。2017年国家统计局与国家发展和改革委员会联合印发《非传统数据统计应用指导意见》，主要目标指向就是大数据；2023年正式组建国家数据局，目标就是协调推进各类数据的基础制度建设，统筹数据资源整合共享和开发利用，其中政府统计是一个很重要的应用场景。最近几年，国家统计局不断开拓大数据在政府统计中的应用方式，其目标大体包括以下方面：一是使用互联网电子数据作为常规统计调查数据的补充；二是将大数据方法应用于数据质量问题查找、数据质量审核评估等工作环节；三是利用大数据开展专业统计评估、完善统计调查方法、改进数据生产方式；四是利用大数据改进数据处理、分析和共享机制，提高开发应用统计数据的能力。[②]

第四节　政府统计调查体系

政府统计的职能是要提供有关一个国家方方面面的统计数据，作为公共产品服务于国家治理和社会公众。为达此目标，政府统计机构需要针对各类统计对象开展各种统计调查，利用各方面的数据源进行数据加工，形成各类数据产品。在此过程中，政府统计要实施的不是某单一统计调查项目，而是要将多种统计调查项目"组合"起来，建立一套政府统计调查体系。

通过文献搜索可以发现，围绕政府统计调查已经有大量研究成果问世，包括国际组织发布的国际规范文本和众多研究者发表的学术论文。但是，这些文献的视角，要么是针对一个特定的政府统计调查项目讨论统计调查的具体方法，比如住户调查的抽样设计，要么是笼统地针对政府统计调查做一般性讨论，比如抽样技术在政府统计中的应用，却很少放在特定国家场景下将政府统计调查当作一个"体系"加以讨论。

一、政府统计调查体系的内在规定性

任何一个国家的政府统计调查体系都是适应不同时期的内外环境和供

---

① 何强. 当前大数据统计工作应用困厄的症结 [J]. 中国统计, 2020 (2): 6–8.
② 本书编写组. 领导干部基本统计知识问答 [M]. 北京：中共中央党校出版社，中国统计出版社，2024，具体见其中"政府统计中如何使用大数据"。

求关系而逐步建立起来并予以不断规范、优化的结果。基于此，在某种程度上可以说，并不存在某种具有固定模式的政府统计调查体系，很难按照一套理想模式进行政府统计调查体系的整体设计。所以，本节对政府统计调查体系的考察比较侧重于实证分析，而不是规范性阐释。但即使如此，客观上仍然有一些内在规定性在决定着一国政府统计调查体系的组成。对这些规定性加以考察，就会为我们评估一国政府统计调查体系提供一些原则和标准。

政府统计的基本职能是为政府和社会各界了解国家基本情况、进行有效决策提供统计数据。基于此，政府统计调查体系应该将满足用户需求作为其第一目标。所谓满足用户需求，包含以下方面的基本要求：第一，内容应该尽可能全面和丰富。所提供统计数据要覆盖前面第二章所讨论的五大主题内容，即人口、经济、社会、环境、科技；每一个主题要进一步拆解为很多具体的内容，通过各类统计指标提供细分数据，显示其总量、水平、分布结构、变化速率以及相互之间的联系。第二，所提供的数据应该体现不同时间属性，并具备连续性。所有的统计数据都具有特定的时间属性要求，不同对象可能有不同的统计观测周期，要分月度、季度、年度或者更长时间周期提供数据，同一对象也可能需要按照不同统计周期提供观测数据，而且要具有连续性，以便形成时间序列、显示统计对象的动态特征。第三，所提供的数据应该在准确性和及时性方面具有相应的保证。没有准确性，所提供的统计数据就是没有意义的，甚至会带来相反的效应；同样，对于用户而言统计数据是有时效的，如果不能在统计时期结束之后的特定时间内提供，统计数据就无法充分发挥应有的作用。

上述需求对统计调查提出了很高的要求。为了能够提供全面而丰富的数据，需要针对不同领域，面对不同对象，按照不同内容要求，开展不同类型的统计调查；为了提供具有不同时间属性的连续性数据，需要按照不同的周期进行连续的统计调查；为了及时、准确地取得数据，需要在统计调查中投入大量经济、技术和组织管理资源。问题是：相关政府统计机构是否具备足够的能力实现上述来自需求侧的统计调查目标。

在某种程度上说，数据需求是无限的，但数据供给却受制于很多现实条件。从供给角度看，政府统计部门在统计调查中所能够动用的资源是有限的。能否满足上述需求，首先取决于政府统计的能力：是否有足够的人力资源、相应的软硬件设施和知识储备，是否有足够的调查经费支持。如果不具备相应的能力和资源，就会出现"巧妇难为无米（甚至无灶）之炊"的境况。其次要考虑被调查者的负担，如果超出了其承受能力，可能就会直接影响统计调查的结果，数据质量就无法保证。上述两方面决定了统计部门不能无节制地开展统计调查，不能无限期地进行统计调查。事实上，结合供给侧的运作反过来考察以上列示的不同需求，就可以发现其间实际上存在着难以同时兼及的矛盾。比如，要求内容详细可能就无法保证及时性，因为调查和数据生产需要一定的时间；反过来，短期调查常常追求"快"，由此一般无法提供详细信息。及时性与准确性之间也常常需要取舍，侧重及时性可能就会在一定程度上牺牲数据的准确性。

显然，政府统计部门所承担的职责不是消极地应对种种需求，而是要结合实际厘清需求的层次及其相互关系，以积极、专业的态度对供求关系实施有效管理，在有限的能力和投入前提下，保证统计调查以及数据生产的投入—产出效率。为达上述目标，先要针对单个调查项目进行综合设计；进而要在不同调查项目之间进行整体协调。在此过程中，需要针对不同统计内容作不同考虑，针对不同调查对象作不同安排，要考虑由谁实施统计调查最有效，如何运用不同调查方法和数据源、在不同调查周期之间进行选择和搭配。总之，要从不同角度进行调查项目的"组合"，力争以较小的资源投入对应较多的数据需求，各种组合最终汇合起来，就是一国的统计调查体系。

落实到不同国家，受基本国情、政治体制、政府统计自身能力建设状况等不同方面影响，其政府统计调查体系可能会有不同组合方式，由此体现出不同的特征。以下先粗略考察加拿大政府统计调查体系的组成状况，然后针对中国政府统计调查体系作初步讨论，希望通过组织框架和内部结构解析，能够对中国政府统计调查体系有一个具象式把握。

二、加拿大政府统计调查体系概貌

加拿大政府统计系统属于比较典型的集中型组织模式（见本书第三章的讨论）。落实到统计调查体系上看，其突出特征是：加拿大统计局（Statistics Canada）作为国家统计机构，负责绝大部分统计调查项目的实施，政府其他部门很少独立开展统计调查。具体而言，为实现政府统计的职责，加拿大统计局既可以独立实施统计调查，直接从个人和企业收集数据，同时还能够最大限度地使用来自政府和私人部门的现有数据，并在此基础上对不同来源的数据进行组合，以此保证数据收集能够以最及时、最具成本效益的方式进行，确保数据质量和准确性，并尽可能减轻被调查者的负担。

这种模式为我们提供了一个便利：以加拿大政府统计调查项目作为一

个案例，展示一个国家的政府统计调查的整体轮廓是什么样子，如何组成一套政府统计调查体系。需要说明的是，第一，这只是一个案例，当前所包括的调查项目是加拿大统计局多年运作逐步积累的结果，有很强的个体性，不一定具有一般意义；第二，这只是一个文本分析结果，我们无法深入了解加拿大政府统计调查的实际运作，从而无法深入挖掘其调查体系的内部关联。但即使如此，通过这个案例，仍然可以为我们观察一个国家政府统计调查体系的一般样貌提供帮助，并为分析中国政府统计调查体系提供一些参照。

加拿大统计局官方网站通过"调查和统计项目"①列示了所有正在执行的统计调查项目。以 2021 年 11 月 30 日处于"Active"（可用）的版本为准，去除新冠疫情相关调查、一次性专门调查以及一些不定期调查，对内容相同、周期不同的项目进行合并，最后得到 350 个调查项目纳入考察范围。在这 350 个项目中，有两个全国性普查项目（人口普查和农业普查）、一个企业登记名录项目，余下的属于经常性（周期性）调查项目共347 项。以下主要基于这 347 个经常性调查项目，按照统计调查所包含的若干要素进行分类观察，以此对加拿大政府统计调查体系的基本结构作初步展示。需要强调的是，这里所说"统计调查项目"既包含统计局独立实施的统计调查，也包括对其他部门行政记录的使用，代表了加拿大政府统计全部基础数据来源。

从调查内容看，按照经济、社会、科技、环境和人口五大主题区分，经济统计调查项目高达 257 个，在 347 个调查项目中占比接近 3/4；其次是社会统计调查，93 个项目，占比超过 1/4；人口、环境、科技三方面的调查项目分别为 17 项、18 项、7 项。② 通过对调查内容作进一步拆分（见专栏 6 - 6）可知，调查项目数居前的专题主要是：价格（38 项）、农业（38 项）、服务业（30 项），以及能源（26 项）等。

专栏 6 - 6 加拿大政府统计调查项目分布一览

1. 调查项目的内容分布

参照通常分类习惯对加拿大政府统计调查项目作主题分类，同时考虑按项目数多少作一定归并，形成以下分布结果。

---

① https：//www23. statcan. gc. ca/imdb-bmdi/pub/index-eng. htm。
② 有些调查可能具有多重性质而跨越不同领域，故而合计数会超过 347 项总数。下同。

- 价格，38 项
- 农业，38 项
- 服务业，30 项
- 能源，26 项
- 教育卫生文化体育，22 项
- 公共管理与社会保障，20 项
- 批发与零售、住宿与餐饮，18 项
- 国民经济核算，18 项
- 运输邮电和软件，16 项
- 人口，16 项
- 资源与环境，14 项

- 工业，13 项
- 就业和工资，12 项
- 金融，11 项
- 对外经济，10 项
- 科学技术，9 项
- 企业经营，7 项
- 建筑业与房地产，6 项
- 固定资产投资，4 项
- 财政，3 项
- 住户生活，5 项
- 综合社会调查及其他，10 项

2. 短周期调查的主要分布

在经济生活中，价格是一个需要实时观测、及时发布数据信息的对象。所以，在 38 项以"价格"为主题的调查项目中，有 32 项属于季度或月度调查，在所有 114 项季度或月度调查中占了将近三成。其余 82 项季度或月度调查项目较多来自工业、农业、批发与零售业、能源、金融业等领域，主要侧重于经营动态、库存变化等短期经济监测。

无论是价格类调查还是短期经济监测类调查，都以企业作为最主要的调查对象。也就是说，编制价格指数、监测经济波动，主要依赖于针对企业进行短周期调查来收集数据。

从调查对象看，针对企业作调查的项目最多（188 个），之后是自然人和住户（77 个）、政府机构（53 个），以及农业单位（40 个）、非营利组织（17 个），除此之外还有针对物质实体进行统计调查的项目：资产与设施调查项目（18 个）、自然资源调查项目（8 个）。显然企业是最大的政府统计基础信息提供者，其应答负担也最重。

按照调查项目的填报属性分类，超过一半的调查项目属于强制性填报（191 个），自愿性填报项目 49 个，此外还有 1/4 的项目"无须填报"（90个）。显然，在多数情况下，统计调查依然需要依据统计法要求被调查者必须填报相关信息。进一步考察可见，自愿性填报项目中有 31 个以自然人和住户为调查对象，关注的内容主要集中在卫生健康、儿童成长、劳动与就业、社区、司法等细分主题上；"无须填报"的项目主要对应政府部门的行政记录，统计局可以要求相关单位直接提供数据。

从调查周期看，年度调查项目共 170 个，在全部经常性调查项目中占比接近 50%。其余为季度调查项目（45 个）和月度调查项目（69 个），此外还有一些每 5 年、每 2 年开展一次的调查，以"半年""周"为周期的调查，以及多重周期的调查。结合调查内容主题和调查对象作进一步考察，可以看到更具体的分布特征：在年度调查占主导地位的基本格局下，季度、月度等短周期调查大多分布在经济领域、针对企业的调查项目上，每 5 年进行一次的调查主要分布于针对社会和人口领域、针对自然人和住户的项目上。

从数据源角度可以将加拿大统计局调查项目大体分为四类：一是"本调查项目"，即统计局专门开展的统计调查；二是"统计局其他调查项目"，是指使用来自统计局其他调查项目收集的数据；三是"其他部门或机构调查项目"，是指使用统计局以外的部门或机构生产的调查数据；四是"行政记录"，是指调用了政府部门或私人部门的行政记录数据。以此为依据看调查项目的组成："本调查项目"和"行政记录"是加拿大统计局调查项目的两大主要数据源，在 347 个调查项目中分别达到 222 项（占比 64%）和 194 项（占比 56%）；除此以外，从统计局其他调查项目获取数据的调查项目有 89 个（占比 26%），从其他部门或机构获取调查数据的项目有 78 个（占比 22%）。其中有两个"亮点"值得强调：一是超过一半的调查项目使用了行政记录数据；二是有 173 个项目（占比 50%）使用了一种以上数据源。前者体现了对既有基础数据的有效开发，后者体现了对不同来源数据的整合，由此可以带来多重正向效应，比如替代或补充调查数据，提高数据质量和及时性，降低数据收集成本，节约响应调查者的时间和精力。

最后看各调查项目在调查方法上的分布特征。整体而言，347 个调查项目中，属于全面调查的有 204 个（占比 59%），同时有 119 个项目属于抽样调查（占比 34%），后者尽管属于非全面调查但其目标仍然是推断总体数据。实际上只有 9 个项目属于非全面调查中的重点调查，另有 15 个项目属于全面调查和非全面调查的组合。之所以出现这样的结果，与行政记录利用程度较高、将其纳入全面调查的处理有一定关联。如果将考察对象限于抽样调查项目，可以看到，绝大部分抽样调查项目分布于经济和社会领域，分别为 92 个和 32 个，科技领域只有 1 个，环境领域 3 个；与此相关联，以企业为对象的调查项目中有 70 个使用了抽样调查，涉及自然人和住户的调查项目中有 30 个采用抽样调查，其他调查对象类别下则分布较少，尤其是针对政府机构的基础数据采集，53 个调查中只有 4 个采用抽样调查方法。

三、中国政府统计调查体系的制度架构

关于中国统计调查体系的讨论，最早见于李成瑞于1994年编著出版的《统计组织管理学》，第十三章围绕"统计调查的管理"专设一节"统计调查体系"。仔细看其所讨论的内容，主要限于统计组织体系和调查方法体系的简要介绍，尚没有直接涉及中国政府统计调查体系的具体组成。从管理层面看，1994年国务院批转国家统计局《关于建立国家普查制度改革统计调查体系的请示》，可以被视为一个重要的节点，标志着中国政府统计调查"体系"建设的明确提出，开启了后续不断改革、逐步完善的建设过程。可以说，经过数十年建设，中国已经初步建立起一套适应国家治理需要、符合国际规范、制度比较健全的统计调查体系（见专栏6-7）。

专栏6-7 中国政府统计调查体系早期建设历史简述

新中国政府统计没有延续民国传统，而是适应高度集中计划体制的需求、借鉴苏联经验开始全新实践，开始了统计调查体系的开发建设过程。后续七十多年间，中国政府统计调查体系的建设大体可以1978年为界，分为改革开放前后两个阶段。

20世纪50年代是中国政府统计调查体系的初创时期。第一，形成以全面定期统计报表制度为主体的统计调查体系；第二，开创性地开展了第一次工业普查、第一次和第二次人口普查；第三，开始在住户调查、农产量调查方面尝试采用抽样调查。"文化大革命"期间，国家统计系统遭受重创，直到20世纪70年代初才开始恢复，最早恢复的是一套国民经济基本统计报表制度。

以1978年改革开放为标志，中国政府统计开始恢复，随后开始大踏步地开发建设，统计调查体系随即呈现出全新面貌且在不断优化。

20世纪80～90年代政府统计调查体系快速实现恢复重建，并取得一定进展，为后续发展奠定了基础。突出进展包括：在传统的全面定期统计报表制度基础上，恢复并加强了抽样调查在住户调查、农产量调查、劳动力调查等方面的应用，先后开展了第三次人口普查、第二次工业普查、第一次第三产业普查。

20世纪90年代开始，尤其是进入21世纪，在政府统计大发展的整体背景下，统计调查体系有了非常显著的变化。1994年提出"从根本

上改革我国的统计调查方法"，确立了"以周期性普查为基础，以经常性抽样调查为主体，综合运用全面调查、重点调查等方法，并充分利用行政资料"作为统计调查体系的建设目标，并写入《中华人民共和国统计法》。这一目标在后续建设过程中逐步取得显著进展。

资料来源：李强．强化大周期统计设计意识，推动大周期设计制度的建立［J］．统计研究，2013，30（11）：3-6；刘建平，等．我国政府统计调查发展与改革［M］．北京：人民出版社，2018；金勇进，戴明峰．我国政府统计抽样调查的回顾与思考［J］．统计研究，2012，29（8）：27-32．

以下从组织制度角度简要介绍中国政府统计调查体系的组成结构和管理方式。

政府统计调查体系由各种统计调查项目组成。按照"集中统一领导、分级分部门管理"的统计管理体制，全部调查项目按照管理范围可分为国家统计调查项目、部门统计调查项目、地方统计调查项目三个部分。①

（一）国家统计调查项目

国家统计调查项目是由国家统计局制定，或者由国家统计局和国务院有关部门联合制定的调查项目，围绕反映全国性基本情况、对基本国情国力情况进行统计数据生产而实施，目的是满足国家管理和宏观决策需要、服务社会公众。这些调查项目的实施要报国务院备案，一些重大的国家统计调查项目要经国务院审批。

国家统计局调查项目的调查对象和调查范围覆盖面很广，包括全国各地区、各部门及其所属单位。多数调查项目要覆盖全国，但也有一些针对一部分地区、行业、领域开展调查。为此，国家统计调查项目一般由国家统计局通过各级地方政府统计机构和国家统计局直属调查队组织实施。其中，各级政府统计机构主要承担国家统计局布置的全国定期统计报表任务，比如"企业一套表"统计调查项目；国家统计局直属调查队主要承担国家统计局布置的抽样调查任务，比如住户收支与生活状况调查项目、"四下"单位抽样调查项目。有些国家统计调查项目，比如服务业、社会科技、资源环境等方面的统计调查项目，由国家统计局通过国务院有关部门组织实施，比如科技创新综合统计项目、文化及相关产业综合统计项

① 以下内容主要参考文献见：本书编写组．领导干部基本统计知识问答［M］．北京：中共中央党校出版社，中国统计出版社，2024，"统计调查项目包括哪几类"；本书编写组．领导干部应知应会统计法律法规［M］．北京：中共中央党校出版社，中国统计出版社，2024，第三章．相关调查项目数据和具体列示来自对国家统计调查制度、部门统计调查制度、地方统计调查制度的整理。

目。重大国情国力普查由国务院统一领导，国务院和地方人民政府组织统计机构和有关部门共同实施，比如人口普查、经济普查、农业普查。

按照调查内容的重要性和具体组织实施的周期性，国家统计调查项目大体可以分为三类。第一类是重大国情国力调查，由国家相关机构组织实施。当前中国属于此类的调查项目包括：十年组织一次的人口普查，十年组织一次的农业普查，五年开展一次的经济普查。第二类是常规统计调查项目，每年定期、连续开展统计调查。大多数国家统计调查项目都属于此类常规统计调查，政府统计的常规数据发布主要依赖于这些常规调查结果。目前国家统计局组织实施的常规调查项目有三十余项（见专栏6-8），其中包括基本单位调查，农林牧渔业、工业、建筑业、批发零售业、住宿餐饮业、房地产开发、服务业等行业调查项目，针对人口、劳动力、价格、住户收支、固定资产投资、能源、研发与创新、景气状况等有关的专业调查项目。第三类是专项统计调查项目，是为了满足进行国家重大政策追踪、了解社会热点难点问题等需求，专门组织的调查项目，常常具有一次性特点，比如2020~2022年进行的与脱贫有关的调查项目。

专栏6-8 常规性国家统计调查项目一览表

根据国家统计局最新修订结果，2023年常规性国家统计调查制度达30余项。以下是主要调查项目列表。

- 基本单位统计报表制度（年报与定报）
- 农林牧渔业统计报表制度（年报与定报）
- 农业产值和价格综合统计报表制度（年报与定报）
- 工业统计报表制度（年报与定报）
- 建筑业统计报表制度（年报与定报）
- 批发和零售业统计报表制度（年报与定报）
- 住宿和餐饮业统计报表制度（年报与定报）
- 交通邮电互联网软件业统计报表制度（年报与定报）
- 房地产开发统计报表制度（年报与定报）
- 规模以上服务业统计报表制度（年报与定报）
- 劳动工资统计报表制度（年报与定报）
- 能源统计报表制度（年报与定报）
- 固定资产投资统计报表制度（年报与定报）
- 企业（单位）研发活动统计报表制度（年报）

- 企业创新活动统计报表制度（年报）
- 采购经理调查统计报表制度（年报与定报）
- 互联网经济统计报表制度（年报与定报）
- 城市基本情况统计报表制度（年报）
- 县域社会经济基本情况统计报表制度（年报）
- 人口变动情况抽样调查制度（年报）
- 劳动力调查制度（定报）
- 住户收支与生活状况调查方案（年报与定报）
- 农村住户固定资产投资抽样调查方案（年报）
- "四下"单位抽样调查统计报表制度（年报与定报）
- 流通和消费价格统计报表制度（年报与定报）
- 工业生产者价格统计报表制度（定报）
- 房地产价格统计报表制度（定报）
- 农民工监测调查方案（年报与定报）

资料来源：国家统计局网站"统计制度"，以及相关纸介质文本，http：//www.stats.gov.cn/sj/tjzd/index_1.html。

（二）部门统计调查项目

部门统计调查项目是指"国务院有关部门通过调查表、问卷、行政记录、大数据以及其他方式收集整理统计资料，用于政府管理和公共服务的各类统计调查项目"①。此类调查的内容一般与各部门的职责和业务管理需要有关，同时也可以为国家整体决策、管理以及开展国民经济核算提供重要统计信息。

部门统计调查项目由国务院有关部门制定并组织实施，但要报请国家统计局实施统一管理。根据《部门统计调查项目管理办法》，如果统计调查对象属于本部门管辖系统，或者是利用行政记录加工获取统计资料，调查项目报国家统计局备案即可；一旦统计对象超出本部门管辖系统范围，项目就要报国家统计局审批，以便统一协调，防止在各个部门之间出现重复或者不衔接。

组织实施此类调查项目的"部门"大体包括以下四类：一是中央国家机关部委，比如财政部、商务部、交通运输部、国家知识产权局等；二是

---

① 国家统计局. 部门统计调查项目管理办法［EB/OL］. https：//www.gov.cn/zhengce/2022－09/02/content_5726835.htm，具体见其中第三条。

国务院下属具有行政管理职能的事业单位，比如中国气象局、中国科学院；三是经授权代主管部门行使统计职能的国家级集团公司、工商领域各种联合会或协会，比如中国铁路总公司、中国石油和化学工业协会等；四是国务院授权具有一定行政职能的人民团体，比如中华全国总工会、中国红十字会总会等。

截至2023年，查询到有67个部门实施统计调查，统计调查项目近300项。① 这些项目涉及内容广泛，结合部门管理职能，覆盖了经济、社会、人口、资源环境、科技创新五大领域及其细分领域。综合考察可以发现，各部门调查项目在设计、组织等方面具有很大差异，但总体而言，在每一个部门之下的统计调查项目大体都可以分为两类，一是所涉领域的综合统计调查；二是各种覆盖本部门管理重点或一些专项任务的专题性调查。以林业和草原局统计调查项目为例：林业综合统计报表制度和林业草原综合统计调查是覆盖林业（作为行业）和森林、草原（作为资源）管理基本面情况的统计调查项目；同时还有针对森林和草原各类工程管理及其效益、森林保护、森林旅游资源开发、林业系统人才培养与管理等多个主题下的统计调查（见专栏6-9）。一般而言，综合统计调查项目从内容到组织都是相对比较稳定的，而各种专题统计调查项目可能带有阶段性，会不断增减变动。

专栏6-9 若干部门统计调查项目一览

　　1. 人力资源和社会保障部统计调查项目
- 人力资源和社会保障基本情况统计调查制度
- 人力资源和社会保障统计调查制度
- 企业薪酬统计调查制度
- 家庭服务业统计调查制度
- 人力资源和社会保障政策满意度调查制度
- 阶段性实施缓缴企业社会保险费统计调查制度

　　2. 国家林业和草原局统计调查项目（共22项，这里列示一部分）
- 林业综合统计报表制度
- 国家林业重点工程社会经济效益监测统计调查制度

---

　　① 相关资料来自国家统计局网站"部门统计调查项目"，http://www.stats.gov.cn/fw/bm-dcxmsp/bmdcxmml/。

- 林业草原综合统计调查制度
- 全国经济林产业发展情况统计调查制度
- 全国省级林业有害生物防治情况统计调查制度
- 国家森林资源连续清查统计报表制度
- 全国森林火灾统计报表制度
- 林业系统人才、人员和教育培训统计调查制度
- 森林公园监督建设与经营情况统计报表制度
- 森林旅游景区森林旅游信息统计报表制度
- 天然林资源保护工程、京津风沙源治理工程、全国防沙治沙统计报表制度

3. 中国物流与采购联合会统计调查项目

- 社会物流统计调查制度
- 生产资料流通行业统计调查制度
- 全国汽车流通信息统计调查制度
- 废旧物资经营回收统计调查制度
- 拆船行业统计调查制度

资料来源：国家统计局网站"部门统计调查项目"，http：//www.stats.gov.cn/fw/bmdcxmsp/bmdcxmml/。

（三）地方统计调查项目

地方统计调查项目是指县级以上地方人民政府统计机构和有关部门制定并实施的统计调查项目，调查内容主要是为本地区经济社会管理、制定相关规划与决策服务，进行相关统计数据生产。

地方统计调查项目由县级以上地方政府统计机构和有关部门分别制定或联合制定并负责组织实施。其中，省级政府统计机构制定的项目要报国家统计局审批，省以下各级统计机构制定的项目要报省级政府统计机构审批，县以上各部门制定的项目要报同级政府统计机构审批。相当于是前述国家层面统计调查制度管理的一个地方版本。

截至 2023 年，查询到全国 31 个省份和新疆生产建设兵团统计机构经国家统计局审批的统计调查项目约 900 项。[①] 考察发现，不同省份之间所实施的统计调查项目无论在内容上、项目数量上都存在较大差异。专

[①] 相关资料来自国家统计局网站"地方统计调查制度"，http：//www.stats.gov.cn/fw/dftjxmgl/dftjdczd/。

栏6-10列出北京市的统计调查项目,所涉内容大体包括以下部分:第一,统计局与其他政府部门之间的数据共享制度,相当于将国家统计局与中央各部委之间数据共享机制平移到了北京市;第二,各种社情民意调查项目,有些体现了与国家层面相关满意度调查项目的一致性,但更多项目是基于北京市需要进行的专门调查;第三,还有一些是在国家统计调查项目基础上的补充调查,比如季度人口抽样调查,相当于将国家每年一次的人口变动抽样调查增频到一年四次,类似的还有应对气候变化统计调查等;第四,一些带有实验性、临时性的专项调查。其他省份尽管在调查项目数上显著少于北京市,但其内容组成具有大体类似的思路。

专栏6-10 北京市统计局调查项目一览

2023年北京市统计局列示出来的统计调查项目共计29项,有些明显属于当年或其他一次性专题调查的项目,这里列示其中的主要项目。

- 部门数据共享制度(多项)
- 物业管理民意调查
- 群众安全感调查方案
- 城乡居民垃圾分类意识及现状调查
- 社会养老状况需求调查
- 消费者信心电话调查
- 疏解整治促提升效果民意调查
- 智慧城市及数字生活民意调查
- 乡村振兴满意度调查
- 基本公共服务状况调查
- 应对气候变化统计调查制度
- 中小微企业生产经营情况调查
- 小微企业融资状况调查
- 中关村国家自主创新示范区报表制度
- 季度人口抽样调查
- 金融业统计报表制度
- 区级社会综合统计报表制度
- 就业状况专项调查

资料来源:国家统计局网站"地方统计调查制度",http://www.stats.gov.cn/fw/dftjxmgl/dftjdczd/。

四、中国政府统计调查体系结构分析

全面考察国家、部门、地方三部分统计调查项目所涉内容，可以认为，国家＋部门合起来大体显示了中国政府统计调查体系的内容组成，地方部分主要体现国家层面统计调查的延伸。有鉴于此，以下主要以国家统计调查制度和部门统计调查制度为研究对象，对中国政府统计调查体系作结构性分析。

出于两个原因，我们无法像前面介绍的加拿大政府统计调查体系那样，整理一个完整的项目信息数据库，针对中国政府统计调查项目做全面的技术分析。一是受政府统计体制影响，中国政府统计调查项目一部分集中在国家统计局，还有很大一部分分散在各个政府部门；二是通过当前的公开披露，还难以全面掌握有关部门统计调查项目的技术信息。以下拟从内容覆盖和调查方法两个角度，借助于相关文献，以及此前通过各种方式参与相关研究和咨询所积累的经验，对中国政府统计调查体系的内容组成结构以及管理上的组合应用进行初步探讨，希望形成一些归纳性认识，提出一些原则性建议。

（一）从内容组成看中国政府统计调查体系

第二章讨论中国政府统计内容体系时曾就统计调查制度的覆盖程度作过实际演示，认为政府统计调查"不仅在一级内容体系的五个领域实现了全面覆盖，而且在二级内容体系方面也有较高的覆盖程度"。其中，"经济统计部分主要依赖于国家统计局系统主导的国家统计调查，辅之以财政部、人民银行等部门的业务统计；社会统计、资源环境统计、科学技术统计则呈现另一种样貌，较多依赖于其他政府主管部门的行政记录和相关调查，国家统计局系统主要负责综合协调，同时承担一部分调查任务"。但是，统计调查体系的建设程度不仅体现在内容覆盖程度上，更重要的是这些调查项目是否有机组合起来形成一个整体。所以，在以上结论性评价基础上有必要作进一步补充讨论。

国家统计调查项目和部门统计调查项目分属于国家统计局系统和政府其他部门，在两者之间有一部《部门数据共享制度》，沟通了从政府其他部门向国家统计局传输数据的渠道。[①] 聚焦于政府统计数据产品及

[①] 如果仔细考察，《国家统计调查制度》中也有一些是以部门为调查对象、由部门提供数据的，比如《科技创新综合统计报表制度》《资源环境综合统计报表制度》《应对气候变化部门统计报表制度》《文化及相关产业综合统计制度》，其性质等同于《部门数据共享制度》。

其应用，三者之间的关系大体可以这样刻画：第一，国家统计调查项目服务于政府统计综合统计数据的生产。第二，部门统计调查项目有两个服务方向，一是进行数据加工形成专业统计数据，服务于本部门的管理与政策制定，为社会公众提供相关信息；二是按照国家统计局的要求，提供本部门调查信息，以及在调查基础上形成的统计数据，由国家统计局转换为国家综合统计数据，或者服务于国家综合统计数据的生产（比如纳入国民经济核算）。通过落实到综合统计数据生产这个层面，各类统计调查项目组合起来作为统计调查体系的功能就会展现出来（见图 6 – 1）。

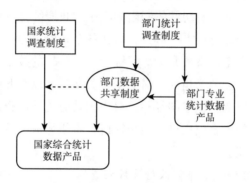

图 6 – 1　中国政府统计调查体系的组成与功能展示

进一步深入到统计调查项目层面，考察其相互之间在内容上的协同和匹配程度。总体而言，国家统计调查制度中各个调查项目之间具有较高的协同程度。最典型的是，通过"企业一套表"全面调查 + "四下"单位抽样调查的整体设计，在很大程度上实现了多专业、多行业统计的一体化调查，覆盖了很多内容，形成了一套比较严谨的统计调查体系。但在部门统计调查制度之下的各项调查则分散在众多部门，当前国家统计局在项目管理上还难以从内容上进行实质性统筹，所以各部门调查项目不同程度地存在"各自为政"的情况，① 相互之间调查数据共享渠道并不通畅，调查内容的不重不漏、衔接一致也存在很大难度，结果不仅浪费了各个部门的调查资源，同时也加大了被调查者的应答成本。所以，如何进一步在不同部门调查项目之间实现统筹，搭建起落到实处的统计调查体系，仍然需要进一步努力和探索。

---

① 具体到各个部门的调查项目，仅从项目名称的关键词上就可以感受到其中存在一定程度的无序：部门内部各个调查项目五花八门，不同部门之间所设调查项目相似又各异。

（二）从调查方法匹配看中国统计调查体系

《中华人民共和国统计法》第十八条对中国统计调查体系的建设目标有明确规定："应当以周期性普查为基础，以经常性抽样调查为主体，综合运用全面调查、重点调查等方法，并充分利用行政记录、社会大数据等资料。"

将此目标落实到具体建设上考察，可以发现其中包含两层规定性：第一层是不同项目在调查方法上的协调匹配，第二层则要求不同项目对不同调查方法的选择要落实到调查周期上，形成进一步的协调匹配。两者相比，前者主要是在同一个时间上的"平面"设计问题，而后者则将时间因素引入体系设计，包含了不同时间上的相互协调要求。为此有专家呼吁一定要"强化大周期统计设计意识"，在此指导思想下考察既有统计调查体系并实施进一步改革。①

在国家统计调查制度层面上，当前已经基于上述目标形成了"体系"架构。正如专栏6–11所述，"周期性普查"目标已经实现，抽样调查在经常性调查项目中得到了较大范围的应用，同时保留并提升了传统统计报表制度的应用方式，使其在现代统计调查体系中继续发挥重要作用。在此基础上看调查体系，有以下具体应用模式。

第一，关于不同调查项目在调查方法上的匹配，以"一套表统计调查制度"为中心的企业调查是最具代表性的成功案例。一方面，通过企业一套表，统筹了国家统计局系统内部针对企业进行的各种统计调查项目，不仅覆盖不同行业的企业调查，还涉及不同专业面向企业的调查项目；另一方面，企业一套表针对规模以上工业企业等"四上"单位开展全面调查，与此同时，针对"四下"单位通过抽样调查取得相应基础资料，两者匹配起来，实现了对企业调查的全覆盖。

第二，关于采用不同方法的调查项目在不同周期上的匹配，最典型的应用案例是人口调查。首先是十年一次的人口普查，用于获取人口基础统计资料；其次在两次普查之间开展一次1%人口抽样调查，通过推算及时把握人口总体状况；最后是每年进行一次1‰人口变动情况抽样调查，实时掌握人口变化动态数据资料。三者嵌套起来，既体现了不同调查方法的匹配，又实现了不同周期下获取人口数据的目标。除此之外，在经济普查年份，将企业一套表年报内容全面纳入其中，由此在两者之间也体现了一定程度的嵌套。

---

① 李强. 强化大周期统计设计意识，推动大周期设计制度的建立 ［J］. 统计研究, 2013, 30 (11): 3–6.

专栏 6 – 11　中国政府统计调查体系开发建设状况

20 世纪 90 年代开始确立将"以周期性普查为基础，以经常性抽样调查为主体，综合运用全面调查、重点调查等方法，并充分利用行政资料"作为统计调查体系的建设目标。此后国家统计系统不断改革，向这一目标迈进。以下是根据相关材料对这一过程以及当前状况的简要总结。

第一，周期性普查体系已经基本形成。以十年为一个周期，包括人口普查（十年一次，逢 0 进行）、农业普查（十年一次，逢 6 进行）、经济普查（五年一次，逢 3 和 8 进行）共计三项四次普查，可以提供有关重大国情国力的基础统计资料，同时为经常性统计调查提供基础参数和调查名录。

第二，显著提升了抽样调查在政府统计调查体系中的地位和作用。一方面，扩展抽样调查的应用领域，在所谓"四下"（涉及工业、建筑业、批零贸易业、住宿餐饮业等）中小企业为代表的一大批经常性调查项目中采用抽样调查方式获取数据，使得更多统计调查项目采用抽样调查方式推算总体；另一方面，将抽样技术引入普查等项目中，通过长短表、数据质量抽查等方式助力普查项目的实施。

第三，规范并提升传统的全面统计报表制度。一方面，以"企业一套表"为标志，规范全面统计报表制度的应用范围和方式，避免过分依赖这种单一调查方式，与抽样调查相配合支持经常性政府统计调查；另一方面，以"四大工程"项目为示范，将信息技术全面引入重点行业全面统计报表制度，极大地改进了整个业务流程的科学性和数据开发应用效率。

第四，统计调查项目实现全面的制度化、标准化管理。区分国家统计调查项目、部门统计调查项目、地方统计调查项目，在三者之间保持明确的分工和分层管理；通过开发各种标准，规范各类统计调查项目的对象、范围、流程以及数据发布机制，从根本上改变既往调查项目管理混乱、数出多门的状况。

此外，还多渠道尝试将行政记录数据、各类大数据引入传统政府统计调查项目。

资料来源：李强. 强化大周期统计设计意识，推动大周期设计制度的建立[J]. 统计研究，2013，30（11）：3 – 6；刘建平，等. 我国政府统计调查发展与改革 [M]. 北京：人民出版社，2018；金勇进，戴明峰. 我国政府统计抽样调查的回顾与思考 [J]. 统计研究，2012，29（8）：27 – 32.

进一步看，围绕调查方法的中国统计调查体系建设仍然有很多有待进一步改进之处。首先是国家统计调查项目的进一步改革，包括如何协调三次大型普查，改进优化经常性抽样调查项目之间的组成，在各层次调查项目之间实现更好的匹配①。其次是部门统计调查项目的改革和体系化，从调查方法选择到调查项目的系统化管理，均存在较大的提升空间。分层次看包括：各部门内部统计调查项目的体系化设计和管理、各部门之间统计调查项目的协调和一致化设计、部门统计调查项目与国家统计调查项目之间的协调和一体化管理。在此过程中，除了传统直接进行统计调查之外，如何进一步开发行政记录、将大数据纳入政府统计调查体系，更是未来建设面临的紧迫任务。

---

　　① 参见：李强. 强化大周期统计设计意识，推动大周期设计制度的建立［J］. 统计研究，2013，30（11）：3-6；陈光慧，刘建平. 我国经常性抽样调查体系的改革研究［J］. 统计研究，2010，27（10）：6。

第七章　政府统计项目流程管理

统计调查要放在统计项目中予以实施，是统计项目运作过程中的主要工作。反过来看，统计项目中包含的工作不只是统计调查，还要向前延伸到统计调查的论证，向后延伸到从基础信息到统计综合数据的整理加工，以及数据产品的发布，一句话，会覆盖数据生产的整个工作流程。

统计项目是组织政府统计工作的基本抓手。政府统计的数据生产就是通过一个个统计项目实现的，所有统计项目合在一起，构成政府统计的全部工作内容。如何实际运作一个统计项目，是所有数据生产者需要面对的问题，政府统计也不例外。一国政府统计覆盖经济、社会、环境、科技方方面面，具体实施的统计项目很多，可能高达上百项，为此必须建立一套机制，统筹各种统计项目，进行有效的过程管理。

本章的讨论主题就是政府统计项目的过程管理。以下我们要结合国际规范和中国实际，深入解读政府统计项目所包含的一套业务流程及其标准化管理思想，进而通过经济普查和住户调查两个案例，具体介绍一项大型普查、一项经常进行的大样本抽样调查是怎样设计和实际运作的。

第一节　政府统计项目及其流程管理

一般而言，经济社会调查的环境与对象是开放的，不同于自然科学实验，无法通过"重复"来验证数据结果的可靠性。在此境况下，经济社会调查的过程管理就显得特别重要：要通过科学严谨的过程管理，保证调查结果的质量以及可信性。政府统计提供的数据具有公共产品性质，相较于一般意义上的经济社会调查，其质量和公信力更加重要，因此，就政府统计而言，对调查项目实施严格过程管理的必要性就更加突出。

从实施角度看，政府统计项目不同于一般的商业调查、社会调查，在以下方面具有显著特点。第一是规模大、要求高、内容丰富。政府实施的统计项目，通常不是仅为了某单一目的而设，而是要针对经济社会发展某个领域系统收集相关数据，对象复杂多元，而且要求对全国以及省市地方均具有代表性。第二是连续性，反复进行，同时会有动态调整。大部分政府统计项目是持续存在的，要按照一定周期开展调查、定期提供统计数据，同时还要与国家经济社会发展进程相关联，适时调整既有统计项目的内容和流程，必要时会开设新的统计项目。上述特点决定了一个政府统计项目具有综合性和复杂性，为达到预期目标，必须辅之以有效的组织实施，要进行过程管理。

进一步看，政府统计要同时运行多个统计项目，对应着一套政府统计调查体系，要以整体质量为自身的职能提供保证。在这个体系中，每一个调查项目有其特定的目标，但每一个调查项目又都不是孤立存在的，而是要与其他调查项目之间形成关联、保持某种方式的衔接。综合起来看，各调查项目主题多元、对象多元、方法多元、数据产出多元、对应的数据用户多元。为此政府统计需要对统计调查项目实施系统管理：不仅要进行单个项目的管理，而且要进行多项目的系统管理。这无疑就加大了过程管理的难度。

在多项目系统管理前提下，统计项目的组织方式在一定程度上取决于政府统计内部的分工模式。[①] 在很长时间里，政府统计项目主要采用"烟囱"或"筒仓"式管理模式，一统到底。在这种模式下，先通过内部组织分工基于不同主题形成不同统计项目。具体到某个特定统计项目，其全部工作都集中在统计机构的某个部门（比如农业统计项目在农业司），该部门要负责整个调查的设计以及后续收集数据、处理和分析数据、报告与传播数据的统计生产全过程。这种模式有其优势，可以保证对整个统计项目的统一认识和统一组织，但其劣势也十分明显：没有体现统计生产过程中的专业分工，不注重其中所包含的那些共有统计基础的利用，也不利于跨不同主题、不同统计项目之间的内部合作。所以，伴随政府统计内部分工模式的演化，出现了另一种统计项目组织方式，分为问卷设计、方法设计、数据收集、信息技术服务、数据编辑加工、数据发布与传播等不同环节，由不同专家和工作人员开展工作，最后集中到各个主题下的统计项目。[②] 显然，在后一种组织模式下，统计项目系统管理的必要性就会凸显

① 有关政府统计内部分工模式，可参见本书第三章第二节针对"中央统计局的组织模式"进行的讨论。

② 以上参见：*Handbook on Management and Organization of National Statistical Systems* 第 2.13 节以及第 5.3.1 节。

出来，难度也会相对增大。

上述两种组织方式利弊互见。实践中，对具有综合、复杂等特点的政府统计项目而言，没有哪个统计项目完全属于哪一种组织方式，更多地采用混合模式：在某些环节上实现了统计专业分工，但按照项目主题会归属于某一个统计机构对整个项目实施统筹。

面对上述种种进行综合考量，围绕政府统计项目管理，有以下两点认识：一方面，必须建立一套机制，形成标准化的业务流程规范，进行统一的统计项目过程管理；另一方面，这套流程还要具有一定弹性，以适应政府统计项目的不同主题和不同场景。

第二节　统计项目标准业务流程

如何进行有效的统计项目组织？如何进行多项目的系统管理？如何在专业分工前提下保证有效合作并提升各个统计项目的效率？标准化是一个重要的手段。通过标准化，不同统计项目、项目的不同环节均按照同样方式设计、定义、实施，以同样的程序完成相应工作，以此可以保证单个统计项目在方法、组织上的科学性和动态连续性，同时保证不同统计项目之间的统一、可比和衔接。下面专门介绍的通用统计业务流程，就是实现标准化的主要举措和手段。通过这一套通用统计业务流程规范，我们即可大体了解完成一项政府统计项目所包含的基本步骤以及制约其过程的核心要素。

一、统计项目标准业务流程的开发与引入

《通用统计业务流程模型》（GSBPM）是由国际组织开发、随后在各国得到应用的一套统计规范（见专栏 7-1）。这套规范描述和定义了生成政府统计数据所需的一组业务流程，其中包括一套标准的框架和一套经过协调的术语；将其应用于具体项目管理，可作为工作流程规范的模板、协调内部数据集成的基础架构，并可以为流程质量评估和改进提供框架。

专栏 7-1　《通用统计业务流程》（GSBPM）开发以及进入中国

GSBPM 起于新西兰统计局使用的业务流程模式，后经欧洲经委会、欧盟统计局、经济合作与发展组织的统计元数据联合小组（METIS）于 2008 年作进一步开发而成。其间曾出台了几次草案并与各方面协商，

《GSBPM》(4.0版) 于2009年4月发布，随后被全球官方统计界广泛采用。

2013年12月发布 GSBPM (5.0版)，后经过广泛讨论，根据实际实施中的意见反馈进行修改，最终形成 GSBPM (5.1版)，于2018年作为最终版本发布。未来该版本可能还需要更新，以便能够及时反映在实践中实施该模型的更多经验，显示统计生产性质变化带来的演变。具体版本信息可根据以下网址查询：UNECE Statistics wikis-GSBPM (https：//statswiki. unece. org/display/GSBPM)。

中国此前曾经针对元数据等统计业务标准化要素的传播和应用开展初步工作。将统计业务流程管理理念和国际规范开发进展引入中国的最早文献，出自国家统计局设计管理司王萍（时任标准处处长）之手。她通过《中国统计》发文，及时介绍了 GSBPM (4.0版) 的内容；随后在《统计研究》发文，更加系统地介绍各国应用经验，结合中国"企业一套表"制度改革，论述其中对标准化统计业务流程的应用，并进一步提出了"建立中国统计业务流程的构想"。

资料来源：United Nations Economic Commission for Europe. Generic Statistical Business Process Model (GSBPM) (Version 5.1) [DB/OL]. https://statswiki. unece. org/display/GSBPM/GSBPM + v5.1，具体见其中第1~3段；王萍. 统计业务流程的国际规范——联合国欧洲经济委员会《通用统计业务流程模型》[J]. 中国统计，2012 (10)：34-36；王萍. 建立中国统计业务流程的构想 [J]. 统计研究，2013 (3)：18-24。

从政府统计建设本身而言，制定这样一部通用统计业务流程规范的目的是规范政府统计各类调查项目，通过统计生产全过程的标准化管理提升政府统计工作效率和质量，加强不同项目之间、不同部门之间的合作和协调，提高政府统计工作的现代化水平。进一步看，通过这样一套业务流程的全面展示，还可以产生另外一个效果：我们可以将其视为对政府统计生产过程的描述，外界可据此了解一个政府统计项目是如何组织、运作的，在运作过程中需要把握哪些关键要素，由此可有助于提高政府统计工作过程的透明度。[1]

中国很快对此项国际规范作出了响应，将统计业务流程管理理念引入政府统计项目管理。参照 GSBPM (4.0版) 并结合中国实际，国家统计局

---

[1] *Handbook on Management and Organization of National Statistical Systems* 第2.13节提到了通用统计业务流程的这一功用。

先是在"企业—套表"制度改革中尝试性地运用了业务流程管理（见专栏7-2），随后制定了《国家调查队统计流程规范》，目的是"统一规范国家调查队业务流程和承担的调查项目，提高国家调查的科学化、标准化和规范化水平，提升调查队系统的政府统计能力"，相关内容同时体现在《国家统计质量管理框架》和《统计调查项目、改革方案、发展规划执行情况评估办法》之中，其中心思想就是强调统计调查项目的全过程管理。

2021年中国国家统计局参照新版 GSBPM 修订情况，在《国家调查队统计流程规范》基础上制定了《统计业务流程规范（2021）》。和此前规范相比，新一版规范根据统计局系统业务工作特点，在各流程环节中增加了相应内容，可以更好地用于指导统计系统的业务工作。具体而言，是将流程环节重新整合，从原有的11个环节、48个节点修改为10个环节、46个节点；另外，还在确定需求、调查设计、数据采集等环节增加了对大数据资源、网络调查、电子记账、无人机遥感测量等新数据源和新调查方法的有关规范。①

二、统计项目标准业务流程解读

表7-1和表7-2以对比的方式列示了国际组织的《通用统计业务流程模型》（GSBPM）和中国的《统计业务流程规范》，内容覆盖一个统计调查项目所设定的不同阶段（环节）。将中国规范与国际组织提出的规范相比，可以看到，在对统计业务流程的整体描述上，两部规范大同小异，但在具体环节设定上具有一定区别，在对各个环节尤其是子环节的语言描述上具有显著区别。也就是说，中国制定的《统计业务流程规范》，遵循了国际规范的基本思想，同时体现了与中国实际情况的结合。

表7-1　　　　联合国《通用统计业务流程模型》（2019）

阶段	内容描述
阶段1 确定需求	识别信息需求；商议并确定需求；建立产出目标；确认概念；审核数据可用性；准备业务案例
阶段2 设计	产出设计；变量描述设计；数据收集方法设计；框架和抽样方法设计；统计处理方法设计；生产系统和工作流程设计

---

① 用好统计质量保证框架高质量推进统计现代化改革——国家统计局总统计师曾玉平解读《国家统计质量保证框架（2021）》[J]. 中国统计，2021（7）：4-6.

阶段	内容描述
阶段3 搭建	建立或续用收集工具；建立或续用处理分析组件；建立或续用传播组件；设置工作流程；测试生产系统；测试统计业务流程；最终确定生产系统
阶段4 收集数据	创建框架并选择样本；设置收集站；运作收集；完成收集
阶段5 处理	整合数据；分类与编码；审查编校；编辑与修正；派生新变量和统计单位；计算权重；总和计算；完成数据文件
阶段6 分析	准备输出草稿；验证输出；检查和解释；运用披露控制；完成输出
阶段7 传播	更新输出系统；生产传播产品；管理传播产品的发布；推广传播产品；管理用户支持
阶段8 评估	收集评估输入；实施评估；协定行动计划

资料来源：United Nations Economic Commission for Europe. Generic Statistical Business Process Model（GSBPM）（Version 5.1）［DB/OL］. https：//statswiki. unece. org/display/GSBPM/GSBPM + v5.1.

表7-2　　　　　　　国家统计局《统计业务流程规范》（2021）

环节	内容描述
环节1 确定需求	目标确定；资源梳理；项目论证；环境评估；经费预算
环节2 调查设计	最终成果设计；调查内容设计；调查方法设计；数据采集方法设计；数据处理方法设计；数据评估设计；数据使用发布与存储设计
环节3 审批备案	项目初核；项目复核；项目公布；项目检查和监督管理
环节4 任务部署	保障措施落实；调查工作准备；调查工作布置；业务培训
环节5 数据采集	数据采集；信息收集；数据录入；数据初审；数据上报
环节6 数据处理	数据审验；数据整合；数据分析；数据加工汇总
环节7 数据评估	抽样调查误差评估；非抽样调查误差评估；数据逻辑性评估；数据反馈
环节8 数据公布与传播	最终产品生成；数据公布管理；数据解读与舆情应对；数据查询系统维护更新；微观数据开放
环节9 统计分析	统计分析选题；资料准备；分析报告撰写
环节10 项目评估	评估方案制定；执行情况收集；执行情况评估；评估报告撰写

总体而言，一个政府统计项目的运作过程可以大体分为三部分：前期论证与设计，数据生产过程，后期评估。以下结合这两部规范对各个环节的要点作简要说明。

第一部分是前期论证与设计。

先要从需求角度对统计调查项目的必要性进行论证。面对的问题包括：需要什么样的统计数据？谁需要这些数据？目的是什么？应该由政府统计提供吗？是否已经有类似的统计数据？如果生产新的统计数据其利弊、收益和成本是什么？通过这个阶段，决定是否新增某特定统计项目，或者是否继续某个已存在的统计项目；如果确定该项目上马，其具体目标是什么。统计部门常常要面对各种数据需求，但并非所有需求都应该通过启动一个专门的统计项目尤其是一项专门调查来满足。对于政府统计而言，这个需求应该足够重大，应该具有长期性，应该具有公共属性，同时要有相应的资源保障，否则就不能专门立项。在决定一项需求是否转化为一个独立的统计项目时，应该体现政府统计的独立性。

一旦确定要启动一个统计项目（立项完成），随之而来的是一系列的设计工作。面对的问题包括：对谁做调查？调查什么？怎么调查？后续数据如何加工？最终形成什么数据产品？如何发布和传播这些数据产品？也就是说，内容设计要覆盖后续整个统计业务流程的各个阶段。如果用规范的语言表述，如表7-1和表7-2所示，涉及统计调查成果设计、调查内容设计、调查方法和数据采集方法设计、数据处理方法设计、数据产品及其发布传播方式设计等。统计设计是一项复杂的技术性工作，目标是将预设的数据需求转化为一套政府统计工作流程。一个统计项目最终是否能够达到最初的目标，在很大程度上取决于统计设计是否科学、是否切合实际。为此，在统计设计阶段会有相关机构、不同领域的专家参与和合作，需要开展大量调研以及小范围试点，经过反复论证，最终形成一套统计工作方案。

第二部分是数据生产过程。从准备开始，顺序经过基础数据的收集、整合和加工，转化为综合统计数据，进而发布这些数据，环环相扣，每一个环节都需要相应的管理规范。

前期准备工作非常重要，需要将统计设计的方方面面落实到位。一方面是软硬件的准备，随着信息技术逐步介入统计工作过程，相关设备、软件、系统开发以及测试工作已经成为一个统计项目启动的必要环节；另一方面是人员的准备，调查队伍的组建以及业务培训必不可少，不仅是调查内容的培训，还有信息技术方面的培训，有时培训还可能延及被调查者。此外还有统计工作组织方面的准备，要有相应的机构、人员、制度等作为统计项目的组织保障，还要保证相关经费的落实到位。

基础数据收集是统计数据生产过程的第一步，在源头上决定了一个统计项目的质量。要依据事先设计的调查内容（调查表或者问卷或者其他形式）和数据采集方法，面对基于调查方法设计所确定的调查对象，进行基础数据采集工作。这一阶段的工作主要是将设计落到实处，调查者会以不同方式与被调查者对接，以获取相关信息，并实现数据录入。比如，访员要直接对应被调查者；电话调查要接通被调查者的电话；联网直报方式下要吸引被调查者在系统中提交相关数据；行政记录要从相关部门获取。从管理角度看，主要工作就是数据收集过程的组织、监督，解决收集过程中出现的问题，保证数据收集过程的进度和质量。

接下来是数据审核、加工与分析评估。相关工作发生在政府统计各级机构，各个步骤之间环环相扣，最后形成综合统计数据。基层统计机构要按照审核关系完成数据录入后的初步审核，传输至上级统计机构；上一级统计机构要对接收到的数据进行验收、审核以及相应的修正。数据加工过程中，要对数据进行分类整理，通过各种方式和手段形成各种代表总体的综合统计指标数据，包括汇总和加权计算、以样本指标推算总体指标等。加工形成的综合统计数据要经过分析评估，包括误差评估和数据逻辑性评估，确认数据的可靠性。

数据生产的最后一步是发布、传播，有条件情况下还可以提供相关增值服务。经过评估的综合统计数据可以经过"包装"在不同渠道发布，比如以公报、简报、新闻稿方式，配以相应的图表以及其他可能增强统计数据所传达信息的视觉手段，可以用新闻发布会、主流媒体、统计部门网站等多种形式发布。发布要有一定的程序管理，比如要经过必要的审批，关注数据发布之后用户的反馈，并以不同方式与用户沟通，以此保证数据发布的效果。在中国，针对大型统计项目，特别注重后期数据应用开发，基于所获取数据邀请相关机构和专家进行专题性统计分析，相当于为包括政府部门在内的各类用户提供增值服务。

第三部分是后期评估。评估就是总结，要对数据产品生产过程的每个子过程进行总结，评估每一步的质量和效率以及最终产品的整体质量。这一步骤对于一个统计项目的后续管理非常重要，可能会决定其是否继续实施；如果继续实施，相关评估结果就可以作为进一步改进优化的依据。在某种意义上可以认为，这一轮实施的评估就是该项目下一轮实施的开始。

以上是对一个统计项目实施过程的纵向描述。为保证实施过程中各个环节之间的统一性，高效完成统计项目设定的目标，GSBPM特别设定了若干贯穿各个阶段的要素管理手段。以下是相关要素管理的基本要点。

第一是元数据管理，要求在每个阶段都要创建元数据，并在整个生产过程的后续阶段传输和利用元数据。通过元数据，一方面详细说明统计生产中采用的方法和程序，作为后续专家详细评估统计数据的质量和稳健性的依据；另一方面则要向用户说明所产出统计数据的定义、特性、适用性、可比性和局限性。

第二是质量管理。要求将质量管理思想贯穿于整个业务流程模型中，基于每个阶段、每个子流程进行评价和质量控制；要预估实施过程中可能出现的风险，适时监测和分析质量方面发生的问题，并通过相应机制及时纠正和修正；在管理过程中要保持内外沟通，适当引入内部审计和外部审计，以此保证整个调查项目最终达到相应的质量水平。

三、统计项目标准业务流程的灵活运用

实际运作过程中，统计项目可能是多种多样的。有些以统计调查为核心，从实际采集数据开始；有的则可能主要依赖于行政记录或者其他数据源获取基础信息，大量工作集中在数据清洗、整理和后期加工方面。有些是新开发的项目，一切要从头做起；但更多的情况则是以前延续下来的项目，要在不断优化前提下进行重复操作。不一定所有项目都是从做调查、收集基础信息做起，有些项目是根据已有历史数据作进一步开发。

上一小节是对政府统计项目标准业务流程的完整描述，目的是提供一个最完备的规范。结合不同统计项目的具体情况来看，需要灵活看待上述标准业务流程及其规定性，择机应用。比如，有些项目可能只涉及其中的某些环节，有些项目可能有不同的工作中心。

中国经历了长期政府统计建设，在统计项目管理方面已经积累了不少经验。但是，明确形成一套规范、按照一套业务流程实施标准化管理，主要发生在最近十余年间。第一次正式引入标准化业务流程管理是"企业—套表"改革（见专栏7-2），此后在各种全国性大型调查项目中均体现了明确的流程管理。

专栏7-2 "企业—套表"制度中包含的业务流程

如何在"企业—套表"改革过程中体现业务流程制度设计？当时在国家统计局设计管理司任职的王萍撰文系统阐述了其基本设计思路，并通过下图显示了"企业—套表"业务流程与当时联合国通用业务流程模型之间的对应关系。

开展企业—套表调查的目标，是按照一体化的理念，将涉及企业的若干调查项目进行整合，统一设计，统一采集数据，因此，特别有必要

引入标准化流程管理思想，建立规范的业务流程，并成为企业—套表改革的核心。经过两年多的试点，企业—套表业务工作流程逐步完善，为全面实施企业—套表联网直报的工作模式奠定了基础。

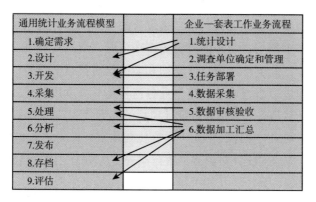

通用统计业务流程模型	企业—套表工作业务流程
1.确定需求	1.统计设计
2.设计	2.调查单位确定和管理
3.开发	3.任务部署
4.采集	4.数据采集
5.处理	5.数据审核验收
6.分析	6.数据加工汇总
7.发布	
8.存档	
9.评估	

通用统计业务流程模型与"企业—套表"工作业务流程的关系

企业—套表业务流程的基本思路与通用统计业务流程模型相同，但按照自身特点作了灵活处理。第一，按照统计工作的开展步骤进行设计，流程中包括了设计、采集和加工处理等具体环节。第二，业务流程分层设计，主要包括6个环节，下设80个节点。总体来看，企业—套表业务流程主要限于获得调查数据的工作过程，设计上侧重于对调查数据的采集和加工，省略了确定需求和数据发布两个环节，目的主要是让使用者更清楚地了解流程中每个环节要做的工作内容。

中国在"企业—套表"统计改革过程中，按照标准化业务流程，实现了统一设计报表制度，统一管理调查单位，统一的数据采集处理软件，统一的企业联网直报系统。在试点和实施中，取得了宝贵经验，可以作为中国研究建立全过程统计业务流程的先期探索。

资料来源：王萍. 建立中国统计业务流程的构想［J］. 统计研究，2013（3）：18－24.

正如以上所述，标准化业务流程在不同统计项目中可能会有不同的具体设计，尤其要与各该项目的主题和组织方式相结合，体现不同特点，用不同的语言文字予以表述。以下分两节专门介绍两个应用案例，一个是全国性大型普查项目，另一个是经常性抽样调查项目，以此可以更具体地了解中国政府统计项目的组织实施过程。

第三节　统计项目流程管理实例：经济普查

一个大型政府统计项目，常常是复合的：涉及多种对象、运用不同调查方法、由多个部门联动、内容覆盖多个主题，所以应称其为综合统计项目。唯其综合，此类统计项目的组织和实施具有高度复杂性，因此，需要动用大量资源进行系统设计，整个业务流程需要高度规范化。

经济普查就是一个大型综合统计项目的典型代表。以"经济"为主题，决定了这项调查的对象比较多元、内容比较丰富；作为"普查"，决定了这项调查原则上应该对统计对象逐一进行调查。从功能上说，经济普查对一国政府统计很重要，是经济及相关统计的基础性数据来源。从组织实施而言，经济普查是政府统计所面对的最复杂、最庞大的工作任务，要对覆盖范围内的全部经济单位进行不同方式的统计调查，完成数据收集、编纂、评价、分析以及综合统计数据传播的全过程。为了完成这项调查工作，需要绘制整个国家的地图，动员和培训一支统计大军，投入大量财政预算，准备相应的软硬件设施并保证其正常运作，与媒体及其他传播渠道开展合作，与广大数据用户保持良好沟通。上述种种决定了，世界各国（地区）未必都有力量开展周期性的经济普查，或者说，如果有其他方式解决相应基础数据需求，统计部门未必倾向于实施周期性的经济普查（参见专栏7-3）。

专栏7-3　各国经济普查开展情况综述

联合国统计司2010年公布了由一项调查（2007年）所获得的各国（或地区，下同）开展经济普查的状况，介绍了一些典型国家开展经济普查的经验，并推荐有关经济普查的一些"良好做法"。以下结合文中提供的材料，对各国经济普查开展情况作简要介绍。

有多少国家开展经济普查？调查显示，在反馈问卷的114个国家中，1/3（39个，占34.2%）表示他们已经进行了经济普查，未来计划进行经济普查的国家会进一步增加（55个，占48.2%）。进一步观察，开展经济普查最普遍的国家不是发达国家、转型国家，而是发展中国家（占49.2%），后者对未来计划实施也更加积极（占66.7%）。美国有很长的经济普查传统，每五年开展一次，但欧洲各国组织经济普查的比例却很低，39个国家中只有6个开展了经济普查，未来有计划的国家只有

9 个。由此说明，是否开展经济普查，取决于多方面的因素，归纳起来，可能与国家规模大小有关，与政府统计部门的行政记录利用程度或者日常调查工作的完备性有关，与已经形成的传统做法有关。

在开展经济普查的国家中，多久进行一次？国际统计标准建议定期（每五年）进行一次经济普查，以便为基本经济统计提供健全的基准。调查显示，进行经济普查的国家中超过一半（56.4%）每五年进行一次普查，另外有 1/4 每十年进行一次。

经济普查的覆盖范围有多大？一般而言，制造业、采矿业以及各种市场性服务业都在各国经济普查覆盖范围之内，但调查显示，2/3 国家的经济普查不包括农业和公共行政单位——农业单位常常通过单独的农业普查观察，公共行政单位则有不同处理方式。还有其他一些经济单位也被一些国家排除在经济普查之外，比如金融中介和保险、家庭经济单位、非营利机构、域外组织、自营职业者等。

在覆盖范围内的经济单位是否都作为经济普查的调查对象？在大约一半的国家，经济普查覆盖所有单位，不论其雇用人数或营业额大小。另外一些国家则会（基于就业人数）设置一个阈值，只对阈值以上单位进行直接调查；对阈值以下单位，常常会使用抽样调查方法获取相关资料，也有一些国家倾向于使用行政数据来源或进行专门调查。

资料来源：UNSD. Economic Census：Challenges and Good Practices［EB/OL］. https：//unstats. un. org/unsd/economic _ stat/Economic _ Census/Economic% 20Census% 20TR. pdf；杨彦欣. 经济普查的国际经验——《经济普查：挑战和良好做法》简介［J］. 中国统计，2021（11）：28－31.

中国于 2004 年开始第一次经济普查，其基础是此前分别进行的工业普查、第三产业普查、基本单位普查。此后在逢 3 和 8 年份、每五年开展一次，到 2023 年已经开展了五次经济普查。在此过程中，经济普查的内容、方式、技术手段都有不同程度的变化。以下以第四次全国经济普查为例，对一个大型经济普查项目的设计与实施过程作简要介绍①。

（一）调查目的

开展经济普查有很高的目标定位，具体可以从两个角度区分。

① 国家统计局. 第四次全国经济普查方案［EB/OL］. https：//www. stats. gov. cn/zt _ 18555/zdtjgz/zgjjpc/d4cjjpc_19207/ggl/202302/t20230221_1917303. html；本书编写组. 领导干部基本统计知识问答［M］. 北京：中共中央党校出版社，中国统计出版社，2024.

从经济视角看，经济普查的基本功能定位是"查清二三产业发展规模、布局和效益，了解产业组织、产业结构、产业技术、产业形态的现状以及各生产要素的构成"；同时体现中国进入中高速经济发展阶段之后的新需求："全面准确反映我国供给侧结构性改革、新动能培育壮大、经济结构优化升级等方面的新进展。"两方面结合起来，"为加强和改善宏观调控、深化供给侧结构性改革、科学制定中长期发展规划、推进国家治理体系和治理能力现代化提供科学准确的统计支持"。

从统计视角看，经济普查的基本功能定位是"完善覆盖国民经济各行业的基本单位名录库以及部门共建共享、持续维护更新的机制"，以及"进一步查实各类单位的基本情况和主要产品产量、服务活动"；同时要服务于国家统计局当前"完善三新统计、推进国民经济核算改革"的需求。两方面合起来，最终要服务于"推动加快构建现代化统计调查体系"。

（二）调查对象

经济普查的对象是我国境内从事第二产业和第三产业的全部法人单位、产业活动单位和个体经营户。解读这个调查对象，其中包含两个要点：第一，普查范围限于第二、第三产业覆盖的各个行业，但不包括农业、林业、畜牧业和渔业；第二，普查对象是在上述范围内的各类经济单位和个体经营户，经济单位分别法人单位和产业活动单位两个层次定义。这是一个庞大的调查对象群体，据第四次全国经济普查公报提供的数据，全国共有从事第二、第三产业活动的法人单位2178.9万个、产业活动单位2455.0万个、个体经营户6295.9万个。

（三）组织方式

经济普查按照"全国统一领导、部门分工协作、地方分级负责、各方共同参与"的原则组织实施。国务院牵头各相关部门成立全国经济普查领导小组及其办公室，领导小组负责普查组织和实施中重大问题的研究和决策，办公室负责普查的具体组织实施和协调。地方各级人民政府设立相应的普查领导小组及其办公室，按照全国统一规定和要求，具体组织实施当地的普查工作。在第四次全国经济普查期间，共有30余个部门参与其中，中央和地方各级政府分别承担了数十亿普查经费预算。所以，经济普查并不单纯是国家统计局主导的统计调查项目，而是在国务院统一部署下完成的一项大型综合性统计调查，被视为"和平时期最大规模的社会动员"。

（四）调查方法

经济普查按照清查、登记两个阶段开展调查工作。先进行"地毯式"

清查，对辖区内全部法人单位、产业活动单位和从事第二、第三产业的个体经营户进行全面清查，目的是核实普查单位，形成完整的单位名录。然后在全面清查的基础上，对法人单位和产业活动单位的经济信息进行逐一登记；对个体经营户采用抽样调查方法，确定样本单位然后进行信息登记。此外，对金融、铁路部门及军队系统所属单位，由人民银行、国家铁路局、国防科工局等业务主管部门负责调查登记。在前期清查底册准备过程中，使用了来自中央编制办公室、国家税务总局、市场监管总局、民政部等部门的各种行政记录。可以看到，经济普查在调查方法上具有多元特征，以全面调查登记为主体，抽样调查、行政记录在其中也发挥了重要作用。

（五）数据采集方法

在单位清查阶段，普查员使用手持移动终端设备（PAD）采集清查对象的数据；在普查登记阶段，分别采取网上直报、PAD采集、部门报送及其他方式相结合的方式获取普查对象的数据信息。应该说，通过经济普查，提升了政府统计数据采集信息化的水平和能力。

（六）调查内容

经济普查的内容大体对应第五章所介绍的企业基础信息，具体包括单位基本情况、组织结构、人员工资、财务状况、能源生产与消费、生产能力、生产经营和服务活动、固定资产投资情况、研发活动、信息化和电子商务交易情况等。可以看到，这些内容主要与经济统计有关，同时也与资源环境统计、科技统计以及社会统计有一定关系。

根据不同的普查对象，其普查内容繁简有所不同，具体分为四类普查表：第一是与年度调查衔接的"一套表单位"普查表，内容最为完整；第二是针对年度调查之外的经济单位设计的"非一套表单位"普查表，内容比较简略，包括单位基本情况、财务状况、从业人员情况，同时，部分行业会填报其经营、固定资产投资情况，以及行政事业单位、民间非营利组织的主要经济指标；第三是个体经营户普查表，内容包括个体经营户基本情况、雇员支出、税费、房租、营业收入、固定资产投资方面的主要经济指标；第四是金融、铁路部门及军队系统采用的部门普查表，主要包括普查单位的基本情况、从业人员情况、财务状况、业务情况等内容。

（七）调查工作流程

作为一项大型综合性统计调查，为了保证质量，经济普查有一套严格的业务流程。全部工作分为以下13个环节：制定普查方案，普查区划分及绘图，普查指导员和普查员选聘及培训，编制清查底册，实施单位清查，登记准备，普查登记，普查数据检查、审核与验收，普查数据汇总，普查数据质量抽查，普查数据评估与发布，普查资料开发及普查总结。在全部工作完成之后还有一个重要环节：普查执行情况评估。可以看到，整个过程与前面介绍的统计业务流程有较高对应性，明确体现了统计需求论证、统计设计、统计前期准备、数据采集、数据审核与加工、数据发布、综合评估等不同阶段。

（八）调查成果与后续服务

第四次全国经济普查的标准时点是 2018 年 12 月 31 日，相关工作从2018 年 1 月正式启动，到 2019 年 10 月总结，历时 22 个月。通过普查，一方面是获取了大量有关第二、第三产业的统计数据，用以满足政府、企业、科研机构和社会公众的数据需求；另一方面是更新了统计系统的基本单位名录库，为后续开展常规统计调查提供了基础信息。围绕数据服务，相关部门对外发布了普查公告，出版了统计年鉴；为国民经济核算提供了有力支持，为一系列重要经济指标的历史数据修匀提供了依据；形成了大量公开、内部研究报告，建成了普查微观数据库并在一定条件下服务于相关机构的科学研究。应该说，相关数据服务还会在后续很长时期发挥作用。

整个流程如图 7 - 1 所示。

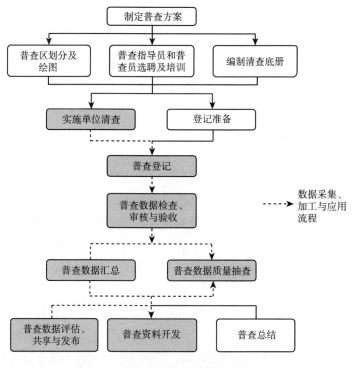

图 7 - 1　第四次全国经济普查业务流程

第四节　统计项目流程管理实例：住户调查

住户与企业、行政事业等非营利机构合起来，构成经济社会架构的三大支撑主体；同时，住户总是由若干自然人以一定关系集合而成的，从而与人口有着密切关联。基于上述，以住户为对象的统计调查非常重要，是政府统计特别着力建设的基础性统计调查项目。

宽泛而言，所有以住户作为调查对象的调查都可以归入住户调查范畴。照此理解，住户调查会包含很多具体调查项目。比如，有文献从人口和社会角度定位，将住户调查与人口和住房普查、人口和家庭相关行政记录并列起来，作为人口和社会统计的三大基础资料来源。在此定位下，住户调查可以为人口普查间隔期内的人口动态统计提供基础资料，并可以针对教育、残疾、劳动参与、卫生健康和营养、治安受害状况、生育和死亡、移民、社会参与等各种主题做调查，为相关社会统计提供基础资料。[①] 但是，结合政府统计具体管理实践来看，常常将住户调查做狭义定义，视其为一类特定的调查项目，调查内容以住户成员的收入、消费、财富等经济维度为核心，扩展到若干成员合起来的住户"集体"生活状况，并延及以住户为单位从事的经济活动。通过住户调查，可以为经济统计提供与住户有关的基础资料，包括为国民经济核算提供住户部门核算基础资料，为劳动就业、居民收入和消费支出、投资与财产等方面的统计提供基础资料，[②] 还可以为监测住户所属非法人企业生产经营提供资料。基于此可以认为，住户调查的内容设计在很大程度上取决于调查的目的，可以有不同选择。

住户调查可以有不同的组织方式。可以嵌在人口普查之中，全面收集住户相关信息。但受制于人口普查的特点，这样收集的住户信息一般相对有限。更加常见的组织方式是专门作为一个调查项目，采用抽样调查方式，按照一定抽样设计抽取一部分住户作为样本，基于样本住户进行调查，获取与调查主题有关的详细信息。住户是一个庞大的群体，如何以较少的样本（意味着较低的调查成本）获取对总体具有足够代表性的基础资

---

① United Nations Department of Economic and Social Affairs, United Nations Statistics Division. Designing Household Survey Samples: Practical Guidelines [M]. New York: United Nations Publication, 2005.

② United Nations Economic Commission for Europe. Handbook of Household Income Statistics (Second Edition) [M]. Geneva: United Nations Publication, 2011.

料，是住户调查必须面对的问题。所以，对于住户调查而言，抽样调查设计以及后期的样本管理非常重要。

住户调查的数据采集方式也具有一定特点。原则上说，前面提到的数据采集方式都可以在住户调查中选用：可以是调查员面对面访问或者电话调查（可以计算机作为辅助），可以先发放问卷然后以邮寄（包括电子邮箱）方式回收，有些内容也可能采用直接观察法。这些采集方法所附带的缺陷在住户调查中都会出现，比如应答率可能不高、高度依赖访员的能力和水平、被访者可能因为记忆或者理解方面的问题而无法提供准确资料等。而且，因为住户调查的特殊性，上述问题有些可能会特别突出。以经济视角下的住户收支调查为例，其数据可得性及其质量可能会极大地受制于以下两方面的问题：第一，大部分住户对于一段时间内的经济收支及相关事项并没有系统记录，如果单纯依赖事后回忆，很可能难以提供确切的结果；第二，相当一部分受访者可能会因为收入、财富信息的敏感性而不愿意回答，或者不愿意如实回答。所以，住户调查过程中，数据采集工作并非就是一次性访谈或填写问卷，而是需要全过程管理；不仅要关注抽样调查方案设计下出现的抽样误差，还要特别关注应答者回答带来的非随机误差。

住户调查在中国有比较长的历史（见专栏7－4），当前进行的住户调查全称是"住户收支与生活状况调查"，据此可知其目标是以住户收支为核心，延及生活状况的其他方面，比较明显地体现了经济统计定位。以下结合前面提到的基本问题，简要介绍中国住户调查的设计和实际运作管理过程①。

专栏7－4　新中国住户调查的历史沿革

民国时期曾经有一些社会和学术团体进行过零星的、小规模的主要限于城镇居民的家计调查。作为政府统计行为，住户调查始于新中国成立之后的1954年。此后一段时间的沿革情况大体可以归纳如下：（1）区分农民家计调查和职工家计调查，范围较小，调查断断续续进行；（2）主要收支指标的定义和计算方法与现在有较大差异；（3）"文化大革

---

① 《住户收支和生活状况调查（方案）》（2023）；本书编写组. 领导干部基本统计知识问答 [M]. 北京：中共中央党校出版社，中国统计出版社，2024，具体见"什么是住户调查"；刘建平，等. 我国政府统计调查发展与改革 [M]. 北京：人民出版社，2018，具体见其中第3、4、5章。

命"期间这些工作先后停止。真正连续开展调查并发布数据始于1984 年。

1984 年，国家计委等部门联合发文组建了农村和城市两支调查队，正式开展农民家计调查和城市职工家计调查。此后，围绕城乡居民主要收支指标有数次较大变迁，对应的调查对象、调查内容、调查方法一直在不断优化改进。

国家统计局 2001 年开始城乡住户调查一体化改革，2007 年开始在部分地区推行一体化调查试点工作，2012 年将试点调查范围扩大到 7 个省份。此次改革充分吸收借鉴了住户调查领域的国际标准和成功经验，按照统一指标和口径、统一抽样、统一数据采集和统一数据处理的基本思路，重新设计了一体化的住户调查方案，并于 2013 年起正式在全国范围内推行，结束了此前按照城乡二分法进行住户调查的历史。

资料来源：国家统计局编写组. 我国 20 个统计指标的历史变迁 ［M］. 北京：中国统计出版社，2017.

（一）调查对象与调查目的

住户调查以中华人民共和国境内的住户为对象，包括城镇住户和农村住户，覆盖家庭住户和集体住户，所有公民均以住户为单位，在常住地参加调查。调查目的主要是为了全面、准确、及时了解全国和各地区城乡居民收入和消费及其他生活状况，客观监测居民收入分配格局和不同收入层次居民的生活质量，满足研究制定城乡统筹政策和民生政策的需要，为国民经济核算和居民消费价格指数权重制定提供基础数据。

（二）调查内容

调查目的决定了调查内容主要是居民住户的收支状况，进而扩展到生活状况的其他方面，以及住户及其成员的经济活动。具体包括：（1）居民现金收支和实物收支情况；（2）住户成员及劳动力从业情况；（3）居民家庭食品和能源消费情况；（4）住房和耐用消费品拥有情况；（5）家庭经营和生产投资情况；（6）社区基本情况以及其他民生状况。结合第五章围绕这些主题所展示的基础信息可知，调查所覆盖的统计领域，除了居民收入、居民消费这一基本内容之外，还涉及劳动力及就业、社保、住房等方面的内容，同时还将农村贫困监测、农民工监测、农民工城市化监测、退耕还林（草）监测以及农户固定资产投资调查的一些数据需求纳入其中了，在一定程度上已经体现了"一体化设计"思路。

（三）调查组织方式

住户调查由国家统计局统一领导，负责制定调查方案，组织调查实施，监督调查过程，审核、处理、汇总调查数据，发布全国和分省城乡居民收入、消费和生活状况数据。具体而言，住户调查由两部分组成。一是分省住户调查，以省区市为总体进行抽样，所获取数据用于反映全国及分省居民收支水平、结构、增长速度，收入分配格局以及政策对居民生活状况的影响。二是分市县住户调查，以地级市和县市为总体进行抽样，所获数据主要用于反映分市县居民收支水平和增长速度，满足市县管理的需要。中国幅员辽阔，区域经济发展差异较大，政府分级管理对相关数据需求比较迫切，上述分别两级进行调查组织有其合理性。

（四）调查户样本抽选方法

国家统计局根据全国人口普查资料，将所有人口按照常住地纳入调查范围，使用分层多阶段抽样方法抽选调查户，抽选过程包括以下四个阶段。（1）收集全国近70万个村（居）委会的人口信息，建立抽样框；（2）各地区分层随机抽选调查小区；（3）在抽中调查小区内开展建筑物清查和住宅摸底调查；（4）根据摸底数据，在调查小区内随机抽选出一定数量的住户作为调查户。分省住户调查的抽样方法由国家统计局制定；然后在分省住户调查样本的基础上，补充抽选提高分市县代表性的扩充样本，共同组成分市县住户调查样本。

按照上述方法，在全国31个省份抽选确定了1800多个调查县（市、区）、16万调查户开展调查。该调查规模可以满足以下代表性需求的标准：在95%的置信度下，分省居民及分省分城乡居民人均可支配收入、消费支出以及主要收入项和消费项的抽样误差控制在3%以内（个别人口较少的省份在5%以内），由此汇总生成的全国居民及全国分城乡居民人均可支配收入和消费支出抽样误差控制在1%以内，主要收入项和消费项的抽样误差控制在3%以内。为了防止样本老化，抽中的调查小区使用周期为五年，在五年周期内定期进行样本代表性评估，并根据评估结果组织开展调查小区内住户样本轮换。

（五）数据采集方法

住户调查采用调查户日记账和调查人员入户进行问卷调查相结合的方式采集基础数据。其中，居民现金收入与支出、实物收入与支出等内容主要使用记账方式采集，调查户要将每天发生的上述信息逐项登记在事先设计好的账册上。住户成员及劳动力从业情况、住房和耐用消费品拥有情况、家庭经营和生产投资情况、社区基本情况及其他民生状况等资料，则使用问卷调查方式，通过调查人员入户访问采集。为了保证数据登记质量，调查员要经常入户或者通过电话了解记账情况，对调查户作相关辅导，并按月收集账本，对记账情况进行检查询问，按季度上门访问填答问卷。随着信息技术发展，国家统计局已经开始在住户调查中推广使用电子化数据采集方式，包括调查户网上记账、单机记账和调查员手持电子终端采集数据。

（六）数据生产流程

住户调查的数据生产过程包括数据采集、数据处理和数据发布。

在数据采集阶段，每个季度末，调查人员对调查户的信息、记账数据和问卷调查数据进行编码、录入、审核，并直接上报国家统计局。

数据处理阶段包括数据审核、加权、汇总和评估。住户调查样本的基础数据由国家统计局（直属调查总队）直接审核，汇总后提供给省统计局；国家统计局根据分省调查样本数据和相应权数汇总生成全国和分省数据，各级汇总权数由国家统计局统一制定；最后由国家统计局对分省调查结果进行审核评估。

分省住户调查结果数据按年度和季度发布。季度主要发布居民收支数据，其余数据按年度发布。其中，全国和分省数据由国家统计局发布，然后由调查总队发布分市县数据。

（七）数据质量控制

住户调查实行全过程质量控制。国家统计局建立全过程质量控制制度，规范方案设计，科学抽选样本，认真组织培训，严格流程管理，加强监督检查。每个季度随机抽取6000个调查户进行电话回访，对调查样本代表性进行评估和校准，对基础数据进行审核分析，对各地住户调查专业工作的各个环节进行量化考核。

第八章 政府统计数据加工与传播

前面各章分别讨论了政府统计对谁做调查、调查什么、怎样做调查，本章则要进入政府统计数据生产的最后环节：将此前从不同对象处、以不同方式收集的基础数据，通过加工形成各种综合统计数据并向社会发布。政府统计的最终目标是以各种数据产品服务于政府和社会公众，从这一目标出发可以认为，前面的工作都属于"铺垫"，然后就要有一个"飞跃"：把各种反映单个个体状况的分散的信息整合在一起，加工成为具备反映总体状况的综合统计数据。

为此接下来要顺序回答三个问题：政府统计如何对基础信息进行加工形成特定数据产品？政府统计提供了哪些数据产品？政府统计如何将各种数据产品及其所蕴含的信息传递给政府和社会公众？本章集中于第一和第三个问题，主要讨论政府统计数据的生产加工和传播应用方式。

第一节 从基础信息到综合统计数据

由统计业务流程管理可知，每一个统计项目在其前期设计中就已经根据需求设定了最终要形成的统计产品，进而要根据这一目标确定需要开展的统计调查或者其他数据源，据此收集相关基础信息。所以，到数据加工这一环，统计工作者手中已经掌握大量基础信息，而且是经过一定筛选、带有一定导向、与最终要生产的综合统计数据具有一定关联的各种基础信息。但即使如此，将各种从属于个体、反映个体特征的基础信息转换为代表总体、体现总体特征的综合统计指标，其间仍然需要完成大量数据处理、加工工作，工作过程中会涉及各种具体处理方法。

一、基础信息的分析与整理

各种来源的基础信息不能直接用于生成综合统计数据产品，在此之前，要先对已经掌握的信息进行数据分析和评估，纠正可能存在的问题。换句话说，必须先解决基础信息的数据质量问题；只有具备高质量的基础信息，才能保证后期能够生成高质量的综合统计数据。所以，数据加工需要进行基础信息的分析和整理。

政府统计的基础信息有不同来源。传统来源是统计调查，新数据源包括行政记录以及基于信息技术的各类大数据；即使是统计调查，也有不同类型，最典型的是全面调查和抽样调查。无论哪一类数据源，其所获基础信息大体都应该体现为如表 8－1 所示的二维表式。其中，行标题列示组成被调查对象的一个个具体单位，列标题则展示计划从被调查对象身上采集的各种特征变量名称，两者交叉起来的各个空格里，就是实际采集到的基础信息。比如，人口普查，行标题就是被调查的每一个自然人，列标题则是从人身上提取的各类标识，如性别、年龄、受教育程度等，交叉的各个单元则记录每一个人在各个变量上的具体数值。如果对企业作调查，各行显示一个个被调查企业，列标题则体现调查内容，具体化为企业生产经营特征和业绩的各种标识、指标，交叉之处各个单元记录的就是每个企业按照调查内容提供的具体数据信息。

表 8－1 基础信息结构示意

项目	变量1	变量2	变量3	……
单位1				
单位2				
……				

对于统计调查而言，该表的长度和宽度取决于调查对象的规模，以及拟采集信息内容的多少，但无论多长多宽，结构都很清晰，是典型的结构化基础数据。行政记录提供的基础信息与统计调查类似，但可能会因为其在特定管理目标下形成的信息记录不完全等同于统计需求，故而会出现更多的问题，包括记录对象的不对应、记录信息内容的不对应。其他基于信息技术的大数据则可能会因为其自身缺乏结构性而面临更加复杂的情况，在其纳入政府统计基础信息过程中，必须预先进行数据清洗，使其能够大体匹配上述二维结构特征。

基础信息的数据分析，就是要借助于这个框架，对基础信息进行编码，然后对其作整体评估，找到其中存在的缺失、错误，并予以纠正和弥补①。具体而言，要分别行向、列向、交叉项进行考察，对基础信息状况作出判断。

面向统计调查的数据分析最为典型，其主要关注点在于：原定覆盖的被调查单位是否都在册（行向），是否都按照内容要求提供了相应的基础信息（列向），提供的信息是否真实准确（交叉项）。

行向分析实际上就是一个调查"响应"问题，没有"响应"就意味着调查单位的遗漏或缺失。全面调查（比如经济普查或者人口普查）需要关注这一问题，因为调查对象有无遗漏，是最后汇总总体数据的基本质量保证；抽样调查同样也很关注这一问题，其调查响应率的高低，涉及样本对总体的代表性，为此必须对其中的"无回答"现象作严格控制。

列向分析涉及基础信息完整性问题，即被调查者是否都完整地提供了相关信息。如果没有提供就会造成交叉项上某些单元的空缺。可能是个别单元的信息缺失，更为严重的情况是一些行的整体缺失（某些被调查单位完全没有响应）、一些列下的显著缺失（较多被调查者没有提供某个变量的数据）。无论是全面调查还是抽样调查，都很关注各个变量的基础信息完整性，因为这是进行数据汇总、总体推算的基本依据。

理想地说，交叉项分析的目标是解决基础信息的准确性问题。但结合实际来看，很难通过表中所列对每一项基础信息的真实性、准确性作出全面判断。实际分析主要是结合各特征项目下的元数据以及既往经验，对被调查者所填列的各项基础信息进行逻辑检查，查找其中存在的基本逻辑错误。举最简单的例子：某"其中项"的填报值不应大于总计项，还有一些项目实际上是有阈值的，填报数值不能超出该阈值。

上述分析落实到行政记录和大数据等其他数据源，关注点可能会有所变化。其中，行向分析可能特别需要关注记录的对象与统计需求是否吻合、匹配，缺了哪些对象单位，多了哪些对象单位。列向分析的关注点类似，要用已记录的信息与既定目标下的内容选项去比较，判断其间的对应程度以及完备程度。交叉项分析就是要将行列两个维度下记录的数值信息做分析、判断，找出其中可能存在问题的单元。

实际上，任何统计调查项目都必须将数据质量控制工作贯穿于调查过程之中，通过相应的技术手段和管理手段，避免严重的调查单位缺

① John Wiley & Sons 曾就大数据背景下的源数据质量评估和集成工作进行系统讨论，这里借鉴其思路和方法，应用于政府统计场景下。见：Hill C A, Biemer P P, Buskirk T D. Big Data meets survey science：A collection of innovative methods［M］. Hoboken：John Wiley & Sons, 2020。

失、变量信息项目缺失以及数据填报偏误。尤其是大型统计调查项目，很多工作是前置的，会在前期基础信息采集过程中预先采取很多措施。以中国第四次经济普查为例，第一，为了保证普查单位的不重不漏，前期特别设计"单位清查"阶段，汇集各业务主管部门的行政记录、统计部门的单位名录，同时结合实地上门确认，据此形成下一阶段进行信息填报的单位名录；第二，在信息登记填报阶段，要建立普查员责任制，以保证所在区域所有普查单位的信息填报，同时会将各种逻辑检查程序内置于采集报送系统中，一旦出错就会"报警"，以此保证所采集信息的质量。但即使如此，后期的数据分析仍然会发现各种问题，需要进一步处理和纠正。

如何处理、纠正已经发现的问题？不同数据源下的处理方式可能会有区别，但总体而言大体可以分为两类方式：一是返工进行补救性调查，弥补缺失的调查单位；二是对相关数据项予以补充、重新核实。以中国经济普查为例，统计部门会按照审核权限进行数据分析，将有问题的企业和数据项退回，由普查人员与普查单位进一步核实重新填报。但总体看，这种举措的实施需要相应的先决条件，很多场景下难以一一实现，因此，更多的情况是借助于相关信息和技术手段进行数据处理，尤其是在抽样调查场景下，其中最常用的一种手段就是数据插补。

有关数据插补，很多文献都会涉及，其基本思想是要利用已知信息通过相应方法预测缺失值，以此弥补因为数据缺失带来的问题。针对统计数据生产过程中的插补方法，已经有相应文献进行总结（具体见专栏8-1）。通过插补，可以在一定程度上缓解因为数据缺失带来的影响，但也会随之产生一些后续问题。

专栏8-1 数据插补的不同方法

统计调查过程中常常遭遇受访者拒绝参与或回答某些问题的情况，结果就会造成数据缺失。有文献将数据缺失分为三类（以收入调查为例说明）：如果数据缺失的原因与对应的收入变量无关，同时也与填报者的其他特征无关，此时被视为完全随机丢失（missing completely at random，MCAR）；如果数据缺失与收入变量无关，但与填报者的某个其他已知特征比如性别有关，则视为随机丢失（missing at random，MAR）；如果数据缺失直接与所关注的收入变量有关，比如高收入人群回避填报

其收入数据，此类情况就属于非随机丢失（missing not at random, MNAR）。

处理缺失数据的一般方法有三种。

1. 案例删除。简单而言，就是直接删除有缺失值的那个被调查个体。这是传统处理不完整数据的默认方法，其重要优点是方便。然而，这种方法忽略了完全样本和不完全样本之间可能存在的系统差异，除非缺失数据所属原始样本是完全随机的（符合MCAR假设），而且删除后的样本量仍然足够大，否则就会影响后续样本对总体估计结果的无偏性，无法高质量达成调查目标。

2. 单一插补。基本思路是基于已获调查信息或者其他已经掌握的信息，为缺失数据"打补丁"。具体处理包括隐性、显性两类建模方式。比如，面对某个受访者收入值的缺失，可以由另一个具有类似特征（年龄、性别、种族、居住地、家庭关系、工作等）受访者的收入值来填补（"热卡插补"），或者选择同一住宅区中另一个住户替代原受访对象获取其收入值（"替换插补"），或者采用以前进行的收入调查的取值（"冷卡插补"），这些都属于隐性建模方式。在显性建模方式下，用来替补缺失值的不再是取自某个个体的实际数值，而是通过统计模型计算的结果。比如，可以用样本收入平均值（或者中位数）替换缺失的收入值（"无条件平均值""中位数插补"），或者通过某些高度相关的变量进行回归，用得到的预测值代替缺失值（"回归插补"）；或者利用模型参数和缺失值之间的相互依赖关系，由通过迭代过程获得的估计值代替缺失值（"期望最大化插补"）。

3. 多重插补。基本思路是将对缺失数据的插补视为一个具有不确定性的随机过程，为此需要通过下述操作实现缺失值的插补：通过N次输入，创建N个"完整"数据集；然后针对每个数据集估计"感兴趣"的参数及其标准误差；最后使用N个数据集的结果进行组合估计，获取用于插补的数值。

资料来源：①OECD. Handbook on Constructing Composite Indicators：Methodology and User Guide ［M］. Paris, OECD Publication, 2008.

②Van Buuren, Stef. Flexible imputation of missing data ［M］. Boca Raton：CRC press, 2018.

二、不同来源基础信息的集成

以上是针对单一数据源下的基础信息讨论其分析和处理。对政府统计而言，为了达到对特定统计对象的全覆盖，获得更丰富、更可靠的基础数据，常常会同时利用多个数据源。为此就会遭遇如何对多个数据源的基础信息进行整合的问题，这就是基础信息集成。

对于政府统计而言，统计调查属于传统数据源，至今仍然是最主要的数据源。因此，不同数据源的集成主要体现为在政府现有数据源基础上实现与其他数据源的整合。有文献基于不同视角对相关数据整合类型作了总结：（1）统计调查与行政数据源；（2）传统数据源与新数据源（如大数据）；（3）统计调查信息与地理空间数据；（4）宏观层面数据与微观层面数据；（5）官方来源数据与其他来源数据。通过整合，无疑会给政府统计带来很大的益处：要么是开拓了原有数据源，要么是获取了更及时、更详细的基础数据，要么是填补一些原来存在的数据缺口，要么是为评估调查数据的质量提供了验证。[①]

这就意味着，数据分析加工的范式发生了转变，从原来立足一项调查产生尽可能最好的估计结果，转变为要充分利用多个数据源以生成尽可能好的估计结果。但是，不同来源的数据集之间在很多方面存在显著差异，这无疑会给整个数据分析和后续应用提出新的挑战：找到最佳的来源组合，以提供最能满足用户需求的指标和统计数据。考察国际文献可知，在此方面已经有一些尝试，但还没有形成带有普遍性的方法或框架。总体而言其中包含以下两方面的工作：第一是将不同来源的数据集整合为一个数据集；第二是对集成后的数据作分析，使之满足统计需要。

不同数据源的集成方式有多种。理想地说，基于表7-1提供的矩形结构，以两个数据源的情况为例，可以有以下情形的数据集成。第一种情形是两个数据源覆盖的对象大体类似，但B提供了A原本不具备的特征变量，将B与A衔接起来，可以丰富A原本包含的信息内容，这相当于水平方向的集成。第二种情形方向则相反，两个数据源覆盖的对象有较大差别，但B可以提供与A大体类似的特征变量信息，将B与A连接起来，就可以扩展A的信息主体覆盖范围，这相当于垂直方向的集成。第三种情形是两个数据源具有某种意义上的关联，可能形成各种意义上的互补和验证关系，从而使得一个数据集对另一个数据集的改进有

---

① United Nations Economic Commission for Europe. A Guide to Data Integration for Official Statistics［R/OL］. https://unece.org/sites/default/files/2024-07/HLG-MOS%20Guide%20to%20Data%20Integration%20for%20Official%20Statistics.pdf.

所贡献。

实际面对的情况可能会非常复杂，很少能够直接采用合并的方式把不同数据集连接起来。所以，数据整合、集成是一件非常复杂的工作。可能是拼接的方式，也可能是嵌入的方式，甚至只是提供了一些可供进一步估计的参数；可能是在基础信息层面的连接，也可能是在总体数据层面建立某种联系。以下是几个不同类型的中国政府统计应用实例。

在工业统计中，针对规模以上企业采用全面调查，可以在单个企业层面获取相关数据；针对规模以下企业则采用抽样调查，通过样本推算总体。显然，直接以规模以下企业的样本数据续接规模以上全数企业数据是没有意义的。只有在工业行业层面，才能把前者的推算数据和后者的汇总数据合并起来，反映整个行业的经济规模和生产经营状况。

在第七次人口普查中，居民身份证作为公安部门管理系统登记的行政数据发挥了重要作用。但其作用并不在于提供该居民身上附着的具体特征信息，而是作为一个控制变量嵌入人口普查操作系统，以此保证普查人口不重不漏。事后结果证明，此举确实为第七次人口普查的数据质量提供了有力的支持。

社会消费品零售额统计的情况比较复杂。按照"消费品"的定义，社会消费品零售额中主要包括对个人和社会集团提供的非经营用实物商品和餐饮服务，其他消费性服务不在其中。其数据来源包括两个部分：一是传统的基于实体店（厂）建立的统计调查结果；二是互联网交易平台提供的网上销售数据。但是，网上销售数据中既包括商品销售也包括各类服务交易，为此需要对其作分别处理，只将商品和餐饮零售部分合并到社会消费品零售额统计之中。①

无论是哪一种集成方式，都要对不同来源的数据以及整合以后的数据进行分析评估，然后才能进入后续的综合统计数据生产。尤其是那些带有合并性质的数据源集成，需要对集成所形成的新数据集进行专门的数据分析。延续上一小节采用的分析框架：第一是行向分析，要检验合并后数据集所覆盖的对象是否存在重复，是否出现了一些不属于定义范围的对象，以及是否仍然有调查单位的缺失；第二是列向分析，要从元数据层面关注合并后的特征变量是否遵循了统一的定义，这些特征变量之间是否显示出必要的逻辑；第三要针对交叉项各单元记录的基础信息作出统一评估，剔

---

① 参见：本书编写组. 领导干部基本统计知识问答［M］. 北京：中共中央党校出版社，中国统计出版社，2024，具体见其中"什么是社会消费品零售总额"。

除各种错误记录，对缺失值予以插补。对应行政记录和网络大数据，上述过程可能会非常复杂，需要运用各种手段进行数据清洗，方能与政府统计已有的调查数据对应衔接，实现数据集成的目标。

所有这一切数据分析工作，目的就是要保证最后能够形成一套对象尽可能完备、内容尽可能清晰的基础信息数据集，为后续综合统计数据生成提供一个较好的基础。

第二节　初级加工：从基础信息到专业统计数据

政府统计工作实际上就是一个数据生产过程。以各种方式采集的基础信息代表其"投入"，就像工业产品生产线上的各种原材料，通过加工形成的统计数据是其"产出"，表现为一个个在统计指标内涵定义之下、带有特定时间和空间属性的统计数据，比如 2020 年 11 月 1 日零时（时间属性）中国 31 个省份（空间属性）普查登记的人口（指标内涵）共 1411778724 人（数据）。① 从基础信息到统计数据，其属性发生了"跃迁"式变化，原本只表现单个对象某方面特征的信息一下子提升到能够反映对象总体特征的数据。

这些统计数据是如何生成出来的？

与分工前提下经济产品生产表现为一连串的加工过程类似，从基础信息到统计数据产品，政府统计数据生产过程也是一个包含多阶段、不断开发的过程。一开始是初级加工，形成的专业统计数据产品更贴近具体业务，属于不同专业领域内的业务统计指标。后续进一步加工所形成数据产品则更加综合，是在特定主题下形成的"高级"数据产品。比如，2020 年年底的全国人口总数和 2020 年全年国内生产总值，尽管都是反映 2020 年国家基本状况的统计数据，但从数据加工深度而言，后者在综合性和复杂性方面要远远高于前者。本节简要介绍数据产品的初级加工方法和相应的专业统计数据产品，下一节专门针对数据深度加工做讨论。

通过简单加工，即可直接从基础信息生成一些统计数据产品，此类加工的方式首推计数和汇总。计数是指针对调查总体计算所包含的单位数是多少，通俗地说就是"数人头"。通过人口普查获取全国人口数，

---

① 见：《第七次人口普查公报》（第二号），http://www.stats.gov.cn/sj/tjgb/rkpcgb/。

就是典型的计数结果，此外，行业调查中的企业单位数，交通运输统计中各类交通工具的保有量，教育统计中各类各级学校数，也都属于此类计数指标。汇总则是指对那些具备可加性的特征变量信息，在特定统计范围内进行加总从而获取统计数据。全数统计中常常通过汇总方法获取统计数据。举例而言，规模以上工业企业当期营业收入、资产总额、从业人员数等数据，就是通过汇总所有规模以上工业企业各自的营业收入、资产总额、从业人员数得到的；全国各级各类学校的招生人数、在校生人数、毕业生人数，也都是对相应各级各类学校所提供基础数据进行汇总的结果。

通过计数和汇总生成综合统计数据的前提条件，是能够全面掌握对应统计对象的基础信息，也就是说，主要适用于全面调查或者全面登记的情况。面对抽样调查，基于样本信息生成综合统计信息的方法是统计推断，即根据此前的抽样设计，在一定概率保证前提下由样本指标推算总体指标的估计值，这个总体估计值就是政府统计预期的统计数据产品。这样生成的统计数据大体包括两类：一类是以样本均值推断总体均值指标；另一类则要在均值指标基础上再做放大，推算出总体层面的总量指标。以农产量抽样调查为例，通过前期抽样获取样本地块并进行专门管理，获取样本地块的单位面积产量；在此基础上，可在一定概率保证之下，通过点估计或者区间估计推断对应总体范围（特定区域、特定农作物类型）的单位面积产量，这就是均值估计；最后依据该单产估计值，结合播种面积等指标，放大形成对应总体的农作物总产量，比如全国（或某省份）小麦总产量，这就是对应的总量指标估计了。中国政府统计中广泛应用了抽样调查，所以很多统计数据都是通过样本数据进行估计的结果。除了农产量调查之外，还有住户调查，可用以推断估计人均可支配收入、人均消费支出等各类与住户经济活动及其状况有关的指标数据；"四下"企业（即规模以下工业企业、限额以下批零贸易企业和住宿餐饮企业、未获资质的小微建筑业企业、规模以下服务业企业）的相关指标数据也都是依据样本数据进行推算估计得到的。

进一步看，就一个统计调查项目而言，所采集的基础信息大体可以归纳为两类。一类是体现调查对象属性的标识性信息，比如人的性别、年龄、出生地、受教育程度等，针对法人单位的注册登记类型、所属行业、隶属关系、所在地、开办日期等；另一类是可加性的特征变量，比如针对企业的资产总额、营业收入、利润总额、能源消耗量、研发支出等。理论上说，每一个具备可加性的特征变量都可以通过汇总或推断转换为一个统计指标；而每一个属性标识都可以作为对统计指标进行一次分类的依据，在分类基础上即可展示该统计指标的结构分布。就是说，利用基础信息做数据加工，还不限于计数、汇总、推断获取代表总体的总量指标，还应该包括依据各种属性标识对各项专业统计指标做分类，据此计算结构指标并做可视化展示，显示该指标的各种分布。比如，对人口总数可以分别按照性别、年龄、受教育程度等多种属性作分组统计，计算各自所占比例，显示其分布特征；对工业行业层面的各项综合指标，均可以按照行业、登记注册类型、大中小规模、所属地区等进行分组统计，计算各项指标的内部构成比例，显示其分布状况。

在以上基础上还可以继续加工，形成各种派生指标。一种方式是将两个（及以上）指标关联起来，进行比较显示其关联强度。比如能源消耗强度（万元 GDP 能耗）指标，是能源消耗量与经济活动量的比值，以此可以表现经济生产与能源消耗之间的关联强度。另一种方式是将这些指标按照时间加以排列，基于两个时期的指标数据计算增长率，利用更长的时间序列计算年均增长率等，以此显示其动态变化特征。比如 2023 年末人口数与 2022 年末人口数比较，计算人口年度增长率，逐年计算人口增长率则可以体现人口规模的变化趋势。

总结以上可以看到，通过初级加工，可以基于基础信息生成大量专业统计数据。这些数据是后续利用各种计量方法做进一步统计分析的基础，同时也是下面我们要介绍的进行深度开发形成更综合统计数据的基础。

专栏 8-2 政府统计基于调查信息的数据开发程度有多高？

每一项具有可加性的基础信息都可以加工为一个统计指标，每一项属性标识都可以生成一组结构分项数据。但实际中是否真能实现，并将数据公开发布？以下是此前完成的一项案例研究结果。

此项案例的起点是某大型通信服务企业。首先根据该企业对各个政府部门填报的统计报表，获得这些部门从企业提取的基础资料；其次借助于这些部门公开发布的统计资料，作为各部门利用上述基础信息进行数据加工所形成的统计产品；最后对这两方面作比较，看各部门对基础信息的利用程度。以下是这个案例研究取得的结果。

部门	企业填报的指标数	部门公开发布的总量指标数	数据开发利用程度（%）
市统计局企业统计	266	97	36.5
工信部业务统计	274	113	41.2
商务部外商投资统计	49	6	12.2
商务部对外直接投资统计	62	42	67.7

由此可见，至少到2015年，政府统计对统计调查信息的利用程度并不如预期的那么高，在数据公开发布层面还比较有限，反过来看就意味着针对统计调查基础信息的数据开发尚有巨大潜力。

资料来源：高敏雪，李璐. 企业填报负担与政府统计指标开发利用程度——关于政府统计效率和公开性的案例研究［J］. 调研世界，2016（1）：4－10.

第三节　深度开发：从专业统计数据到综合统计数据

专业统计提供的数据，可以为各对应领域的专业管理、决策提供依据，支持不同主题下的统计分析。但是，这些专业统计仍然是各自独立的，提供的信息仍然是分散的。从宏观视角看，管理对政府统计有进一步的数据需求，即如何针对经济社会发展状况进行全面监测和评价。为此必须将各种分散的专业统计数据按照一定逻辑进一步整合，形成更具宏观、综合意义的统计指标及其数据结果。

上述综合统计指标开发的需求非常广泛。从监测和评价涉及的范围而言，不仅限于国家层面，向上可以提升到全球和国际比较，向下则可以具体到各类亚国家区域，以及相应的部门、领域。从主题所涉内容而言，在经济、社会、资源环境、科学技术各个领域，都可以按照不同主题开发综合统计指标进行综合监测和评价，同时还会超越这些领域，在更高层面形成更具综合性的监测和评价主体，比如国际上倡导的可持续发展指标体系。

为达此目标，政府统计需要解决一系列的问题：综合指标要表达的主题是什么，涉及哪些专业统计指标，如何将相关指标整合在一起，这些指标相互之间是否协调、匹配以及如何使其保持协调和匹配，整合之后形成的综合指标怎么展示、如何利用。这些问题，有些需要在理论、管理层面把握，有些则属于统计技术问题。无论哪个环节处理不当，就会导致所开发的指标偏离初衷，无法正确监测事物发展的进程，甚至给出不当的评价结果。

为了规范此类综合指标的开发，国际上已经出现一些指导性文献，专栏8-3引用的《综合指标开发的方法指导》最具针对性。该文献将综合指标开发过程归纳为十个步骤，针对每一步骤中的技术性问题予以解说，并尝试给出相应的解决方法。这里不拟全面介绍这些具体方法，以下仅从本节主旨出发，将此类数据整合深度开发归纳为两种类型：统计核算与统计指数，简述其数据加工过程的要点。

专栏 8 - 3　综合统计指标开发的十个步骤

第一步：理论框架。根据适用性原则，为选择变量并将其组合成有意义的综合指标提供依据。

第二步：分项指标选择。以可靠性、可测量性、范围覆盖程度、被测量现象的相关性以及相互之间的关系等方面为依据，选择应纳入开发的分项指标。

第三步：缺失数据的插补。对数据作分析，发现异常值，对缺失数据作插补，以便能够提供完整的数据集。

第四步：多元分析。对已形成数据集的总体结构作分析，评估其对理论框架的适用性，以及对综合指标的影响。在所涉分项指标较多时，这一步很重要，以避免出现"指标丰富但信息贫乏"的情况。

第五步：标准化。通过不同方法，对具有不同测量单位的各个分项指标进行归一化处理，以保证其具有可比性。

第六步：加权和汇总。选择适当的权重，以及指标聚合方法，将各分项指标整合为综合指标。应结合理论框架和数据属性决定赋权和聚合方法，避免对综合指标基本内涵的偏离。

第七步：不确定性和敏感性分析。通过不同方法，比如单项指标排除机制、标准化的方法、缺失数据的插补、权重的选择、聚合方法，以此评估综合指标的稳健性。

第八步：回到数据。对综合指标结果做分析，通过分解，确定指标各组成以及个别分项指标的贡献，以揭示推动综合指标结果的主要驱动因素。

第九步：与其他指标的链接。找到综合指标（或其维度）与现有（简单或综合）指标之间的关联，并通过回归确定其联系。

第十步：结果的可视化。关注可视化对综合指标解释性的影响。选择传达最多信息的可视化技术，以清晰准确的方式呈现综合指标结果。

资料来源：①OECD. Handbook on Constructing Composite Indicators：Methodology and User Guide［M］. Paris, OECD Publication, 2008.

②高敏雪，甄峰，等. 政府统计国际规范概览［M］. 北京：经济科学出版社，2017：21.

（一）统计核算

核算主要是指经济核算，泛指通过簿记和算账对特定主体之经济活动过程予以记录、计算和分析研究的一类方法。企业（以及其他法人单位）核算主要是指会计核算，对政府统计而言，主要落实到国家层面进行核算，即国民经济核算。进行国民经济核算的一套理论方法被称为国民经济核算体系，已经成为一套被各国认可的国际规范。

从数据加工方法而言，相比于前述各类专业统计，作为统计核算的国民经济核算有如下两大特点。

第一，以货币作为统一的计量单位，通过核算，各种不同量纲的专业统计指标被整合为用货币价值量表现的综合指标。实现整合的关键，一是专业统计数据完备，这是整合的对象；二是估价技术，以价格作为衡量各种实物量指标的权重，并将其作为实现标准化（归一化）的基本手段。比如，不同行业生产千千万万种产品，特定时期可以分别统计其产品产量，形成专业统计数据；进而需要将所有各种产品的产量整合起来，显示一个宏观经济体综合产出指标。在此过程中，显然不能将电视机产量、小麦产量、教育服务量直接加总，而必须抽象不同产品的不同用途，先将其转化为统一的效用；在市场经济场景下，效用在很大程度上表现为市场交换价值即价格，故而可以用市场价格作为权重和标准化的手段，使各种产品产量转化为产值，通过产值加总，即可获得宏观经济层面的产出总量指标。类似地，还有各种消费总量、积累总量以及资产总量核算，都是基于上述思路实现的。

第二，基于宏观经济学所描述的国民经济循环理论，定义所核算的各项综合指标，并在各项综合指标之间建立关联，使其成为一套体现宏观经济特征的综合指标体系。比如，国内生产总值（GDP）并非上面举例的各种产品产量经过价格转换以后的简单加总，而是立足分工前提下各种产品在生产过程中建立起来的相互联系，按照每种产品生产过程中新创造的价值来定义，由此决定了其核算要采取从产出价值中扣除中间投入价值以获得增加值的方式。进一步地，还要按照国民经济循环过程，基于 GDP 定义后续一系列综合指标，包括国民收入、国民可支配收入、最终消费支出和资本形成总额，以及与国民资产负债有关的综合指标，进行综合核算。通过核算，不仅获取每一个综合指标的数据，还要从数据结果上明确显示一系列综合指标之间的关系，最终构成一套严谨的指标数据体系，并通过相应的核算表予以系统展示。

统计核算主要用于经济领域的综合指标开发。延伸开来，是否可以超出经济领域在其他领域也采用统计核算这种方法？现实中已经多有探索，在经济之外的其他领域开发了很多借助于价格进行货币价值化处理的综合指标，比如各种社会福利指标，考虑资源消耗、环境保护、生态建设的各种价值型综合指标。但是，总体看，核算所依赖的价格主要是在一套市场经济机制中形成的，如果超出了这一场景，仅以基于各种假定构造的虚拟价格来整合专业指标，核算结果常常具有很大假定性，故而难以得到广泛认可。

进一步看，统计核算所实现的数据整合，本质上只是各种总量指标的加总，其应用范围存在一定局限，无法针对更多元化的指标类型实施整合，比如结构比例指标、平均水平指标、联系强度指标、动态变化指标等。解决上述问题的更宽泛的整合方法即统计指数方法。

（二）统计指数

统计指数的编制和应用有很长的历史。经典应用是价格指数，用以反映一组乃至多组商品平均价格变化幅度。比如，消费价格指数（CPI）是一个按照层级分类、逐级加权计算出来的综合价格指数，可以分类提供数据信息，适时监测消费价格变化动态。随后统计指数被延伸应用到生产指数，基于主要产品产量变化进行加权计算，所得数据可以综合反映经济生产的变化动态。

通过这些应用可以看到，经典统计指数是一类反映动态变化的综合指标。如果一时期统计局披露的 CPI 是 105%，意味着该时期和基础时期相比，价格平均上涨了 5%。之所以称其为综合指标，是因为统计指数的对象是一类复杂现象，所提供的动态变化率是一个综括了总体内各成员变化状况的平均值。CPI 取值 105% 背后，是万千种不同种类消费品和服务价格的不同变动情况，上涨或下降以及不同的涨跌幅。在具体应用过程中，可能会选择不同的对比基期，于是有定基指数（各个指数选用某个固定时期作为基期)、环比指数(选择上一时期作为基期)以及同比指数(以上年同月作为对比基期的月度指数)等不同形式。

从实际操作方法上看,面对一个复杂统计对象的动态变化进行数据整合,统计指数有以下两个特点。第一,先分类进而选样,基于样本采集基础信息,以此简化统计对象的复杂程度,降低数据收集、处理的难度和工作量,进行指数编制。比如,CPI的编制先采用划类选典方法确定商品调查目录,据此采集价格信息,即:按照所覆盖的商品范围进行层层分类,在最后一级结合实际情况选择一部分商品和服务项目作为代表品,分别在不同市场上定时采集价格信息;随后计算其均价以及价格变动率,进而分类计算各层级的平均价格变动率作为分类指数,直至最后得到用以监测整个消费品和服务总体价格变动的总价格指数。第二,数据整合的基本手段是加权。将权重引入其中,实现原始指标的标准化,进而计算其平均值。仍然以CPI为例,在对商品和服务进行分层、分类的同时,就分别确定了各层级各类商品和服务项目的权重;然后通过加权平均方法,将各个个体价格指数按照不同权重加总起来进行平均,实现各层级消费价格指数的编制。权重在此代表对应观测指标的重要性,通常会选择与观测指标有密切联系的指标作为确定权重的依据。比如CPI编制中以居民消费支出作为权重指标,对应各类商品和服务价格的权重就是该类商品和服务消费支出在总消费支出中所占比重。这个权重本身是有时间属性的,基于权重所属时期的不同选择,出现了一系列不同指数,比如拉氏指数(按照基期水平确定权重)、帕氏指数(按照报告期水平确定权重)、费舍指数(拉氏指数和帕氏指数的几何平均,以避免权重所属时期带来的影响)等。

伴随各个领域管理数字化程度提高,统计指数已经不限于价格、物量动态监测这些经典应用场景,逐渐地沿着以下两个方向得到推广。第一是从动态比较扩展到横向比较;第二是从原来的价格指数、物量指数等经济领域应用扩展到更广泛的领域。于是,各种统计指数(或者类似的评分等)成为在各种场景下进行监测和综合评价的工具,为国际组织、政府、商界等广泛应用,并为社会公众所熟知。比如人类发展指数,是联合国开发计划署主导建立的一套评价指数,通过排名展示各国在人的发展方面所取得的进展和不同格局。比如高质量发展指数,是国家统计局联合相关部门开发的一套统计评价方法,目的是依据高质量发展的内涵和管理目标,对各省份发展状况作出定量评价并进行排序,以此引导、激励地方发展。商界也有各种企业竞争力指数、企业社会责任指数等，目的是按照特定目标对考察范围内的企业实力和业绩做出综合评价和排序。

推广应用后的统计指数在方法和具体操作流程上发生了很大变化。第一，需要综合的内容不一定是一个复杂对象所包含的不同类别（比如消费价格指数编制中的不同商品和服务类别），更多地表现为一个主题下的不同维度（比如人的发展应该体现为哪些方面），因此其内部构成更加松散。第二，不同维度下参评指标的选择性大大增强，选多少指标，选什么指标，都是综合指标开发过程中需要特别考虑的问题。第三，用于评价的基础参照值不一定是某历史时期的指标值（这原本是动态比较的前提），可以根据评价目的而有更灵活的设定，比如，可以是为该指标设置的目标值，可以是评价对象在该指标上的平均值或者最高值。第四，构造出来的指标体系可能更加松散，更具异质性，故而需要进行更规范的标准化处理。第五，仍然会通过权重赋予不同指标不同的重要性，但权重设定的主观性更强，常常采用专家打分方式确定一组权重。

面对上述种种情况，综合指标的理论论证、数据整合方法的科学性、具体处理过程中的标准化，都变得特别重要。专栏7-3介绍的国际指南，可以说主要针对的就是此类统计指数。通过该指导文本可以感受到：第一，必须进行严谨的理论框架论证，以此统驭整个综合指标的开发过程；第二，必须谨慎选择纳入综合指标的分项指标，以保证能够对应不同维度提供有效的测量；第三，必须对纳入其中的指标和数据做仔细分析和处理，防止因为数据缺失或者信息重叠而对最后的评价结果产生负面影响；第四，必须科学设计汇总方法、确定对应指标的权重，避免数据合成过程中可能出现的谬误；第五，整个过程特别要引入相应的技术分析，通过不确定性分析和敏感性分析，对相关指标及其参数选择予以论证和比较，保证综合指标开发应用能够达到预期的目的。

第四节　政府统计数据的传播与服务

政府统计的基本职能就是向政府和社会公众提供作为公共产品的统计数据。在整个数据生产过程结束之后，上述职能能否最终落实到位，关键取决于是否能够以合适的方式实现数据的发布和传播。

如何发布数据？如何保证数据能够以准确、高效的方式实现后续传播，产生良好的社会效应？这些问题的实施方案并不简单，分拆开来会涉及很多要素：谁发布，对谁发布，发布什么数据，通过什么渠道发布，何时发布以及按什么频率发布。进一步延伸，还要考虑以下问题：如何帮助用户及时、便利地获取数据并帮助用户正确理解这些数据？如何通过不同方式实现统计数据的进一步传播？如何在合法、合规前提下为用户提供定制式数据服务、深度开发服务，以最大限度地提升数据的应用效率和功能？面对信息技术带来的影响，政府统计数据的发布、传播、服务方式面临巨大挑战，很多变革正在发生。

一、统计数据发布的法律基础与制度安排

联合国官方统计基本原则第一条明确宣示：应由官方统计机构公正不偏地编纂通过检验证明有实际用途的官方统计并加以公布，以尊重公民的公共信息权。这些原则强调，官方统计是一项公共性事业，应同时向所有用户提供获取统计数据的机会，获取和传播统计数据的手段应考虑到用户的便利及其需要。毫无疑问，及时、公平公正地发布数据，是政府统计的职责所在。如何将上述原则具体落实到实际操作，需要各国的统计法规做出更加明确、具体的规定。以下以中国为例，简要介绍相关法规中有关数据发布的具体规范。

数据发布的基本规范在《中华人民共和国统计法》以及相关政府法规中有明确规定，其基本原则包含两层[①]。第一，以公开为原则、以保密为例外。《统计法》规定，县级以上人民政府统计机构和有关部门统计调查取得的统计资料，除依法应当保密的以外，应当及时公开，供公众查询。国务院《政府信息公开条例》规定，国民经济和社会发展统计信息是县级及以上各级人民政府及其部门重点公开的政府信息。具体来说，统计部门应当牢固树立"统计信息是公共产品""统计数据取之于民用之于民"的服务理念，在保守国家秘密、统计调查对象的商业秘密、个人信息以及在统计调查中获得的可识别或推断单个统计调查对象身份资料的前提下，不断丰富政府统计信息公开内容，及时公布各项统计调查结果，努力使统计成果惠及全社会。第二，依照法定权限和程序公布统计数据。《统计法》规定，县级以上人民政府统计机构按照国家有关规定定期公布统计资料，其他有关部门统计调查取得的统计资料由各部门按照有关规定公布。《统

---

① 以下有关中国政府统计数据公布的规范解读主要参见：本书编写组. 领导干部应知应会统计法律法规［M］. 北京：中共中央党校出版社，中国统计出版社，2024，具体见其中第三章第三节"统计资料管理"。

计法实施细则》进一步规定，国家统计局开展统计调查取得的资料由国家统计局公布；国务院有关部门统计调查取得的统计数据由各有关部门公布，其中与国家统计局统计调查所取得统计数据有交叉、重复的，其数据公布要与国家统计局协商；地方统计机构和有关部门的统计数据发布参照上述规定执行。《统计法》还特别规定，国家统计数据以国家统计局公布的数据为准。

对上述原则加以解读，关键是要解决两个层面的问题。第一是明确统计数据"应发尽发"，在保密、不损害调查对象隐私前提下，应尽可能公开发布统计数据；第二是发布过程中不同部门的权限和相互协调问题，应以国家统计局为统计数据发布的核心，避免"数出多门"造成信息混乱。

国际组织在政府统计数据发布方面提供了很多指导性文件，其中有些可以视为标准性框架。联合国《国家统计系统管理与组织手册》以"官方统计数据的传播"为题，设专章对相关问题做详细阐发，提出指导性建议，同时通过链接提供了大量各国良好应用案例①。国际货币基金组织（IMF）针对成员国出台了三部规范：针对发展中国家的《通用数据公布系统（GDDS）》，针对发达国家的《特殊数据公布系统（SDDS）》，以及更高要求的《加强版特殊数据公布系统（SDDS＋）》，目的是针对不同类型国家的具体情况，对政府统计数据公布内容和方式进行系统管理②。此外，国际组织在执行全球发展目标过程中一般都会提出与之匹配的统计指标体系和数据公布要求，相当于为全球各国统计数据发布提供了一类规范方式。比如围绕联合国主导的千年发展目标行动计划，以促进发展、消除贫困为主旨，形成了八个方面共计60项用于进展监测的统计指标③，不仅有统一的定义和测算方法，还专门建立相应的数据门户网站，要求各国按照共同规则公布统计数据。当前联合国主导的《2030年可持续发展议程》是一项正在进行中的全球目标行动计划，同样有一套用于监测行动进展的统计指标体系，相应的数据门户网站也在建设之中，从而可以在促进全球

---

① United Nations. Handbook on Management and Organization of National Statistical Systems [S/OL]. https：//unstats. un. org/capacity-development/handbook/index. cshtml，具体见其中第10章。

② International Monetary Fund. The General Data Dissemination System：Guide for Participants and Users [M]. Washington, DC：International Monetary Fund, Publication Services, 2007；International Monetary Fund. The Special Data Dissemination Standard Guide for Subscribers and Users [M]. Washington, DC：International Monetary Fund, Publication Services, 2007. 中国于2005年加入GDDS，2018年加入SDDS。

③ 千年发展目标监测指标 定义、理由、概念和来源 [M]. 纽约：联合国出版物，2003.

各国尤其是发展中国家政府统计数据生成和发布方式规范化方面发挥重要作用。

二、统计数据发布、传播的方式及后续服务

向用户提供统计数据可以分为两种情况，对应的提供方式和要求也有所不同。一类是即时数据，即根据当期统计调查或其他数据来源形成的新的统计数据，可能是月度数据、季度数据或者年度数据。这些数据的提供常常被称为"发布"，基本要求是及时、定时。及时是指应尽可能快地向各类用户提供数据，尽快传播出去；定时是应该根据事先公布的时间表按时发布，使用户能够在既定预期下获取数据。这样的即时发布常常针对综合指标，一般难以给出更详细的数据。与此对应的是另一类数据，不限于主要综合指标，内容更加详细，并覆盖既往各时期而形成时间序列。在一定程度上可以认为，此类数据就是各个时期所发布数据的累积和扩展细化，其数据的体量及其功能已经超出即时发布的范畴；用户使用这些数据的目的也与即时数据完全不同，不是为了了解动态，而是要对趋势做观察，用于更深入的分析。政府统计部门必须为公布此类数据建立专门的数据库，通过不同渠道和方式，提供完备、持续的数据服务。结合国际规范给出的建议，数据发布的基本原则主要集中在以下两个方面：第一是要预先公布统计数据的发布时间表；第二是要保证数据的可访问性①。

有关数据的定期发布与更新，中国已经建立起比较完备的制度。自2001年起，国家统计局开始建立并逐步实施"经常性统计信息发布日期提前公示制度"，每年年初将"国家统计局统计信息发布日程表"在国家统计局官方网站上公布、通过媒体向社会公众公示，并按照日程表定期发布统计数据。以2025年为例，国家统计局2024年12月30日在官方网站公布"2025年国家统计局主要统计信息发布日程"②，将各项统计数据发布时间具体到×日×时，比如1月份针对上年度国民经济运行情况的新闻发布会预计在2025年1月17日（周五）上午10：00举行。各项数据的具体发布和安排见专栏8－4。

---

① United Nations. Handbook on Management and Organization of National Statistical Systems [S/OL]. https：//unstats. un. org/capacity-development/handbook/index. cshtml，具体见其中第10.2节和第10.3节。

② 2025年国家统计局主要信息发布日程表 [EB/OL]. https：//www. stats. gov. cn/xw/tjxw/tzgg/202412/t20241230_1957931. html.

专栏 8-4　中国国家统计局统计数据定期发布方法及具体制度安排

1. 新闻发布会。国家统计局在国务院新闻办公室举行月度、季度、年度国民经济运行情况新闻发布会和重大国情国力普查结果发布会，由国家统计局新闻发言人或国家统计局负责人等发布国民经济和社会发展主要指标数据或普查主要成果，并回答中外记者的提问。月度新闻发布会一般在次月 15 日左右召开，季度新闻发布会在季后 18 日左右召开，年度新闻发布会在次年 1 月 20 日左右召开。

2. 国家统计局数据发布库。可以通过国家统计局官方网站的"数据查询"处进入。对于月度和季度数据，在官方网站发布主要指标后，更多结构或细项指标通过数据发布库发布。对于年度数据，一般在《国民经济和社会发展统计公报》发布和《中国统计摘要》出版 5 个工作日左右更新主要年度数据，在《中国统计年鉴》出版后更新快速查询栏目的年度数据，于 2 个月后更新全部年度数据并加载年鉴光盘。

3. 统计出版物。国家统计局每年 5 月出版综合性简明统计资料《中国统计摘要》，收录我国上一年经济社会主要指标数据，主要数据多为初步估计数；10 月出版综合统计资料《中国统计年鉴》，收录的指标更全面；10 月以后出版各类专业统计年鉴 20 余种，如《中国工业统计年鉴》《中国投资领域统计年鉴》《中国人口和就业统计年鉴》等。反映全国农业普查、经济普查和人口普查等各类普查结果的统计年鉴在普查主要数据发布后的一年内出版。

4. "两微一端"。国家统计局官方微博"中国统计"，官方微信"统计微讯"和手机客户端"数据中国"，在国家统计局官方网站数据发布后及时发布或更新数据。

资料来源：本书编写组. 领导干部应知应会统计法律法规 [M]. 北京：中共中央党校出版社，中国统计出版社，2024，具体见其中第三章第三节"统计资料管理"。

公众可以通过多个渠道获取统计数据。第一是中国统计信息网，即国家统计局官方网站（http：//www. stats. gov. cn/）下的"最新发布""统计数据""统计公报"等栏目，尤其是即时数据，可以通过这一渠道快速获取。第二是国家统计局数据库（https：//data. stats. gov. cn/），覆盖国家统计局和其他部门的大量指标和数据报表并适时更新，实现了综合数据的整表、指标、专题和关键字查询，具备文件输出、制表、指标解释、单位转换、表格转换等多种功能。第三是纸质出版物，作为全面公布政府统计数据的传统方式，至今仍然是社会用户深度了解、全面掌握统计数据的重要渠道。具体包括四类出版物：一是年鉴系列，以《中国统计年鉴》为代表，还有各种专题性年鉴，比如《中国工业统计年鉴》《中国能源统计年鉴》《第四次全国经济普查年鉴》等；二是《中国统计摘要》，每年5月由国家统计局出版；三是《中国信息报》，可以适时刊载季度、月度进度数据；四是《中国经济景气月报》，每月出版，按月提供相关数据。

严格说来，公布和传播实际上是统计数据服务社会的两个阶段①。公布环节在先，其核心是提供数据；传播环节在后，更注重后续的效果。政府统计部门对第一个环节有绝对的主导权，却无法直接控制第二个环节的效果，数据用户——包括最终用户和中介性用户比如媒体——可能出于不同需要、按照自己的理解使用这些数据。为了保证统计数据能够得到良性传播，达到预期的效果，政府统计部门需要在发布数据的同时进一步提供后续相关服务。第一是提供统计数据的元数据，对统计指标的内涵予以详尽解释，说明其数据的来源和计算方法②；第二是对数据进行适当的官方解读，引导用户正确理解数据所显现的特征和趋势；第三是对一些显著的误用、错误理解通过适当方式予以纠正，一旦围绕统计数据出现显著的"舆情"，统计部门应及时予以更正和说明，同时要设专门机制对用户的咨询提供应答。此外，为了协调"及时"与"准确"之间的矛盾，统计部门可能先发布初步统计结果，然后再根据更详细的资料来源不断修订此前发布的数据；如果在数据来源或者指标内涵上出现重大变化，还会对历史数据作出修订。对上述修订，统计部门要及时更新历史数据库，并通过各种渠道发布数据修订公告，知会数据用户。

在此过程中，如何以友好姿态面对各类数据用户，是对政府统计部门的考验。一方面是要对数据发布的形式作出改进，进行适当"包装"，以易于理解的形式提供；另一方面要针对作为数据传播中介的各类媒体专门开展工作，建立良性、高效的沟通机制，以促进统计数据及其所包含信息

---

① 欧盟统计局在其基本统计规范《欧洲商业统计手册》中有两章讨论相关问题：一章是"统计披露"；另一章是"传播"。见：EUROSTAT. European business profiling Recommendations Manual（2020 edition）[R/OL]. https://ec.europa.eu/eurostat/documents/3859598/10479728/KS-GQ-20-002-EN-N.pdf。

② OECD于2007年编制《数据和元数据报告及展示手册》，借鉴各国统计机构和国际机构在过去二十几年间的开发成果，为统计数据和元数据的报告及展示提供一组全方位的国际指导方针和建议。具体见：OECD. Data and Metadata Reporting and Presentation Handbook [M]. Paris, OECD Publication, 2007。

的传播。此外还应该做一些具有长远效应的工作，提高整个社会的统计素养，吸引各界对政府统计数据的关注和理解。国际组织对上述种种给予了高度重视。比如，2010 年第 64 届联合国大会通过决议，确定每年 10 月 20 日为"世界统计日"，总主题是"庆祝官方统计的众多成就"，以及服务、诚信和专业精神等核心价值；联合国欧洲委员会曾经以"使数据有意义"为主题发布系列出版物，意在面向公众的各个环节提供方法指导（见专栏 8 - 5）。

专栏 8 - 5 "使数据有意义"

面对统计机构用专业术语提供的调查报告和数据结果，一般用户常常会手足无措、敬而远之，结果可能会使数据变得无意义，甚至还会歪曲数据的意义得出错误的结论。所以，如何普及统计知识，使数据变得通俗易懂，更好地服务大众，就成为统计机构的一项重要任务。为此，联合国欧洲经济委员会 2006 ~ 2012 年相继编纂了《使数据有意义》系列手册，目的就是对政府统计组织相关人员提供指导，助力其与媒体和社会公众进行有效沟通。

该系列共有四部手册，按照发布时间顺序排列：

第一部是《"统计故事"写作指南》（A guide to writing stories about numbers，2006 年），讨论如何利用高效的写作技巧"使数据有意义"；

第二部是《统计数据可视化指南》（A guide to presenting statistics，2009 年），演示如何高效使用图表、地图及其他可视化工具来描述数据；

第三部是《统计机构与媒体沟通指南》（A guide to communicating with the media，2011 年），旨在为统计机构寻求与媒体高效沟通的最佳方式提供指导；

第四部是《统计素养提升指南》（A guide to improving statistical literacy，2012 年），对如何提升不同用户群的统计素养提供了策略。

该手册可以通过以下网址下载 http：//www. unece. org/stats/documents/writing/，其中前两部有中文版本。

资料来源：关武阳. 如何使数据有意义——《使数据有意义》系列手册解读 [J]. 中国统计，2013（5）：20 - 21；同时收录于高敏雪，甄峰，等. 政府统计国际规范概览 [M]. 北京：经济科学出版社，2017：590.

中国在上述各个方面已经作出很多努力，以下简要罗列一些举措和相应机制。（1）每一次统计数据集中发布，数据报告后面都有相应的指标解释和关键说明，同时会匹配相应的数据解读与分析，在中国统计信息网"统计分析"栏目下刊出。针对人口普查、经济普查等大型统计调查项目，其数据发布、数据解读以及后续开发应用会作为一项专门工作予以设计和实施（专栏 8-6 提供了一个例子）。（2）创建了"新闻发布会"这样一种数据发布形式，邀请中外各大新闻机构记者参会，使统计数据发布直接对接电视、广播、报刊、网络等各类新闻媒体，在第一时间通过媒体向社会传播。（3）社会公众可以依照《政府信息公开条例》的相关规定，向国家统计局统计提出数据公开申请，获取统计部门主动公开数据之外的数据，相关事务由国家统计局统计资料管理中心负责。（4）国家统计局专门设置了咨询服务电话和相应的电子设备，形成"客服中心管理系统"，受理社会公众有关统计信息的咨询，解答社会公众有关统计数据、统计指标、统计方法方面的问题，收集并反映社会公众对政府统计工作的意见建议。（5）国家统计局设有中国统计资料馆，收藏各类统计历史文献并予以数字化，设有公众阅览室、专家咨询室以及各种电子设备，可以为社会公众提供全方位的统计信息服务。（6）响应"世界统计日"，国家统计局将每年 9 月 20 日定为"中国统计开放日"，迄今已经成为各级政府统计部门一年一度推进统计公开透明的品牌活动。通过"请进来"和"走出去"等形式举办各种活动，对统计改革进程和重大统计工作进行广泛的宣传和解读，以此加深统计系统与社会公众的沟通交流，促进社会公众对统计工作的了解和支持。

专栏 8-6　第四次全国经济普查的数据发布、传播与成果应用

经济普查数据事关重大国情国力，数据发布和传播包含很多具体要求，为此普查相关部门制定了一套完整的数据发布机制和具体流程。

主要数据通过《全国经济普查公报》发布，第一号公报于 2019 年 11 月 20 日正式对外发布，后续公报顺次发布。更详细的分类汇总数据通过年鉴形式发布，《中国经济普查年鉴》（2018）于 2020 年 1 月正式出版。

在数据发布基础上，第四次经济普查数据借助于其他各种渠道实现了快速传播。一方面将数据作相应"包装"发布，比如国家经普办相继发布了十五期第四次全国经济普查系列报告，就一些行业发展状况进行了重点解读；另一方面主动联系宣传部门和媒体，充分利用各种发布渠道，包括新闻发布会、新闻媒体、门户网站、统计出版物等，强化了普查数据的传播，较为有效地扩大了普查数据的社会影响力。

在数据发布与解读时充分考虑了可能产生的社会影响，进而对解读方式和渠道有比较细致的设计。由普查机构相关负责人出面综合回答有关此次经济普查的重大问题；对重要指标和敏感指标提前进行详细解释；邀请专家学者从第三方角度解读，以增强数据的说服力和公信力；从经济普查工作科学性、规范性、过程公开透明方面做工作，以此证明普查数据的真实性和可靠性；及时发布后续相关数据（比如GDP）的修订结果，并对修订原因、数据衔接、指标使用等进行详细说明。

除了提供汇总数据之外，第四次经济普查及时脱敏制作了第四次全国经济普查微观数据集，上传到国家统计局批准设立的各个微观数据开发中心，在保证不泄露被调查单位个体信息前提下，为研究者提供微观数据服务。通过这一举措，有力支持了后续开展的普查数据分析研究工作，同时也有助于普查数据的传播，提升了数据服务水平。

三、统计数据传播应用服务方式面临新挑战

统计服务进程仍未有尽时。在信息技术发展背景下，政府统计的运行环境正在发生重大变化，用户对统计产品的需求以及使用方式都在变化。与此对应，政府统计部门必须对传统的数据发布、传播应用方式作出改变，进而还会延伸到统计产品在内容上的变化。

传播方式已经发生了改变。传统的纸介质产品比如统计年鉴仍然有存在的必要，比如，可以适应那些没有数字设备的用户的数据需求，可以为审查一国政府统计的整体状况提供一个完整的范本，在分散型统计体制下可以作为实现不同政府部门之间协调的手段等。但是，从用户获取数据这一主要功能来看，此类传播方式毫无疑问已经被边缘化了。各国统计部门普遍通过网站建设为用户提供数据访问服务，供用户下载数据集，实现与数据库的交互式链接。进一步地，还可以基于统计产品建立专门的数据门户，形成基于网络的交互式数据和元数据平台，尤其适用于特定领域、特定数据类型的数据库及相关服务。在国际层面已经出现过此类应用，比如国际组织曾经以千年发展目标为主题开发数据门户，覆盖120多个国家，

当前围绕《2030 年可持续发展议程》的监测也在进行相应的数据平台建设，以便利各国按照统一要求提供数据，供用户进行国际数据查询和研究分析，并分享相关研究成果。同样，在国家层面也应该开发此类数据门户，可以就国家统计局系统进行开发，推广开来，还可以开发整个政府统计系统的通用数据门户，以便协调各个部门的统计功能及其产品。此外，数据传播除了依赖传统媒体之外，已经开始利用社交媒体来触达新的受众、接受用户反馈，以此提升当期即时数据发布的效率和传播范围，促进统计数据的使用，并有助于提高全社会的统计素养。

未来，政府统计产品应不局限于简单地向用户"提供"数据，而是要与用户形成"互动"，实现数据的深度开发，以此充分挖掘数据的价值，提高数据的利用效率。比如通过机器对机器的访问而逐步实现数据的"机对机"传播，以及适应用户持有移动设备进行数据访问的需求；进一步地，可以考虑基于"开放数据"原则重构当前的数据发布和传播机制，甚至可以考虑建立现代化的分布式统计信息系统和数据发布平台。在此过程中，政府统计部门不仅要提供"通用性"数据产品，还可以按照用户需求提供定制化产品；反过来，用户可能不再只是被动地获取已经加工好的数据，而是会通过不同方式介入数据加工过程，使自身研究工作成为政府统计数据产品生产过程的组成部分。①

这是一个巨大而艰难的转变过程，其间会涉及很多法律、技术、管理方面的障碍。以下仅以当前国际上已经有显著进展的微观数据利用为例，说明在传统做法基础上作出改进，需要考虑哪些问题。

传统政府统计主要以提供反映总体特征的综合指标为主，这些数据是对来自调查及其他渠道的基础信息即所谓"微观数据"进行各种加工后的结果。受制于"为被调查者保密"的承诺，为了避免泄露个人信息和企业商业秘密，加工前的微观基础数据被封存起来，其巨大的信息价值一直没有得到开发。为了改变这种状况，一些国家的统计部门开始与特定研究机构合作，尝试在不违背统计相关法规前提下进行微观数据开发②，国际组

①　以上归纳参见：United Nations. Handbook on Management and Organization of National Statistical Systems［S/OL］. https：//unstats. un. org/capacity-development/handbook/index. cshtml，具体见其中第 10. 7～10. 9 节。

②　许宪春等曾经撰文对若干主要国家在微观数据开发利用方面的具体做法进行介绍，见：许宪春，余航，杨业伟. 政府微观调查数据开发应用的国际经验和建议［J］. 统计研究，2017（12）：3－14。

织随后也出台了相关原则指导①。以下对这些基本原则和具体做法做概括性介绍。

面对相关法律此前针对调查对象及其所提供数据的保护条款，微观数据开发应恪守以下基本原则。（1）提供微观数据的首要原则，是保证数据内每条个体基本信息都是无法辨识和对照的。（2）微观数据开发只能用于统计目的，不能用于行政目的。（3）在微观数据发布之前，应该有保护数据隐私的法律安排，比如立法、行政规章、专门授权等形式，以规范对微观数据访问过程中确保个体识别信息不被披露。（4）研究人员访问和使用微观数据的程序以及微观数据的用户应当透明公开。

在法律框架之下，政府统计部门可以通过不同方式支持特定目标下的微观数据开发研究工作。一类方式比较保守，是研究者先提出研究计划，而后由政府统计机构的人员代为加工数据；另一类方式是研究者获得授权通过互联网远程交互操作，在政府统计机构的数据服务器上进行运算，输出结果；还有一种更进一步的方式是由政府统计机构在特定地点建立数据实验室，相关研究者可以进驻工作室展开运算和研究，形成数据运算结果。

无论采用何种方式，其操作步骤大体都可以概括为"申请—审核—使用—发布"等步骤。先要申请使用微观调查数据，提交研究计划和相关说明；其次由监管部门对申请内容予以审核，判断是否应给予使用权限，研究人员获批之后要签订一系列协议、并经过相应程序（比如培训等），才能获得保密授权，接触获批范围内的数据；数据使用过程中，研究人员必须遵循相应流程，在保持隔离的指定设备上获得远程访问权限和账户，获取相应数据，在全过程监控状态下进行数据处理工作；最后是成果提交和披露，所有完成的研究成果均需提供并要经过披露审查。

在此过程中，政府统计机构需要制定完整的管理制度，并在以下方面进行实质性工作。（1）对微观数据进行分级加密。先划分微观数据的保密等级，比如保密类、谨慎开发类和可以开发类，按保密等级进行数据管理；对可以用于开发的数据进行"脱敏"处理，常用做法包括直接去除敏感记录、数据匿名、数据置换、噪声干扰、抽样法等。（2）制定完善的机构准入机制和白名单制度。准入制度面向研究机构，只有在获得认证的研

---

① United Nations Economic Commission for Europe, Conference of European Statisticians. Managing Statistical Confidentiality & Microdata Access: Principles and Guidelines of Good Practice [M]. New York: United Nations Publication, 2007；基本内容简要介绍可见：高敏雪，甄峰，等. 政府统计国际规范概览 [M]. 北京：经济科学出版社，2017：578。

究机构中的研究人员，才有资格申请使用微观保密数据；研究机构审查会涉及很多方面，比如机构的学术研究性质、既往声誉和研究成果、机构内部的学术活动组织情况、机构关于数据保密的制度建设和硬件设施等。(3) 建立研究者培训体系，提供相关的培训资料以供研究人员学习，降低泄密风险。(4) 以不同方式开放数据，实现数据保密和开发的平衡。面对不同研究者的不同研究项目，有选择性地确定研究者的数据使用权限。

可以看到，实现政府统计微观数据的开发应用，需要法律、管理、技术三方面的支持，缺一不可。在美国、欧盟、日本、澳大利亚等发达国家和地区，微观数据应用已经形成了比较完备的制度，获得了宝贵的应用经验。中国借鉴国际经验，在微观数据开发应用方面进展迅速，除了在国家统计局设有专门的数据中心接纳外部研究者进驻之外，还在中国人民大学、北京大学相继建立数据实验室，一大批政府统计调查数据，包括经济普查、人口普查、1% 人口抽样调查、住户抽样调查等大型调查的微观个体数据，经过相应的"脱敏"处理，在机构严格管理之下纳入开发范围，已经取得了很多有价值的研究成果。

第九章　政府统计数据产品概览

第八章集中于政府统计为服务社会而开展的两方面工作：完成统计数据的生产加工，促进统计数据的传播应用，但遗留了一个最核心的问题：政府统计经过生产加工之后，形成了哪些数据产品，或者反过来说，政府统计最终向政府和社会公众提供了什么样的数据产品。之所以把这个问题留待这一章专门讨论，是受篇幅所限，政府统计数据产品多，很难用"一节"展示其全貌；但最重要的原因在于，必须对这些数据产品做专门的、系统的介绍，帮助各类用户和社会公众全面了解政府统计数据，以此促进政府统计数据的传播应用。

政府统计覆盖面广泛，提供的统计数据产品内容丰富、构成复杂。全面介绍这些数据产品不是本书的目标，尤其无法结合具体应用讨论各项数据产品的具体内容，所以，以下仍然是用有限的篇幅对这些数据产品做概括性介绍。第一，要对政府统计具有基础性、框架性的统计指标体系作介绍，以便对政府统计的数据产品有一个总体把握；第二，对一些重要的、具有综合性的统计指标作介绍，以此能够把握这些数据产品的重点与核心。为达上述目标，需要从统计指标这个基本概念讲起。

第一节　从统计指标到统计指标体系

指标被定义为"衡量目标的参数，预期达到的指数、规格、标准"。在英语语境下，indicator 以及所依赖的 indicate 都以"表明、指示、指出、迹象"等作为基本释义要素。所以，简单取字面意义，指标就是被量化表述的目标指向。

指标可以在不同场景下使用。在国家宏观管理场景下，指标可以具体化为规划指标和统计指标两种应用方式。规划指标属于目标指标，是未来预期达到的目标；统计指标则属于监测指标，显示在特定时空下达到的实际水平。二者之间常常相互对应，用统计指标来监测目标指标的完成状况。相比较而言，规划指标一般是概略性的，仅限于一些主要指标，而统计指标则是具体详细的，会提供更加详细的信息显示研究对象各方面的特征。专栏9-1以中国"十四五"规划为例，对目标指标和统计指标之间的关系作了说明。

专栏9-1　中国"十四五"规划目标指标

"五年规划"代表中央政府对中国未来发展的中期目标的谋划，在宏观管理中具有重要作用。第十四个"五年规划"覆盖2021~2025年，在高质量发展的总体要求之下，通过区分不同维度、设定不同指标，为这一时期发展提出了具体目标（见下表）。其中，围绕第2栏的"指标"，第3栏是2020年的实际水平，第4、第5栏则是未来五年的目标值及其描述。这些指标都属于规划指标，统计部门要针对这些规划指标在各年的实际完成情况提供监测数据，同时还会提供更加详细的统计数据作为分析依据。以国内生产总值增长率指标为例，统计部门不仅要提供各年GDP及其增长率数据，监测规划指标的完成进度，还要分别第一、第二、第三产业以及主要行业提供增加值及其增长率数据，以此作为分析当年GDP增长率完成程度的依据。

"十四五"时期经济社会发展的主要指标

类别	指标	2020年	2025年	年均/累计	属性
经济发展	1. 国内生产总值（GDP）增长（%）	2.3	—	保持在合理区间、各年度视情提出	预期性
	2. 全员劳动生产率增长（%）	2.5	—	高于GDP增长	预期性
	3. 常住人口城镇化率（%）	60.6*	65	—	预期性
创新驱动	4. 全社会研发经费投入增长（%）	—	—	>7%、力争投入强度高于"十三五"时期水平	预期性
	5. 每万人口高价值发明专利拥有量（件）	6.3	12	—	预期性
	6. 数字经济核心产业增加值占GDP比重（%）	7.8	10	—	预期性

"十四五"时期经济社会发展的主要指标					
类别	指标	2020 年	2025 年	年均/累计	属性
民生福祉	7. 居民人均可支配收入增长（%）	2.1	—	与 GDP 增长基本同步	预期性
	8. 城镇调查失业率（%）	5.2	—	<5.5	预期性
	9. 劳动年龄人口平均受教育年限（年）	10.8	11.3	—	约束性
	10. 每千人口拥有执业（助理）医师数（人）	2.9	3.2	—	预期性
	11. 基本养老保险参保率（%）	91	95	—	预期性
	12. 每千人口拥有 3 岁以下婴幼儿托位数（个）	1.8	4.5	—	预期性
	13. 人均预期寿命（岁）	77.3 *	—	〔1〕	预期性
绿色生态	14. 单位 GDP 能源消耗降低（%）	—	—	〔13.5〕	约束性
	15. 单位 GDP 二氧化碳排放降低（%）	—	—	〔18〕	约束性
	16. 地级及以上城市空气质量优良天数比率（%）	87	87.5	—	约束性
	17. 地表水达到或好于Ⅲ类水体比例（%）	83.4	85	—	约束性
	18. 森林覆盖率（%）	23.2 *	24.1	—	约束性
安全保障	19. 粮食综合生产能力（亿吨）	—	>6.5	—	约束性
	20. 能源综合生产能力（亿吨标准煤）	—	>46	—	约束性

注：①〔　〕内为 5 年累计数。②带 * 的为 2019 年数据。③能源综合生产能力指煤炭、石油、天然气、非化石能源生产能力之和。④2020 年地级及以上城市空气质量优良天数比率和地表水达到或好于Ⅲ类水体比例指标值受新冠疫情等因素影响，明显高于正常年份。⑤2020 年全员劳动生产率增长 2.5% 为预计数。

资料来源：中华人民共和国国家发展和改革委员会规划司. 中华人民共和国国民经济和社会发展第十四个五年规划和 2035 年远景目标纲要〔DB/ON〕. https：//www.ndrc.gov.cn/xxgk/zcfb/ghwb/202103/t20210323_1270124.html？code=&state=123.

统计指标包含概念名称和数值两个部分。前者通过定义用来表述所要显示的特定总体某方面的特征，后者用以具体表述该特征在特定时间、空间上的实际数值。以"中国 2020 年国内生产总值为 101.6 万亿元"为例，作为概念，国内生产总值（GDP）是衡量一国经济活动产出成果的指标，其具体定义是事先设计出来的；具体到数值，则要落实到中国、2020 年这样的空间和时间尺度，是统计调查、数据加工核算的结果。

统计指标的基本性质可以概括为以下两个方面。第一，统计指标是针对总体的，用以描述总体的特征，以此即可与统计调查或其他数据源收集的基础信息区别开来，是对各种基础信息进行加工之后形成的，二者是投入（原材料）与产出（产品）的关系。第二，统计指标一般都是用数值表述的，显示总体的各种定量特征。其中，最常见的是刻画总体"有多少、多大规模"的总量指标（比如人口总数），进而是显示其分布状况的结构指标（比如人口在地域、年龄、性别上的分布）、显示其一般水平的平均指标（比如户均人口数、人口平均年龄）、显示其变化的动态指标（比如人口出生率、死亡率），还有各种显示总体内部差异状况的指标（比如男女预期寿命的差异），以及将各种指标联系起来进行对比形成的强度指标（比如劳动参与率、人均 GDP）。

统计指标是政府统计的主要"语言"，是组成其数据产品的基本要素。政府统计覆盖一国经济社会发展和国情国力各个方面，需要面对大大小小各种总体的各种特征，故而有林林总总很多统计指标。按照政府统计内容类别，可以区分经济指标、人口指标、社会指标、资源环境指标、科技创新指标，在此之下可以进一步细分，比如经济指标区分为针对行业的统计指标、金融领域的统计指标等。按照政府统计的空间覆盖范围，可以在全国性统计指标之下，进一步针对区域层面提供统计数据，比如，除了全国国内生产总值之外，还有区域层面的地区生产总值。所以，政府统计就是一个规模巨大、内部结构复杂的统计指标数据库。

任何一个统计指标都有其特定的内涵和作用条件。不存在万能的指标，超出设定范围使用，指标就会显现出不适应，并可能会带来负面影响。用户对统计指标的指责、抱怨很多时候都是因为没有正确使用统计指标，正因如此，"纠正对数据的误用"才被写入联合国针对政府统计的"十项基本原则"，成为政府统计的主要职责。伴随外部环境变化，统计指标可能会"过时"，或者其指标内涵会"过时"，为此需要对其内涵加以修订，或者开发新的指标予以替代。最典型的例子就是改革开放之后，中国逐步以国内生产总值（GDP）替代了计划经济年代一直沿用的工农业总产值，作为衡量经济规模和经济增长的核心指标①。

进一步看，无论其如何重要，单个统计指标只能反映总体某一方面的特征。要全面描述总体的状况，需要多个指标组合起来，组合的结果就是统计指标体系。政府统计的职能和性质决定了其数据产品都是通过统计指标体系的方式呈现的，而且会包含很多个统计指标体系。可以说，每一个数据产品都是一个"数据包"，每个"包"容纳了针对特定主题而加工形成的若干统计指标及其数值，这些统计指标之间通过特定的逻辑关系被组合起来，形成一套指标和数据体系。翻开《中国统计年鉴》，就可以看到很多这样的数据包：每一个专题可以视为一个大数据包，其中可能会包含更具体、细分的数据包；不同专题相关部分组合起来，经过一定加工，可以形成更具分析性的统计指标体系和数据包；如果进一步与其他各部门数据库以及国际数据库关联起来，则可以在更宽范围内构造统计指标体系、形成数据包。以下分别不同方面举若干例子显示各类统计指标体系的构造思路。

（一）针对产业的统计指标体系

产业（行业）是一组生产特征类似的企业的组合，其基本职能就是利用生产要素投入进行生产，以最节约、最有效率的方式提供各种产出，满足市场需求。所以，统计用来刻画一个产业（行业）状况的统计指标体系就是按照"投入—产出—生产率"这样的逻辑搭建的。一方面是反映资产、劳动、原材料或其他各种投入的指标；另一方面是显示产品产量、销售等产出的指标，并延伸到总产值、增加值等综合性产出指标。投入与产出以各种方式匹配起来，进行对比，结果就是各种体现生产效率和经营业绩的生产率指标。

（二）针对市场的统计指标体系

市场是供给、需求双方进行交易的场所与平台，根据交易标的不同而有各种市场，包括产品市场、劳动市场、金融市场等，每一个下面都会再细分。统计用来刻画一个市场状况，主要是聚焦市场的交易规模和水平，主要指标包括交易量、交易额、交易价格，并通过分组体现其结构性特征，以此刻画当期已经实现的供给和需求。进一步扩展，还可以关注潜在的供给和需求。以产品市场为例，供给来自国内生产和国外进口，国内生产能力、当期产量、国外进口量、各个环节上的库存，都是反映供给的重

---

① 对统计指标历史演变过程的追踪，可重点参考国家统计局编写组. 我国 20 个统计指标的历史变迁［M］. 北京：中国统计出版社，2017.

要指标；需求包括国内消费、国内投资、对国外出口，为此需要围绕国内消费的购买力、国内投资的意愿、国际市场状况设计统计指标，展示统计数据。

（三）承担中介功能的财政、金融统计指标体系

财政是政府主导下实现收入分配、资源配置的重要手段，财政统计按照"财政收入—财政支出—赤字或盈余—债务"的框架设计统计指标体系，其中，财政收入按照来源统计，财政支出按照去向统计。金融是一个复杂的系统，其总体职能是在全社会范围内为资金供求搭建桥梁实现资金融通，宏观金融统计整体架构可以用金融机构"资金筹集（负债）—资金运用（资产）—利率"概括，在不同范围下汇总成"概览"，显示针对资产、负债的一系列指标，并与实体经济各个部门的资产负债统计相关联。

（四）公共领域各主体统计指标体系

公共领域的活动主要由政府主导，以提供相关公共服务为主要职能。针对公共服务的统计指标体系，包含两个维度。一是围绕公共服务提供设计统计指标，其基本框架可以概括为"能力—当期服务—影响"。比如教育统计，能力指标覆盖学校软硬件基础设施、师资力量等，当期服务具体化为针对入学、在校、毕业各个环节上的学生人数和工作量统计，其影响则延及对人口受教育程度的统计测度。二是经费，其统计指标围绕"经费支出—经费筹集"设计，一方面反映经费总额及其支出去向，另一方面则显示经费来源。

（五）营商环境评价指标体系

世界银行从2003年起每年发布《营商环境报告》，对全球各主要经济体的营商环境做出综合评价，核心就是在一套评价指标体系基础上编制综合评价指数。中国在借鉴世界银行经验基础上建立了营商环境评价指标体系框架，具体评价项目沿着为企业提供服务的流程展开，覆盖企业开办、施工许可、电力供应、税费缴纳、不动产登记、信贷获得等不同方面，力求全面准确、客观公正地对各地区的营商环境做出评价，反映"放—管—服"改革的进展，揭示存在的问题和短板。

第二节　国民经济核算体系与可持续发展指标体系

以下两节将择要介绍政府统计的数据产品。本节重点关注两个超越单

一主题、覆盖面宽、具有总括性和方向性指导意义的综合统计数据产品。一个是作为政府统计"龙头"的国民经济核算体系，另一个是联合国最近在《2030年可持续发展议程》中大力推出的可持续发展指标体系。之所以选择二者作为综合性统计数据产品加以介绍，原因在于，前者通过系统核算实现了对经济统计的全面综合，后者则穿透经济、社会、资源环境等不同领域，是一套内容宽泛、体现综合评价要求的统计指标体系。

一、国民经济核算体系

一国经济从宏观上看是一个复杂的系统。围绕这一时期的经济活动，政府统计中包含很多专业统计指标体系，比如行业统计、市场统计、财政统计、金融统计等。在这些专业统计之上，则是对宏观经济做整体统计的国民经济核算。通过国民经济核算提供的指标和数据，可以超越专业统计的单一视角，系统显示一国经济的整体面貌，用以监测国民经济运行情况，支持运用计量经济方法进行宏观经济分析，为宏观、微观各层面的经济决策提供基础和依据。除此之外，国民经济核算还有一个功能：它如同一座建筑的主体结构一样，为整个经济统计搭起了一个统一的架构，成为各种专业经济统计的凭依，并使得各专业统计彼此之间建立起联系。

国民经济核算是政府统计中内容最复杂的数据产品。进行国民经济核算的一套方法被称为国民经济核算体系（SNA）。与专业统计相比，国民经济核算体系有如下特点。第一，它是以宏观经济理论为基础，按照一套符合国际惯例的概念、定义、分类和规则设计的核算框架，以此保证核算数据能够与宏观经济管理需求对接，并具有国际可比性；第二，它以货币作为统一的计量单位，包含一套规模庞大的指标体系，能够覆盖整个经济循环过程的不同环节、不同方面，对国民经济进行统一、连续的核算，提供全面、丰富、连续的统计核算数据；第三，它引入复式记账原理对核算内容进行整合，将规模庞大的统计指标体系纳入对应的核算表中，通过在数量上建立联系，形成了一套逻辑严密、协调一致而完整的数据体系。

（一）国民经济核算体系的形成与历史沿革

国民经济核算体系是在国民收入估算基础上发展起来的。20世纪30年代的经济大萧条催生了国民经济核算体系，美国经济统计学家西蒙·库兹涅茨和英国经济统计学家理查德·斯通等对国民经济核算体系的形成作出了重要贡献。依据前者的工作成果，美国创立并发展了国民收入和生产账户体系（NIPAs）；以后者主导下撰写的报告为基础，形成了联合国国民经济核算体系的第一个版本——《国民账户体系及其辅助表》，即 SNA - 1953。此后，通过不断整合现实发展的需求和核算理论方法的进展，国民经济核算体系得以不断完善，至今，具有标志性的系统修订有三次，其成果就是联合国等国际组织主持下的《国民经济核算体系（1968）》《国民经济核算体系（1993）》《国民账户体系（2008）》，分别简称 SNA - 1968 版本、SNA - 1993 版本和 SNA - 2008 版本。在此过程中，在苏联等计划经济国家曾经出现过与 SNA 并行的物质产品平衡表体系（MPS），此后伴随各计划经济国家向市场经济体制转型，这些国家的核算体系也逐步由 MPS 转向 SNA。到 SNA - 1993 发布时，国民经济核算体系已经基于 SNA 在全球各国实现了一体化。

20 世纪 30 年代，中国曾经进行过国民收入估算，但作为比较系统的国民经济核算制度，则是在新中国成立后才开始建立的。20 世纪 50 年代，在苏联专家的帮助下，中国开始按照 MPS 模式建立国民经济核算体系。自 20 世纪 80 年代开始，为适应中国经济体制改革的需要，中国国民经济核算体系开始由 MPS 向 SNA 转型。1992 年发布《中国国民经济核算体系（试行方案）》，标志着取消了基于 MPS 模式的国民收入核算工作，开始与国际接轨，按照 SNA 模式进行国民经济核算。此后，国家统计局不断总结核算开发建设的成果与经验，与国际规范更新保持一致，于 2003 年发布了《中国国民经济核算体系（2002）》，于 2017 年发布了《中国国民经济核算体系（2016）》。

（二）国民经济核算体系的基本内容

依据 SNA - 2008，国民经济核算体系的内容架构包括两个层次：一是中心框架，集中展示国民经济核算的核心内容；二是大力倡导灵活应用，通过卫星账户以及与其他统计体系的衔接、互动，将核算内容作进一步拓展。[①]

SNA 中心框架是"由一套逻辑严密、协调一致而完整的宏观经济账户和资产负债表组成的"。借助于该框架，"各种反映经济运行状况信息的经济数据得以按照经济分析和管理决策的要求以一定程式被编制和表述出来"，体现了 SNA 在以下三个方面的功能特性：第一是全面性，它覆盖了一个经济体的所有活动及其运行结果；第二是一致性，它可以支持按照统

---

① 以下引文以及内容概括来自：联合国，欧盟委员会，经济合作与发展组织，国际货币基金组织，世界银行. 2008 国民账户体系［M］. 北京：中国统计出版社，2012，具体见其中第 1 章和第 2 章。

一的核算规则对各项活动进行不同角度的测度；第三是完整性，各项经济活动的所有结果都可以通过其中的不同账户得到全面的记录。

中心框架的内容包含经常账户、积累账户、资产负债表三个部分，三部分之间相互联系最终连为一体。（1）经常账户，包括生产账户、收入形成账户、初始收入分配账户、收入再分配账户、收入使用账户，全面记录一个经济体及其组成部门在一段时期内发生的经济生产、收入分配和最终消费活动；（2）积累账户，包括资本账户、金融账户、重估价账户和其他物量变化账户，覆盖了资产负债从期初到期末的全部变化；（3）资产负债表，包括资产、负债和净值，分类展现经济总体及其组成部门在特定时点上的经济存量。这套账户体系像一条优美的流水线，可以在国家和部门两个层次上依次显示生产、分配、消费、投资等经济运行过程各个阶段的经济流量和经济存量。在账户编制过程中，一套常用的宏观经济核算指标被凸显出来，比如国内生产总值（GDP）、国民总收入（GNI）、国民可支配收入、总储蓄、最终消费支出、资本形成总额、国民资产净值等。

根据《中国国民经济核算体系（2016）》，其"基本核算"部分与SNA-2008 的中心框架对接，但在具体内容组合和表现形式上具有一定的中国特色。表 9-1 简要列示了基本核算部分的主要内容组成以及对应的主要核算指标。总括起来看，资产负债核算是关于存量的核算，反映在特定核算时点上一国或一部门所拥有的经济资产总量；国内生产总值核算、投入产出核算、资金流量核算是关于经济流量的核算，反映核算期当期实际发生的经济活动总量；国际收支核算既包含流量也包含存量，是对一国对外经济状况的全面记录。①

表 9-1 　　　　　中国国民经济核算体系的核心内容组成与主要指标

基本核算内容	核算表	主要核算指标
1. 国内生产总值核算	国内生产总值总表 生产法国内生产总值表 收入法国内生产总值表 支出法国内生产总值表	国内生产总值（GDP） 行业增加值 最终消费支出 资本形成总额 货物与服务净出口

① 以下引文以及内容概括来自：高敏雪，李静萍，许健. 国民经济核算原理与中国实践（第五版）［M］. 北京：中国人民大学出版社，2022，具体见其中第一章。

基本核算内容	核算表	主要核算指标
2. 投入产出核算	投入产出表 供给表 使用表	按产品部门分类的总产出、增加值 按产品分类的最终消费、资本形成、净出口 产品部门间的中间产品流量以及消耗系数和分配系数
3. 资金流量核算	资金流量表——非金融交易 资金流量表——金融交易	国民总收入和各部门初次分配总收入 国民可支配收入和各部门可支配收入 国民总储蓄和各部门总储蓄 各部门净金融投资 各部门金融资产净获得与负债净发生
4. 资产负债核算	期初和期末资产负债表 资产负债交易变化表 资产负债其他变化表	国民总资产与国民净资产 各部门总资产、负债与资产净值 各部门非金融资产、生产资产、固定资产 当期资产变化、负债变化、净值变化
5. 国际收支核算	国际收支平衡表 国际投资头寸表	对外货物进出口及其差额 对外服务进出口及其差额 国际直接投资及其差额

资料来源：国家统计局. 中国国民经济核算体系（2016）［M］. 北京：中国统计出版社，2017，根据相关内容整理。

（1）国内生产总值核算，是对一时期国民经济最终产品生产、分配和使用总量的核算。通过年度和季度核算，可以分别按照现价和不变价提供国内生产总值（GDP）、分行业增加值数据，同时可以提供支出法项下的最终消费、资本形成、货物服务进出口数据。在此基础上，可以计算经济增长率、显示经济产业结构，并通过消费率、投资率及其贡献率等指标显示不同需求对于经济增长的影响。

（2）投入产出核算，是国内生产总值核算向生产领域的延伸和细化。每五年进行一次核算，按照详细分解的产品部门提供相互之间发生的中间产品流量。根据核算结果，可以详细解析 GDP 及其行业构成、最终产品的需求构成，同时可以计算一整套部门间消耗系数和分配系数，揭示出国民经济各产业部门之间的技术经济联系，为建立相应经济计量模型提供支持。

（3）资金流量核算，是从收入分配和资金流动角度对国内生产总值核算的扩展，按年度提供数据。通过非金融交易部分的核算，可以分别国家和机构部门层面全面反映收入分配与消费、储蓄和非金融投资状况，提供国民收入和部门初次分配收入、国民可支配收入和部门可支配收入、国民消费与储蓄以及部门消费与储蓄、非金融投资及资金筹集等方面的数据；通过金融交易部分的核算，可以全面反映金融市场交易状况以及部门之间的资金往来关系，按照不同金融资产（金融工具）类型，提供与部门内部资金平衡状况、部门之间资金流动有关的数据。在此基础上可以显示收入占有、金融资源配置的结构分布，判断和分析金融交易对实体经济的支持和影响。

（4）资产负债核算，是对一国和各部门经济存量的核算。通过核算，可以提供非金融资产总量和部门配置、各部门内部资产与负债的结构、部门之间的金融资产负债关系，以及国家的国民财产总水平。在此基础上可以与 GDP 核算、资金流量核算等数据结合起来，在国家和部门两个层面全面显示其经济潜力以及金融风险程度。

（5）国际收支核算，包括国际收支平衡表和国际投资头寸表的编制。前者系统记录一国当期对外经济交易，后者则全面记录一国对外金融资产和负债的存量及其变化。通过核算，一方面可以提供货物服务进出口、收入和资金在国内外之间分配与往来的数据，另一方面可以提供各个时期累积形成的对外金融资产和负债总量数据。在此基础上可以计算反映国际收支平衡状况、对外净资产等方面的指标，并与国内核算数据结合起来，分析国民经济对外开放的程度，对国家经济安全作出判断。

（三）国民经济核算基本内容的扩展

中心框架是围绕经济运行过程建立的一套核算体系。但现实经济体系是复杂的，光靠中心框架尚不能对各时期出现的所有重大现象给予充分有效的处理，还不能从不同视角、以不同方法和数据呈现方式来为管理提供多元化信息。为此 SNA - 2008 特别倡导国民经济核算的灵活应用，以期最大限度地发挥其作用，凸显国民经济核算在整个政府统计中的核心地位。

总结起来，SNA - 2008 中大体包含以下三种形式的灵活应用。第一是基于中心框架本身的灵活应用，比如，将中心框架账户序列移植到季度、地区、物量等层次使用，引入人口和劳动力作为补充变量以便于计算人均值和生产率，将功能分类引入中心框架以增强中心框架相关账户的分析能力，聚焦于某些关键部门考察其宏观影响。第二是将中心框架与其他统计体系或分析框架联系起来，涉及公司、政府、非营利机构、住户、国外、金融，以及资本服务、非正规经济等领域，从不同角度扩展了中心框架的应用意义。第三是编制卫星账户，即借助于中心框架的基本结构，进行一定的提炼、取舍，甚至对其中的某些概念、核算范围、分类等作出修改，形成新的分析框架和替代性总量指标，以满足特定分析目标。SNA - 2008列示了各种类型的卫星账户，其中重点介绍了若干开发相对比较成熟或者特别引人注目的卫星账户：旅游卫星账户、环境核算、卫生卫星账户、未付酬住户活动。通过卫星账户编制，极大地扩展了中心框架的分析能力，可以在不增强中心框架负担的前提下，扩展中心框架所能提供的信息。[①]

《中国国民经济核算体系（2016）》以"扩展核算"为题，也有类似的内容设计。从方法上看，扩展核算主要体现"基本核算"部分概念和分类的扩展或重新组合，以及处理方法的改变；从功能上看，扩展核算是为了凸显国民经济某些领域、与国民经济有关的某些要素的具体情况，以满足特定分析和重点管理的数据需求。当前设置的内容中，一方面包括资源与环境、人口与劳动力等生产要素的核算，另一方面选择列示出卫生、旅游两个专题领域的核算，此外还特别倡导就新兴经济领域做实验性核算。当前有关生态系统服务、碳排放相关主题下的核算，有关数字经济的核算，都属于此类扩展核算中的重要专题。

二、可持续发展指标体系

可持续发展是一个着眼未来且内涵丰富的概念。世界环境与发展委员会1987年发布报告《我们共同的未来》，阐述了可持续发展的基本定义：满足当代人的需要，又不对后代人满足其需要的能力构成危害的发展。与此前的经济发展、社会发展等概念相比，可持续发展的最大贡献是将代际关系引入发展理念，聚焦于发展面向未来的可持续性。可持续发展作为国际倡导的新型发展理念，已经上升为全球发展战略并逐步成为各国的发展战略。特别值得关注的最新进展是：联合国2015年启动政府间谈判，193个会员国齐聚纽约可持续发展峰会，审议通过《2030年可持续发展议程》，提出一整套发展目标，据此对全球以及各国发展进行动态适时评价。这意味着，可持续发展不再仅停留于口头承诺，而是已经开始逐步落实到各国发展的实际行动。

---

① 以上概括参见：高敏雪. SNA - 08 的新面貌以及延伸讨论 [J]. 统计研究，2013，30 (5)：8 - 16。

从统计角度看,《2030 年可持续发展议程》最引人注目之处在于,它在可持续发展这一战略目标之下,提出了一套具体的发展目标体系,与此相配合提出了 240 余项监测指标。这些指标覆盖人口、经济、社会、环境、科技等各个方面,对应各国政府统计来看,有些可以直接从现有数据中获取,但还有相当一部分指标无法直接获取甚至还不具备提供相关数据的基础。基于以上,我们可以将可持续发展指标体系看作是一个具有特殊性质的政府统计数据产品。第一,它对应可持续发展这个宏大主题,内容覆盖范围广,有很强的包容性,要依托整个政府统计,可以视为一套基础性统计数据产品。第二,它具有前瞻性、开放性,其功能不仅限于政府统计当前现有数据资源的开发利用,还要求政府统计不断进行能力建设,为缺失指标提供数据基础,这就相当于从特定视角为政府统计未来发展提出了改进方向①。

(一) 可持续发展指标体系的形成背景

可持续发展的经典定义具有很大包容性,在可持续发展战略转化过程中,围绕应以什么为立足点、应包含哪些具体内容等问题,在认识上经历了一个演变过程。与此对应,可持续发展监测指标也经历了一系列的探索和变化。

早期主要从人与环境之间的紧张关系出发来定义可持续发展,认为如果人类经济活动不考虑资源环境的有限性,未来发展将因为资源耗竭、环境恶化而不能持续,从而影响"后代人谋求满足其需要的能力"。有鉴于此,当时对衡量可持续发展的指标有三种探索思路:第一是从环境视角出发建立统计指标体系;第二是基于主流经济核算尝试将资源环境因素引入其中;第三是立足经济、社会、环境三支柱构建可持续发展指标体系。探索实践中更加青睐第二种思路,即基于国民经济核算体系(SNA)开发卫星账户,此后逐步形成了环境经济核算体系(SEEA),并尝试以不同方式对国内生产总值(GDP)做调整,即所谓"绿色 GDP"。

2000 年在联合国主导下 189 个成员国共同签署《联合国千年宣言》,承诺要把发展的权利变成每个人的现实,使全人类不再受基本需求的困扰。与此相配合,共同商定了一套目标和监测指标,称为"千年发展目标"(Millennium Development Goals,MDGs),用来指导各国实际行动并进行监测,力争到 2015 年实现这些目标。随后,基于"千年发展目标"所

---

① 以下介绍主要来自:高敏雪,蔡国材. 可持续发展目标指标体系解析 [J]. 中国统计,2022(1):46 – 49。

取得的成就，联合国继续主导国际社会为新时代发展提供新的愿景，力图将所有人类愿望和需求融为一体，确保人人过上有尊严的生活，结果就是2015年由联合国193个成员国审议通过的《2030年可持续发展议程》。可持续发展目标（Sustainable Development Goals，SDGs）是此项议程的核心内容，旨在号召和指导各国彻底转变发展理念，从经济、社会和资源环境三大领域着手采取行动，调整政策制定与战略规划，到2030年实现所提出的各项目标。

回顾上述过程有助于我们更好地把握可持续发展指标体系的性质和内容框架。第一，从千年发展目标到可持续发展目标，不再是"空中楼阁""纸上谈兵"，已经转化为国际一致的行动。促成这一转变的就是一套与发展目标相匹配的监测指标体系，用以促成、检验、评估全球以及各国可持续发展的进程和取得的成绩。第二，在此过程中，可持续发展指标体系自身经历了一番"蜕变"，从早期侧重于关注经济与环境之间的关系，经过千年发展目标监测主要立足经济与社会设置指标的应用实践，最后奠定了基于经济、社会、环境三个领域及其集合搭建可持续发展指标体系的基本框架。

（二）可持续发展指标体系的内容架构与指标解析

可持续发展指标体系的全称是"可持续发展目标和2030年可持续发展议程具体目标的全球指标框架"（Global indicator framework for the Sustainable Development Goals and targets of the 2030 Agenda for Sustainable Development）。可持续发展目标体系采用目标、具体目标和指标三层结构，共包含17项总目标、169项具体目标和247项具体指标（去除重复使用的指标后为232项）。限于篇幅，表9-2仅概述性展示了从总目标到具体指标的内容架构①。从统计角度对该指标体系进行解析，可以看到其内容架构和指标具有如下特点。

表9-2　　　　　　　　可持续发展目标及指标体系的基本框架

总目标	对指标的描述
目标1：在全世界消除一切形式的贫穷	包括13项具体指标，覆盖资源和环境、人民生活、公共财政等主题。典型指标如：生活在国际贫困线以下的人口比例，每10万人当中因灾害死亡、失踪和直接受影响的人数，基本服务开支在政府总开支中的比例

---

① 更详细的指标体系组成可参见：United Nations. The Sustainable Development Goals Report 2019［R/OL］. https://www. undp. org/sites/g/files/zskgke326/files/migration/ao/55b904f4aa8acbed 50805210654424d983c917af82b941d7f2ab4e007043995f. pdf。

总目标	对指标的描述
目标2：消除饥饿，实现粮食安全，改善营养状况和促进可持续农业	包括14项具体指标，覆盖卫生与社会服务、公共财政、就业与工资等主题。典型指标如：营养不足发生率，农产品出口补贴，小型粮食生产者的平均收入
目标3：确保各年龄段人群的健康生活方式，增进他们的福祉	包括28项具体指标，覆盖卫生与社会服务、资源和环境、公共管理社会保障和社会组织等主题。典型指标如：孕产妇死亡率，家庭和环境空气污染导致的死亡率，家庭保健支出在家庭总支出或收入中所占份额大的人口比例
目标4：确保包容和公平的优质教育，让全民终身享有学习机会	包括12项具体指标，覆盖教育、就业与工资、国家间合作等主题。典型指标如：初等教育、初中教育、高中教育完成率，掌握通信技术技能的青年和成年人的比例，在保健、学习和社会心理健康方面发育正常的、24~59个月大的儿童比例
目标5：实现性别平等，增强所有妇女和女童的权能	包括14项具体指标，覆盖卫生与社会服务、就业与工资、全球总体情况等主题。典型指标如：15~49岁妇女在性关系、避孕和生殖保健方面自己作出知情决定的比例，用于无薪酬家务和护理工作的时间所占比例，已制定法律规章确保15岁及以上的男女充分和平等享有获得性与生殖保健、信息和教育机会的国家数目
目标6：为所有人提供水和环境卫生并对其进行可持续管理	包括11项具体指标，覆盖资源和环境、城市农村与区域发展、公共财政等主题。典型指标如：环境水质良好的水体比例，使用得到安全管理的饮用水服务的人口比例，与水和环境卫生有关的官方发展援助数额
目标7：确保人人获得负担得起的、可靠和可持续的现代能源	包括6项具体指标，指标覆盖能源、科学技术等主题。典型指标如：能获得电力的人口比例，可再生能源在最终能源消费总量中的份额，为支持清洁能源研发和可再生能源生产而流入发展中国家的国际资金
目标8：促进持久、包容和可持续经济增长，促进充分的生产性就业和人人获得体面工作	包括16项具体指标，覆盖国民经济核算、就业与工资、金融业等主题。典型指标如：实际人均国内生产总值年增长率，失业率，在金融机构开立账户的成年人所占比例
目标9：建造具备抵御灾害能力的基础设施，促进具有包容性的可持续工业化，推动创新	包括12项具体指标，覆盖运输邮电业、工业、科学技术等主题。典型指标如：分运输方式的客运和货运量，小型工业在工业总附加值中的比例，研究和开发支出占国内生产总值的比例
目标10：减少国家内部和国家之间的不平等	包括14项具体指标，覆盖人民生活、公共管理社会保障和社会组织、国际合作等主题。典型指标如：最底层40%人口和总人口的家庭支出或人均收入增长率，发展中国家在国际组织中的成员和表决权的比例，按来源国分列的难民人口比例

总目标	对指标的描述
目标11：建设包容、安全、有抵御灾害能力和可持续的城市和人类住区	包括14项具体指标，覆盖城市农村与区域发展、资源和环境、文化与体育等主题。典型指标如：居住在贫民窟和非正规住区内或者住房不足的城市人口比例，每10万人当中因灾害死亡、失踪和直接受影响的人数，城市建设区中供所有人使用的开放公共空间的平均比例
目标12：确保采用可持续的消费和生产模式	包括13项具体指标，覆盖能源、资源和环境等主题。典型指标如：发展中国家已安装的人均可再生能源发电能力，国内物质消费、人均国内物质消费和单位国内生产总值的国内物质消费，人均生成的危险废物、经处理的危险废物所占比例
目标13：采取紧急行动应对气候变化及其影响	包括8项具体指标，覆盖资源和环境、教育等主题。典型指标如：年温室气体总排放量，全球公民教育和可持续发展教育在国家教育政策、课程、教师教育、学生评估中主流化的程度
目标14：保护和可持续利用海洋和海洋资源以促进可持续发展	包括10项具体指标，覆盖资源和环境、农业、科学技术等主题。典型指标如：沿海富营养化指数和漂浮塑料碎片密度，可持续渔业占国内总产值的比例，对海洋技术领域研究的分配额占研究活动预算总额的比例
目标15：保护、恢复和促进可持续利用陆地生态系统，可持续管理森林，防治荒漠化，制止和扭转土地退化，遏制生物多样性的丧失	包括14项具体指标，覆盖资源和环境主题。典型指标如：森林面积占陆地总面积的比例，实施可持续森林管理的进展
目标16：创建和平、包容的社会以促进可持续发展，让所有人都能诉诸司法，在各级建立有效、负责和包容的机构	包括24项具体指标，覆盖公共管理社会保障和社会组织、公共财政国家间合作等主题。典型指标如：每10万人中故意杀人案的受害者人数，政府基本支出占财政预算的比例，发展中国家在国际组织成员和投票权中的比例
目标17：加强执行手段，重振可持续发展全球伙伴关系	包括24项具体指标，覆盖国家间合作、全球总体情况、公共管理社会保障和社会组织等主题。典型指标如：外国直接投资，官方发展援助和南南合作占国家总收入的比例，制定有可持续发展协调政策机制的国家数目，可持续发展目标监测的统计能力指标

　　第一，这是一套主题性指标体系，可以按照可持续发展目标对指标体

系加以分类。其中，目标 1~5 归为"人的基本需求"，体现生存发展的基本需求和保障，相关指标共 81 项；目标 6~12 归为"经济持续繁荣"，体现资源利用和社会发展、经济可持续增长，相关指标共 86 项；目标 13~15 归为"可持续的气候和生物"，体现生态安全和环境的可持续保护，相关指标共 32 项；目标 16 归为"社会公正和谐"，体现建设和平有序的经济社会发展环境，相关指标 24 项；目标 17 归为"全球合作"，从筹资、技术等方面体现实现可持续发展目标的执行手段，相关指标 24 项。①

第二，将该指标体系放在政府统计内容体系架构中加以考察，不难发现，经济、社会、资源环境三大系统，人口、科学技术两个关键要素，都在其覆盖范围之内。进一步考察可以看到，相关目标以及指标不是简单地对应上述内容架构的某个部分，而是以高度融合的方式来刻画可持续发展的特征及其预期目标。基于其中所涉及的关键词进行分类，大体有以下指标分布："资源和环境""卫生与社会服务""公共管理、社会保障和社会组织"等主题排名比较靠前，涉及的指标均超过 30 个；"全球总体情况""国家间合作""就业与工资""财政"涉及的指标也较多，都超过 10 项。由此可以显示出，可持续发展及其目标不再是简单地追求经济增长以及经济发展，而是延伸到社会发展的各个维度，尤其强调资源环境生态等自然要素与人类发展的关系。

第三，从统计指标构造角度看，尽管有个别属于表现数量多少的总量指标，比如有某种特征的国家数、产品补贴或研发资金额等，但更多出现的则是结构指标、平均指标、动态指标，以及体现差异、强度的比较指标，比如各种体现人口比例的指标，以人口为基数计算的人均指标，以 GDP 为基数的各种比值，以及各种体现覆盖程度、密度、密集度、分布的指标。从数据来源看，大部分指标属于政府统计范围内的调查指标，但也有相当多的指标不在传统统计调查范围之内，比如那些衡量政策、法律、治理体系的指标。也就是说，这些指标不是一般的描述性指标，而是具有特定目的的监测、评价指标。它们确实要以政府统计为数据来源，但又不限于传统政府统计；所展示的并非一般意义上的政府统计数据，而是要以可持续发展目标为主旨，进行相应的选择和深度加工，最后形成带有评价性质的指标。在这些指标基础上，很容易提升起来，依据不同主题进行指数开发，对可持续发展进行更具综合性的评价。

① 鲜祖德，王全众，成金璟. 联合国可持续发展目标（SDG）统计监测的进展与思考［J］.统计研究，2020，37（5）：3-13.

（三）可持续发展指标体系的基础建设与应用开发

可持续发展目标指标的监测、评价功能决定了，每一项指标必须有严格的定义和可靠的数据来源。反过来考察，这套指标体系从覆盖内容到监测节点所具有的特殊性决定了，如何科学界定指标定义、夯实数据来源是一项非常艰巨的任务。

为便于可持续发展目标指标体系实施，联合国建立了指标层级体系，根据分级情况分步实施，先行监测已有方法和数据基础的指标。依照各指标的方法完善程度和数据可得性分为三个级别①：第一级是概念明确，采用国际公认的方法和标准，多国定期发布数据的指标；第二级是概念明确，采用国际公认的方法和标准，但各国不定期发布数据的指标；第三级是尚无国际公认方法或标准，但会确定工作计划来研究、制定、调整的指标。其中问题比较突出的是那些反映具体目标实施进展的指标，比如"可持续公共采购政策和行动计划实施的程度""为打击非法、未报告和无管制的捕捞活动在执行国际文书程度上所取得的进展""实施可持续森林管理的进展"等，无论是指标定义还是获取数据的方法，都有待于进一步明确。

落实到不同国家，可持续发展议程特别强调，各国应根据国情、发展水平、优先领域和统计能力制定本国的可持续发展和监测计划，以自愿而非强制性参与方式向国际组织提供数据，并且国际组织需经国家认可方能提供和发布国家一级的数据。中国在此方面已经开始行动。一方面是要摸清基本情况，对可提供可持续发展目标指标体系中的数据可得性进行初步评估②；另一方面是按照这一套指标的具体要求，逐步改进和加强相关统计调查工作、提高统计能力、完善和建立数据汇集和报送机制。

第三节　基于核心指标的专题统计数据产品

落实到具体层面，政府统计可以按照不同方式组合成大大小小各种数据产品。例如，《中国统计年鉴》就体现了展示政府统计专题数据产品的

---

① IAEG-SDGs. Tier Classification for Global SDG Indicators [EB/OL]. https：//unstats. un. org/sdgs/iaeg-sdgs/tier-classification/.

② 鲜祖德，王全众，成金璟. 联合国可持续发展目标（SDG）统计监测的进展与思考 [J]. 统计研究，2020，37（5）：3-13；邹波，朱婧. 联合国可持续发展目标框架下中国目标数据的可获得性及进程分类研究 [J]. 国际商务研究，2020，41（5）：15-25.

一种方式，目录中的各项专题分别代表了一类政府统计数据产品①。以下拟以一些常用核心指标作为抓手，展示这些专题统计数据产品。之所以采用这样的方式是因为，政府统计的很多数据产品都是通过其核心指标在宏观经济监测、管理、评价中的应用才具有了"存在感"，受到社会公众的关注。

政府统计提供的统计指标可以万计，哪些可以称为核心统计指标？首先，它应属于反映国家基本国情国力和社会经济发展状况的基本指标，对政府统计具有一定代表性。其次，指标本身应体现一定的加工深度，其内涵需要解释，涵盖的信息量比较大，背后携带着一个统计指标体系。然而，即使设定上述条件，仍然有很多备选（见专栏9-2），限于篇幅这里只能选择一部分作简要介绍。具体介绍方法是：以一项核心指标为主线，简要介绍其内涵定义和算法，然后延及数据来源、应用场景以及与之相关的其他指标。行文中会体现两个层次的结合：先从国际一般规范讲起，然后落实到中国场景下的具体实务。谈及国际规范，主要参考文献可见《政府统计国际规范概览》所列，中国实务部分则主要参考国家统计局最近列入"领导干部统计学习系列读本"的三部出版物：《领导干部应知应会统计法律法规》《领导干部应知应会主要统计指标诠释》《领导干部基本统计知识问答》，以及《我国 20 个统计指标的历史变迁》和《国家统计调查制度》（2024）、《国民经济核算原理与中国实践》（第五版）等著作、制度文本和其他相关研究成果。

专栏9-2　中国政府统计官方出版物中列举的主要统计指标

以下是最近年份出版的若干部政府统计官方出版物中罗列的主要统计指标。

《领导干部应知应会主要统计指标诠释》是《中国主要统计指标诠释》的更新版，内容涉及当前政府统计各项主要指标的内涵定义、依托的数据来源和计算方法、应用场景以及数据分析要点，所列指标不限于国家统计局系统主导下的统计指标，还包括来自财政部主导的"财政收入与财政支出"、中国人民银行主导的"货币供应量"、 中国海关总署

---

① 高敏雪曾经带领学生针对《中国统计年鉴》各项专题撰文，介绍其内容组成的逻辑以及构成相关指标体系的演化过程，具体见：《中国统计》2010 年第 7 期～2011 年第 12 期；高敏雪. 中国统计年鉴 30 年观察 [M]. 北京：中国统计出版社，2011。

主导的"进出口总额"等。《我国20个统计指标的历史变迁》是一部有历史感的著作,仔细钩沉这些指标在过去数十年间的演变过程,包括指标名称、内涵、算法、数据来源等。《领导干部基本统计知识问答》是此前出版的《领导干部统计知识问答》的更新版,带有普及型读物的特点,内容新,文字简洁。

浏览这些指标可以看到,大部分指标属于经济统计指标,也有一些指标涉及人口、社会、资源环境、科技创新。相当一部分指标在三本书里同时出现。

《领导干部应知应会主要统计指标诠释》	《我国20个统计指标的历史变迁》	《领导干部基本统计知识问答》
总人口 国内(地区)生产总值 粮食产量 工业生产增长速度 单位国内生产总值能耗 全社会固定资产投资 社会消费品零售总额 服务业生产指数 财政收入和财政支出 货币供应量 进出口总额 居民消费价格指数 工业生产者出厂价格指数 住宅销售价格指数 调查失业率 单位就业人员平均工资 居民人均可支配收入 研究与试验发展经费 采购经理指数 企业景气指数	国内生产总值 工业增加值 能源消费总量 能源生产总量 全社会固定资产投资 房地产开发投资 建筑业总产值 社会消费品零售总额 总人口 就业人员 城镇单位就业人员平均工资 失业率 R&D 经费支出 粮食产量 农林牧渔业增加值 居民消费价格指数 工业生产者出厂价格指数 居民可支配收入和居民消费支出 采购经理指数	国内生产总值 国民总收入 粮食产量、肉类总产量 商品房销售面积 建筑业总产值 服务业生产指数 社会消费品零售总额 固定资产投资额 货物进出口总额和服务进出口总额 调查失业率 居民消费价格指数 工业生产者出厂价格指数 住宅销售价格指数 常住人口城镇化率 平均工资 居民人均可支配收入 恩格尔系数和基尼系数 贫困发生率 产能利用率 主要工业产品产量和工业总产值 单位 GDP 能耗 研究与试验发展经费及投入强度 采购经理指数

一、人口总数

人口总数有时被称为总人口,指一定时点、一定地区范围内所有有生命活动的个人总计。人口是可以移动的，由此在特定时点上统计一个地区的人口总数，有两种口径：一是基于经常居住地的常住人口；二是考虑当前所在位置的现有人口。除此之外，对中国而言，还有一个按照户籍所在地统计的口径，即户籍人口。常住人口是各国进行人口统计最常选用的口径，如果不加说明，人口总数就是指常住人口数。中国对常住人口的定义是：实际经常居住在该地区半年以上的人口。

一个地区的总人口会随着人口的出生、死亡、流入、流入而变化。所以，特定时点的人口总数可以按照两个思路进行统计。第一是在统计时点上计数；第二是通过人口变动数推算。

中国人口总数统计来自国家统计局主导下的三种人口调查，三者结合起来，形成了按照十年大周期、五年小周期、年度分别提供人口总数及相关数据的一套机制。

第一是全国人口普查。从1953年第一次人口普查开始，到2020年已经开展七次人口普查。当前已经形成每十年进行一次（逢0年份）的周期性人口普查制度。通过人口普查，全国所有人口都在统一的时点进行一次全面的人口调查登记，然后按人计数，最终即可获取全国和各地区的人口总数以及相关信息。人口普查获取的人口数据是整个人口统计的基础，可以为各年度人口统计提供基数。

第二是全国1%人口抽样调查。在两次人口普查之间（即逢5年份）开展一次1%人口抽样调查，目的是弥补两次普查之间间隔较长、年度调查内容有限的缺口。调查采用分层、多阶段、整群、概率比例的抽样方法，以调查小区为样本单位开展人口登记；其调查内容和组织方式与人口普查相似，故而被称为"简易人口普查"。最终通过调查所得有关出生率、死亡率等数据，通过一定算法推算全国以及各地区的人口总数。

第三是全国人口变动情况抽样调查。每年开展一次，以获取各年度人口变化数据；因其样本量占全国总人口的1‰左右，故而又称1‰人口抽样调查。抽样方法与1%人口抽样方法大体类似，但引入样本轮换机制；最后按照与1%人口抽样调查类似的方法进行人口总数的推算。

人口总数代表一国（地区）的人口规模，是反映国情国力的基本指标。以人口总数为基础，可以计算各种人口结构指标，比如性别构成、年龄构成、空间分布。有些构成指标不仅用于表现人口结构，自身还带有更多的信息，比如城镇人口占比反映人口城市化发展程度，贫困人口占比反映贫困发生率。在很多场景下，需要以人口总数为基础计算各种人均指标，反映经济社会发展的水平及其特征。比如，人均国内生产总值（GDP）、人均国民收入是衡量一国发展水平的重要指标，人均居民可支配收入、人均居民消费支出是衡量居民生活水平和生活质量的重要指标，每万人学校数、每万人病床数是反映社会服务普及状况的重要指标，人均能源消耗、人均碳排量是显示环境压力状况的重要指标。

二、国内生产总值

国内生产总值（GDP）用来衡量一经济体当期经济生产活动的最终成果，是国民经济核算的核心指标。

国内生产总值内涵比较丰富，可以从不同角度定义，基于不同定义形成了不同核算方法。（1）从生产角度定义，国内生产总值是一国所有常住单位在生产过程中新创造的价值。据此可以通过总产出减中间消耗计算各行业增加值，然后加总得到国内生产总值。（2）从使用角度定义，国内生产总值代表该经济体当期生产所提供的全部最终产品价值。据此可以按照最终需求思路，通过最终消费、资本形成、货物和服务净出口加总计算当期国内生产总值。（3）从收入角度看，国内生产总值是体现增加值分配的若干收入流量的总和。据此可以按照劳动者报酬、生产税净额、固定资本消耗、营业盈余等流量加总核算各行业增加值，然后汇总起来获得国内生产总值。相关定义和核算关系可见表 9 – 3。所以，通过 GDP 核算，所得到的是以 GDP 为核心、展现国民经济基本结构的一套数据体系。

表 9 – 3　　　　　　　　　　　国内生产总值核算表

生产	使用
1. 生产法国内生产总值　总产出　中间投入 （－） 2. 收入法国内生产总值　劳动者报酬　生产税净额　　生产税　　生产补贴 （－）　固定资本消耗　营业盈余	1. 支出法国内生产总值　最终消费　　居民消费　　为住户服务的非营利机构消费　　政府消费　资本形成总额　　固定资本形成总额　　存货变动　　贵重物品获得减处置　货物和服务净出口　　货物和服务出口　　货物和服务进口 2. 统计误差

资料来源：国家统计局. 中国国民经济核算体系（2016）［M］. 北京：中国统计出版社，2017.

内涵丰富决定了其核算过程的复杂性。国内生产总值本身不是统计调查的结果，而是要汇集各种统计调查和其他数据源提供的基础信息，通过一套复杂的算法进行综合核算。所用到的基础资料几乎覆盖了政府统计的全部；从专业统计数据到国内生产总值，其间包含各种不同方式的衔接、合并、插补、估算，是最典型的体现数据深度开发的综合指标。原则上说，应该同时按照三种方法进行 GDP 核算，一方面可以利用三方平衡关系形成相互比对，保证核算结果的数据质量；另一方面可以通过不同方法提供核算数据，支持不同方向的数据分析。结合具体实践来看，受制于基础资料的完备性和数据质量，常常难以做到同时运用三种方法进行 GDP 核算，即使同时核算，也不可能保证各方核算结果完全一致。因此，各国 GDP 核算中常见的做法是：第一，核算过程中注重不同方法之间的相互补充，综合运用基础数据；第二，不同方法之间有所侧重，以选定方法获得的核算结果作为官方数据发布。比如，美国比较倾向于用支出法进行 GDP 核算，中国则以建立在行业增加值核算基础上的 GDP 核算结果为准。

中国自 1985 年开始进行 GDP 核算，经过多年建设，在基本概念框架上实现了与国际规范的接轨，同时开发了一套与中国政府统计基础数据相匹配的核算方法。以行业增加值核算为例，其核算要点如下。第一，按照行业分类，区分 19 个行业大类，分别核算其增加值，进而归并为三次产业增加值。第二，各行业选择生产法或收入法核算其增加值。根据生产法思路，先估算各个行业的总产出和中间消耗，进而相减计算行业增加值，即：行业增加值 = 行业总产出 – 行业中间消耗；根据收入法思路，按照分配过程中形成的若干收入流量加总得到增加值，即：行业增加值 = 劳动者报酬 + 生产税净额 + 营业盈余 + 固定资本消耗。第三，无论生产法还是收入法，增加值核算都要按照不同行业从不同方面取得基础资料，其中既涉及政府统计调查，同时还涉及政府各个部门的行政记录。尤其是经济普查，所提供的全部经济单位经济活动相关数据对 GDP 核算意义重大，不仅可以支持普查年份 GDP 的详细核算，同时还可以为常规年份 GDP 核算提供基数和估算所用技术参数。

国内生产总值被誉为"20 世纪最伟大的社会发明"之一，在经济社会生活中有广泛应用。（1）用以衡量一国经济生产的总体规模及其成果。以此为基础，通过不变价 GDP 可以计算当期经济增长率，衡量短期经济景气状况和长期经济趋势；可以编制 GDP 价格缩减指数，从宏观层面观测价格的总体变动状况；与各类资源投入匹配，可以计算劳动生产率、资本产出率以及全要素生产率等指标，进行生产效率及其变动趋势分析。此外，还可以与人口比较，计算人均 GDP，用于分析判断一国经济发展水平。（2）可以从不同维度上刻画当期经济的基本特征，进行经济结构分析。其中，基于生产法思路可以计算各个产业以及行业增加值占比，进行产业结构以及产业关联分析；依据支出法思路，可以计算消费率、投资率等指标，进行需求结构以及需求拉动分析；结合收入法思路，可以计算增加值要素构成指标，比如劳动报酬占比、生产税净额占比，揭示其中包含的收入分配特征，为后续进行全面的收入分配分析提供基础。（3）作为实体经济的指代，GDP 被用于各种专题性监测和分析，充当比较基础和参照指标。比如，以金融资产与 GDP 比较可以计算金融发展比率衡量金融发展状况，用能源消费总量与 GDP 比较可以显示能源利用效率，计算 R&D 支出与 GDP 的比值可用以评价研发活动强度，教育（或者卫生）支出与 GDP 的比值常常被设定为衡量这些领域投入力度的目标指标。

在广泛应用的同时，GDP 自身的局限性也一直受到关注和批评，并引发了很多针对 GDP 的内容调整和修订。批评来自不同方面，有些针对 GDP 指标自身定义和算法的局限性，有些则侧重于 GDP 在现实中的滥用。比如，GDP 忽略了经济与环境之间的关系，不能很好地支持可持续发展的监测与分析，由此引发了后续很多针对该局限性而进行 GDP 调整的研究，如绿色 GDP 以及生态系统生产总值（GEP）等。又如，GDP 的定义与核算主要立足市场经济原则，由此导致其在衡量社会福利方面具有局限性，人均 GDP 并非衡量社会发展水平的最佳指标，由此引发后续在 GDP 基础上进行福利总量测算的各种研究。此外，GDP 是一个针对经济总体汇总得到的总量指标，无法体现经济产品在不同人群之间的分配状况，在衡量公平方面存在明显的局限性，由此需要其他方面的指标对其进行补充。

三、失业率

失业率是指失业人群在劳动力中所占比值，以此反映劳动力市场就业状况。失业率既是劳动统计的重要指标，也是反映宏观经济稳定状况、社会民生状况的重要指标。国际劳工组织以及其他国际机构一直特别致力于失业率统计的国际指导，出台了多部与失业统计有关的文献，以保证相关数据的国际可比性。中国失业率统计经历较长时期的演变，已经形成了一套体现国情同时又与国际规范接轨的调查和测算方法。

失业率统计的关键是识别失业人口以及对应的总体，为此需要定义以下几个关键概念。首先是劳动力，又称经济活动人口，指 16 周岁及以上、有劳动能力、参加或要求参加社会经济活动的人口；从失业统计角度，劳动力是就业人口与失业人口之和，作为计算就业率和失业率的基数。其次是就业人口和失业人口。从统计角度定义，就业人口是指在调查参考期（通常为一周）内，年龄在 16 周岁及以上，为了取得劳动报酬或经营收入而工作了至少 1 小时的人口，其中包括休假、临时停工等在职但未工作的人员；失业人口是指年龄在 16 周岁及以上，没有工作但在积极寻找工作，如果有合适的工作能够在 2 周内开始工作的人。在特定时间内，失业人口和就业人口与劳动力的比值，就是失业率和就业率。

失业或者就业是一个动态概念，需要在特定时间段内识别确认。取得相关数据有不同方法，一个是行政记录，另一个是统计调查。政府相关部门的失业登记受制于各种因素影响，难以全面、及时反映较大范围劳动力总体的就业和失业状况，故而国际通用方法是进行专门的统计调查，以所得结果测算的失业率称为调查失业率。

在中国，基于行政记录的登记失业率由人力资源和社会保障部负责统计，自 20 世纪 80 年代以来一直沿用。劳动力调查由国家统计局负责，自 20 世纪 90 年代开始建设，经历了一个不断改进的过程。（1）先是依托人口调查开展年度劳动力调查，2000 年首次提供了调查失业率数据；（2）2009 年开始建立包括 31 个大城市的月度劳动力调查制度，此后不断扩大范围；（3）最后将原来一年两次的全国劳动力调查和大城市月度劳动力调查整合为覆盖全国的月度劳动力调查制度，从 2016 年起开始正式实施，并按月度发布城镇调查失业率数据。

中国调查失业率的数据来源是全国月度劳动力调查。这是一套抽样调查制度，采用分层、二阶段、与住房单元数成比例抽样方法（PPS）抽取居（村）委会；基于抽中的居（村）委会，根据住房清单采用随机等距抽样方法抽取调查户；抽中户中在调查时点的现住人口（居住在本户的人口）和常住人口（包括本户中外出不满半年的人口）均接受调查。全国调查样本约 34 万户/月，其中，城镇约 25 万户、乡村约 9 万户，覆盖大陆地区所有地级市和 2800 多个区县，涉及约 2.1 万个社区/村。在每月特定时间内，调查员手持电子终端（PDA）入户询问采集数据，通过联网直报系统上传数据到国家统计局。国家统计局根据报送的调查数据加权汇总，推算出全国调查失业率。

失业率可以就不同人群计算。选取城镇人群调查样本可以推算城镇调查失业率；选取 16～24 岁样本可以推算青年调查失业率；类似地还可以分别观察男女失业率、不同受教育程度人群的失业率等。失业是一个复杂的现象，一般将其按照摩擦性失业（在寻找或转换工作过程中的失业）、结构性失业（劳动供求结构不匹配造成的失业）、周期性失业（经济不景气引起的失业）予以分层，前两部分合起来称为自然失业率，宏观调控的目标主要在于消除周期性失业。

四、社会消费品零售总额

社会消费品零售总额指标在中国政府统计中历史悠久，可以追溯到20世纪 50 年代开发的社会商品零售总额，是基于贸易统计又超越贸易统计进行宏观经济观察的重要指标。

经过几十年的演变，社会消费品零售总额指标的内涵比较复杂，按照当前定义和统计范围，指在以下要点基础上形成的市场商品售卖额。第一，出售者主要是批发和零售业企业，进而扩散到"社会"其他各类企业和个体户。第二，售卖的"消费品"主要是各类消费用商品，不含生产经营目的下的商品，不包括服务，也不包括住房，但餐饮业提供的膳食以及服务作为一类特殊的商品被包括在内。第三，销售对象包括两部分，一是城乡居民家庭和个人以及入境人员；二是由机关社会团体、部队、学校、企事业单位、居村委会等组成的社会集团。

社会消费品零售总额在范围和对象上的演变，以及所依托的统计调查体系的变化，决定了社会消费品零售总额指标在数据来源和统计方法上的复杂性。总体来看，社会消费品零售总额统计是立足售卖者收集数据，是全面调查与抽样调查相结合并辅之以重点调查和科学推算的结果。其中，主要包括以下数据来源：（1）针对限额以上批发零售业、住宿餐饮业两个行业的法人企业、产业活动单位和个体经营户，2023 年全国共有 56 万多家，进行全面调查，根据原始基础数据进行汇总，获取其消费品零售额数据。（2）针对限额以下批发零售业、住宿餐饮业两个行业的法人企业、产业活动单位和个体经营户，实施抽样调查，2023 年全国共有样本单位 8 万多家，根据样本单位的原始基础数据进行汇总推算，获取其消费品零售总额数据。除了上述两个部分之外，还会参考一些重点调查资料、行政记录资料作为补充。最近几年，互联网零售规模在迅速扩大，国家统计局开发了网上零售额统计并定期发布数据，作为社会消费品零售总额的补充。网上零售额是指通过互联网交易平台（包括自建网站和第三方平台）实现的商品和服务零售额，其与社会消费品零售总额之间在内容上具有交叉，其中的服务零售不在后者范围之内。

社会消费品零售总额是一个反映市场商品贸易规模的指标，国家统计局按月度定期发布数据。商品零售处于整个商品流通的终端，比较接近最终消费，因此，通过该指标的动态变化，可以从总体上反映国内消费品市场状况，比较灵敏地显示宏观经济运行的动态，为此常被视为判断经济运行状况的晴雨表，对未来市场景气状况具有一定的预判作用。通过基于总额的分组数据，还可以对消费品市场的结构状况做分层观察。比如，按经营所在地地区的分组数据，可以反映消费品市场的地区分布情况，显示地域特点；按销售对象的城镇和乡村分组数据，可以反映城乡居民和社会集团购买力的变化趋势等。

结合当前经济发展特点来看，社会消费品零售总额指标也存在一定的缺陷。最突出的问题是受历史延续影响，其覆盖范围仅限于商品零售，不包括服务，这就在很大程度上限制了该指标完整反映市场动态的作用。此外，不能按照不同商品类别分组提供数据，故而难以在细分市场层面反映市场的结构性变化态势以及趋势。应该说，社会消费品零售总额面临着进一步改革。

五、居民消费价格指数

居民消费价格指数（或称消费者价格指数，简称 CPI）是根据一组代表性消费品和服务项目（简称"商品篮子"）度量其价格水平变化程度的相对数。这个"商品篮子"覆盖了居民消费的各个方面，因此被称为居民消费价格指数，是从消费者视角反映价格总体变化情况的宏观经济指标。

居民消费价格内容覆盖广泛、价格发生场景复杂、指数编制涉及不同口径和不同算法，故而其价格指数编制需要有一套规范的程序，以保证其能够准确、适时反映价格变化。为此由国际劳工组织（ILO）、国际货币基金组织（IMF）等多个国际组织共同牵头编制了《消费者价格指数手册：理论和实践》，目的是为各国消费价格指数编制提供指导。中国自 20 世纪 50 年代开始进行相关价格指数（比如职工生活费用指数）的编制，改革开放之后不断改进优化，已经形成一套其内容和方法与国际规范接轨的 CPI 调查和编制方法，由国家统计局负责编制，按月发布相关数据。

居民消费的商品和服务种类繁多，存在于不同区域的不同市场上，价格变化频繁并各有不同速率。要综合反映居民消费价格的整体变化情况，必须面向居民消费建立一套调查体系，搜集基础价格信息。以下是中国居民消费价格调查的相关情况：（1）确定"商品篮子"的组成。将各类消费商品和服务项目按照消费目的分为八个大类：食品烟酒、衣着、居住、生活用品及服务、交通与通信、教育文化与娱乐、医疗保健、其他用品和服务，在此基础上细分为基本分类（当前为 268 个基本分类），然后结合市场选择确定商品和服务的代表性规格品。（2）采集价格信息。在全国范围内确定足够数量的调查市县（当前约为 500 个），然后抽样确定分布于商场、超市、农贸市场、服务网点和互联网电商的各类调查价格网点（当前共有近 10 万个价格调查网点）。调查员手持数据采集设备，根据所确定的商品与服务代表规格品，定人、定点、定时进行实际采价，其中，与居民生活关系密切、价格变动比较频繁的商品每 5 日采集一次，一般性商品每月采集两次，一些政府统一定价、价格相对稳定的商品则每月采集一次。采集的价格信息通过统一的电子信息平台上传国家统计局。

调查收集的信息分散而具体，为综合反映价格变化情况，需要针对居民消费价格指数确定一套分步骤编制方法。第一步，用简单算术平均方法计算代表规格品的平均价格，与上期价格对比，得到各代表规格品的价格变化相对数；第二步，在基本分类层面，对代表规格品价格变动相对数作几何平均，得到各基本分类的环比价格指数；第三步，通过链式拉氏指数，以加权方式，将基本分类的环比价格指数汇总为更高级别的价格指数，权数来自住户调查提供的居民消费分类支出所占比例。

通过上述计算过程，可以在总体和分类两个层面提供以下价格指数：（1）以上月为对比基础的月度环比价格指数；（2）以上年同月为对比期的月度同比价格指数；（3）按照五年一个周期、对比基期不变的定基价格指数。除此之外，还可以提供一些派生价格指数，比如剔除食品和能源价格的核心 CPI 等。显然，围绕该指数的编制，国家统计局可以提供与消费价格有关的丰富数据资料。

居民消费价格与生产者价格、投资品价格以及商品进出口价格一起，共同组成覆盖一国经济的商品和服务价格网络，其中，居民消费价格最接近经济循环的终端，与居民生活直接关联，故而 CPI 的编制具有特别重要的意义。一般而言，常常以 CPI 作为反映整个经济体价格变化态势的指标，还会用来观测一定时期的通货膨胀状况，对于宏观经济观察和管理至关重要。

六、居民人均可支配收入

居民人均可支配收入是按照人均计算的居民可支配收入，是对以家庭住户为单位所获取收入的调查统计结果。其中，用作平均的人口是指住户家庭的常住人口，不包括那些虽然具有亲缘关系但不以此家庭为常住地的成员。

居民可支配收入是一系列住户家庭收入概念中处于最末端的一个。根据联合国欧洲委员会编纂的《住户收入统计手册》，住户家庭收入大体包含四类：就业收入、财产性收入、家庭为自己消费而生产服务的收入、经常转移收入。其中，就业收入和家庭为自己消费而生产服务的收入之和称为生产收入，生产收入与财产性收入之和称为基本收入，基本收入和经常转移收入的总和称为总收入；总收入减去当期经常转移支付，结果就是可支配收入，代表住户家庭在不动用原持有资产、不增加债务前提下可能用于当期消费支出的最大数额。纳入统计范围的收入不仅是现金收入，还包括各种实物收入，但仅限于经常性发生的收入，不包括那些一次性、意外发生的进项，比如博彩奖金、遗产、保险一次性理赔等，也不包括各种产生于资产价格变化的持有资产损益，比如炒股价差。

中国国家统计局住户调查统计沿用了上述国际规范的基本定义，同时结合中国实际，将居民可支配收入定义为以下四部分收入之和。（1）工资性收入，指就业人员通过各种途径——包括受雇于单位或个人、从事各种自由职业、兼职或零星劳动——得到的全部劳动报酬和各种福利。（2）经营净收入，指住户或住户成员从事生产经营活动所获得的净收入，即从全部经营收入中扣除经营费用、生产性固定资产折旧和生产税之后的收入净额。（3）财产净收入，指住户或住户成员将其所拥有的金融资产、住房等非金融资产和自然资源交由其他单位、住户或个人支配而获得的回报——比如利息、红利、房租、承包土地经营权转让租金等——然后扣除相关费用之后的净收入。（4）转移净收入，指转移性收入与转移性支出相抵后的净额。转移性收入是指住户从政府、单位、社会团体得到的各种经常性转移以及住户之间的经常性转移，比如退休金、最低生活保障、政策性生活补贴、报销医疗费、住户之间的赡养收入等；转移性支出是指住户对政府、单位、其他住户和个人支付的经常性转移，比如缴纳所得税，以及赡养支出、经常性捐赠等。

居民可支配收入的基础资料主要来自住户调查，有条件的情况下，也可以参照相关行政记录，比如税收系统登记的个人收入数据。中国已经有比较完备的住户调查体系，在全国 31 个省份抽选了 1800 多个调查县

（市、区）、16万调查户，由调查户逐笔登记家庭日常收支，上传国家统计局数据库，最后根据分户基础数据加权汇总生成全国居民的人均可支配收入，由国家统计局发布数据。

除了居民收入统计之外，国民经济核算可以通过资金流量表提供住户部门可支配收入总额。作为宏观核算指标，住户部门可支配收入的内涵与居民可支配收入大体相同，其基础资料主要来自住户调查，同时也会参照其他数据源作为辅助核算依据。

居民可支配收入既是一个经济指标，同时也具有社会指标的属性，故而其统计数据会应用于很多方面的管理、决策、分析中。关注点之一是居民可支配收入的水平、构成以及增长速度，以此体现居民生活水平及其变化状况；同时会着眼需求，关注收入对消费的影响程度，将其水平、增速作为进一步观察、预测未来经济景气状况的依据。还有一个关注点是不同人群的收入分布状况，可以按照人均收入水平对住户及人口分组做观察，计算基尼系数，以此反映收入分配的均等状况。

七、财政收入与财政支出

财政收入和财政支出是财政统计的两个主要指标。财政的主体是政府，是政府主导国家治理、参与经济社会发展过程所发生的经济行为，通过"收"和"支"，支持政府实现其提供公共服务、在全社会范围内进行收入再分配和资源再配置等职能。具体而言，财政收入是国家凭借政治权力以社会管理者、国有资产所有者身份，向国民经济各部门、单位和个人筹集的资金；财政支出是政府为提供公共服务、参与收入分配，将财政收入在社会经济各方面进行分配使用的资金。二者之间相互制约，就特定时期而言，如果财政收入大于财政支出会出现财政结余，如果收入小于支出则会出现财政赤字；为弥补财政赤字，政府就要举债，累积起来就形成政府债务总额。

国际货币基金组织（IMF）曾编制《综合财政统计手册》并予以更新，力图引导各国进行改革，形成一套更加全面完整、适用于财政政策分析和数据质量评估的政府财政统计体系。概括而言，其基本要点包括：（1）扩展财政统计范围，覆盖广义政府部门和公共公司，以便全面反映政府收支活动；（2）转换会计核算基本原则，从传统的收付实现制向权责发生制转化，以便真实反映特定核算期间政府收支活动状况及其结果；（3）强化财政统计的分析框架，将政府资产、负债和权益纳入统计范围，编制政府运营表、其他经济流量表、政府资产负债表、现金来源与使用表，以此将政府活动存量和流量统一起来，全面反映和分析政府收支规模和结构变化，评估政府支付能力和偿债能力，显示政府财政的稳健性。

中国尚未按照 IMF 要求公开发布综合政府财政统计。按照中国政府财政预算体系，财政收入和支出统计均按照以下类别进行分类统计：（1）公共财政收入与支出；（2）政府性基金收入与支出；（3）国有资本经营收入与支出；（4）社会保险基金收入与支出，其中公共财政收支是最主要的部分。在此基础上，财政收入要按照来源及其性质作进一步分类，各种税收收入是其主要来源，此外还有各种形式的社会缴款、转移、收益、产品或资产出售收入等。公共财政支出要按照功能作进一步分类，覆盖政府职能和经济社会发展的各个方面，比如外交、国防、公共安全、教育、科技、文化体育与传媒、社会保障与就业、医疗卫生、环境保护等，大体归纳为一般政府服务、社会服务、经济服务以及其他支出。

财政收入和财政支出统计由各级财政部门负责，基本统计依据是各级政府财政预算的实际决算结果，以此反映财政预算的执行情况。财政部定期汇总中央和地方财政收支情况，统计并公布全国财政收支数据。具体而言，整个统计过程包括数据确认和指标计算两个环节。其中，公共财政收入、政府基金性收入、国有资本经营收入的主要来源是国家金库收入报表填列的各项收入数据，对应的支出数据来源主要是总预算会计账列报的各项支出信息；社会保险基金收支决算数据则由各级社保经办机构提供和汇总。在基础信息基础上，由各级政府财政部门分类处理，汇总为本级财政的收入和支出并上报，最终形成全国财政收入和支出总额和构成统计。

政府是实施国家治理的主体，政府对经济社会发展的影响有多种方式，一旦涉及经济手段就必然需要财政的支持。所以，财政收支的规模是衡量一个国家政府影响力的重要指标。为了显示财政收支规模，首先是财政收入、财政支出总额及其结构，其次是在此基础上开发的两个指标：一个是财政收入（或支出）占 GDP 的比值，用以反映政府财政的相对规模；另一个是财政收入与财政支出的差额，用以反映政府财政的收支平衡状况。此外，还应结合政府债务指标进行分析评估，显示政府财政收支的稳健性和可持续性。

八、货币供应量

货币供应量泛指一国经济社会系统中的金融工具总和，具体而言，指在特定时点上经济系统中承担流通和支付手段职能的货币总额，用以反映该时点上全社会所拥有的总购买力。

货币供应量是一个内涵丰富的概念。货币的定义与流动性有关，流动性，指一项金融资产在多大程度上能够在短时间内以全部或接近市场的价值出售，比如现金是最具有流动性的金融资产。依据各种金融工具流动性的高低，货币供应量按照若干层次划分，形成狭义和广义等不同口径。狭义货币指基础货币，由一国货币当局发行，其他各类机构持有；广义货币则包括基础货币和各种存款货币，对应的发行者除了货币当局之外，还有以银行为代表的各种具有派生货币创造功能的存款性公司，这些货币被（除中央政府和存款类公司之外的）各类机构所持有。

有关货币供应量统计，国际货币基金组织在其编制的《货币与金融统计手册》中有详细指导并被各国货币统计所遵循。原则上说，一项金融资产是否能够纳入货币供应量，要从交易成本、可划分性、期限以及收益等基本因素作综合评估，实际操作中，各国在具体定义以及统计口径划分上会有一些差别。中国人民银行自 1994 年起正式向社会发布货币供应量统计结果，此后不断调整，进行口径调整，最新一次调整是 2024 年 12 月。根据最新修订，当前定义的货币供应量包括以下三个层次，实际统计就是按照不同层次的内容通过"搭积木"方式叠加起来的结果。

M_0 = 流通中的现金

M_1 = M_0 + 单位活期存款 + 个人活期存款 + 非银行支付机构客户备付金

M_2 = M_1 + 单位定期存款 + 个人定期存款 + 其他存款

货币供应量表现为发行者的负债、持有者的金融资产，其相关信息与这些部门的资产负债表直接相关。因此，货币供应量统计是在合并有关金融机构资产负债表形成的"概览"基础上实现的。结合中国实际而言，先在货币当局资产负债表基础上编制货币当局概览，同时对各个存款性公司的资产负债表进行合并汇总，编制其他存款性公司概览；然后将货币当局概览和其他存款性公司概览进行合并，形成存款性公司概览；最后依据存款性公司概览展示不同统计口径的货币供应量。

现代经济是实体经济与金融经济的统一，货币是整个金融体系的核心，货币供应代表了全社会所持有的购买能力，通过以上推论即可显示出货币供应量这个指标的重要性。中央银行会通过各种货币政策工具（比如基础货币发行、准备金等）的运用对宏观经济（经济增长、物价稳定等）施加影响，其中介目标之一就是货币供应量。在中国，货币供应量（主要是 M_2）作为政策中介指标一直发挥重要作用，中国人民银行按月发布相关数据，其增加和减少以及与 GDP 的匹配状况，是预判宏观经济走向的主要指标。

现代金融体系是货币市场、资本市场以及保险市场的综合，金融发展对于国民经济发展的意义已经不限于货币信贷关系，而呈现出更加复杂的样貌。在此背景下，需要在货币供应量指标基础上作进一步扩展，以期能够覆盖更宽泛的金融机构和金融工具。中国人民银行开发的社会融资规模就是这样一个指标，它与货币供应量一起共同服务于金融发展以及整个宏观经济的观察和分析。

九、货物进出口总额与差额

货物进出口是一国与世界其他国家之间交易往来的重要体现，其中，进口是他国货物进入本国，出口则相反，是本国货物输出到其他国家。海关是一国管理货物进出口业务的专门机构，因此，基于海关记录进行货物进出口统计是各国政府统计的惯常做法。除此之外，国际收支统计会在海关统计基础上再做调整，提供另一套货物进出口核算数据。

《中华人民共和国海关统计条例》在基本统计原则上与联合国《国际贸易统计的概念和定义》一致，其中包含以下要点。第一，按照"总贸易制"确定统计对象和范围，将进入或离开一国经济领土（即一国政府所管辖的人员、货物和资本可以自由流动的地理区域）而引起该国物质存量增加或减少的货物列入货物贸易统计。其中特别需要注意的是，中国当前货物进出口统计以"进出海关关境"为标志，因为香港、澳门、台湾都实行独立的海关制度，故而将我国其他地区与这三个区域之间的货物往来也视为货物进出口统计的范围。第二，货物进口总额、货物出口总额是海关货物进出口统计的基本指标，同时按照商品类别、国别以及贸易方式提供分组数据。第三，货物进出口总额的计价原则是：所有进口货物按到岸价格（CIF）计价，出口货物按离岸价格（FOB）计价，二者之间的差别在于离岸价格不包括其间发生的国际运费和国际保险费用；所有进口和出口都同时按照人民币和美元计价统计。第四，货物进出口统计的基础数据全部来自经海关确认的"进（出）口货物报关单"等申报单证，这些报关单在结关之后即自动导入海关统计基础数据库，然后由统计人员采用超级汇总方式，定期编制全国进出口总额等统计数据。第五，按月度发布货物进口、出口总额数据以及主要分组数据，年度统计会有更详细的数据发布。

综上，海关统计的货物进口总额、出口总额以及进出口差额数据有两个特点。第一，以实际进出关境为标志，从物流上应体现出物质存量增减；第二，进口和出口分别采用到岸价和离岸价计价方法。

与此同时，国际收支统计采用与此不同的处理方式，并在此基础上进行调整，形成另一种口径的货物进出口总额核算数据，编入国际收支平衡表。具体处理方法如下：第一，以货物经济所有权变更为标志确定货物进口和出口统计范围，据此，来料加工贸易方式中的来料价值因为不涉及所有权变更①，故而不能作为进出口统计，其加工价值虽然属于进出口范畴但要作为服务进出口记录；第二，无论货物进口还是货物出口，均采用离岸价作为计价依据，进口到岸价格中包含的运输和保险费用另行作为服务进口记录。中国国际收支平衡表由外汇管理局编制，可以按季度提供基于以上原则所核算的货物进口总额、出口总额数据。来料加工在中国对外贸易中一直比较显著，所以，两组数据对比，国际收支核算的货物进出口总额一般会小于海关统计结果，货物进出口差额也会有所不同。

货物进出口规模是显示一国经济融入全球化经济分工体系的重要标志。基于海关统计的货物进出口，可以及时反映一国货物贸易动态，据此可以计算货物进出口总额与 GDP 的比值，显示一国经济的外贸依存度。货物进出口平衡状况是一国国际收支平衡的基石，所以，基于国际收支统计中的货物进出口总额和差额，可以透过货物贸易平衡状况分析其对于国际收支的影响。需要注意的是，受产业分工深化影响，服务进出口在一国对外经济往来中的重要性在不断加强，其对一国国际收支平衡的重要性在日益显现。为此，从应用角度看，需要扩展视野，将货物进出口统计与服务进出口统计配合起来，整体观察一国对外贸易规模和平衡差额。

十、能源生产总量和能源消费总量

能源生产总量和能源消费总量是从供需两端对能源产品进行总量统计的两个基本指标。直观而言，一时期一国（地区）的能源生产与能源消费有很强的对应关系，如果将能源输出输入、能源库存变化也考虑在内，那么，期初能源库存、当期能源生产和当期能源输入代表能源供给，当期能源消费、当期能源输出和期末能源库存则代表需求。对上述关系加以合并，对能源净输入地区而言，其供求平衡关系是：当期能源生产＋当期能源净输入＝当期能源消费＋能源库存变化；对能源净输出地区则是：当期能源生产＝当期能源消费＋当期能源净输出＋能源库存变化。

能源是一个很复杂的概念。横向看，能源有不同的种类。最典型的区

---

① 来料加工装配贸易是指这样一种贸易方式：发包方（一国或地区）将加工材料和各种配件、包装物等提供给承包方（另一国或地区），承包方完成加工装配然后将成品交回发包方，双方只结算加工装配价值，因此这部分来料价值可视为其货物经济所有权没有发生改变。

分是化石能源和非化石能源，前者指煤炭、石油和天然气，大体都属于不可再生资源；后者如水能、核能、风能、太阳能、地热能、海洋能、生物质能等，大部分具有可再生甚至循环资源的性质。纵向看，能源有一次能源和二次能源之分。一次能源是指自然界中以天然形式存在、未经任何改变或转换的天然能源资源，上面列举的化石能源和非化石能源大体都属于一次能源；二次能源是指将一次能源直接或间接加工转换产生的、更适宜生产或生活特定需要的各种人工能源，比如由原煤加工转换产出的洗煤、焦煤、煤气，由原油加工产出的汽油、煤油、柴油、燃料油、液化石油气，相当一部分电力、热力属于由化石能源转换产出的二次能源。能源供需平衡主要是建立在一次能源定义基础上的，在一次能源和二次能源之间不能重复统计。

为了对全部能源供给和需求做综合统计，首先需要对不同类型的能源做折算，使其能够加总，通常所说"标准煤"就是按照等价系数折算后的能源标准单位（每千克标准煤为29307千焦耳、7000千卡）。其次要将二次能源的终端消费进行折算，转换为一次能源消费量，同时要考虑从一次能源到二次能源转换过程中发生的损失以及其他各种原因造成的能源损失。经过上述处理之后，才能建立起能源供应与需求之间的总量平衡关系。

关于能源统计，国际能源署等国际组织制定了多项规范。一般来说，编制国家能源平衡表是国际通用的能源统计模式，能源生产总量和能源消费总量是能源平衡表中的核心指标。无论是能源生产还是能源消费，都与经济体系中各类经济单位有关，统计这两个总量，都需要有相应的基础信息来源作为支撑，并在此基础上进行各种估计、推算和技术转换。结合中国当前统计实务，能源生产总量主要通过统计调查获取相关数据，是统计的结果；而能源消费总量则要涉及更多、更复杂的数据来源，并要依赖于能源平衡表的框架进行核算，是综合核算的结果。以下分述两个指标的生成过程。

在行业分类中，能源生产分列在采矿、制造、电力燃气水等不同行业，但都属于工业范畴，故而能源生产统计是在工业统计平台上进行的。能源生产总量也称一次能源生产总量，指报告期内工业企业生产的、以标准量计算的一次能源产品产量之总和。通过这个指标，可以反映国家能源生产的总规模和能源的供给能力。针对能源产品生产，在国家统计局主导下建立了全口径统计调查。其中，规模以上工业企业按月度统计，规模以下工业企业按年度统计。经过统计汇总处理之后，可以提供有关能源生产总量、结构、速度等各项数据，向社会发布。

能源消费总量的内涵比较复杂，原则上说，指报告期内国家（地区）范围内国民经济各行业和居民家庭在一段时期内消费的各种能源的总和。在此笼统定义基础上，实际统计中的具体处理包含以下要点。第一，尽管终端能源消费会涉及大量二次能源，但能源消费总量是基于一次能源核算的结果。为了与能源供给衔接，能源消费总量包括以下四个部分：一次能源的直接消费，二次能源的消费，由一次能源加工转换为非能源产品（用作原材料）的消费，加工转换过程中的损失。第二，能源消费的数据来源比较多元，一方面是针对各类能源用户的统计调查，另一方面还会收集来自其他政府部门、相关协会和企业的业务记录。在统计调查中，针对规模以上工业企业采用全面调查，对重点服务业中年耗能 1 万吨标准煤以上的单位采用重点调查，规模以下工业企业用能调查、农业生产单位用能调查、居民生活用能调查等均属于抽样调查。第三，能源消费总量的核算数据，是按照能源平衡模型在能源平衡表基础上经过核算确定的，其中涉及各种来源数据的综合运用、各种折算系数的引入，并在国家能源消费总量核算基础上制定地区能源消费的核算方法。通过核算，在提供能源消费总量数据的同时，还可以按行业、中间消费和终端消费、一次能源不同种类等提供分项结构数据。

能源一方面关系到经济社会发展和国家安全，另一方面关系到环境保护和气候变化，其重要性日益受到关注，所以围绕能源生产和能源消费的统计也越来越重要。两个指标相比，能源消费总量更加引人注目，在管理中应用范围更广。中国从"十一五"时期开始将"万元 GDP 能耗"作为约束性发展指标，落实到各级地方和部门考核；当前在"碳达峰、碳中和"背景下，以能源消费为控制目标的宏观管理不仅延续了万元 GDP 能耗这个强度指标的应用，还进一步扩展到能源消费总量，开始实施总量指标管理，这就更加突出了这个指标的重要性。

十一、研究与实验发展经费支出

有关研究与试验发展（简称研发，R&D）调查的一套国际标准是由经济合作与发展组织（OECD）主导开发的（即《弗拉斯卡蒂手册》，目前已经发布第七版），研究与试验发展经费支出（简称 R&D 经费支出）是其中的核心指标。中国遵循上述国际规范建立了相关统计调查和数据核算制度，由国家统计局牵头相关部门共同开展调查，通过汇总发布全社会 R&D 经费支出数据。

研究与试验发展是指为增加人类知识总量以及运用知识创造新的应用而进行的系统性、创造性活动，具体区分为基础研究、应用研究和试验发展三种类型，基础研究和应用研究合称为科学研究。现实中，R&D 活动是包含在各类科技活动之中的一类活动，如何在统计上识别哪些属于研发活动，一直是困扰统计部门的基本问题。流行做法是在调查过程中由被调查者填报与 R&D 相关的科技活动项目信息，然后集中到国家层面进行数据处理，实现 R&D 活动的识别。

R&D 经费代表 R&D 活动的投入。全社会 R&D 经费支出是指报告期内各类 R&D 活动单位实际用于研发活动的经费总额。从支出性质区分，R&D 经费支出包括经常性支出和投资性支出两部分：前者是指为实施 R&D 活动发生的、可在当期直接作为费用计入成本的支出，包括人员劳务费和其他日常性支出；后者则是指为实施 R&D 活动而进行固定资产建造、购置、改扩建以及大修理等的支出，包括土地与建筑物支出、仪器与设备支出、资本化的计算机软件支出、专利和专有技术支出等。鉴于 R&D 活动与其他科技活动之间存在密切关系，R&D 经费支出数据常常不是调查资料的简单汇总，而是要针对一般科技项目经费支出进行具体核算，其中包括一定的比例推算。

中国 R&D 经费投入统计覆盖了国民经济中 R&D 活动相对密集的各个行业，由科技部、教育部、国防科工局、国家统计局等行政主管部门分别负责，组织实施针对政府属科研机构、全日制普通高等学校及附属医院、国防科技工业系统科研机构、其他各行业企事业单位的 R&D 活动情况调查。各部门分别核算其 R&D 经费支出数据，然后由国家统计局综合汇总并对外发布。

创新发展是新发展理念的核心内涵之一，R&D 活动是创新活动的核心组成部分，R&D 经费支出与人员投入并列代表 R&D 活动的两大投入，由此即可理解研究与试验发展经费支出指标的重要性。一方面是关注 R&D 经费支出的增长情况，另一方面还特别关注 R&D 活动投入强度，即 R&D 经费支出与 GDP 之间的比值。除此之外还会关注 R&D 经费支出的结构，尤其是基础研究经费支出所占比例，以及不同资金来源的比例分布。

第十章 政府统计法制化、能力 建设与质量评估

第二章至第九章主要围绕政府统计的基本职能，全面阐述其组成要素、运作方式、统计数据生产过程以及统计数据产品。本章则要回过头来，讨论政府统计系统的内部建设与管理，目的是回答以下基本问题：政府统计系统要具备什么条件和能力，方能实现其基本职能，为国家和社会公众提供满意的统计信息服务。具体而言包括：（1）政府统计在如此大范围上进行数据生产，其权力和职能来自何处，自身要接受怎样的规制；（2）政府统计需要具备什么样的能力，方能进行如此复杂的数据生产；（3）如何对政府统计数据生产过程及其服务质量进行综合评价。

以上三个问题的回答，构成本章的主要内容。总体而言，本章内容在很大程度上是对绪论所提出的有关政府统计基本性质的呼应，以此结束全书。

第一节 政府统计的法律基础与法制化管理

依法统计是开展政府统计活动的基本前提。政府统计的内容覆盖经济社会发展与国情国力的方方面面，每一项统计内容都要以全国范围内的单位、个人、家庭以及其他要素为对象，所生产的统计数据要服务于包括政府在内的所有社会公众。以上特点决定了，政府统计要达成上述使命，实现其职责，必须有强有力的法律和体制环境作为支持，为其实际运作提供外部保障和内部约束。

通过前面各章，我们随处可见以"根据基本原则如何""根据统计法如何"等引语进行的阐述论证；"绪论"中，更是依据这些基本原则和统计法律来阐释政府统计的基本定义、基本性质、基本职能。这些都显示出，政府统计整个运作过程，包括数据生产以及服务过程，都是在统计相

关法规框架范围内发生的。本节我们要具体介绍以下内容："统计相关法规"到底包含什么，如何制定的，包括中国在内的各国政府统计经历了怎样的法制化进程。

一、官方统计基本原则及其实施状况

《联合国官方统计基本原则》的基础是欧洲统计学家会议于 1991 年制定的《官方统计基本原则》，随后经过一个国际协商过程，最终成为一部具有全球意义的国际指导文献。

专栏 10 - 1 《官方统计基本原则》的产生过程

20 世纪 80 年代末，伴随苏联解体，中东欧国家实现政治经济体制转型，为了重建这些国家以及类似国家的官方统计，确保其国家统计系统能够产生符合既定专业和科学标准的适当和可靠的统计数据，欧洲统计学家会议于 1991 年制定了《官方统计基本原则》，并于 1992 年在欧洲经济委员会获得通过。

随后，世界各国统计学家意识到这些原则的适用范围不仅限于欧洲，而是具有全球意义。于是，经过一个国际协商进程，联合国统计委员会于 1994 年 4 月 11 日至 15 日特别会议通过了一套《官方统计基本原则》。应该说，这是国际统计史上的一个里程碑。

2013 年，联合国统计委员会重申了这些原则，联合国经济及社会理事会在相关决议中认可了这些原则，并于 2014 年 1 月 29 日在最高政治级别的联合国大会上通过了一项决议（a/RES/68/261），最终形成《联合国官方统计基本原则》。

资料来源：United Nations. Handbook on Management and Organization of National Statistical Systems［S/OL］. https：//unstats. un. org/capacity-development/handbook/index. cshtml，具体见第 3. 13 节。

"绪论"中专栏 1 - 1 全面罗列了这十条原则。以下简要概括其内容和关键词。①

---

① 内容概括参见：United Nations. Handbook on Management and Organization of National Statistical Systems［S/OL］. https：//unstats. un. org/capacity-development/handbook/index. cshtml，2022，具体见其中第 3. 2 节。关键词来自：United Nations Statistics Division. United Nations Fundamental Principles of Official Statistics：Implementation Guidelines［EB/OL］. https：//unstats. un. org/unsd/dnss/gp/impguide. aspx。

原则1："相关性、公正性和平等机会"，规定官方统计数据应由官方统计机构汇编和提供，以尊重公民获得公共信息的权利；

原则2："专业标准、科学原则和职业道德"，规定统计机构必须严格按照专业考虑，包括科学原则和职业道德，确定其方法和程序；

原则3："问责制和透明度"，责成统计机构根据有关统计数据来源、方法和程序的科学标准提供信息；

原则4："防止误用"，规定统计机构有权对统计数据的错误解释和滥用发表评论；

原则5："数据来源"，规定出于统计目的的数据可以从各种来源中提取，无论是调查还是行政记录；

原则6："保密"，规定统计机构应尊重统计保密的义务；

原则7："立法"，规定了公布统计系统运行所依据的法律、法规和措施；

原则8："国内协调"，阐明国家内部各统计机构之间进行协调的重要性；

原则9："国际标准的使用"，建议各国统计机构采用国际概念、分类和方法；

原则10："国际合作"，建议开展国际统计双边和多边合作。

通过这十条基本准则，现代政府统计所涉及的三个基本要素得到了明确阐释：统计什么，怎样统计，由谁统计。其中涉及政府统计的权利、职责、义务、自我约束，同时还对一些具体做法提出原则性建议。这一套准则本身不是法律，但可以视为政府统计需要遵循的基本规范，从而为各国统计立法提供了基本依据。

为了指导各国政府统计能够更好地践行这一套基本原则，2015年联合国相关机构出台了一部《官方统计基本准则实施指南》，对各项原则逐条论证，提出实施目标、要求、建议以及可能存在的风险。每一条准则之下，都特别强调以下两个层面的制度保障，并给出很多来自不同国家的应用案例。第一是法律框架，要求基本原则下的相关内容应该包含在相关统计法规之中，反过来就意味着，统计法规必须将基本原则中涉及的内容包括在内。第二是制度和政策框架，也就是说，要将这些原则落实到政府统计的具体制度和政策之中，反过来看就意味着，政府统计相关制度和政策的出台不能违背这些原则①。

---

① United Nations Statistics Division. United Nations Fundamental Principles of Official Statistics: Implementation Guidelines［EB/OL］. https：//unstats. un. org/unsd/dnss/gp/impguide. aspx，具体见其中第一部分。

仔细考察《基本原则》可以发现，其所规范的内容是多元的，既规定了政府统计应对外部关系所需要的权利，同时也约束了政府统计自身的职责。此前曾有文献将其归纳为独立性、相关性、可信性三个维度[1]。其中，独立性涉及政府统计的运作机制，相关性涉及政府统计职责范围，可靠性则关系到政府统计的质量要求。上述三方面是相辅相成的：政府统计必须具有一种得到广泛认知的独立地位，它才能获得信任并切实履行其职能，不受阻碍地为公众和决策者提供有用的、优质的信息；政府统计唯有持续改善其数据系统，面向不断变化的需求提供准确、及时和相关的信息，才能保持其可信性，维护其独立地位；政府统计必须严格执行数据收集应达到的标准、科学的数据处理方法，为管理提供真实、可靠的数据，才能获取需求者的信任以及基础数据提供者的合作，从根本上保证自身的独立性。

各国政府统计建设水平具有很大差异，由此决定了上述各项原则在各国实施过程中面临不同问题，执行结果也不尽相同。专栏 10 - 2 展示了 2003 年和 2012 年世界各国政府统计机构执行这些准则的基本状况调查结果。整体看，应答各国执行情况已经达到良好水平且在不断改进，相当多的原则其"完全执行 + 基本执行"占比超过 90%，"保密"原则已经达到 100%，与本节内容直接相关的"立法"原则达到 94%。也有一些原则执行比较薄弱，一个是国内协调（80%），另一个是"防止误用"（79%）。但是，如果考虑到应答国在全体国家中占比不高所带来的偏差，全球各国在基本原则执行方面的整体情况可能不容乐观，由此可以说：统计法制化进程仍然"在路上"。

专栏 10 -2　官方统计基本原则在各国执行情况

联合国统计司先后在 2003 年和 2012 年对世界各国政府统计机构执行《官方统计基本原则》状况作追踪调查。2012 年的调查问卷在 2003 年基础上设计，共有 78 个问题。调查覆盖 193 个国家，其中发展中国家占比约 75%。调查总体应答率为 65%，高于 2003 年的 58%，其中，发展中国家调查应答率为 56%（高于 2003 年 50% 的应答率），其中最不发达国家改进明显，从 31% 提高到 50%；发达国家也有进一步改进，从 2003 年的 83% 提高到 92%。

---

① 联合国经济和社会事务部. 统计组织手册：统计机构的运作和组织 [M]. 第三版. 纽约：联合国出版物, 2003, 具体见其中第一章。

根据调查得到的结果，应答各国对基本原则的执行情况如下表所示。

单位:%

项目	完全执行		基本执行		部分执行		没有执行	
	2002	2013	2002	2013	2002	2013	2002	2013
原则1	44	60	45	30	9	10	1	0
原则2	59	64	37	33	4	3	1	0
原则3	43	53	50	42	6	5	1	0
原则4	37	50	37	28	19	15	7	6
原则5	49	46	42	43	8	10	1	1
原则6	80	90	19	10	0	0	1	0
原则7	77	76	17	17	4	6	3	0
原则8	31	26	44	54	19	20	6	0
原则9	45	48	50	49	5	2	1	0
原则10	—	—	—	—	—	—	—	—

资料来源：United Nations Statistics Division. United Nations Fundamental Principles of Official Statistics: Implementation Guidelines ［EB/OL］. https：//unstats. un. org/unsd/dnss/gp/impguide. aspx.

二、国家层面的统计立法

政府统计是由一国政府实施的，故而相关统计立法必须落实到国家层面。受政治制度、法律环境等多重因素影响，各国统计立法在内容和形式上可能会有所不同，但总括起来看，其中必然包含一些不可或缺的构成要素，以及一些必须遵循的基本原则——正如前面《官方统计基本原则》所指出的那样。

为了指导各国统计立法，并在国际范围内逐步实现政府统计的可比和一致，联合国欧洲经济委员会组成工作组，开发了一部《统计立法现代化指南》（以下简称《立法指南》）于 2018 年作为联合国出版物面世，为我们了解国家层面统计立法框架提供了一个可供参考的范本。以下主要依据该文本以及相关文献[1]所做归纳，简要介绍统计立法所涉及的基本问题和

---

① United Nations Economic Commission for Europe. Guidance on Modernizing Statistical Legislation ［M］. Geneva：United Nations Publication, 2018；United Nations. Handbook on Management and Organization of National Statistical Systems ［S/OL］. https：//unstats. un. org/capacity-development/handbook/index. cshtml，具体见其中第 3. 4 节。

基本步骤、各国在立法过程中取得的经验和教训，以及当前需要面对的挑战。

（一）统计法规的基本架构

成功的立法要同时具备两个特性：既能够在较长时期内保持稳定，同时又能够以足够的灵活性适应现实的不同情况。统计法规也不例外。为了同时满足稳定性和灵活性的要求，统计法规应包含一个多层次的架构体系。

最基础层面是国家统计法。从原则上规范政府统计所涉及的各种基本问题：基本职能，体制与机构组成，对被调查者的要求，承担的义务；可以说，前述官方统计基本原则所包含的内容大都要在其中得到体现。统计法一旦获得通过，短期内不会变化，代表统计法规体系中的稳定部分。

进而是统计法实施层面的具体规定。主要目的是通过对一些具体问题的详细规范，将统计法的基本原则落到实处。此外，相关机构可能会不时出台一些新的法令、政策，以应对政府统计过程中的一些具体问题。和统计法相比，这些实施细则更多地体现了灵活性。

最后是政府统计业务工作过程中发布的各种标准和制度。严格来说，这些标准和制度主要涉及技术和工作层面，本身不具有法律效力，但却是政府统计必须遵循的。比如，行业分类标准如果不能全面遵循，就无法提供得到统一定义的行业结构数据，用户也不能在统一标准之下使用这些数据。与前两个层次相比，这些标准和制度要更加具体，与政府统计工作过程有更紧密的联系。

除了专门的统计法规之外，很多基于其他主题的立法之中也可能会包含与政府统计有关的法律条文，如与国家信息安全有关的法律（统计数据属于信息）、与刑法有关的法律（与统计有关的犯罪有可能触犯刑律）、与公务员有关的法律（政府统计机构工作人员大部分属于公务员）、与档案管理有关的法律（统计数据以及其他调查结果也需要归档）。为实现有效的法制化管理，需要在统计法规与相关法规之间保持一致。

（二）国家统计法的主要内容和立法程序

大部分国家已经就政府统计实现了立法。不同国家受各种因素影响，其具体立法条款可能有所区别，或者有不同侧重，但总体而言，作为基础层面的国家统计法，所要解决的基本问题大体相似。《立法指南》对此作了比较详细的讨论，为形成国家统计法的基本内容架构提供了建议。概括起来，国家统计立法需要解决以下主要问题。

• 给出官方统计的定义。该定义要区别于一般的政府行政信息，应内在地符合《联合国官方统计基本原则》。

• 明确政府统计中所使用的关键概念的定义，如统计调查、行政数据、统计单位、个人数据等。

• 确定国家统计系统的组成，明确官方统计数据的生产者。

• 明确国家统计局及其首脑的任务，特别是与协调和规划有关的任务。

• 针对政府统计工作中长期以及年度计划的制定、统计咨询委员会的参与和决策过程等机制问题作出明确规定。

• 明确数据收集任务，确保政府统计机构能够获得各种行政数据和其他来源的数据。

• 明确数据保密的处理原则和程序，确保个体微观数据的统计专用性。

• 确保统计数据质量的相关标准、机制和工作程序。

• 确保平等对待用户和方便用户传播的传播原则。

国家统计法的立法和修订，要经过国家立法程序予以审查和确认方能实施。不同国家的法律制定过程可能不尽相同，一般而言，通常由政府提出并由议会通过，具体操作大体分为四个阶段。第一是计划和准备，先由统计部门提出立法或修法计划，与利益相关方进行协调，对预期效果作出评估。第二是提出草案，要以不同方式宣讲立法或修法计划，进而起草立法或修法草案，并接受咨询。第三是审查与议会议程，要先列入政府立法议程，然后进入议会程序，比如组织听证会；为提高法案质量，可能要经过至少"二读"方能通过。第四是新法律实施，一旦获得议会通过，统计部门要开展新法宣传工作，并对实施新法需要面对的问题做出预判，以保证取得预期效果。

（三）统计法规当前面对的挑战

信息技术发展正在带来一场革命，政府统计需要与时俱进，对信息技术引起的变革作出反应，方能持续实现自身的基本职能，为全社会提供统计服务。这些变革通过数据供给和数据需求两个方向影响政府统计，至少应包括以下方面。

第一，数据来源多元化。除了传统的统计调查之外，从不同角度定义的大数据、地理空间数据、物联网等新型数据源，既丰富了政府统计可以依赖的数据源，同时也给政府统计如何利用这些数据源带来挑战。

第二，进行数据生产的队伍在扩大。除了政府统计局系统之外，其他政府部门、私人公司都可能因为掌握大量基础数据而进行综合数据的生产，而且可能在自用之外会以不同于政府统计系统惯常的方式对外提供数据服务。

第三，数字治理正在成为国家发展战略。各个层次的国家治理越来越依赖于数据，对数据的需求在成倍扩大，不仅需要按照传统模式提供综合统计数据，而且对数据的颗粒度提出了更高的要求，即更详细、更及时的数据。

基于上述变化，政府统计需要面对很多原来不曾出现的问题，或者放大了原来存在的问题。一是数据开放问题。比如，如何在不违反保密、防止数据滥用等原则前提下实现更大程度的数据开放，尤其是微观个体数据的开放利用；如何在有效管理前提下以易于链接和机器可读的格式提供统计数据。二是不同数据生产者之间的数据互换和共享问题。比如，如何打通"数据孤岛"之间的连接，提高数据生产和利用效率，降低数据生产成本；如何实现不同数据源之间的整合，在多元化数据产品之间形成一致的标准。

解决上述问题，先要在立法层面作出规范。不仅是统计立法，但统计法规肯定是其中重要的一环。要通过立法，明确政府统计在国家数据管理系统中的定位，与之相伴随的，传统立法确定的基本条款，包括数据来源、保密、防止数据滥用、政府不同部门之间的协调等，都要给予重新审视，植入新的解释。进一步地，原来主要基于统计调查的数据生产方式可能也会面临一定程度的重构，与此相关的立法条款也需要作出修订。

三、中国政府统计的法制化建设

中国政府统计是一个庞大的体系，包含一个复杂的工作过程。要使这个体系有效运作并实现其基本职能，必须有相应的法律作为保障。经过几十年建设，中国政府统计已经形成以《中华人民共和国统计法》为中心的一套统计法律制度，由此为依法统计、推进政府统计法制化进程奠定了基础。面向新时代，政府统计在职能要求、工作方式等方面都面临新的挑战，其法制化进程还在不断演进。以下结合相关文献[1]，对中国政府统计法律体系以及法制化进程中的特点作简要介绍。

（一）中国统计法律体系的基本架构

中国统计法律体系由以下若干层面组成。可以看到，各层次法律在法

---

① 本书编写组. 领导干部应知应会统计法律法规 [M]. 北京：中共中央党校出版社，中国统计出版社，2024，具体见其中第二章。

律效力上是逐级递减的，但所规范的活动与内容的详细程度则是逐级递增的。与基于《立法指南》所提出的立法架构进行比较，很容易感受到中国统计法律体系在整体架构上与国际规范的一致性。

第一是统计法律，即《中华人民共和国统计法》（以下简称《统计法》），是由全国人民代表大会常务委员会制定颁布的规范性法律文件。首部《统计法》于1983年颁布，1984年起施行；后从1996年开始酝酿修改，2009完成《统计法》修订，2010年起施行；面对新时期统计发展的需求，启动了新一轮《统计法》修订，并于2024年10月正式颁布了经修改后的《中华人民共和国统计法》(2024)。作为统计法律，《统计法》有两个特点：所规定的内容属于统计工作中的根本性问题，包括统计工作的基本原则、统计管理体制等（见专栏10–3《统计法》第一章总则）；在法律制度体系中具有最高的法律效力，是制定其他各种统计法规的依据。

第二是统计行政法规，是国务院制定的规范性法律文件，其法律地位和效力仅次于统计法律，但高于其他统计法律制度。现行统计行政法规主要包括三类：一是《统计法实施条例》，是对《统计法》中规定的职责职权、权利义务的细化和行政程序的具体规定；二是针对若干项大型普查制定的条例，包括《全国人口普查条例》《全国经济普查条例》《全国农业普查条例》，是为了调整普查过程中各方参与者的行为规范而制定的行政法规；三是其他围绕统计管理而制定的行政法规，比如《关于统计报表管理的暂行规定》《国际收支统计申报办法》《海关统计条例》等。

第三是统计地方性法规，是省、自治区、直辖市人民代表大会常务委员会制定公布的统计地方性法规。目前我国31个省份和部分较大的市都制定了地方性统计法规，主要是仿照《统计法》制定的《统计条例》《统计管理条例》或《统计管理监督条例》。

第四是统计规章，是由具有规章制定权的行政机关所制定的有关统计方面的行为规范。一类是部门统计规章，比如监察部、人力资源社会保障部、国家统计局考核制定的《统计违法违纪行为处分规定》《部门调查项目管理办法》；另一类是地方统计规章。

第五是统计行政规范性文件，指除上述统计部门规章之外，国家统计局依照法定权限、程序制定并公开发布，涉及公民、法人和其他组织权利义务，具有普遍约束力，在一定期限内反复使用的公文。比如国家统计局公布的《国家统计局行政处罚信息公示办法》《统计专业技术资格考试暂行规定》等。

专栏10-3 《中华人民共和国统计法》（节选）

第一章 总 则

第一条 为了科学、有效地组织统计工作，保障统计资料的真实性、准确性、完整性和及时性，加强统计监督，发挥统计在了解国情国力、服务经济社会高质量发展中的重要作用，推动全面建设社会主义现代化国家，制定本法。

第二条 本法适用于各级人民政府、县级以上人民政府统计机构和有关部门组织实施的统计活动。

统计的基本任务是对经济社会发展情况进行统计调查、统计分析，提供统计资料和统计咨询意见，实行统计监督。

第三条 统计工作坚持中国共产党的领导。

国家建立集中统一的统计系统，实行统一领导、分级负责的统计管理体制。

第四条 国务院和地方各级人民政府、各有关部门应当加强对统计工作的组织领导，为统计工作提供必要的保障。

第五条 国家加强统计科学研究，根据经济社会发展的新情况，健全科学合理的统计标准和统计指标体系，将新经济新领域纳入统计调查范围，并不断改进统计调查方法，提高统计的科学性。

国家有计划地加强统计信息化建设，推动现代信息技术与统计工作深度融合，促进统计信息搜集、处理、传输、共享、存储技术和统计数据库体系的现代化。

第六条 国家构建系统完整、协同高效、约束有力、权威可靠的统计监督体系。

统计机构根据统计调查制度和经批准的计划安排，对各地区、各部门贯彻落实国家重大经济社会政策措施情况、履行统计法定职责情况等进行统计监督。

第七条 统计机构和统计人员依照本法规定独立行使统计调查、统计报告、统计监督的职权，不受侵犯。

地方各级人民政府、县级以上人民政府统计机构和有关部门以及各单位的负责人，不得自行修改统计机构和统计人员依法搜集、整理的统计资料，不得以任何方式要求统计机构、统计人员及其他机构、人员伪造、篡改统计资料，不得明示、暗示下级单位及其人员或者统计调查对象填报虚假统计数据，不得对依法履行职责或者拒绝、抵制统计违法行为的单位和个人打击报复。

第八条　国家机关、企业事业单位和其他组织以及个体工商户和个人等统计调查对象，必须依照本法和国家有关规定，真实、准确、完整、及时地提供统计调查所需的资料，不得提供不真实或者不完整的统计资料，不得迟报、拒报统计资料。

第九条　地方各级人民政府、县级以上人民政府统计机构和有关部门应当根据国家有关规定，将防范和惩治统计造假、弄虚作假纳入依法行政、依法履职责任范围，建立健全相关责任制，加强对领导干部统计工作的考核管理，依法对统计造假、弄虚作假行为追究法律责任。

第十条　统计工作应当接受社会公众的监督。任何单位和个人有权检举统计中弄虚作假等违法行为。对检举有功的单位和个人应当给予表彰和奖励。

第十一条　统计机构和统计人员对在统计工作中知悉的国家秘密、工作秘密、商业秘密、个人隐私和个人信息，应当予以保密，不得泄露或者向他人非法提供。

第十二条　任何单位和个人不得利用虚假统计资料骗取荣誉称号、物质利益或者职务晋升。

第二章　统计调查管理

......

第三章　统计资料的管理和公布

......

第四章　统计机构和统计人员

......

第五章　监督检查

......

（二）《统计法》的立法宗旨和主要内容

作为具有最高法律效力的《统计法》，其立法目的在第一条中得以明确，概括起来是：（1）科学有效地组织统计工作；（2）保障统计资料的真实性、准确性、完整性和及时性；（3）加强统计监督；（4）发挥统计在了解国情国力、服务经济社会发展中的重要作用，推动全面建设社会主义现代化国家。为达上述目标，《统计法》在各项条款中针对政府统计的基本问题作出了规范。政府统计的基本问题，先是指政府统计的基本职能和统计体制，进而是关涉政府统计职能的利益相关者及其相互关系。

根据《统计法》，政府统计是指各级人民政府、县级以上人民政府统计机构和有关部门组织实施的统计活动，承担着对经济社会发展情况进行统计调查、统计分析，提供统计资料和统计咨询意见，实行统计监督的重要职能，简称为统计信息、统计咨询、统计监督三大职能。统计信息是三大职能的基础，要求统计机构必须按照真实性、准确性、完整性和及时性原则提供统计数据及相关资料。为达此目标，《统计法》设定了一系列条款，对参与政府统计过程的利益相关各方，包括统计机构、统计人员、统计调查对象等，就其在统计调查、统计数据管理和公布、统计数据质量监督等各个阶段上的职责和行为作出规范。

根据《统计法》，国家建立机制统一的统计系统，实行"统一领导、分级负责"的统计管理体制。一方面是"集中统一领导"，主要表现在：（1）由国家统计局负责组织领导和协调全国统计工作。（2）全国重大国情国力普查如人口普查、经济普查、农业普查，由国务院统一领导，组织各地方、各部门共同实施。（3）国家统计局通过统计调查项目审批备案制度、强制执行的国家统计标准，保障国家、地方、各部门统计调查的明确分工和相互衔接。（4）国家调查队受国家统计局垂直领导和管理，承担国家统计调查任务。(5) 地方政府统计机构在业务上受上级政府统计机构领导,部门统计机构受本级政府统计机构的业务指导。(6) 国家统计局组织管理全国统计工作的监督检查,依法查处国家、地方、部门统计调查中发生的重大统计违纪行为等。另一方面是"分级分部门负责",主要表现在:(1) 各级地方政府统计机构依法管理和协调本行政区域范围内的地方统计工作,负责组织实施统计调查和数据管理工作,其机构、编制、干部、经费等都归属地方政府管理;(2) 部门统计机构依法管理和协调本部门职责范围内的统计工作,负责组织实施统计调查和数据管理工作,其机构、编制、干部、经费等都归属各部门管理。

根据《统计法》,统计机构和统计人员具有独立行使统计调查、统计报告、统计监督等方面的职权,有权抵制各种外部干预,组织实施统计调查,加工、分析统计数据形成统计分析报告,对国民经济和社会发展状况进行预警、监测,对有关政策、决策的执行情况进行监督并提出改进建议。对统计机构及其人员也有严格的要求:应坚持实事求是,恪守职业道德,依法履行职责,如实收集、报送统计资料,发布统计信息,并不得泄露国家秘密和被调查者的私人信息。

根据《统计法》,政府统计调查对象覆盖国家机关、企事业单位和其他组织,以及个体工商户和个人。他们应按照统计调查的要求,真实、准确、完整、及时地提供相关资料,建立相关原始资料台账和管理制度,并接受统计执法检查;不能拒报、延迟报告、提供虚假数据资料或阻碍统计检查;一旦发生类似情况,要接受统计机构的相应处理。

《统计法》还针对地方各级人民政府、政府统计机构和有关部门以及各单位的负责人在统计活动中的行为作出了明确规范。他们对本地区、本部门、本单位的统计工作负有组织领导责任,同时又不能干预正常的统计工作程序,尤其不能自行修改统计调查和数据结果,并要接受相关机制的检查;一旦发生违规违纪事件,即按照相关法规接受处罚。

(三) 统计监督与统计执法

统计监督是中国统计法律体系赋予政府统计的一项基本职能[①]。党的十八大以来,为从根本上扭转数字腐败乱象,中央先后出台一系列

---

① 以下文字参见:本书编写组. 领导干部基本统计知识问答 [M]. 北京:中共中央党校出版社,中国统计出版社,2024,具体见其中"如何更加有效发挥统计监督职能作用""国家统计局成立执法监督局的意义和作用是什么";毛有丰,余芳东,李一辰. 新时代统计监督的概念内涵和特征研究 [J]. 统计研究,2022,39 (7):3 - 11;高敏原,蔡国材,甄峰,等. 论统计监督 [J]. 统计研究,2023,40 (2):3 - 15。

文件①，由此凸显出统计监督职能的重要性；党的十九届四中全会强调要"发挥统计监督职能作用"，将统计监督纳入党和国家监督体系，由此使统计监督的职能作用在《统计法》基础上得到了进一步的提升，不仅是行政业务监督，还在政治监督方面发挥作用。

解析统计监督，应该包含两层含义。第一是作为政府统计职能的统计监督。要在统计信息职能基础上，通过统计监测和统计评价等工具，对国家经济社会发展状况这个"基本面"进行监督，同时还要针对国家在经济社会发展重大决策部署的贯彻落实情况，开展重点监督，比如当前对推动高质量发展情况的统计监督。第二是作为管理过程的统计监督。要通过组织机制以及统计标准、制度、技术等管理手段，一方面确保政府统计能够独立行使统计职能，不受来自外部干扰，尤其要防止来自政府或相关机构的行政干预；另一方面要保证政府统计内部的统一性，处理好中央统计与地方统计、综合统计与部门统计之间的关系，防止出现懒政、渎职等行为。将这两层含义联系起来看，后一层监督是手段，目标是保证政府统计能够以真实有效的统计数据实现前一层作为职能的统计监督。

中国从 2019 年起建立了政府统计督查制度，在国家统计局组建了统计执法监督局，分两个层面对政府统计过程进行监督。第一是统计督察制度，聚焦于统计领域公权力行使的制约和监督，以地方、部门统计机构及其主管部门、相关机构的管理者为监督对象，"紧紧抓住各地区、各有关部门党政机关领导干部这个牛鼻子，确保统计领域重大决策部署和法律法规落实到位"。第二是统计执法监督检查，属于统计行政执法活动，即依照法定权限、程序和方式，对统计调查单位、统计调查机构及其管理者在统计活动中贯彻执行统计法律法规和统计制度的情况进行执法监督，对统计违法行为进行查处，以此保障统计法律的贯彻实施，实现依法统计、依法治统，防范和惩治统计造假、弄虚作假。这些制度和举措都属于针对管理过程的统计监督。

---

① 具体包括《关于深化统计管理体制改革提高统计数据真实性的意见》《统计违纪违法责任人处分处理建议办法》《防范和惩治统计造假、弄虚作假督察工作规定》《关于更加有效发挥统计监督职能作用的意见》，在新修订的《中国共产党纪律处分条例》中对统计造假行为作出处分规定，明确了党员进行统计造假或者对统计造假失察所应承担的党纪责任。

第二节　政府统计基础能力建设与管理

政府统计活动要以相应的基础能力为前提，其统计服务水平在很大程度上受制于基础能力状况和建设提升速度。如何刻画政府统计基础能力？其中肯定包含任何领域都需要具备的要素，比如人力、物力、财力，同时作为一个具有较强专业性的领域，政府统计对基础能力会有特殊的要求。这些要求会体现在人力资源建设方面、信息技术与设施建设方面，还会体现在数据、信息等产品及其品牌建设方面。

一、人力资源管理

政府统计是一个知识比较密集的领域，对人力资源有比较高的要求。有关政府统计人力资源管理，需要依次回答以下若干问题：统计局（以及其他政府部门的统计机构）需要具备什么知识和技能的人员？统计局如何吸引具有相应知识和技能的人员加入？在岗人员如何进一步提升其知识和技能水平？如何提供一个良好环境保证其能力得到充分利用[1]。为此需要统计机构仔细规划其人力资源的规模与配置，进而还会涉及个人薪酬和晋升、教育培训、岗位和绩效管理等一系列问题。

（一）统计机构的人员规模与结构配置

政府统计机构的主要工作是定期、持续地进行政府统计数据的生产并提供给社会公众。具体工作是要围绕一个个统计调查项目，进行调查设计、基础数据收集、数据整理加工，直至综合统计信息发布及相关服务供给。为了全面提供经济社会发展各个方面的数据，这样的调查项目有很多个；每一个调查项目都要从国家层面垂直延伸到地方（省、市县乃至城乡社区），很多情况下要面向基层企事业单位、家庭、个人进行数据收集，然后要按照层级对数据进行加工处理；大部分调查项目是持续存在的，要按照固定周期定期开展工作，定期向社会提供数据。显然，完成上述工作必须以一定的人力投入为前提。为此，统计机构必须维持一支具有一定规模、人员相对稳定的队伍，方能保证日常统计数据生产和服务工作的正常运行。遇到大型统计调查项目启动，还需要在经常性人员队伍之外，临时

---

① 参见：United Nations. Handbook on Management and Organization of National Statistical Systems [S/OL]. https://unstats.un.org/capacity-development/handbook/index.cshtml，具体见其中第12.1节。

性征调更多人员参与。专栏 10 - 4 提供了一些数据，据此可以对中国政府统计系统长聘人员和临时聘任人员的规模形成一个大体印象。

专栏 10 - 4　政府统计工作人员规模估算：以中国为例

国家统计局 2013 年曾经披露当时政府统计系统人员数量的估算结果。

● 国家统计局内设机构、其他机构、在京直属事业单位、企业单位，共有行政编制 358 名，事业编制 941 名，约计 1300 人。

● 国家统计局直属调查队包括：省区市和新疆生产建设兵团设调查总队 32 个、副省级城市设调查队 15 个、市设调查队 333 个、县设调查队 887 个，共有参照公务员管理的中央事业编制 1.96 万名。

● 国务院各部门（包括 26 个部委、1 个特设机构、海关总署等 10 个直属机构，港澳事务办公室等 2 个办事机构，新华社等 9 个直属事业单位，此外还有信访局等部委管理的 16 个国家局）都设有统计机构或者配备了专职统计人员，各行业协会或行业联合会（15 个）也都配备了统计机构和统计人员。

● 县级及以上各级地方人民政府都设立了独立的统计机构，乡镇（街道）设置统计工作岗位。县级以上统计机构编制共有 7.6 万人。

中国每五年开展一次经济普查，对境内从事第二产业、第三产业全部法人单位、产业活动单位和个体经营户做全面调查，被视为"和平时期最大的社会动员"。为完成此项大规模调查任务，需要动用大批人员参与实际调查。以第四次全国经济普查为例，先是统计局系统人员以及金融、铁路、军队等系统的统计人员，除此之外，各级地方普查机构需要临时聘任大量调查员、督导员共达 160 余万人，直接参与面向调查对象的具体工作。

资料来源：中国主要统计指标诠释（第二版）[M]. 北京：中国统计出版社，2013：9.

政府统计工作的专业性、技术性比较强，会覆盖经济社会各个方面，故而对其人力资源的素质要求相对比较高。第一，受专业性影响，统计人员必须要经过专业训练，具备足够的统计学知识和技能，同时还要具有相应的实际操作能力。比如，只有系统学习过抽样技术以及抽样调查的相关知识，并积累了一定的实际调查经验，才能高质量完成针对某特定调查项目的抽样设计；即使只是一般的调查人员，也需要一定的专业知识才能充分理解一个抽样调查项目的运作机理，按照要求完成相应的调查任务。同理，要在不同层面开展国民经济核算，比如，核算本地区生产总值或者本行业的增加值，相关人员必须掌握一定的国民经济核算相关知识和实务经验。第二，受政府统计职能和覆盖范围影响，统计人员必须对统计内容所涉领域的理论、管理和实际运作过程有一定了解，方能针对这个领域开展统计调查，提供综合统计数据，以此监测其发展进程、发现问题并提出相应建议。比如，进行研发统计，需要从理论上把握研究与试验发展（R&D）的定义和发生方式，了解国家对研发活动制定的激励政策，熟悉从各行各业研发活动相关记录到研发统计指标之间的数据转换过程，最后还要有能力按照研发投入、研发产出到研发效益链条开展综合统计分析。第三，受信息技术发展影响，现代政府统计业务流程已经与信息技术高度融合，这就要求统计人员要掌握相应的信息技术，具备在统计工作过程各个阶段借助于信息技术进行数据处理的能力。比如，使用电子信息设备进行数据采集的能力，运用相应的信息技术软件进行数据处理的能力，以及在数据平台上进行数据加工、分析的能力。

显然，要满足如此宽泛而密集的知识要求，政府统计在人力资源管理上必须进行相应的配置——不可能要求每一个人都掌握上述知识和技能，但整个团队则要达到上述要求。要体现不同的专业背景，既包括来自统计专业培养的人员，同时还要有来自经济学、管理学、社会学等专业的人员，以及来自信息技术专业的人员，包括数据科学家和数据工程师。这些人员要按照政府统计数据生产流程以及统计部门内部的专业分工加以配备。以国家统计局为例，需要在设计管理、工业统计、农业农村统计、投资统计、能源和环境统计、国民经济核算、信息数据中心等专业司配备相应的人员。进而，应按照人力资源管理的一般要求，在性别和年龄、受教育程度、政治素养、从业年限、行政级别、业务技术等级等方面形成梯队，以此保证统计机构的人力资源配置在整体上形成完整的团队并具有可持续性。

（二）统计人员的管理与能力建设

如何形成并保持一支良好的统计人力资源队伍，关键取决于两个方面：第一是提供足够的条件，能够吸引优秀的人才加入统计机构并避免人才后续流失；第二是提供相应的岗位管理和专业培训，以提升在岗人员的业务能力，激发其工作的积极性。

为达到上述目标，需要进行科学、精细的人力资源管理。比如，要有明确的人员招聘计划，保证不断有优秀人才加入统计队伍；要对在岗人员提供明确的职位晋升渠道，形成不同的职业晋升序列，包括行政职务序列和业务技能序列；要为在岗人员提供继续教育、专业培训、岗位轮换的机会，帮助其提升业务能力，同时为个人发展创造条件。说起来这些似乎都是人力资源管理的通用问题，但落实到统计系统，就需要面对很多具有专业性的具体问题以及有针对性的解决方案①。

中国政府统计人力资源建设面临重大挑战。要建立起覆盖全国、与政府统计组织体系相匹配的统计人员队伍，满足政府统计工作需要。在此基础上，从统计专业的技术要求出发，需要进行分层次的统计人才队伍培育和建设，以高质量的统计人才队伍保证高质量地实现政府统计的职能。具体人力资源管理工作大体分为以下层面：（1）制度与总体规划：涉及人才发展体制机制改革、人才发展规划、人才管理制度，以此形成正向激励机制。（2）人才培养：涉及分层分类的教育培训体系，以此提升统计人员素质，培育统计领军人才。（3）人才评价：涉及统计专业人才职称评定以及后续聘用，为各层级政府统计岗位聘任提供人才储备。（4）人才配置：涉及行政、技术等不同序列统计人员的岗位配置、选拔提升，以此保证高质量的政府统计工作，实现统计创新②。专栏 10 - 4 为全国统计人员规模提供了一个基于 2013 年状况的测算结果，专栏 10 - 5 以统计职称管理为例，展示了政府统计系统人才培养、选拔、任用全过程所涉及的内容和工作。

专栏 10 - 5　中国统计专业人员职称制度的基本要点

人力资源社会保障部和国家统计局 2020 年 3 月 16 日发布"关于深化统计专业人员职称制度改革的指导意见"。以下是其中的一些基本要点。

● 统计专业人员是专业技术人才队伍的重要组成部分，是推进统计事业和统计服务高质量发展的智力基础。

● 统计专业人员职称设初级、中级、高级，初级只设助理级，高级分设副高级和正高级。初级、中级、副高级和正高级职称的名称分别

---

① United Nations. Handbook on Management and Organization of National Statistical Systems [S/OL]. https：//unstats. un. org/capacity-development/handbook/index. cshtml，具体见其中第 12 章。

② 国家统计局党组学习贯彻中央人才工作会议精神，要求加强统计人才队伍建设 高质量推进统计现代化改革［EB/OL］. http：//www. stats. gov. cn/zt_18555/zthd/lhfw/2022/lh_tjgg/202302/t20230214_1903499. html.

为助理统计师、统计师、高级统计师和正高级统计师。

• 统计专业人员各级别职称分别与事业单位专业技术岗位等级相对应。正高级对应专业技术岗位一至四级，副高级对应专业技术岗位五至七级，中级对应专业技术岗位八至十级，初级对应专业技术岗位十一至十三级。

• 助理统计师、统计师实行以考代评，高级统计师实行考试与评审相结合的方式，正高级统计师一般采取评审方式。应研究建立以同行专家评价为基础的业内评价机制，综合运用个人述职、面试答辩、业绩展示等多种形式，提高评价的针对性和科学性。

• 全面实行岗位管理的事业单位一般应在岗位结构比例内开展职称评审，聘用具有相应职称的统计专业人员到相应统计岗位。不实行事业单位岗位管理的用人单位，可根据需要择优聘任具有相应职称的统计专业人员从事相关岗位统计工作。

• 推动统计专业人员职称制度与高端统计人才培养、统计专业学位研究生教育等有机衔接，促进统计职称与经济、会计、审计等相近职称以及哲学社会科学研究系列中统计研究相关职称的衔接，减少重复评价。

资料来源：人力资源社会保障部，国家统计局. 关于深化统计专业人员职称制度改革的指导意见［EB/OL］. https：//www. gov. cn/zhengce/zhengceku/2020 – 03/18/content_5492604. htm.

二、基础设施管理

体现政府统计能力的基础设施，第一是建筑物以及配套设施，第二是信息技术设施和信息系统。对这些基础设施如何实施有效管理，是所有单位都要面对的问题，但落实到统计系统而言，还会有一些需要特殊关照的方面。

（一）建筑物及配套设施管理

统计机构必须具备以建筑物为特征的物理空间，方能开展相应的政府统计工作。一般而言，政府统计部门属于各级政府，对所用建筑物难以独立进行决策。原则上说，政府统计机构应通过租赁、购置或者分配获得适合其活动的建筑和空间场所，还要配备相应的办公条件和信息通信设施。一旦所用建筑物和设施得以确定，后续的配套服务、物理维护，以及作为办公场所的分配使用，就属于统计机构自行管理的范围。先要保证这些设施能够正常运转，为统计活动提供良好的物理环境；进一步看，还应将办公场所的分配与体现统计业务流程的机构职能联系起来，以此从整体上保证政府统计的工作效率。

（二）信息技术设施和系统的管理

信息技术系统是变化最快、管理更加复杂的基础设施。政府统计专以大范围、大批量统计数据生产为"业"，从前期基础数据收集、中期数据审核加工，到后期综合数据传播、服务，整个流程都要用到相应的信息技术设施和系统，并要与外部信息系统保持一定程度的对接，这就给整个政府统计系统信息技术基础设施的配置和管理提出了很高的要求。以下参照相关文献①简述其中所涉相关问题。

政府统计机构需要配置相应的信息技术硬件设施和软件系统，这些都要求由专门的技术人员予以维护和管理（参见专栏 10 - 6）。除此之外，还要配备各种统计专业数据处理和分析软件、问卷设计及计算机辅助访谈系统、各种数据传播工具。

专栏 10 - 6　政府统计对基本信息基础设施的需求和技能要求

政府统计需要配备的关键基础设施及其技能应包括以下主要组成部分：

● 计算机硬件平台：包括各种客户机和服务器，某些情况下还包括大型机。需要由相应的硬件专家维护。

● 操作系统：管理计算机资源和活动并充当用户界面的软件。需要由相应的操作系统专家维护。

● 软件应用程序：用于管理国家统计局整个业务活动过程的信息工具。需要系统分析师和软件开发人员实施管理。

● 数据库管理系统：用于数据管理与存储以及数据访问等，对于确保数据质量至关重要。需要配备数据库管理员、数据库架构师、数据建模师等人员。

● 网络基础设施以及互联网相关基础设施：由支持网络连接和通信的硬件和软件资源组成，以及维护网站、内部网和外部网的软硬件服

---

①　United Nations. Handbook on Management and Organization of National Statistical Systems [S/OL]. https：//unstats. un. org/capacity-development/handbook/index. cshtml，具体见其中第 14 章。

务。要求配备网络管理员和网络开发人员。

资料来源：United Nations. Handbook on Management and Organization of National Statistical Systems ［S/OL］. https：//unstats. un. org/capacity-development/handbook/index. cshtml，具体见其中第 14.6 节。

进一步面临的问题，是如何对信息技术系统实施有效管理。结合各国实践来看，大体有如下管理模式。

第一是内部开发模式：所有软件开发和维护都由内设于国家统计局的信息技术部门工作人员负责。这种模式在过去相当普遍，但如今情况有了很大变化。之所以有这种模式，原因在于很少有现成的产品用于管理统计数据的整个生命周期。这种模式的优点是开发具有自主性，团队的稳定性可以确保统计系统能够持续保留在其业务过程中积累下来的关键技术和解决方案。反过来看，这种模式需要面对的最大挑战是，面对 IT 就业市场，国家统计系统往往难以提供具有竞争力的薪酬和个人发展空间，无法吸引和长期留住信息技术工作人员。考虑到在时间、培训、员工工资和福利以及管理方面的必要投资，内部开发模式可能需要较高的成本。

第二是外包开发模式：在一个开源信息技术管理模式下，通过外部资源完成国家统计局需要的各种软件开发和技术支持。外部资源可以是现场的、本地供应商的，也可以是离岸的、远程协调的，或者几方面结合起来。这种模式的优势是具有灵活性，只在特定任务需要时才使用资源，可以显著节省成本；但面临的最大问题是国家统计局难以对外部团队实施有效的控制，一旦团队出现人员更替（人员流动快是 IT 业的显著特点），项目管理的连续性就可能受到影响。

第三是混合模式：既使用自己的工作人员，也使用外部工作人员，共同组成支持国家统计局的信息技术管理能力。这种模式是上述两种模式的嫁接，可以保留各自的优点同时可以最大限度地避免相关问题出现，故而被各国国家统计局广泛采用。实践中可以有不同的具体组合模式，通常是将稳定、集中的部分保留在国家统计局系统内部，同时使用外部专家来处理超出一般能力范围、具有更高技术难度的部分，或者将某些相对独立项目的设计与管理发包给外部机构。

第四是协作模式：主要发生在不同（国别）统计机构之间，要么是几个机构共同开发一个它们都将使用的软件，或者由某单一机构开发一个软件，然后被其他统计机构采用并进行进一步开发。这种方式优势明显，可以分担软件开发负担，通过多边合作分享经验、知识和最佳做法，降低新软件开发的风险；但同时也会面临诸多问题，特别是如何平衡不同伙伴之间的优先性，如何适应多伙伴协作背景下的项目管理复杂性，甚至还涉及不同机构之间的数据开放（保密）性。

中国当前采用的大体相当于混合模式。一方面，国家统计局设有数据中心，负责统计局的网络平台、一些基本信息框架的搭建；另一方面，结合具体调查项目，通过外包引入相应的信息技术公司，承担调查平台的搭建和运维，比如企业一套表报送平台、经济普查数据采集处理一体化平台等。

信息技术领域的变化可以用"一日千里"形容。在此背景下，政府统计所面对的信息环境在不断变化，比如互联网和物联网、云技术、智能手机、数据可视化、开源软件、链接数据等，其工作方式也在发生深刻变化。为此，国家统计系统所使用的信息基础设施必须不断升级，相应的信息技术管理也会不断提出新的要求，需要在既有模式基础上不断探索和创新。

三、无形资产管理

除了上述物质和信息技术基础设施之外，政府统计系统还拥有大量无形资产。这些资产可能无法纳入相应的资产负债表予以记录，但却是体现政府统计系统之基础能力的重要方面。具体而言，这些无形资产大体可以概括为以下两个方面：一是在统计工作过程中积累的"共同统计基础设施"①；二是作为统计工作中间性、最终性成果的数据、信息和知识。

（一）共同统计基础设施及其管理

笼统而言，共同统计基础设施是指服务于政府统计的那些统计工具和系统。具体说来，这些工具和系统包含以下几个要点：（1）主要目标是为政府统计生产过程的活动提供支持，故而被视为统计基础设施；（2）不专属于某个特定统计项目的具体生产过程，而是为整个政府统计工作提供支持，因此具有共同性；（3）不是来自外部的专门设计或购置，而是在长期统计活动过程中形成的并通过统计活动使其得到维护，也就是说，它自身直接构成政府统计活动的组成部分。没有这些工具和系统，政府统计活动难以运作，故而其被视为具有"共同"性质的"基础设施"，属于政府统

---

① 以下内容主要参见：United Nations. Handbook on Management and Organization of National Statistical Systems ［S/OL］. https：//unstats. un. org/capacity-development/handbook/index. cshtml，具体见其中第 11 章。

计系统的无形资产。以下简述共同统计基础设施的具体内容组成以及管理方式。

提供统计调查对象全面列表的各种"统计登记册"（或类似名称），可视为最重要的共同统计基础设施。其中，最常用的是企业登记册，此外还会涉及人口和住户登记册、农场登记册、非企业组织登记册，以及非正规部门比如个体经营农户、商户登记册等。这些统计登记册一般是在政府各部门行政记录基础上经过相应处理而开发的。登记册上的每一个体都有一个唯一识别码，通过这个识别码，就可以将各种资源的数据联系起来。

开展统计调查的首要前提是要找到并确定调查对象，所以这些登记册是不可或缺的。以企业登记册为例，它为开展各类统计调查提供了其对象总体的框架，所有企业调查——无论是普查还是抽样调查——都要依赖于这个框架，有时甚至还会直接用来生成一些统计数据。显然，这些登记册不是某一项统计调查的组成部分，而是为了所有政府统计调查所用而开发和维护的，可以多次、反复使用。如何利用各种资源开发建立起完备的登记册，并追踪其中的个体变化以便对登记册进行更新维护，是国家统计局系统的一项长期、持续性工作。

从整个政府统计工作过程出发，在各个环节上都可能会形成一些通用的经验、方法和操作程序，这些也可以视为共同统计基础设施，比如调查问卷或统计报表设计，基于抽样技术的样本设计及估计程序，与数据编辑、编码、插补和检验等工作提供技术支持的方法指南、工具和系统，季节调整和时间序列分析的方法与程序，数据保密与披露过程中的控制方法与机制。

在更广泛意义上，共同统计基础设施还可以包括政府统计在长期管理和业务实践中形成的政策体系、标准体系、统计准则等。一套政策体系就像一座建筑的地基，可以为政府统计建设提供最坚固的基础保障；各种统计标准，包括各种统计分类标准、统计指标的标准定义等，不仅是政府统计数据生产得以统一、一致从而保持可比的前提，还会关涉到数据的传播应用，影响到数据用户对统计数据的应用效果。

中国政府统计系统在共同统计基础设施建设方面已经有比较深厚的积累。

第一，在统计登记册开发建设方面，自20世纪90年代开始着手建立，已经形成比较完备的覆盖全部法人单位和产业活动单位的"统计基本单位名录库"，可以提供各个单位的识别信息、属性信息、基本状态信息，为各类政府统计调查提供了调查单位库和抽样框和其他基本信息。在此过程中逐步建立了一套融合全国经济普查、部门行政登记资料和各项统计调查结果的更新维护机制，能够保证名录库适时更新，以较高质量服务于政府统计实务①。

第二，在统计业务流程方面，借助于国际指导和长期实践，先是针对国家统计局调查队系统所承担调查项目制定了《国家调查队统计流程规范》，进而发布针对所有统计调查项目的《统计业务流程规范（2021）》，并在全国经济普查、企业一套表等大型调查项目中形成了各种规范的方法、程序和管理流程范式②，这些都对科学、规范地完成政府统计调查和数据生产发挥了非常重要的作用。

第三，在政策与标准建设方面，已经具备比较完整的统计法规、政策体系，在统计标准开发和应用方面已经取得长足进步并在继续推进。一方面是向社会公布各种统计标准，既包括《国民经济行业分类标准》这样的国家标准，也包括与其他部门联合发布的统计标准（如与市场监督管理局联合发布的《关于市场主体统计分类的划分规定》），更多的则是由国家统计局主导发布的用于政府统计工作过程的各项具体业务标准③。另一方面是通过《统计业务流程规范（2021）》等规范，将各项国家统计调查项目纳入制度化、标准化管理，以此为统计数据标准化生产以及与数据用户应用之间的衔接提供了制度保证。

（二）统计数据以及信息、知识的管理

数据是政府统计的"生命"。政府统计的主要职能是进行统计数据的生产，要采集数据、加工数据，最后形成专业统计和综合统计数据。借助于企业管理术语而言，数据就是政府统计生产过程的在制品、半成品和最后的成品，并构成政府统计部门的存货（资产）。进一步看，生产统计数据的目的是"用"。把相关统计数据联系起来观察，可以形成信息；再与相关领域的理论、管理经验等结合起来，就会形成新的认知

① 徐一帆. 我国基本单位名录库建设之回溯与前瞻［J］. 统计研究，2014，31（2）：3－9；本书编写组. 领导干部基本统计知识问答［M］. 北京：中共中央党校出版社，中国统计出版社，2024，具体见其中"什么是统计基本单位名录库"。

② 参见：第四次全国经济普查方案［EB/OL］. https：//www.stats.gov.cn/zt_18555/zdtjgz/zgjjpc/d4cjjpc_19207/ggl/202302/t20230221_1917303.html；国家统计局. 第七次全国人口普查方案［M］. 北京：中国统计出版社，2020.

③ 参见：国家统计局网站"数据"栏目下的"国家统计标准"，https：//www.stats.gov.cn/sj/tjbz/gjtjbz/。

和判断①。所以，统计数据是政府统计部门的主要资产，提供统计信息和相关知识是政府统计部门的核心工作。基于这些数据、信息和知识，政府统计才能在不同层面显示一国（地区）经济社会发展状况，服务于各类数据用户的研究和决策。

数据的重要性决定了必须对其进行系统管理。首先是统计数据生产过程的管理，目的是以生产过程的标准化保证统计数据的可信性，适时提供高质量的数据产品；其次是统计数据开发应用的管理，目的是促进统计数据向统计信息、知识的有效转化，使统计数据发挥最大效用，完整体现政府统计的职能。随着时代发展，一方面是对政府统计数据的需求在日益加强，服务对象及其领域越来越多元化；另一方面是政府统计所依赖的数据源已经从统计调查扩展到更多的渠道，数据生产过程越来越复杂。两方面合起来，为确保政府统计数据、信息与相关知识能够以正确、便捷的方式服务于各方用户，必须对政府统计数据进行系统化管理。

如何进行统计数据的系统化管理？各国政府统计部门进行了各种探索实践，国际组织在此基础上进行了更具规范性的开发。综合起来，大体包含两个基本要点。第一是将数据管理与政府统计活动过程关联起来，使其贯彻到数据生产、开发利用过程的各个环节；第二是以"元数据"作为工具，将数据管理落到实处，使统计数据可追溯、可查询、可交换，作为一个运行良好的数据系统与其他不同应用领域对接。以下结合《国家统计系统管理与组织手册》（*Handbook on Management and Organization of National Statistical Systems*）中的相关讨论，对上述要点的内容和开发动态进行简要介绍。

围绕政府统计活动过程，国际组织已经开发了一系列规范和指南。《通用统计业务流程模型》（GSBPM）着眼政府统计数据的生产，将整个生产过程详细拆解为不同的子过程和具体步骤，为描述这些步骤提供了一套标准术语，自 2009 年推出以来，已被很多国家统计局和统计组织采用。《通用统计数据体系结构》（CSDA）从数据管理目的出发，给出相应的模型、策略、规则、标准，为政府统计部门决定收集哪些数据以及如何在数据系统中存储、集成和使用这些数据，提供了一个框架。《通用统计信息

---

① 数据包括具体事实、测量或观察的集合；一旦对数据进行分类、分析、解释和总结，赋予其结构和意义，结果就成为信息；进而将人类的经验、专家的意见和洞察力应用于信息，于是就转化为知识。简言之，数据是基本事实；信息是有上下文的数据；知识是经过处理的有意义的信息。见：United Nations. Handbook on Management and Organization of National Statistical Systems [S/OL]. https：//unstats. un. org/capacity-development/handbook/index. cshtml，具体见其中第 13. 2 节。

模型》（GSIM）描述了统计业务流程中的信息对象，将其置于统计信息过程中，为政府统计不同业务与信息技术之间、业务不同主题领域之间以及不同统计机构之间的对接提供了一套通用词汇。《统计数据和元数据交换标准》（SDMX）是一套内容和技术标准，旨在对统计数据和元数据的内容和结构进行标准化，一方面可以促进各国统计机构与国际组织之间的数据和元数据交换，另一方面可用于各国政府统计活动过程，提高统计业务流程的协调性，实现更快、更可靠的数据和元数据共享。《数据文件倡议》（DDI）聚焦于统计数据进一步开发过程的需求，参与者包括国家统计局、国际组织、学术界和研究机构，提供了一套用于描述来自调查、问卷、统计数据文件和社会科学研究层面信息的元数据，可有助于提高统计数据生产过程的"工业化"水平。

元数据是实现数据管理的基本手段，对应政府统计数据的元数据称为统计元数据，政府统计数据的系统管理，就是依赖于一套统计元数据库实现的。元数据常被形象地定义为"用来描述数据的数据"，指记录统计数据生产和使用过程中所使用的程序和工具的文档，用以描述统计数据的特征和属性，同时，描述数据的收集、处理和传播以及与数据本身直接相关的内容，具有指示存储位置、历史数据追溯、数据查询、文件记录等功能。以"2023年2月份全国居民消费价格同比上涨1.0%"这一数据为例：刻画1.0%这个统计数据的"元数据"，首先包括指标内涵、时间、空间、频率、计算单位等特征；其次包括该数据的生产者和发布者、原始数据来源、数据采集方法、数据生成方法、如何查询并获取该数据；最后还应显示相关联的历史数据、其他相关指标数据。

以上只是针对一个数据举例。事实上，元数据不仅针对某一个指标，而是要就政府统计所有数据而设；其描述对象也并非只是作为最终产品的指标结果，而是覆盖政府统计数据整个生产、使用过程的各个阶段的各个方面。所以，政府统计用以进行数据管理的元数据不是简单的一个文档或者一组文档，而是一个包含复杂架构的统计元数据系统，统计数据的管理，实际上就是这个元数据系统的管理。在前面提到的各种模型中，元数据都是贯穿其中的不可或缺的内容，可以说，没有配套的元数据就不会有上述种种模型，而元数据系统也就是在这些模型中伴随具体活动过程建立的。

归纳起来，元数据系统的功能大体包括：（1）规划、设计、实施和评估统计生产过程，通过标准化、共享工作指令使工作流程更加透明。（2）以一套标准化的语言对数据收集、存储、评估和传播进行记录，保持过程和方法的一致性、连贯性和透明度，提高数据的质量。（3）对数据来源的受访者、报告者进行管理，与统计数据最终用户保持沟通，改进政府统计与用户之间的数据交换渠道，以更有效的方式向最终用户传播统计信息。（4）改进统计信息系统与其他国家信息系统的整合，促进国家和国际组织信息系统的一体化，使统计资料更具可比性和兼容性。（5）建立关于统计信息系统进程的知识库，在工作人员之间分享知识，并在工作人员离开或改变职能时尽量减少与知识损失有关的风险。（6）统一统计术语，使之成为管理人员、设计者、统计学家、方法学家、调查对象和统计信息系统用户之间进行良好交流的工具。总而言之，基于元数据系统进行数据管理，实际上就是要将以一套标准化的"语言"对数据生产、使用全过程进行记录，实现数据的标准化，并在此基础上提高统计数据的透明度，实现数据的交换、通过交叉融合促进其再开发再利用，形成更具意义的统计信息和相关知识。

中国元数据开发建设起步较晚。最突出的应用是 2011 年起推行的企业一套表制度，元数据作为数据管理方法被正式引入。为此国家统计局建立了元数据库，制定了元数据标准，内容覆盖统计制度、统计报表、统计指标、统计分组、统计目录、调查方法、业务流程、数据质量等多个方面，每一项目之下都会显示其基本属性、管理属性、实施属性、采集处理属性、数据属性等特征。整个元数据建设工作由国家统计局设计管理部门牵头负责，专业统计部门配合，大体体现了设计建立、运用、维护的基本流程。可以说，依托企业一套表制度，中国在元数据和元数据标准建设方面提供了一个比较完整的案例。①

但是，整体看，中国在元数据开发以及政府统计数据管理方面还有很大的提升空间。一方面是当前既有统计项目（比如企业一套表）中有关元数据系统的建设水平还有待提高；另一方面需要拓展元数据系统的应用范围，覆盖更多的统计调查项目。面对大数据带来的冲击，政府统计所涉及的数据源更加多元，同时对政府统计也提出了更高的要求，数据内容更丰富，数据颗粒度更小，不同统计机构之间、与国际统计机构之间实现数据共享的压力也在逐步加大。所以，与国际规范衔接、基于元数据对政府统计数据进行系统管理的需求越来越大，如何应对这方面的挑战，是中国政府统计不能忽视的紧迫任务。

---

① 围绕企业一套表制度的元数据系统和标准建设及其存在问题的详细讨论，可参见李倩，刘冰洁，赵彦云. 大数据环境下的统计元数据建设［J］. 统计与信息论坛，2020，35（3）：14－20.

第三节　政府统计的质量管理

统计数据必须辅之以强大的质量保证，方能达成其使命，在研究、决策中发挥应有的作用。所以，质量管理是政府统计必须予以高度重视的议题。围绕政府统计的质量管理，国际组织有相应的规范标准开发，各国已经有丰富的实际应用。以下结合来自各方面的文献，简述政府统计质量管理的基本要点、实施方法以及对应的管理机制。

一、面向政府统计的质量管理

根据国际质量管理标准（ISO9000：2015），质量是对象具有的一组固有特性所达到的满足要求的程度。显然，这一组特性是所考察对象固有的，但对其质量的判定则来自用户，取决于该对象对用户需求的满足程度。与此相对应，质量管理是建立一套质量目标，然后通过质量策划、质量保证、质量控制和质量改进等来实现这些目标的过程。如何确定一组相互关联或相互作用的要素，将其用于构建质量目标以及实现这些目标的过程，结果就是一套质量管理体系或质量管理框架；适用于所有类型组织的质量管理体系模型或标准，被视为通用质量管理体系。

政府统计以向社会公众提供统计数据及相关服务为基本职能。所以，面向政府统计，质量就是其满足社会公众对统计数据及相关服务之需求的程度；质量管理就是政府统计部门确立质量目标并通过各方面努力而实现其目标的全过程。为达此目标，政府统计部门应围绕质量管理建立一套相应的管理体系（框架）；国际组织会根据各国政府统计实践，制定通用的政府统计质量管理体系。联合国《国家官方统计质量保证框架》就是这样一部通用管理体系，为世界各国政府统计提供了一套质量管理规范；《欧洲统计实务守则》《欧洲统计系统质量保证框架》属于欧盟范围内的通用管理体系，为欧盟各国实施政府统计质量管理所遵循；《加拿大统计质量指南》《中国国家统计质量保证框架》就属于国家层次的规范，用于各国自身政府统计质量管理。

对政府统计进行质量管理尤为必要，其中缘由大体可以概括为以下两个方面。第一，政府统计数据的质量很重要，对于用户而言，能否获取高质量的数据服务，关系到各方的决策效果、研究活动的成败以及获取信息的权利。但政府统计数据属于公共品，无法通过市场及其价格让用户表达对数据产品质量的满意度，为此需要通过专门的方法进行管理。第二，政府统计数据是一类特殊的服务产品，其质量包含很多维度，而且常常是无法通过"重复"加以验证的，故而必须通过数据生产过程的严格管理才能保证最后产出的质量。伴随信息技术发展，政府统计所依赖的数据源日趋多样化，形成了更加复杂的数据生态系统。相比于既往主要面对统计调查结果的情况，多源背景下政府统计数据生产过程需要整合来自不同性质的基础数据，为此需要更多的协调手段、更多的技术工具，由此大大提高了进行统一质量管理的必要性，同时也增强了实现统一质量管理的难度。最近几年，国际组织以及一些主要国家政府统计质量保证框架先后都进行了版本更新，其主要原因就是为了适应各种行政数据、大数据日益成为政府统计重要数据源这一背景的变化。

具体来看，质量管理中包含质量保证、质量控制、质量评估等不同概念和功能。质量保证框架的目标是在特定统计组织中建立一套协调的方法和工具体系，确保其遵守有关统计过程和产品的基本要求，是事先制定的一套规则。这套规则一方面服务于面向统计数据生产者的质量控制，作为其在具体工作中要达到的目标、应遵循的原则和操作步骤；另一方面基于"事后"原则服务于从用户视角对统计过程和产品进行全面质量评估，可以将前面的"保证"视为"承诺"，这里的"评估"就是要考察承诺得以"兑现"的程度。所以，以上所列举的国际组织、区域组织以及各国政府统计部门制定的质量管理规范都属于质量保证框架，但却可以为整个质量管理提供规范。就是说，从质量保证到质量评估，实际上就是一事两面，"事先"质量保证所涉及的维度和指标，反过来就是"事后"评价其质量的维度和指标。此外，有些文献将政府统计质量管理具体化为政府统计数据质量评估，尽管有词语上的差别，但实际管理内容却是大体一致的，因为政府统计质量主要就是围绕统计数据来定义的。

质量管理中同时包含对效率的关注。保证政府统计质量必须要以相应的投入为前提。反过来，评价政府统计质量"好不好"，固然要看其统计产出是否能够满足用户的需求，同时也内在地包含着以下前提：为获取这些产出付出了多少资源投入，投入所支撑的统计生产过程是怎样的。将投入、过程、产出联系起来的结果，就是对政府统计生产效率的考察。在后面对政府统计质量管理内容的解析中，就会看到这些方面的讨论。

二、政府统计质量管理的内容

联合国《官方统计国家质量保证框架》（*National Quality Assurance Frameworks Manual for Official Statistics*，以下简称《联合国质量保证框架》）是在欧盟围绕政府统计质量管理的一套准则和指导文献基础上开发建立的，旨在为各国政府统计系统搭建统计质量管理框架提供指导。联合国统计委员会于 2019 年通过了该手册的最新版本，其中包括建议、框架和实施指南。以下结合该手册简述政府统计质量管理的基本内容。

政府统计质量管理到底要管什么？《联合国质量保证框架》从用户需求出发，将管理内容区分为四个层次：A 级是统计系统管理；B 级是制度环境管理；C 级是统计过程管理；D 级是统计产出管理。然后分别每一层设定管理原则和具体要求，提出管理指标，以此显示为统计质量提供的保证（专栏 10 - 7 列示了四个层次及其所包括的原则，每一项原则之下还会有若干具体要求）。这就是说，如果按照这些原则和要求执行，政府统计质量就可以得到保证。

专栏 10 - 7　联合国《国家政府统计质量保证框架》提出的四个管理层次与十九项原则

A 级：管理统计系统

原则 1：协调国家统计系统。应通过法律等形式协调国家统计系统各成员的工作。

原则 2：管理与数据用户、数据提供者和其他利益相关者的关系。统计机构应当能够获得一切必要的数据，以有效和高效的方式满足社会的信息需求。

原则 3：管理统计标准。标准的使用可以促进各级统计制度的一致性和效率。

B 级：管理体制环境

原则 4：确保专业独立性。专业独立性和不受不当影响的自由可以确保官方统计数据的可信性。

原则 5：确保公正和客观。统计机构应在尊重科学独立性的前提下，以专业、公正和无偏见的方式编制和传播统计数据，并公平对待所有用户。

原则 6：确保透明度。国家统计局的政策和管理做法，以及制定、

编制和传播统计数据的条款和条件，都要有文件记录，并提供给利益相关各方。

原则7：确保统计机密性和数据安全。应保证数据提供者的隐私能够得到保护，其提供的信息将保密，未经授权的内部或外部用户将无法访问，并且仅用于统计目的。

原则8：确保对质量的承诺。统计机构应确保其工作的质量，并系统地、定期地确定优势和劣势，以不断改进过程和产品质量。

原则9：确保资源充足。统计机构应具备可用的财政、人力和技术资源，并足以满足其在统计数据的编制、编制和传播方面的需要。

C级：管理统计过程

原则10：确保方法的健全性。在制定和编制统计数据时，统计机构应根据国际商定的标准、准则或最佳做法，采用健全的统计方法。

原则11：确保成本效益。统计机构应确保资源得到有效利用，应能够解释其在多大程度上实现了既定目标，结果是以合理的成本实现的，并且符合统计的主要目的。

原则12：确保适当的统计程序。有效和高效的统计程序是质量的基础，应贯穿于整个统计生产链。

原则13：管理数据提供者的负担。收集数据的要求应与生产成本和调查对象的负担相平衡。

D级：管理统计产出

原则14：确保相关性。统计信息应满足用户当前和（或）新出现的需求和期望。统计机构应权衡和平衡不同用户的不同需求，以便在给定的资源限制条件下产生满足最重要和最优先需求的统计数据。

原则15：确保准确性和可靠性。统计机构应制定、编制和传播准确可靠地描述现实的统计数字。统计信息的准确性是指信息正确描述其所要测量的现象的程度，即估计值与真实值的接近程度。

原则16：确保及时性和准时性。统计机构应尽量减少提供统计数据的延误。及时性是指在基准日或基准期结束后，用户能够以多快的速度获得输出。准时性是指产出是否在承诺、公布或宣布的日期交付。

原则17：确保无障碍和清晰。统计机构应确保其编制和传播的统计数据能够被便捷地发现和获得，并以能够被理解的方式清楚地呈现出来，所有用户都可以根据开放数据标准，以各种方便的格式，在公正和平等的基础上获得和获取。应根据确保统计保密的既定政策，为研究目的获取微观数据作出规定。

原则18：确保一致性和可比性。统计机构应制定、编制和传播一致的统计数据，为此要能够合并和联合使用相关数据，包括不同来源的数据。此外，统计数字应在不同时间和地区之间具有可比性。

原则19：管理元数据。统计机构应提供元数据信息，包括收集的数据和产生的统计数据的基本概念和定义、使用的变量和分类、数据收集和处理的方法以及统计信息质量的指标，使用户能够理解统计数据的所有属性，包括它们的局限性。

资料来源：United Nations：National Quality Assurance Frameworks Manual for Official Statistics［M］. New York：United Nations Publication，2019，具体见其中第三章；United Nations. Handbook on Management and Organization of National Statistical Systems［S/OL］. https：//unstats. un. org/capacity-development/handbook/index. cshtml，具体见其中第7.3节。

第一层是统计系统的管理。主旨是协调国家统计局和其他统计机构之间的关系、进而协调国家统计系统与所有利益相关方——包括数据用户、数据提供者和其他利益相关者——之间的关系，并确保整个系统使用共同的统计标准。这些管理被视为高质量和高效率编制官方统计数据的先决条件。

第二层是制度环境的管理。主旨是保证国家统计机构应在不受其他政府机构或政策、监管或行政部门和机构、私营部门或任何其他个人或实体的任何政治或其他干预或压力的情况下编制和传播统计数据，公平对待所有用户，保持数据生产过程和结果的透明性，保护数据提供者的私人信息并且仅用于统计目的，确保对数据质量的承诺。这些具体管理政策为落实政府统计质量提供了具体的制度保障。

第三层是统计过程管理。主旨是要求国家统计机构在编制和传播官方统计数据的统计过程中应充分遵守国际标准、准则和良好做法，通过健全的方法体系、高效的统计工作程序、对受访者负担的恰当管理，提高统计数据的可信度。这些内容全面植入了政府统计工作的具体过程。

第四层是统计产出管理。主旨围绕统计信息如何直接服务于政府、研究机构、企业、公众和国际社会的需要，要求统计信息应具备相关性以满足用户的需求和期望；应具备准确性和可靠性，确保提供统计信息的及时性和准时性、一致性和可比性，以及便捷获取和易于理解。为此应提供与统计数据有关的元数据信息，使用户能够理解统计数据的所有属性，包括它们的局限性。

可以看到，这四个层次之间体现了从外围到核心目标的递进过程。从用户视角定义政府统计质量，统计产出是核心，统计产出质量的高低很大程度上取决于统计过程的规范性，而统计过程的规范性在一定程度上取决于统计制度环境，最后是整个统计系统的状态。进一步看，之所以将四个层次同时纳入保证框架之中，原因在于，受制于政府统计自身的特性，统计质量无法全部通过统计产出予以刻画。比如，统计数据的真实性很大程度上无法通过重复调查来验证，为此特别需要通过数据生产过程的规范性予以控制，于是后者成为统计质量保证的重要组成部分。

需要注意的是，以上各项原则彼此之间未必都是独立的，在具体实施过程中可能需要面对不同保证措施之间的竞争问题。比如，统计产出常常取决于资源投入和对数据提供者的较高要求，但资源投入常常是有限的，数据提供者的负担也是需要控制的，为此需要在准确性、及时性和成本效率之间进行权衡。

三、政府统计质量管理的实施

政府统计质量管理的对象大体有三级：统计项目、统计机构、国家统计系统。统计项目是政府统计进行统计数据生产的具体操作单位；一个统计机构可能同时运作若干统计项目；国家统计体系可能包含多个机构。立足不同对象，质量管理的内容与着眼点可能会有所不同。联合国视角下的质量管理保证框架，很大程度上是将国家作为管理对象，针对一个国家统计体系提出必须满足的原则和要求。如果从单个统计项目质量管理而言，其考察的内容及其重点可能就会有所不同。将各国（比如加拿大、英国以及中国）制定的政府统计质量保证框架与《联合国质量保证框架》作比较，就可以看出其间的区别：以从上到下的管理视角看，特定国家所制定的统计质量保证框架，主要是针对特定统计项目而设，以统计过程和统计产出为重点。

如何具体实施质量管理？其中涉及三个节点。第一是从质量保证角度，需要开发相应的质量保证框架，为各类管理对象确定质量管理标准，提出具体目标和要求，使其有"规"可依。第二是从质量控制角度，统计生产者应依据质量保证框架提出的目标、原则和具体要求操作，编制质量报告，用以描述所涉统计产品及其生产过程的质量状况。第三是从质量评估角度，需要遵循质量管理框架的目标原则和具体要求，对数据生产者提供的质量报告以及相关用户反馈信息进行综合评估，编制评估报告，给出相应的结论和改进建议。

可以看到，实施质量管理的第一步是要开发国家质量管理框架，为整个国家范围内的统计质量管理提供目标、原则和要求，这是政府统计综合机构的职责。在质量控制和评估过程中，则需要编制质量报告和质量评估报告；为了编制这些报告，需要借助于质量指标、过程控制、用户调查等具体工具。以下以特定统计项目为例，参考相关文献①对质量报告与质量指标做简要介绍。

质量报告由数据生产者定期或不定期编制和发布，用以传达有关统计产品及其统计过程质量的信息。每一个统计项目都应该编制质量报告，其服务对象先是统计机构内外的统计产品用户，可供其了解数据质量进而帮助其以正确方式使用这些数据。除此之外，质量报告对于政府统计管理层也很重要，是对该统计项目以及相关机构进行质量评估、编制质量评估报告的重要依据。

标准的质量报告应该包括两个部分。第一部分是针对统计产出，要依据质量管理框架所提出的相关性、准确性和可靠性、及时性和准时性、可访问性和清晰性、一致性和可比性等原则，落实到具体要求，通过相应质量指标和其他参考信息，对统计数据产品做出系统描述。第二部分是针对统计过程，需要说明调查使用的方法，调查过程中的成本和受访者负担情况，整个统计工作流程以及关键节点的处理方法。

质量指标是提取统计实践中具体且可测量的元素而开发的，代表数据质量中可以量化的部分，对描述统计质量非常重要。但是，并不是所有的统计质量都可以量化，当前开发的质量指标主要存在于统计产出部分；即使是已经开发的质量指标，仍然有等级之分，有些可以直接显示产出或过程的质量，有些可以为衡量质量提供间接证据，有些原则上虽然有用但其自身的开发程度还有待进一步规范。专栏 10 - 8 列举了来自欧盟统计局的一个实例，可以为我们了解统计质量指标提供参考。

专栏 10 - 8　质量指标的定义与示例

欧盟统计局曾经针对统计数据质量评估过程中所用到的质量指标做出定义，并提供了一套指标示例。标准质量指标清单如下表所示。表中包含三类指标：1 代表关键指标，可直接用于描述数据质量；2 代表支持

---

① 参见：Eurostat. Handbook on Data Quality Assessment Methods and Tools ［M］. Wiesbaden, Publications Office of the European Union, 2007, 具体见其中第 2 章。

指标，可作为数据质量的间接衡量标准；3代表备选指标，尚有待于统计机构进一步审查和讨论。

质量维度	具体质量指标	指标类型
相关性	R1. 用户满意度指数	3
	R2. 可用统计数据的比率	1
准确性和可靠性	A1. 变异系数	1
	A2. 受访单位响应率（未加权/加权）	2
	A3. 调查项目响应率（未加权/加权）	2
	A4. 插补率和比率	2
	A5. 过度覆盖和误分类率	2
	A6. 覆盖不足区域所占比率	1
	A7. 数据平均修订的幅度	1
及时性与准时性	T1. 有效发布时间表的准时性	1
	T2. 统计期结束与首次结果发布日之间的时间差	1
	T3. 统计期结束与最终结果发布日之间的时间差	1
可访问性和清晰性	AC1. 发布和/或销售的出版物数量	1
	AC2. 数据库访问次数	1
	AC3. 已发布统计数据的元数据信息完整率	3
可比性	C1. 可比时间序列的长度	1
	C2. 可比时间序列的数量	1
	C3. 概念和测量与欧洲规范的差异率	3
	C4. 与统计镜像流量的不对称性	1
一致性	CH1. 满足进一步开发要求的统计量的比率	3

资料来源：Eurostat. Handbook on Data Quality Assessment Methods and Tools ［M］. Wiesbaden, Publications Office of the European Union，2007，具体见其中第2章。

最后还应关注质量管理的组织方式。从质量评估角度看，可以有不同的组织方式。第一种方式是自我评估，即由统计项目负责人及其参与人员自行完成相关内容的评估，此类评估可能是定期进行的，可以视为统计系统质量管理体系中的规定动作，以便于不断总结经验改进工作。第二种方式是内部评估，即在一个统计机构内部由统计项目组之外的人员对该项目进行评估，可能是内部同行评估，也可以是由机构内特定部门开展的内部审计。此类评估的目的与自我评估相似，但可以避免自我评估的局限性，更加客观地总结经验、发现问题并提出改进建议。第三种方式是外部评估。"外部"是相对于特定统计机构而言的，由评估对象所属统计机构之外的专家或机构开展评估。评估对象可能是统计机构整体质量状况，可能是特定统计项目（尤其是大型统计项目），也可能是统计机构或项目的某些环节、某些方面（比如资金使用方式、抽样方案）。委托方可能是统计机构本身，也可能是更高级别的统计机构，还可能是为统计项目提供资金或者代表数据用户的某些机构。第三方评估的优势在于更具客观性，评估过程中会提供其他来源的成败经验作为参照，对评估对象的合规性以及整体质量作出更全面的判断；但相比前面的方式，第三方评估可能会发生较大的成本费用。所以，第三方评估是排在自我评估、内部评估之后的评估方式，除非特别需要，一般不会轻易启动。

四、各国开展政府统计质量管理的基本状况

欧盟统计局是最早开展政府统计质量管理的区域统计组织。为了适应组织内多国统计协调的需要，欧盟统计局开发了一套面向国家政府统计质量管理的准则和指导文献。《欧洲统计业务守则》处于最顶层，是欧洲统计系统质量管理的基石性文件，内容包含一份有关统计质量的"声明"和16项原则。继而是与业务守则配套使用的《欧洲统计系统质量保证框架》，确定了为进行质量管理所涉及的活动、方法和工具，以此为欧盟各国统计机构实施质量管理提供指导和依据。为了将质量管理落到实处，还制定了《欧洲统计系统质量和元数据报告手册》《欧洲统计系统质量和性能指标》《多源统计质量指南》等技术性操作性文本。在实际运作过程中，欧盟统计局作为区域性统计组织，曾经多次针对成员国定期开展相关审查活动，目的是评估成员国在相关统计活动中的合规性，帮助各国统计局以及其他统计机构进一步提高统计质量。

政府统计比较发达的国家大都开发了针对本国政府统计质量管理的"保证框架"。除了欧盟成员国之外，加拿大是较早引入质量保证框架的国家（2002年），2017年加拿大统计局发布最新一版《加拿大统计质量保证框架》，与此配套的是《质量保证指南》，汇集了追求质量目标时需要考虑的许多问题，主旨是通过有效和适当的统计方案设计，贯穿统计项目从开始到数据评估、传播，确保其质量。英国同样开发了相应的统计指标保证框架，以确保最终形成满足用户需求的统计产出，通过元数据向用户解释相关统计产出的质量，通过标准化以及相应的质量评估提高统计产出和统计过程的质量。采取同样行动与措施的还有美国、澳大利亚等国家。一些发展中国家的国家统计局也开发了国家政府统计质量保证框架，并在

提供统计指标方面开展了一系列行动。比如，南非、巴基斯坦，菲律宾、牙买加等国家，其共同特点是高度遵循联合国《国家统计质量保证框架》的指导，借鉴发达国家的经验，同时体现了本国实际情况。①

在各国实践中，大部分质量管理是针对统计项目进行的，常常会作为统计业务流程的一个有机组成部分或者后续行动出现。针对一国统计质量进行评估，除了欧盟统计局对其成员国所做评估以外，最引人注目的案例是《英国经济统计独立评估报告》②。尽管该报告没有冠以质量评估的名义，但其内容和方法却深度体现了质量评估的原则和要求，是一份完整的针对经济统计的第三方独立评估报告。

中国政府统计质量管理规范化建设与联合国国际规范开发的节律大体一致。2013年国家统计局印发国家统计质量管理指导性文件《国家统计质量保证框架》，全面系统地提出了统计质量评价标准和保障措施，要求从统计的准确性、及时性、可比性、一致性、适用性、可获得性和经济性7个方面对统计质量进行管理，对统计数据生产全过程进行考量和评价。伴随联合国发布新一版质量保证框架，以及中国最近几年政府统计质量管理工作的实际进展，2021年国家统计局发布了新一版《政府统计质量保证框架》。

解读新一版《政府统计质量保证框架》文本，其基本目标是"进一步加强和改进我国政府统计质量管理工作，不断提高统计能力、统计数据质量和政府统计公信力"，内容主旨是"针对统计调查的全过程提出质量评价标准、质量控制要求和质量保障措施"。首先"从统计的真实性、准确性、完整性、及时性以及适用性、经济性、可比性、协调性和可获得性9个方面，确定了统计质量的评价标准"；其次与《统计业务流程规范（2021）》相配套，"从确定需求、调查设计、核准备案、任务部署、数据采集、数据处理、数据评估、数据公布与传播、统计分析、项目评估统计调查流程的10个环节提出了具体的质量控制要求"；最后是提炼影响政府统计质量的核心要素，"从加强统计法治建设、完善统计体制机制等7个方面明确了统计质量保障措施"③。

① United Nations. Handbook on Management and Organization of National Statistical Systems［S/OL］. https://unstats. un. org/capacity-development/handbook/index. cshtml，具体见其中第7章。

② Bean C R. Independent review of UK economic statistics［M］. London, UK: HM Treasury, 2016.

③ 引文及相关材料来自：国家统计局. 国家统计质量标准框架（2021）［EB/OL］. https://www. stats. gov. cn/sj/zxfb/202302/t20230203_1901137. html；曾玉平. 用好统计质量保证框架高质量推进统计现代化改革——国家统计局总统计师曾玉平解读《国家统计质量保证框架（2021）》［J］. 中国统计，2021（7）：4－6.

专栏 10-9 简要列示了中国质量保证框架的基本内容。粗略比较，不难感受到中国质量保证框架在基本目标和实施基本思路上与国际规范具有大体一致性。但仔细考察起来，可以发现，中国质量保证框架的整体结构不是照搬联合国框架所列四个维度，而是具有自身的逻辑①。第一，基于原来针对统计产出的若干评价标准，如准确性、及时性、适用性（相关性）、可比性、协调性（一致性）、可获得性，增加了针对统计过程的评价标准，包括真实性、完整性、经济性，使之成为整个政府统计质量的评价标准体系，统揽统计质量保证框架。第二，扩充原来过程评价的内容，更强调与统计业务流程的结合，将具体评价落实到统计调查项目运作流程的各个环节，提出具体要求。第三，基于原来针对统计体系、统计制度环境提出的保证内容，转换角度重新提炼，作为统计质量的保障条件纳入评价范围。应该说，这是基于统计项目而开发的一套质量保证体系，主要侧重在事后评价，比较适合国家统计系统从上到下的质量管理需要。

中国在政府统计质量管理的具体推进方面多有进展，在《国家统计质量保证框架》基础上初步形成了统计数据质量管理体系②。国家统计局研究制定了一系列规范性文件，确保质量管理措施落地落实，比如《国家统计调查元数据标准》《统计元数据维护与管理办法》《统计调查表测试工作规程》《企业一套表联网直报工作手册》，以及数据质量审核评估管理办法、主要统计指标数据质量评估制度等，同时，加强了统计项目评估工作。除了统计局内部开展的自我评估和内部评估之外，最近几年开始组织外部评估。评估对象既包括如第四次全国经济普查这样的一次性大型统计调查项目，也包括常规的统计调查项目，如规模以下工业企业抽样调查、服务业统计调查、资质外建筑业统计调查、限额以下批零住餐业统计调查、企业（单位）研发活动统计调查、工业生产者价格指数（PPI）调查、主要畜禽监测调查，以期通过项目执行情况评估结果反向促进统计调查制度方法进一步健全完善。

---

① 详细讨论参见：高敏雪. 如何"保证"政府统计的质量——《国家统计质量保证框架（2021）》解析［J］. 中国统计，2022（5）：4-7.

② 以下内容参见：曾玉平. 用好统计质量保证框架高质量推进统计现代化改革——国家统计局总统计师曾玉平解读《国家统计质量保证框架（2021）》［J］. 中国统计，2021（7）：4-6；本书编写组. 领导干部基本统计知识问答［M］. 北京：中共中央党校出版社，中国统计出版社，2024，具体见其中"统计数据质量管理体系的主要内容是什么"。

专栏 10 - 9 中国《国家统计质量保证框架》（2021）的基本内容

2021 年 6 月，中国国家统计局发布新一版《国家统计质量保证框架》。以下择要展示其基本内容框架。

一、统计质量评价标准

● 真实性：侧重于对基础数据质量的评价。

● 准确性：侧重于对统计数据生产科学性的评价。

● 完整性：侧重于对统计数据全面系统反映客观实际程度的评价。

● 及时性：侧重于对统计数据生产效率的评价。

● 适用性：侧重于对统计用户满意度的评价。

● 经济性：侧重于对统计数据成本效益的评价。

● 可比性：侧重于对统计工作标准化、规范化程度的评价。

● 协调性：侧重于对统计数据间逻辑关系的评价。

● 可获得性：侧重于对统计服务质量的评价。

二、统计质量全过程控制

● 确定需求环节的质量控制：准确把握用户需求，深入分析数据来源，科学制订项目计划，定期开展计划评估。

● 调查设计环节的质量控制：准确确定统计调查范围，合理设计统计调查内容，综合利用多种调查方法，统一搭建数据采集处理平台，科学制定数据评估办法，统筹安排数据公布工作，明确统计调查相关要求。

● 核准备案环节的质量控制：依法申报统计调查项目，准确把握项目基本要求，规范开展核准备案工作，及时公布核准备案项目，及时检查项目执行情况。

● 任务部署环节的质量控制：印发统计调查工作文件，落实统计调查保障条件，确定统计调查对象，开通数据采集处理平台，做好人员培训。

● 数据采集环节的质量控制：事前告知调查，规范数据采集，审核原始数据，开展数据质量核查。

● 数据处理环节的质量控制：审核接收数据，反馈处理问题，依规处理数据，按时完成任务。

● 数据评估环节的质量控制：明确评估职责，开展数据评估。

● 数据公布与传播环节的质量控制：把握工作要求，按时公布数据，规范公布内容，做好数据解读，拓宽公布渠道，加强舆情监测，深化联系沟通。

● 统计分析环节的质量控制：选好分析题目，深度挖掘数据，写好分析报告。

● 项目评估环节的质量控制：科学制订项目评估计划，规范开展项目评估工作，客观评价项目执行效果。

三、统计质量保证措施

● 加强统计法治建设。

● 完善统计体制机制。

● 规范统计制度方法。

● 优化统计资源配置。

● 夯实统计基层基础。

● 强化信息技术支撑。

● 弘扬质量为核心的统计文化。

资料来源：国家统计局. 国家统计质量标准框架（2021）［EB/OL］. https：//www. stats. gov. cn/sj/zxfb/202302/t20230203_1901137. html.

主要参考文献

［1］本书编写组. 领导干部基本统计知识问答［M］. 北京：中共中央党校出版社，中国统计出版社，2024.

［2］本书编写组. 领导干部应知应会统计法律法规［M］. 北京：中共中央党校出版社，中国统计出版社，2024.

［3］本书编写组. 领导干部应知应会主要统计指标诠释［M］. 北京：中共中央党校出版社，中国统计出版社，2024.

［4］陈光慧，刘建平. 我国经常性抽样调查体系改革研究［J］. 统计研究，2010，27（10）：6.

［5］方宽. 我国国民经济行业分类标准的沿革及与国际标准的比较［J］. 统计研究，2002（7）：27－31.

［6］高敏雪. SNA－08 的新面貌以及延伸讨论［J］. 统计研究，2013，30（5）：8－16.

［7］高敏雪，蔡国材. 可持续发展目标指标体系解析［J］. 中国统计，2022（1）：46－49.

［8］高敏雪，蔡国材，甄峰，等. 论统计监督［J］. 统计研究，2023，40（2）：3－15.

［9］高敏雪，关晓静，李胤，等. 中国研究与试验发展投入统计的历史回顾与当前改革［J］. 调研世界，2019（11）：3－8.

［10］高敏雪，李静萍，许健. 国民经济核算原理与中国实践（第五版）［M］. 北京：中国人民大学出版社，2022.

［11］高敏雪，李璐. 企业填报负担与政府统计指标开发利用程度——关于政府统计效率和公开性的案例研究［J］. 调研世界，2016（1）：4－10.

［12］高敏雪，穆旖旎.《中国统计年鉴》：政府统计窗口建设的回顾与展望［J］. 统计研究，2012，29（8）：38－43.

［13］高敏雪. 如何"保证"政府统计的质量——《国家统计质量保证框架（2021）》解析［J］. 中国统计，2022（5）：4－7.

[14] 高敏雪. 数据生产价值链上的统计指标 [J]. 中国统计, 2022 (4): 46-49.

[15] 高敏雪, 孙庆慧. 派生产业的识别与核算问题——以数字经济为例 [J]. 中国统计, 2022 (8): 40-43.

[16] 高敏雪. 统计指标: 一个历久弥新的话题 [J]. 中国统计, 2022 (2): 28-30.

[17] 高敏雪. 统计指数有很长的应用链条 [J]. 中国统计, 2022 (6): 36-39.

[18] 高敏雪. 为实施创新型国家统计监测奠定基础——写在《研究与试验发展 (R&D) 投入统计规范》发布之际 [EB/OL]. [2019-05-08]. https://www.stats.gov.cn/sj/sjjd/202302/t20230202_1896178.html.

[19] 高敏雪, 许健, 周景博. 资源环境统计 [M]. 北京: 中国统计出版社, 2005.

[20] 高敏雪, 甄峰, 等. 政府统计国际规范概览 [M]. 北京: 经济科学出版社, 2017.

[21] 高敏雪. 中国统计年鉴 30 年观察 [M]. 北京: 中国统计出版社, 2011.

[22] 高敏雪. 中国政府统计建设与应用专题研究报告 [M]. 北京: 中国人民大学出版社, 2018.

[23] 龚鉴尧. 我国抽样法研究与实践的发展 [J]. 西安统计学院学报, 1994 (2): 7-14.

[24] 龚鉴尧. 我国抽样法研究与实践的发展 (续) [J]. 西安统计学院学报, 1995 (1): 12-19.

[25] 关武阳. 如何使数据有意义——《使数据有意义》系列手册解读 [J]. 中国统计, 2013 (5): 20-21.

[26] 郭未. 简析身份证号信息在人口普查中的作用 [J]. 统计研究, 2013, 30 (6): 85-88.

[27] 国家统计局编写组. 我国 20 个统计指标的历史变迁 [M]. 北京: 中国统计出版社, 2017.

[28] 国家统计局. 部门统计调查项目管理办法 [EB/OL]. [2017-10-01]. https://www.gov.cn/zhengce/2022-09/02/content_5726835.htm.

[29] 国家统计局. 第七次全国人口普查方案 [M]. 北京: 中国统计出版社, 2020.

[30] 国家统计局. 第三次全国农业普查方案 [EB/OL]. [2016-

08 – 01］．https：//www. stats. gov. cn/zt _18555/zdtjgz/zgnypc/d3cnypc/npfa/ 202302/t20230215_1904429. html.

［31］国家统计局. 第四次全国经济普查方案［EB/OL］．［2019 – 01 – 03］．https：//www. stats. gov. cn/zt _18555/zdtjgz/zgjjpc/d4cjjpc _19207/ggl/ 202302/t20230221_1917303. html.

［32］国家统计局. 东中西部和东北地区划分方法［EB/OL］．［2011 – 06 – 13］．https：//www. stats. gov. cn/zt _18555/zthd/sjtjr/dejtjkfr/tjkp/202302/ t20230216_1909741. htm.

［33］国家统计局, 国家发展和改革委员会. 非传统数据统计应用指导意见（国统字〔2017〕160 号）［A］．2017.

［34］国家统计局, 国家市场监督管理总局. 关于市场主体统计分类的划分规定［S/OL］．［2023 – 02 – 03］．https：//www. stats. gov. cn/sj/tjbz/ gjtjbz/202302/t20230213_1902786. html.

［35］国家统计局. 国家统计调查制度（2019）［M］．北京：中国统计出版社, 2020.

［36］国家统计局. 国家统计质量标准框架（2021）［EB/OL］．［2021 – 06 –17］．https：//www. stats. gov. cn/sj/zxfb/202302/t20230203_1901137. html.

［37］国家统计局. 数字经济及其核心产业分类（2021）［S/OL］． ［2021 – 06 – 03］．https：//www. stats. gov. cn/sj/tjbz/gjtjbz/202302/t20230213 _ 1902784. html.

［38］国家统计局. 统计单位划分及具体处理办法［EB/OL］．［2011 – 20 – 24］．https：//www. stats. gov. cn/sj/tjbz/gjtjbz/202302/t20230213 _1902747. html.

［39］国家统计局. 统计上划分城乡的规定［EB/OL］．［2006 – 10 – 18］． https：//www. stats. gov. cn/sj/tjbz/gjtjbz/202302/t20230213_1902742. html.

［40］国家统计局. 统计用区划代码和城乡划分代码, http：//www. stats. gov. cn/sj/tjbz/tjyqhdmhcxhfdm/2022/index. html.

［41］国家统计局. 统计用区划代码和城乡划分代码编制规则［EB/ OL］．［2009 – 11 – 25］．https：//www. stats. gov. cn/sj/tjbz/gjtjbz/202302/ t20230213_1902741. html.

［42］国家统计局. 研究与试验发展（R&D）投入统计规范（试行） ［EB/OL］．［2019 – 05 – 07］．https：//www. gov. cn/zhengce/zhengceku/ 2019 – 09/19/content_5426634. htm.

［43］国家统计局. 中国国民经济核算体系（2016）［M］．北京：中

国统计出版社，2017.

［44］国家统计局.中华人民共和国统计大事记（1949～2009）［M］.北京：中国统计出版社，2009.

［45］国务院.中华人民共和国统计法实施条例［EB/OL］.［2017 - 05 - 28］. https：//www. stats. gov. cn/gk/tjfg/xzfg/202302/P0202302063612 80170468. pdf.

［46］何强.当前大数据统计工作应用困厄的症结［J］.中国统计，2020（2）：6 - 8.

［47］何强，王卓.加快推动政府统计与大数据深度融合——国家统计专家咨询委员会第四次会议综述［J］.统计研究，2019，36（11）：125 - 128.

［48］贺铿，郑京平，等.中外政府统计体制比较研究［M］.北京：中国统计出版社，2001.

［49］金勇进，戴明锋.我国政府统计抽样调查的回顾与思考［J］.统计研究，2012，29（8）：27 - 32.

［50］经济合作与发展组织.奥斯陆手册：创新数据的采集和解释指南［M］.北京：科学技术文献出版社，2011.

［51］经济合作与发展组织.弗拉斯卡蒂手册2015——研究与试验发展数据收集与被告指南［M］.北京：科学技术文献出版社，2020.

［52］李成瑞.关于统计监督的若干理论问题——兼论统计系统的内外关系和运行机制［J］.统计研究，1990（1）：1 - 11.

［53］李成瑞，马安.统计组织管理学［M］.北京：中国统计出版社，1994.

［54］李惠村.中华民国时期统计史略［J］.现代财经 - 天津财经学院学报，1993（5）：48 - 53.

［55］李惠村.中华民国时期统计史略（续）［J］.现代财经 - 天津财经学院学报，1994（1）：51 - 55.

［56］李静萍，高敏雪.经济社会统计（第四版）［M］.北京：中国人民大学出版社，2021.

［57］李倩，刘冰洁，赵彦云.大数据环境下的统计元数据建设［J］.统计与信息论坛，2020，35（3）：14 - 20.

［58］李强.强化大周期统计设计意识，推动大周期设计制度的建立［J］.统计研究，2013，30（11）：3 - 6.

［59］李强.统揽全局开拓创新进一步提高统计设计管理水平［J］.中国统计，2013（5）：4 - 6.

[60] 李强. 新中国政府统计调查制度的建立、发展和改革六十年 [J]. 统计研究, 2012, 29 (8): 3-7.

[61] 李晓超, 等. 中国国民经济核算理论与应用研究 [M]. 北京: 中国统计出版社, 2021.

[62] 联合国. 第四届联合国世界数据论坛 [EB/OL]. https://www.unwdf2023.org.cn.

[63] 联合国经济和社会事务部, 联合国统计司. 编制残疾统计资料的准则和原则 [M]. 纽约: 联合国出版物, 2002.

[64] 联合国经济和社会事务部, 联合国统计司. 关于工业统计的国际建议 [M]. 纽约: 联合国出版物, 2008.

[65] 联合国经济和社会事务部, 联合国统计司. 关于人口动态统计系统的原则和建议 [M]. 纽约: 联合国出版物, 2015.

[66] 联合国经济和社会事务部, 联合国统计司. 人口和住房普查的原则和建议 [M]. 第二修订版, 纽约: 联合国出版物, 2010.

[67] 联合国经济和社会事务部统计处. 社会和人口统计体系 [M]. 北京: 中国财政经济出版社, 1985.

[68] 联合国经济和社会事务部. 统计组织手册: 统计机构的运作和组织 [M]. 第三版. 纽约: 联合国出版物, 2003.

[69] 联合国, 欧盟委员会, 经济合作与发展组织, 国际货币基金组织, 世界银行. 2008 国民账户体系 [M]. 北京: 中国统计出版社, 2012.

[70] 联合国欧洲经济委员会, 世界银行学院. 开发性别统计数据: 实施工具 [EB/OL]. https://unece.org/DAM/stats/publications/Developing_Gender_StatisticsCHN.pdf.

[71] 联合国. 千年发展目标监测指标 定义、理由、概念和来源 [M]. 纽约: 联合国出版物, 2003.

[72] 联合国统计委员会. 环境经济核算体系 2012 中心框架 [M]. 北京: 中国统计出版社, 2020.

[73] 刘建平, 等. 我国政府统计调查发展与改革 [M]. 北京: 人民出版社, 2018.

[74] 毛有丰, 余芳东, 李一辰. 新时代统计监督的概念内涵和特征研究 [J]. 统计研究, 2022, 39 (7): 3-11.

[75] 民政部. 民办非企业单位登记管理暂行条例 [EB/OL]. [1998-10-25]. https://mzj.taian.gov.cn/module/download/downfile.jsp?filename=a50e1ad0c5bd48efb6082032e8947205.pdf.

［76］民政部.中华人民共和国行政区划统计表［EB/OL］.［2022 -
12 - 31］. http：//xzqh. mca. gov. cn/statistics/2022. html.

［77］宁吉喆.更加有效发挥统计监督职能作用为全面从严治党和推
动高质量发展提供坚强统计保障［J］.中国统计, 2022（1）：17 - 19.

［78］宁吉喆.中国国民经济核算体系（2016）培训教材［M］.北
京：中国统计出版社, 2018.

［79］人力资源社会保障部, 国家统计局.关于深化统计专业人员职
称制度改革的指导意见［EB/OL］.［2020 - 03 - 02］. https：//www. gov.
cn/zhengce/zhengceku/2020 - 03/18/content_5492604. htm.

［80］王萍.建立中国统计业务流程的构想［J］.统计研究, 2013,
30（3）：18 - 24.

［81］王萍.统计业务流程的国际规范——联合国欧洲经济委员会
《通用统计业务流程模型》［J］.中国统计, 2012（10）：34 - 36.

［82］王一夫.新中国统计史稿［M］.北京：中国统计出版社, 1986.

［83］王卓.我国行业分类与国际标准行业分类的比较研究［J］.统
计研究, 2013, 30（4）：15 - 20.

［84］鲜祖德, 巴运红, 成金璟.联合国2030年可持续发展目标指标
及其政策关联研究［J］.统计研究, 2021, 38（1）：4 - 14.

［85］鲜祖德, 程子林, 高婷.国际官方统计的新发展［J］.统计研
究, 2019, 36（6）：3 - 14.

［86］鲜祖德, 王全众, 成金璟.联合国可持续发展目标（SDG）统
计监测的进展与思考［J］.统计研究, 2020, 37（5）：3 - 13.

［87］徐蔼婷, 杨玉香.基于行政记录人口普查方法的国际比较［J］.
统计研究, 2015, 32（11）：88 - 96.

［88］徐一帆.我国基本单位名录库建设之回溯与前瞻［J］.统计研
究, 2014, 31（2）：3 - 9.

［89］许宪春, 靖骐亦.国际上CPI手册的更新及对中国CPI编制的
启示［J］.统计研究, 2023, 40（2）：16 - 28.

［90］许宪春, 余航, 杨业伟.政府微观调查数据开发应用的国际经
验和建议［J］.统计研究, 2017, 34（12）：3 - 14.

［91］许永洪.行政记录和政府统计的多视角研究［J］.统计研究,
2012, 29（4）：3 - 7.

［92］杨彦欣.经济普查的国际经验——《经济普查：挑战和良好做
法》简介［J］.中国统计, 2021（11）：28 - 31.

［93］用好统计质量保证框架高质量推进统计现代化改革——国家统计局总统计师曾玉平解读《国家统计质量保证框架（2021）》［J］．中国统计，2021（7）：4-6.

［94］张一青．统计数据报告和展示的模板——《数据和元数据报告及展示手册》简介［J］．中国统计，2015（6）：24-25.

［95］郑京平．统计分析与预测——官方统计不可或缺的重要功能［J］．统计研究，2005（10）：3-7.

［96］中共中央办公厅、国务院办公厅．关于更加有效发挥统计监督职能作用的意见［EB/OL］．［2021-12-21］．https：//www.gov.cn/zhengce/2021-12/21/content_5663844.htm.

［97］中华人民共和国国家标准．国民经济行业分类（GB/T 4754—2017）［S/OL］．［2017-06-30］．https：//www.stats.gov.cn/sj/tjbz/gjtjbz/202302/P020230213402699744172.pdf.

［98］中华人民共和国统计法［EB/OL］．https：//www.stats.gov.cn/gk/tjfg/tjfl/202410/t20241010_1956870.html.

［99］朱君毅．民国时期的政府统计工作［M］．北京：中国统计出版社，1988.

［100］邹波，朱婧．联合国可持续发展目标框架下中国目标数据的可获得性及进程分类研究［J］．国际商务研究，2020，41（5）：15-25.

［101］Bean C R. Independent review of UK economic statistics［M］. London, UK：HM Treasury, 2016.

［102］Eivind Hoffmann, Mary Chamie. Standard Statistical Classifications：Basic Principles［M］. New York：United Nations Publication, 1999.

［103］Eurostat. European business profiling［M］. Luxembourg：Publications Office of the European Union, 2020.

［104］EUROSTAT. European business profiling Recommendations Manual（2020 edition）［R/OL］. https：//ec.europa.eu/eurostat/documents/3859598/10479728/KS-GQ-20-002-EN-N.pdf.

［105］Eurostat. Handbook on Data Quality Assessment Methods and Tools［M］. Wiesbaden, Publications Office of the European Union, 2007.

［106］Georgiou A V. The manipulation of official statistics as corruption and ways of understanding it［J］. Statistical Journal of the IAOS, 2021, 37（1）：1-21.

［107］Habermann H, Louis T A. Can the fundamental principles of official statistics and the political process co-exist? [J]. Statistical Journal of the IAOS, 2020, 36 (2): 347 – 353.

[108] Hill C A, Biemer P P, Buskirk T D. Big Data meets survey science: A collection of innovative methods [M]. Hoboken: John Wiley & Sons, 2020.

[109] IAEG-SDGs. Tier Classification for Global SDG Indicators [EB/OL]. https: //unstats. un. org/sdgs/iaeg-sdgs/tier-classification/.

[110] International Monetary Fund, International Labour Office, Statistical Office of the European Union, United Nations Economic Commission for Europe, Organisation for Economic Co-operation and Development, The World Bank. Consumer Price Index Manual: Concepts and Methods [M]. Washington, DC: International Monetary Fund, Publication Services, 2020.

[111] International Monetary Fund. Special Data Dissemination Standard Plus [EB/OL]. https: //dsbb. imf. org/sdds-plus.

[112] International Monetary Fund. The General Data Dissemination System Guide for Participants and Users [M]. Washington, DC: International Monetary Fund, Publication Services, 2007.

[113] International Monetary Fund. The Special Data Dissemination Standard Guide for SubScriberS and USERS [M]. Washington, DC: International Monetary Fund, Publication Services, 2007.

[114] OECD. Data and Metadata Reporting and Presentation Handbook [M]. Paris, OECD Publication, 2007.

[115] OECD. Handbook on Constructing Composite Indicators: Methodology and User Guide [M]. Paris, OECD Publication, 2008.

[116] Outrata, Edvard. Influence of governance issues on the quality of official statistics [J]. Statistical Journal of the IAOS, 2015, 31 (4): 523 – 527.

[117] Seltzer W. Politics and statistics: independence, dependence or interaction? [M]. New York: UN, 1994.

[118] UNECE. Making Data meaningful [R/OL]. http: //www. unece. org/stats/documents/writing/.

[119] UN Global Working Group on Big Data for Official Statistics. Handbook on the Use of Mobile Phone Data for Official Statistics [M]. New York: United Nations Publication, 2019.

[120] UN Global Working Group on Big Data for Official Statistics. United Nations Global Platform: Data for the World [EB/OL]. [2023 – 05 – 01].

https：//unstats. un. org/bigdata/un-global-platform. cshtml.

[121] United Nations Department of Economic and Social Affairs, United Nations Statistics Division. Designing Household Survey Samples： Practical Guidelines [M]. New York： United Nations Publication, 2005.

[122] United Nations Economic Commission for Europe. A Guide to Data Integration for Official Statistics [R/OL]. Version 2. 0. https：//unece. org/sites/default/files/2024-07/HLG-MOS% 20Guide% 20to% 20Data% 20Integration% 20for% 20Official% 20Statistics. pdf.

[123] United Nations Economic Commission for Europe, Conference of European Statisticians. Managing Statistical Confidentiality & Microdata Access： Principles and Guidelines of Good Practice [M]. New York： United Nations Publication, 2007.

[124] United Nations Economic Commission for Europe. Generic Statistical Business Process Model (GSBPM) (Version 5. 1) [DB/OL]. https：//statswiki. unece. org/display/GSBPM/GSBPM + v5. 1, 2019.

[125] United Nations Economic Commission for Europe. Guidance on Modernizing Statistical Legislation [M]. Geneva： United Nations Publication, 2018.

[126] United Nations Economic Commission for Europe. Handbook of Household Income Statistics [M]. Rev. 2. Geneva： United Nations Publication, 2011.

[127] United Nations Economic Commission for Europe. Machine Learning for Official Statistics [M]. Geneva： United Nations Publication, 2021.

[128] United Nations Economic Commission for Europe. Using Administrative and Secondary Sources for Official Statistics： A Handbook of Principles and Practices [M]. New York and Geneva： United Nations Publication, 2011.

[129] United Nations. Economic Commission. New data sources for official statistics-access, use and new skills [M]. Paris： United Nations Publication, 2021.

[130] United Nations Global Working Group on Big Data for Official Statistics. Draft Recommendations for Access to Data from Private Organizations for Official Statistics： The Way Forward [R/OL]. https：//unstats. un. org/unsd/bigdata/conferences/2016/gwg/Item% 202% 20 (ⅰ)% 20b% 20 - % 20Note% 20on% 20Draft% 20Recommendations% 20for% 20Access% 20for% 20GWG% 20meeting% 20in% 20Dublin. pdf.

[131] United Nations. Handbook on Management and Organization of Na-

tional Statistical Systems [S/OL]. https: //unstats. un. org/capacity-development/handbook/index. cshtml, 2022.

[132] United Nations. International Standard Industrial Classification of All Economic Activities [M]. Rev. 4. New York: United Nations Publication, 2008.

[133] United Nations: National Quality Assurance Frameworks Manual for Official Statistics [M]. New York: United Nations Publication, 2019.

[134] United Nations Statistical Division. Framework for the Development of Environment Statistics (FDES 2013) [M]. New York: United Nations Publication, 2017.

[135] United Nations Statistics Division. Fundamental Principles of National Official Statistics [EB/OL]. [2013 - 07 - 24]. https: //unstats. un. org/fpos/implementation/.

[136] United Nations Statistics Division. Handbook on the Use of Satellite Data for Official Statistics [M]. New York: United Nations Publication, 2020.

[137] United Nations Statistics Division. Statistical Units [M]. New York: United Nations Publication, 2007.

[138] United Nations Statistics Division. The preamble of the International Family of Economic and Social Classifications [EB/OL]. [2007 - 02 - 16]. https: //mdgs. un. org/unsd/classifications/ExpertGroup/EGM2007/AC124 - 16. pdf.

[139] United Nations Statistics Division. United Nations Fundamental Principles of Official Statistics: Implementation Guidelines [EB/OL]. https: //unstats. un. org/unsd/dnss/gp/impguide. aspx.

[140] United Nations. The Sustainable Development Goals Report 2019 [R/OL]. [2019 - 07 - 09]. https: //www. undp. org/sites/g/files/zskgke326/files/migration/ao/55b904f4aa8acbed50805210654424d983c917af82b941d7f2ab4e007043995f. pdf.

[141] United Nations. United Nations Guidelines on Statistical Business Registers [M]. New York: United Nations Publication, 2020.

[142] Van Buuren, Stef. Flexible imputation of missing data [M]. Boca Raton: CRC press, 2018.

[143] Wallgren A, Wallgren B. Register-based statistics: statistical methods for administrative data [M]. West Sussex: Wiley, 2014.

后 记

借助于国家社科基金后期资助项目申报书，我在"自序"中大体交代了本书写作的缘起、写作思路以及主要内容概要。从 2021 年底获批立项到 2024 年获准结项，我按照项目要求完成了书稿的后续工作：一是未完章节的写作；二是全书内容的修改整合。在此期间，联合国发布了 *Handbook on Management and Organization of National Statistical Systems* 作为《统计组织手册》第四版，经修改的新一版《中华人民共和国统计法》正式发布；国家统计局对此前两部出版物《中国主要统计指标诠释》《领导干部统计知识问答》进行了内容更新，拆分为《领导干部应知应会统计法律法规》《领导干部应知应会主要统计指标诠释》《领导干部基本统计知识问答》，作为"领导干部统计学习系列读本"由中共中央党校出版社和中国统计出版社联合出版。这些材料的出现对书稿后期写作提供了很大支持，使本书内容能够紧密跟随国际国内政府统计的最新进展，向读者传递最前沿的理论和实践信息，以及我对政府统计的认识和思考。

完稿交付出版之际，回顾本书撰写过程，我要感谢很多人。

将政府统计作为一个明确的对象来讨论，起自"应用统计专业硕士"培养方案中的"政府统计理论与实务"课程。所以，先要感谢先后十余年选修这门课程的学生。他们的在场敦促我不断阅读和思考，形成可供传递的知识点；他们的提问往往会激发我的灵感，为我的思考提供新的视角，丰富对相关问题的认识；他们所提交的课程作业，不仅是评定课程成绩的依据，还可能会向我传递相关信息，融入我所撰写书稿的字里行间。

将《政府统计导论》作为一本书的选题，始于人民大学统计学院2018 年启动的双一流团队孵化滚动资助项目"中国政府统计理论、方法与实务研究"。围绕该项研究计划我们组建了一个工作小组，大家一起讨论，相互激发，为我这部书稿的框架形成提供了助力。所以，在此我要感谢工作小组的各位同事：李静萍教授、甄峰副教授、杨翰方教授和吴翌琳教授。同时，也要感谢最近几年在我身边先后就读的多位博硕研究生，比如王文静、蔡国材、胡强、孙庆慧、雷奇彪、杨彦欣、武博雅，他们在收集文献、整理资料方面完成了很多工作，为我顺利撰写书稿提供了很多帮助。

我从 2005 年起一直为《中国统计》杂志撰稿，每月一篇，已经成为我的日常安排。早期带着学生在《中国统计》上刊出的《中国统计年鉴》解读系列、《政府统计国际规范》内容介绍系列，代表了本书形成过程中的长期积累。书稿撰写过程中形成了很多篇专题性初稿，都是先在《中国统计》上刊出然后才进一步整合到书稿中的。我要特别感谢《中国统计》杂志作为中国政府统计官方工作杂志给予我的肯定、信任和支持。

再往远了说，我本人在中国人民大学从事教学研究近 40 年，基本上都是在政府统计这个领域里求生存谋发展。在求学、任教、做研究的漫长时光里，以各种方式接受了很多师长、同事、同行的帮助。他们或来自国内国外各大学经济统计专业系所，或来自国家统计局和省市各级统计局、其他政府部门的统计机构和研究机构。在此我要郑重道谢，在与他们的交流和共事中，我不仅获得了政府统计台前幕后方方面面的信息和真知灼见，很多时候还会将这种专业往来提升到私人层面，建立了友谊和信任，使得单调、庸常的生活有了更多的色彩和更高的质量。

最后要感谢相关基金提供的支持。本书写作前期曾获得统计学院"双一流"团队孵化滚动项目、中国人民大学后期资助项目的经费资助。待书稿有了一定模样之后，国家社科基金后期资助项目支持我完成了后续最"坚硬"部分的书稿撰写和修改工作，并为最后出版提供了保证。

高敏雪

2024 年 12 月